武则天大传

王双怀 著

河北出版传媒集团
河北人民出版社
石家庄

图书在版编目（C I P）数据

武则天大传 / 王双怀著. -- 石家庄 : 河北人民出版社, 2019.7
ISBN 978-7-202-14032-1

Ⅰ. ①武… Ⅱ. ①王… Ⅲ. ①武则天（624-705）－传记 Ⅳ. ①K827=421

中国版本图书馆CIP数据核字(2019)第134761号

书　　名　武则天大传
　　　　　WUZETIAN DAZHUAN
著　　者　王双怀

责任编辑　王　静　王　岚
美术编辑　李　欣
封面设计　赵　建
责任校对　张三铁

出版发行　河北出版传媒集团　河北人民出版社
　　　　　(石家庄市友谊北大街 330 号)
印　　刷　河北新华第一印刷有限责任公司
开　　本　787 毫米×1092 毫米　1/16
印　　张　32.25
字　　数　423 000
版　　次　2019 年 7 月第 1 版　　2019 年 7 月第 1 次印刷
书　　号　ISBN 978-7-202-14032-1
定　　价　158.00 元

王双怀

男，汉族，1961年生，陕西铜川人。历史学博士，生态学博士后。现为陕西师范大学历史文化学院教授、博士生导师，兼任中国武则天研究会会长、央视百家讲坛主讲人。长期从事中国古代史、中国历史地理和中国文化史的教学与研究。主持建成两门国家级课程，被评为陕西省教学名师。先后出版学术著作三十余部，代表作《唐代历史文化论稿》《中国西部开发史研究》《中国经济史问题探索》《中华通历》《大唐贵妃》等。

邹莉

中国当代著名女画家，以工笔人物画著称。代表作《中国后妃大观》荣获第九届全国美术铜奖，《中国后妃百图》是传统仕女画创作的经典作品。所绘百米长卷《武则天》受到广泛好评。

目录

前言

中国古代是男尊女卑的社会，女性的社会地位比较低下。据统计，中国古代共有 468 位帝王，其中 467 位是男性，只有 1 位女性。这位女性皇帝就是武则天。武则天小的时候没有名字，长大后曾被称为武媚娘、武才人、武昭仪、武宸妃、武后、天后、武太后、圣母神皇、金轮圣神皇帝、越古金轮圣神皇帝、慈氏越古金轮圣神皇帝等等。她在当皇帝前，给自己起了个名字叫“武曌”。因为她死后被谥为“则天大圣皇后”，所以，人们习惯上把她叫做“武则天”。

武则天的一生充满了传奇色彩。她从一位新贵族的女儿成为唐太宗的才人，又从唐太宗的才人成为唐高宗的皇后，进而辅佐高宗，临朝称制，破天荒地登上皇帝宝座，成为中国历史上唯一的女皇帝，一次又一次把不可能的事变成了可能的事，实现了人生一个又一个的突破。作为一名女性，武则天为什么能够在男尊女卑的社会里脱颖而出，登上皇帝宝座，成为中国历史上唯一的女皇帝？她是怎样当女皇帝的？对于她的是非功过，该如何进行评价？这些问题都是非常重要的，值得我们去认真思考。

武则天在她 82 年的生命历程中，充当过女儿、妻子、母亲和政治家等多种不同的角色。

作为女儿，她对父母是孝敬的，但并非唯命是从。她的父亲死得

早，为了表达对父亲的思念，她把父亲在长安居住的宅第舍为寺院，又在父亲当过官的利州修建了“皇泽寺”，为父亲“追福”。她与母亲的感情很深，但当初母亲不想让她入宫，她还是入宫了。在当皇后时，她对母亲照顾无微不至。当皇帝后，她追封父亲为“大周无上孝明高皇帝”，母亲为“大周无上孝明高皇后”[①]，并分别在他们的陵墓前树立了高大的石碑。

作为妻子，她对丈夫是敬重的，但并未从一而终。她一生共结过两次婚：第一次是给唐太宗当才人，第二次是给唐高宗当昭仪、宸妃和皇后。因为先后侍奉过父子二人，后世对她颇有微词。从绝对“忠诚”的角度来讲，武则天既已嫁了太宗，似乎就不该再嫁别人，更不该嫁给他的儿子。唐高宗死后，武则天临朝称制，甚至“改唐为周”。这种情况，肯定是唐高宗所不愿看到的。此外，她还有过四个“面首”，也就是情人。有人据此说她“荒淫无耻”，骂她作风不正。男皇帝可以有“三宫六院七十二妃”，女皇帝有一个也不行。这就是古人的逻辑。

作为母亲，她对子女是爱护的，但有时很严厉。她在唐太宗身边12年，没有生过一儿半女。与唐高宗生活了30个年头，生下了4男1女5个孩子。她关爱子女，希望他们成才；同时又对他们采取严格的管理措施，甚至进行严酷的处罚，所以她既是慈母也是严母。她的4个儿子中，长子李弘最有才能，但因病而死，被追封为“孝敬皇帝”。[②]次子李贤也很有才，但因谋反而被废。第三子和第四子后来都当了皇帝，但都曾有过被她废立的经历。由于她对子女比较严格，有人甚至说她为了当皇后，把自己的一个女儿活活掐死。实际上这种说法是缺乏根据的。

---

①（北宋）司马光：《资治通鉴》卷205，则天后长寿二年，中华书局，1956，第6490页。

②（清）董诰编：《全唐文》卷11《高宗皇帝·赐谥皇太子宏孝敬皇帝制》，中华书局，1983，第140页。

作为政治家，她具有治国理政的才能，以雄才大略而著称。她“兼涉文史”，“权变多智”，具有超常的智慧、胆略、魄力和创新精神。她参与朝政23年，临朝称制6年，当皇帝15年，在政治舞台上打拼了将近半个世纪。四十多年，她励精图治，“忧劳天下”，本着“自我作古”的原则，进行了一系列改革[①]。为了改朝换代，巩固政权，她甚至使用酷吏诛杀政敌，残害李唐宗室成员。她不惜一切代价，打破传统体制，但到头来，又不得不回到旧的体制之中。这大概就是她的宿命。

对于武则天所充当的角色和她的所作所为，千百年来曾经有许多人对其进行过评论，但对于她的是非功过看法不一。大体说来，唐人对武则天的评价较高。宋元明清时期，随着理学的发展和女性地位的下降，武则天经历了一个被丑化的过程。20世纪前期，由于新文化运动的兴起，人们开始为武则天翻案。近百年来，海内外的历史学家、政治家和文学家对武则天进行了长期研究，先后出版了二百多部著作，发表了数千篇论文，但至今仍未形成一致的看法。有人要否定她，有人则要肯定她。

否定武则天的人认为武则天阴鸷好杀、荒淫无耻。比如，明朝学者胡应麟说：“恶之穷天地亘古今者谁乎？武曌是已。吾求其庶几万一者，于数千年史册之间，而弗睹也。意者亘数千劫之前有之乎？吾知其惟一曌独也。合蚩尤、商辛、王莽、董卓、曹操、萧鸾、赵高、林甫、秦桧而为一，足以当曌乎？恶未也。”[②]把武则天说成了天地之间最坏的人。又如，清代大思想家王夫之说：“武氏之恶，浮于韦氏多矣！鬼神之所不容，臣民之所共怨，万世闻其腥，而无不思按剑

① 王双怀：《论武则天的改革》，刊《武则天与咸阳》，三秦出版社，2001，第110－122页。

②（明）胡应麟：《少室山房笔丛》卷14《史书佔毕》，上海书店出版社，2001，第148页。

以起。”[①] 在他看来，武则天也是个恶贯满盈的人。再如当代唐史学家岑仲勉说：“武则天居心疑忌，秉性残酷，即使撇去私德不论，总观其在位二十一年，实无丝毫政绩可纪。”[②] 显然，他对武则天是持全盘否定的态度。有人甚至说武则天是野心家、阴谋家，认为她的所作所为完全是“倒行逆施”[③]。

而肯定武则天的人则认为武则天知人纳谏，明察善断。如唐代政治家陆贽说：“往者则天太后践祚临朝，欲收人心，尤务拔擢。弘委任之意，开汲引之门，进用不疑，求访无倦，非但人得荐士，亦许自荐其才。所荐必行，所举辄试，其于选士之道，岂不伤于容易哉！而课责既严，进退皆速，不肖者旋黜，才能者骤升。是以当代谓知人之明，累朝赖多士之用。”[④] 北宋大史学家司马光说：“太后虽滥以禄位收天下之心，然不称职者，寻亦黜之，或加刑诛。挟刑赏之柄以驾驭天下，政由己出，明察善断，故当时英贤亦竞为之用。”[⑤] 又如，明代大思想家李贽说：“试观近古之王，有知人如武氏者乎？亦有专以爱养人才为心、安民为念如武氏者乎？此固不能逃万世之公鉴矣。”[⑥] 开国领袖毛泽东也肯定武则天的功绩，他说：“封建社会，女人没有地位，女人当皇帝，人们连想也不敢想。我看过野史，把她写得荒淫得很，恐怕值得商榷。武则天确实是个治国人才，她既有容人之量，又有识人之智，还有用人之术。”[⑦]

同样是一个武则天，为什么有人把她贬得很低，有人把她抬得很

---

①（清）王夫之：《读资治通鉴论》卷 21，中华书局，1975，第 639 页。

② 岑仲勉：《隋唐史》，河北教育出版社，2000，第 151 页。

③ 熊德基：《武则天的真面目》，《社会科学战线》1978 年创刊号。

④（五代）刘昫：《旧唐书》卷 139《陆贽传》，中华书局，1975，第 3803 页。

⑤《资治通鉴》卷 205，武则天长寿元年一月，第 6478 页。

⑥（明）李贽：《藏书》卷 48《武臣传・李勣》，中华书局，1959，第 941 页。

⑦ 孙宝义：《毛泽东的读书生涯》，知识出版社，1993，第 118 页。

高？为什么经过多年的研究，仍不能形成统一的认识？我个人认为，造成这种情况的原因主要有三；一是人们采取的评价标准不同，二是人们所占有的史料不同，三是武则天一生的经历实在是太复杂了。到目前为止，有关武则天的争论主要集中在三个方面：武则天是不是荒淫残暴？武则天能不能用人纳谏？武则天有没有历史功绩？

那么，武则天是不是荒淫残暴呢？否定武则天的人说她荒淫，理由是武则天有四个男宠，即薛怀义、沈南璆、张昌宗、张易之。事实上，武则天见到薛怀义时，已是将近 70 岁的老人。沈南璆并未得宠。而张易之兄弟得宠时，武则天已经快 80 岁了。要说一个 70 多岁的老太太多么“荒淫”，这在情理上是很难讲通的。至于说武则天“残暴”，也多为诬蔑不实之词。武则天统治时期确实出现过一些酷吏，但这并不能说明武则天实行了“酷吏政治”，也不能成为武则天“残暴”的主要根据。因为武则天从辅政、临朝到称帝，先后在政治舞台上活跃了 45 年。在将近半个世纪的政治生涯中，武则天基本上是反对酷吏的，只是在改朝换代前后的特殊情况下，才使用酷吏。酷吏只不过是她用来打击政敌的工具，武则天并没有把行政大权交给酷吏，所以，说武则天实行“酷吏政治”是很不恰当的，要以此来否定武则天，也是不能令人信服的。

武则天能不能用人纳谏？从大量资料来看，武则天非常重视人才的培养、选拔和使用，多次颁发《求贤才制》，采取科举、制举和自举等多种方法，不遗余力，广泛招揽人才。史载武则天有知人之明，在她统治时期确实选拔出不少具有真才实学的贤才。像狄仁杰、娄师德、姚崇、宋璟、张说等人都是由武则天选拔出来的。故大史学家司马光说：“当时英贤亦竞为之用。”[①] 武则天深知匡谏的重要性，经常鼓励臣下进谏，因而在武则天统治时期出现了不少敢于面引廷争、直言进谏的大臣，如朱敬则、魏元忠、狄仁杰等。为了广泛听取不同

---

①《资治通鉴》卷 205，武则天长寿元年一月条，第 6487 页。

的意见，武则天甚至下令在朝堂上设置了“肺石”和“铜匦”。对于臣下提出的批评、意见和建议，都能虚心对待，择善而从。中国历史上一些有作为的帝王在当政前期尚能纳谏，但在取得了一些成绩之后，便骄傲自满，拒谏饰非。武则天则不同，她越到后来越能纳谏。这也是她超过常人的地方。

武则天有没有历史功绩？武则天在她参政和当政的40多年间，政治比较清明。这在制定政策、任免官吏和处理阶级矛盾等方面都有充分的表现。武则天十分注意对官吏的任免。她不仅非常注重官吏的培养和选拔，而且非常注重官吏的考核和升降。她曾经撰写过一本专门讲述为臣之道的书，叫做《臣轨》，赐给各级官吏，让他们认真学习。[①]对于称职且政绩卓著的官吏，她都能够予以奖励或破格提拔。如娄师德在河西屯田，甚有善政，武则天手制褒美。姚崇思维敏锐，“则天甚奇之，超迁夏官侍郎，又寻同凤阁鸾台平章事。”[②]对于不称职的官吏，特别是贪污腐化的官吏，她也都能及时予以贬黜或打击。如索元礼“座赃贿”，被武则天处死。[③]由于武则天非常注意对官吏的任免，善于用人，所以武则天统治时期的吏治较好，从中央到地方，掌实权的以贤才为多，办事认真，行政效率很高。

武则天统治时期，经济有了明显的发展。人口翻了一番，到神龙元年（705）达到615万户。在农业方面，武则天主张“劝农桑，薄赋徭”。她继续推行均田制，并把劝课农桑、开垦土地和安抚百姓作为考核地方官吏的重要标准。这些措施，在一定程度上调动了农民的生产积极性。这一时期在全国范围内修建了许多较大的水利工程，耕地面积进一步扩大，粮食产量也有了明显的提高。在手工业方面，铸造业、制瓷业和纺织业都有了长足的进步，在商业方面，随着城市的发展和人

①《全唐文》卷95，武则天《臣轨序》，第1004页。

②《旧唐书》卷96《姚崇传》，第3021页。

③《资治通鉴》卷204，武则天天授二年，第6472页。

口的增加，商人阶层趋于活跃，商品贸易相当频繁，甚至出现了“交贸往还，昧旦永日”的场面。

武则天统治时期，文化得到振兴。史载，武则天能诗善文，精通书法，著述甚丰。她深知文化的重要性，所以十分重视文化的发展。当时哲学、宗教、史学、文学、艺术和科技领域都出现了一些新的现象，其中宗教、文学和艺术方面的表现更为突出。在宗教方面，佛教成为地位最高的宗教，禅宗成为影响最大的佛教宗派。在文学方面，诗歌和散文有了突飞猛进的发展，出现了像“初唐四杰”和陈子昂这样的诗歌革新者，还出现了像苏颋张说这样的“大手笔”。朝中官吏基本上都有一定的文学修养。唐人沈既济说：“太后君临天下二十余年，当时公卿百辟无不以文章达。因循日久，浸以成风。”[①] 在艺术方面，出现了一大批书法家、绘画家和雕刻艺术家。龙门的“大卢舍那像”、敦煌的“北大佛”就是武则天时代雕塑的。恭陵、顺陵和乾陵的精美石刻，也是武则天时代的作品。此外，武则天当政时期还编修过卷帙浩瀚的《三教珠英》《文馆词林》和《字海》。这些著作虽然没有流传下来，但对当时文化的发展无疑也有一定的贡献。

武则天统治时期，国力也很强盛。从辅佐唐高宗时起，武则天就认识到加强国防的重要意义。临朝称制以后，更加注意与周边少数民族和邻国的关系。对于朝鲜、日本、印度、波斯、大食诸国，武则天不仅遣使通好，而且亲自接见这些国家的使者，甚至连他们的路费都想得很周到。对于契丹、突厥和吐蕃等国内少数民族，武则天也采取了扶持的政策，积极帮助少数民族地区的发展：派汉族官吏到边疆去，帮助少数民族酋长进行管理；把中原地区的种子、农具和其他产品运到少数民族地区，帮助他们发展经济。但是，对于少数民族贵族所发动的侵扰和叛乱，武则天则予以坚决打击。如高宗末年，吐蕃一度侵占西域，并威胁河西。长寿元年（692）武则天命大将王孝杰出击，

---

①（唐）杜佑：《通典》卷 15《选举》三注，中华书局，1988，第 357–358 页。

收复了被吐蕃侵扰的地区。为了促进边疆地区的开发和边疆地区的安全，武则天特意在科举制度中增加了“武举”，专门发现和培养军事人才，在军队中提倡忠君爱民、保家卫国的思想。此外，还在边疆地区广泛实行屯田。通过这些措施，加强了国际关系和民族关系，巩固了边防，维护了国家的辽阔疆域。在武则天当政时期，唐朝的疆域最大。树立在乾陵的六十一蕃臣像，就是当时国力强盛的历史见证。

总观武则天的一生，我们可以看出，武则天不仅有勇于革新的精神，坚韧不拔的意志，日理万机的才干，而且具有良好的政绩。武则天之所以能取得良好的政绩，原因固然是多方面的，但她超人的智慧、胆略和魄力无疑是重要的因素。她在自己的生命历程中，提出了一些“自我作古”的主张，发表了许多妙语连珠的议论，干出了不少惊天动地的大事，充分彰显了女性的才能，从而打破了“男尊女卑”的魔咒。史书上曾经记载过这样的场景：684 年，武则天诛杀了与徐敬业叛乱有关的宰相裴炎和大将程务挺。她认为有些大臣仍颇有不臣之心，便将群臣召集到便殿训斥。她说：“朕没有辜负天下人的期望，你们都知道吗？”群臣回答说：“知道。”她又说：“朕侍奉先帝（高宗）二十余年，忧虑天下到了极点！公卿富贵都是朕赐与的；天下安乐，也都是朕长期治理的结果。先帝驾崩，把天下托付于朕，朕不爱己身而爱百姓。如今为首叛乱者，皆出于将相，这些大臣竟如此辜负朕的期望！你们中有接受遗命老臣、倔强难制超过裴炎的吗？有将门贵种，能纠合亡命超过徐敬业的吗？有握兵宿将、攻战必胜超过程务挺的吗？这三个人，在群臣中都很有威望，因不利于朕，都被朕杀了。卿等有能超过这三人的，就趁早叛乱；不然，就必须革心事朕，不要让天下人耻笑。”群臣跪伏顿首，不敢仰视，说：“唯太后所使。”[①]你看，这是何等宏大的气魄！武则天所讲的每一句话，都是掷地有声

①《资治通鉴》卷 203，则天后光宅元年（684）十二月条，《考异》引《唐统纪》，第 6432 页。

的！如此众多的男子汉，包括那些历经沙场的武将和学富五车的文臣，统统都跪倒在这个女人的脚下，不敢说一个“不”字。此时此刻，还有什么“男尊女卑”可言！应当说，武则天是中国古代杰出的政治家，是中国古代女性中的佼佼者，是中华民族的杰出人物。

在中国数千年的历史岁月中，曾出现过一些参与朝政的女子。如西汉时期的吕后及王政君，东汉时期的窦太后、邓太后、阎太后、梁太后及何后，西晋的贾后，北魏的冯太后、胡太后，唐代的韦后，宋代的谢太后，辽朝的萧太后，元代的马乃贞氏和海迷失，清代的慈禧太后。其中吕后、冯太后、武则天和慈禧太后影响较大。但吕后临朝执政十五年，毁誉参半。冯太后在北魏听政十四年，厉行改革，对孝文帝有一定影响。至于慈禧太后在晚清垂帘听政时间较长，但因循保守，出卖民族利益，过大于功。再说她们都没有当过皇帝，是不能与武则天相比的。

从世界历史的角度进行考察，亚、欧、非三洲也曾出现过十几位女皇，她们是日本的推古、皇极、持统、元明、元正、孝谦、明正、后樱町，越南的李昭皇，拜占庭的伊琳娜、佐伊、狄奥多拉，俄罗斯罗曼诺夫王朝的叶卡捷琳娜一世、安娜一世、叶丽萨维塔一世、叶卡捷琳娜二世，印度的亚历山德丽娜·维多利亚，阿比西尼亚（今埃塞俄比亚）的佐迪图。在这些女皇中，影响较大的是拜占庭的伊琳娜、俄罗斯的叶卡捷琳娜二世和印度的维多利亚女皇。伊琳娜被认为是东罗马及整个欧洲的“第一女皇”，她在位五年多时间，基本上没有什么作为。叶卡捷琳娜二世与彼得大帝齐名，她在位 35 年，对外两次同土耳其作战，三次参加瓜分波兰，把克里木汗国并入俄国，打通黑海出海口，建立了庞大的俄罗斯帝国。维多利亚是大不列颠及爱尔兰联合王国女王，也是唯一的一位英属印度皇帝。她在位期间英国空前强盛，经济、科学、文学、艺术都有很大的发展，尤其是在殖民统治方面，使大英帝国进入全盛时期，成为“日不落帝国”，被誉为“维多利亚时代”。但她们也不能与武则天相比，因为武则天比她们早了

一千多年。

武则天的一生都在挑战不可能。她的传奇是最富有创造力的头脑也无法编造出来的。在男尊女卑的社会里，她本来只是一个微不足道的女人，要想在政治上获得成功几乎是不可能的，更别说登上皇帝宝座了。但是，历史证明她做到了。

武则天从一位地位低下的女性攀到权力的巅峰，实在是不容易的，自然会受到世人的关注。30多年前，我撰写了《武则天评传》，请我的老师赵文润先生修改，并以二人的名义交由三秦出版社出版。该书出版后在社会上产生了良好的反响。台湾世一文化事业有限公司出了繁体版，韩国出了韩文版。如今，中文版《武则天评传》早已售罄，读者在坊间求之不得。河北人民出版社的王静先生认为此书有重要价值，建议修订再版。因赵文润先生已经去世，我本着文责自负的原则，删去了赵先生原来修改的内容，并根据自己近年来的研究，对全书进行了修改和补充，改名为《武则天大传》。武则天的一生很像是一个富有魅力的神话。本书对这个神话进行了较好的诠释。要了解这个神话全貌，请大家从头看起。

王双怀

2018.10.27

第一章

【欢乐的童年】

唐高祖武德七年（624），统一全国的战争基本结束，唐都长安一片祥和。工部尚书武士彟（yuē）家又添了一个女孩。谁也没有想到，这个女孩后来改变了大唐帝国的命运。这个女孩子不是别人，就是中国历史上唯一的女皇帝武则天。

第一节 家庭出身

武则天出生在什么样的家庭？这个家庭对她的生命历程产生了怎样的影响？要弄清这个问题，还得从她的籍贯说起。

一 籍贯

武则天祖籍并州文水（今山西文水县）①。她的先祖居住在安徽宿县。第七代祖武洽，是北魏的平北将军、五兵尚书，被封为晋阳公，才把家从宿县搬到了文水县。

武则天的第六代祖武神龟，曾当过国子祭酒。第五代祖武克己，官至本州大中正、越王长史。高祖武居常，当过北齐的镇远将军。曾祖武俭，当过后周永昌王的咨议参军。祖父武华，是隋朝的东郡丞。父亲武士彟，年轻时以经营木材而发财致富，是文水著名的富商②。

①（后晋）刘昫等撰：《旧唐书》卷6《则天皇后本纪》，中华书局，1975，第115页。

②（宋）李昉等编：《太平广记》卷137《武士彟》，中华书局，1961，第986页。

由于武则天的父亲、祖父和曾祖父等人一直住在山西文水南徐村[①]，因此，就籍贯而言，武则天是山西文水人。

二 父亲

武则天的父亲武士彟虽然出自官宦人家，但起初以经商为业，故充其量只能算个庶族子弟[②]。他后来身份地位的提升与隋末农民战争有密切的关系。

文水则天庙塑像

隋末农民战争是由隋炀帝的暴政引起的。隋炀帝即位初是一位积极有为的皇帝，但后来变得昏庸腐朽，奢侈荒淫。他到处营建离宫，三征高丽，巡游无度，赋役沉重，导致民不聊生。大业七年（611），王薄在山东长白山揭竿而起，各地饥民纷纷响应。后来，逐渐形成三股巨大的力量：李密激战于中原，窦建德鏖兵于河北，杜伏威驰骋于江淮。在战乱中，魏晋以来的南北世家大族再一次受到沉重的打击，隋炀帝在全国的统治土崩瓦解。在这种情况下，一些官僚缙绅也趁机起兵反隋。李渊就是其中的一个。

① 梁恒唐：《武则天是文水县南徐村人》，阎守诚主编《武则天与文水》，山西人民出版社，1989，第16−18页。

②（宋）李昉等编：《文苑英华》卷875《攀龙台碑》，中华书局，1966，第4614页。

李渊本来是隋炀帝的近亲[1]，智勇兼备。大业十二年（616），隋炀帝南巡江都（今江苏扬州），命李渊留守晋阳（今山西太原市）。李渊见天下大乱，就在其子李世民等人的帮助下，暗地里招兵买马，准备逐鹿中原。也就是在这个时候，他认识了武士彟。

太原晋祠

武士彟虽因贩卖木材而致富，但他不满足于做一个商人，还想跻身仕途，光宗耀祖。仁寿年间（601—604），在汉王杨谅的引荐下，他认识了司空杨雄、左仆射杨素和吏部尚书牛弘等，但因不久文帝去世而未能入仕。大业七年（611），他开始研究兵法，写成《古今典要》30 卷。后又参加过讨伐杨玄感的征战，被任命为晋阳宫留守司铠参军。

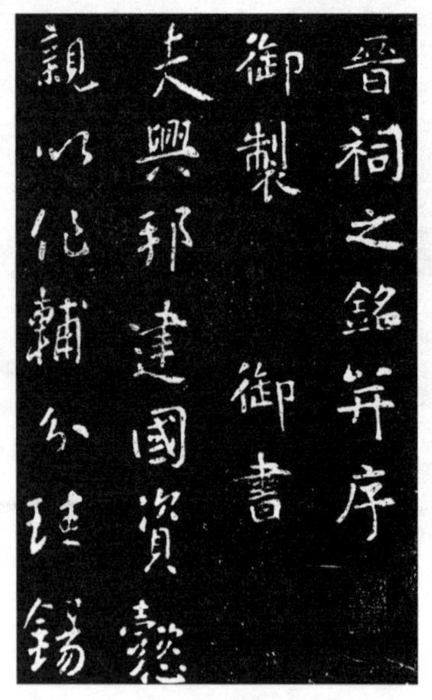

唐太宗晋祠铭

李渊与武士彟相见后“虚心结契，握手推诚”[2]。武士彟十分高兴，以为遇到了知己，便倾心相从。李渊曾多次前往河西镇压历山飞领导的农民起义，途经文水，就住在武士彟家中。

义宁元年（617），李渊任职太原留守。这时农民起义的烽火愈烧愈旺，隋王朝的统治江河日下，武士彟暗中劝李渊举兵，并进兵书及符瑞。李渊大喜，说：“幸勿多言。兵书禁物，尚能将来，深识雅意，当同富贵耳。”[3]随即大量招募勇士，令刘弘基、长孙顺德等分别统率。

---

① 隋炀帝的母亲独孤皇后是李渊的姨母，隋炀帝与李渊是表兄弟的关系。

② 《文苑英华》卷 875《攀龙台碑》，第 4616 页。

③ 《旧唐书》卷 58《武士彟传》，第 2317 页。

李渊又令武士彟伏兵晋阳宫东门，以防不测。留守司兵田德平知道此事后，准备上告隋炀帝的心腹王威和高君雅。武士彟晓以利害，制止了他的行动[①]。

同年五月，李渊借故杀掉王威和高君雅，正式起兵[②]。武士彟被任命为中郎将兼司铠参军，主要掌管军帐兵器。一切准备就绪之后，李渊乘李密军与隋军主力决战东都洛阳之机，率军向关中进发。

一路上，武士彟频立汗马之劳，李渊也不吝赏赐。吕州破，授右光禄。霍邑（今山西霍县）定，拜寿阳县开国公。攻下长安后，迁光禄大夫，赐宅一区，钱三百万，绸五千段。及李渊居大丞相之位，武士彟又被任命为礼部侍郎、黄门侍郎，改封义原郡开国公，增食邑至一千户，赐良马二百匹，粟二千石。

义宁二年（618）三月，宇文化及等人发动兵变弑杀隋炀帝。五月，李渊自立为帝，建立唐朝。宴庆之余，论功行赏，武士彟被列为二等功臣，恕一死，拜上柱国金紫光禄大夫、散骑常侍兼检校并钺将军，赐田三百顷、奴婢三百人，彩物二万段、黄金五百斤，别食实封五百户[③]。

武德三年（620），武士彟又升任工部尚书。他修令典，振纲纪，十分称职。唐高祖非常高兴，进封应国公，加实封八百户。士彟“固辞不受”[④]，李渊乃封其兄司农卿士棱为宣城县公、行台左丞士逸为六安县公，使其一门三公。

此后，武士彟又担任了检校右厢宿卫、判六尚书事等重要职务。这样，武士彟便居官显赫，飞黄腾达，由文水的木材商，变成了长安

①（宋）王钦若等编：《册府元龟》卷 345《将帅部·佐命六》，中华书局，1960，第 4091 页。

②（唐）温大雅撰：《大唐创业起居注》卷 1，上海古籍出版社，1983，第 7 页。

③《册府元龟》卷 133《帝王部·褒功二》，第 1602 页。

④《册府元龟》卷 464《台省部·谦退二》，第 5522 页。

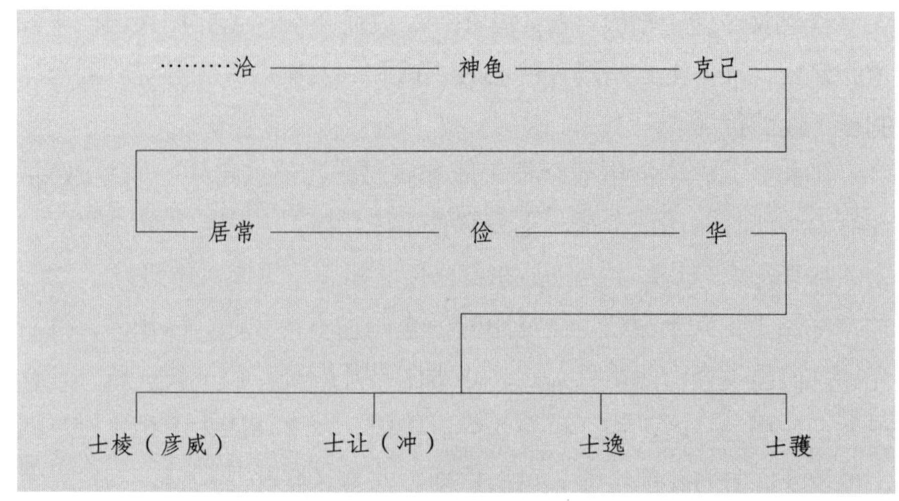

武家世系表

的新贵族。

应当说，武士彟在政治上是很得意的。但是，在家庭问题上，他却有许多不幸。起初，他与汾阳相里氏结婚，生了四个儿子。在他当并钺将军的时候，有两个儿子病死了。一年后，相里氏也因病身亡。这对他的打击无疑是沉重的。然而他并没有因此而消沉，仍一如既往，效忠李渊。据说儿子病夭，无暇过问；妻子危笃，亦不出看，唯哀悼而已。

李渊知道这件事后深受感动，当即下敕说："此人忠节有余。去年儿夭，今日妇亡，相去非遥，未尝言及。遗身殉国，举无与比"①，给予高度评价。随后亲自给武士彟找对象，并选中了杨氏。

三 母亲

武则天的母亲杨氏世居弘农（今河南灵宝北）。其六代祖杨铉，

①《册府元龟》卷627《环卫部·忠节》，第7529页。

系燕北平郡守。五代祖杨兴，北魏新平郡守。高祖杨国，后魏中散大夫。曾祖杨定[①]，北魏都督、新兴太原二郡太守、并州刺史，封晋昌穆侯。祖杨绍，后魏征西将军、金紫光禄大夫兼通直散骑常侍、骠骑大将军，北周开府仪同三司，进位大将军，封傥城郡公。

杨氏父亲杨达，是隋雍州牧司空观王士雄、道抚二州刺史邢国公士贵的弟弟，北周同内史下大夫，封遂宁县男；隋开府仪同三司、黄门侍郎、吏部刑部二侍郎、尚书左右丞、越鄯二州刺史、纳言，死后赠吏部尚书、始安侯。显然，不仅世有达官，而且是杨隋皇室的亲戚，所以门第相当显赫，无疑是士族中的高门[②]。

杨氏自幼聪敏，不学针线女红，轻视纺绩织布，但却明诗习礼，阅史披图。据说她曾写过一句箴言："当使恶无闻于九族，善有布于四方"，并藏之壁中。后来翻修房子，被工匠发现，交给其父杨达。杨达感叹不已，认为杨氏是"隆家之女"[③]。后杨达随炀帝征高丽，死于道中。杨氏从佛尽孝，为其父诵经追福。光阴荏苒，青春易逝。十几年时间过去了，已是半老徐娘的杨氏仍然顶礼佛门，不曾出嫁。

唐高祖认为杨氏嫁武士彟比较合适，就告诉武士彟："隋纳言遂宁公杨达才为英杰，地则膏腴。今有女贤明，可以辅德。秦晋之匹，不能加也。"[④]并亲当婚主，官供所需，为他们举行了隆重的婚礼。时在武德五年（622）前后，武士彟约 46 岁，杨氏约 44 岁。

自魏晋以来，婚姻讲究门第，士族一般不与庶族通婚。武士彟与

---

①《周书》卷 29《杨绍传》云："祖兴，新平郡守。父国，中散大夫"，无定一世。《北史》卷 68 本传及《新唐书》卷 71《宰相世系表》则有之。《后周大将军杨绍碑铭》亦然。碑系绍子观王所立，当不致有误。

②（宋）欧阳修、宋祁撰：《新唐书》卷 100《杨恭仁传》，中华书局，1975，第 3926 页。

③（唐）李延寿：《北史》68《杨绍传》，中华书局，1974，第 2371 页。

④《文苑英华》卷 875《攀龙台碑》，第 4617 页。

杨氏之所以能够结为夫妻，虽与南北朝后期士族制度的松弛有一定关系，但主要的原因是隋末农民战争对士族的打击，也改变了武士彟的地位。

武士彟与杨氏婚后生的第一个孩子，是后来嫁给贺兰越石的韩国夫人。武则天是他们的第二个“千金”。

第二节 少女时代

武则天出生时，武士彟在京城长安担任工部尚书、判六尚书事等职[①]。杨氏陪伴在丈夫身边，不曾出远门。武德八年以后，由于武士彟奉命到外地任职，杨氏也就带着儿女，跟随丈夫前往外地。

一 随父母迁徙

1. 去扬州

武德八年（625）末，扬州（今江苏扬州市）有人诬告扬州都督赵郡王李孝恭谋反。李孝恭是李渊的堂侄，在建唐过程中颇有战功：破朱粲，灭萧铣，镇压辅公祏，“声名甚盛”[②]。李渊听说李孝恭谋反，十分恐慌，立即将他召进京来，付狱审察。同时，任命堂弟襄邑王李神符为扬州大都督，以武士彟为都督府长史。于是，武则天跟随父亲来到扬州。

扬州位于长江下游，气候宜人，风景如画，但隋末以来，战火不熄。大业十二年（616），隋炀帝带着大批禁军逃到扬州。武德元年（618），扬州落入隋御卫将军陈稜之手。二年九月，李子通领导的农民军攻入扬州。不久，杜伏威的大将辅公祏、阚棱等打败了李子通。五年，杜

---

① 据《册府元龟》卷671《攀龙台碑》等史料，武德八年以前武士彟未曾离开长安。

②《旧唐书》卷60《李孝恭传》，第2349页。

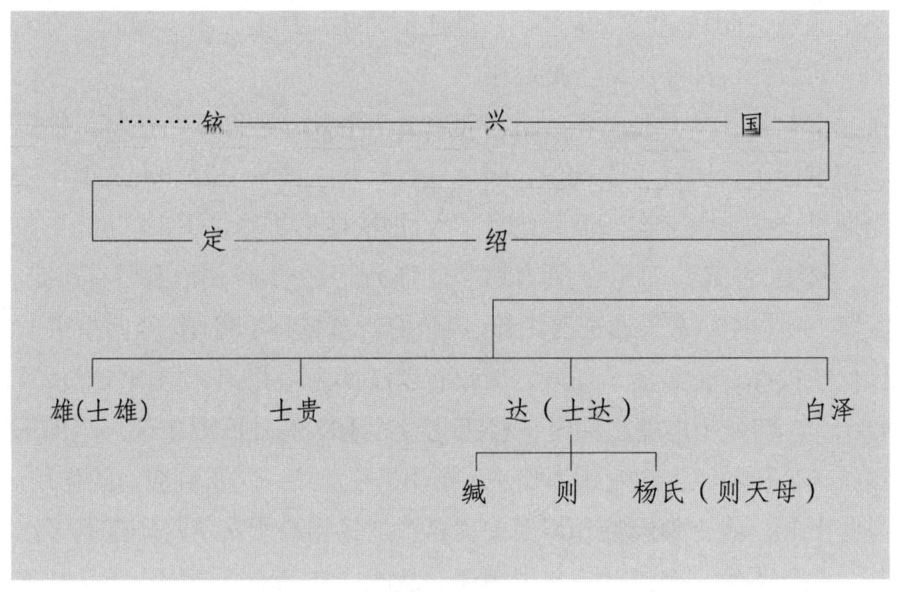

杨家世系表

伏威在降唐之后，进京做官。六年，辅公祏再次举兵。唐高祖遣赵郡王李孝恭等前往征讨。七年三月，双方决战于芜湖，辅公祏兵败被杀。至此，扬州才真正归属于唐廷。

李渊拜李孝恭为东南道行台（治南兖州，即扬州）右仆射，李靖为兵部尚书。后来，废行台，以孝恭为扬州大都督，李靖为都督府长史。不久，李靖奉命征讨东突厥，扬州只剩下李孝恭。李孝恭本应救死扶伤，恢复生产，但他却拥兵自重，耀武扬威，筑宅享乐，不顾百姓死活。所以，当武士彟一行到达扬州时，这里仍然是饿殍遍野，满目疮痍。

按照唐朝的制度，大都督由亲王兼任，一般遥领而不亲临其境[①]，大都督府之政，由长史主持[②]。但襄邑王神符与赵郡王孝恭一样，

①（唐）杜佑撰：《通典》卷 32《职官十四》，中华书局，1988，第 894 页。

②《新唐书》卷 49《百官志》，第 2314–2316 页。

不是遥领，而是亲临。不过，只是挂个名儿，并不管事。因此，府内的一切政务，都要由武士彟处理。

面对扬州的具体情况，武士彟首先采取软、硬两手，招抚、镇压不安定分子，“抚之以诚恕，经之以权略”，结果“降北海之渠，未逾期月；尽南山之盗，讵假旬时”[①]，很快使形势稳定下来。

接着，他又移动州治，以加强控制能力。历史上扬州治所屡有迁徙。武德二年（619）李子通进占江都，唐政府侨置扬州于丹阳（今南京市）。杜伏威投降，击破李子通后，唐政府以江都为南兖州，扬州依然侨置丹阳[②]。辅公祏再度起兵时，移江北百姓于江南，拆毁江都。赵郡王镇压辅公祏后，改南兖州为邗州。扬州仍在江南，起不到应有的作用。有鉴于此，武士彟修整邗州而去其名，把扬州治所又从丹阳迁到了江都，并且不到一个月就完成了搬迁。从此，扬州治所便固定下来，终唐之世，不再迁徙[③]。

此外，武士彟还鼓励开辟田畴，促进了农业生产的恢复和商业贸易的初步繁荣。因此，扬州百姓对武士彟很有好感，“数月之间，歌谣载路”[④]。

起初，唐高祖派遣武士彟时，让他半年复命。到时间后，士彟准备回京，但扬州人联合赴京上表，请求再留一年。唐高祖同意了他们的请求，武士彟继续供职扬州。繁华的扬州，显得很平静。

但是，这时远距扬州的京师却风云突变，统治集团内部的明争暗斗愈演愈烈，终于导致了一场残酷的厮杀，那就是“玄武门之变”。

所谓“玄武门之变”，就是李渊的儿子们为争夺皇太子地位相互

---

①《文苑英华》卷 875《攀龙台碑》，第 4618 页。

②（清）阿克当阿修，（清）姚文田等纂：《嘉庆重修扬州府志》卷 66《事略二》，广陵书社，2006，第 1282–1284 页。

③《册府元龟》卷 690《牧守部·强明》，第 8231 页。

④《册府元龟》卷 677《牧守部·能政》，第 8092 页。

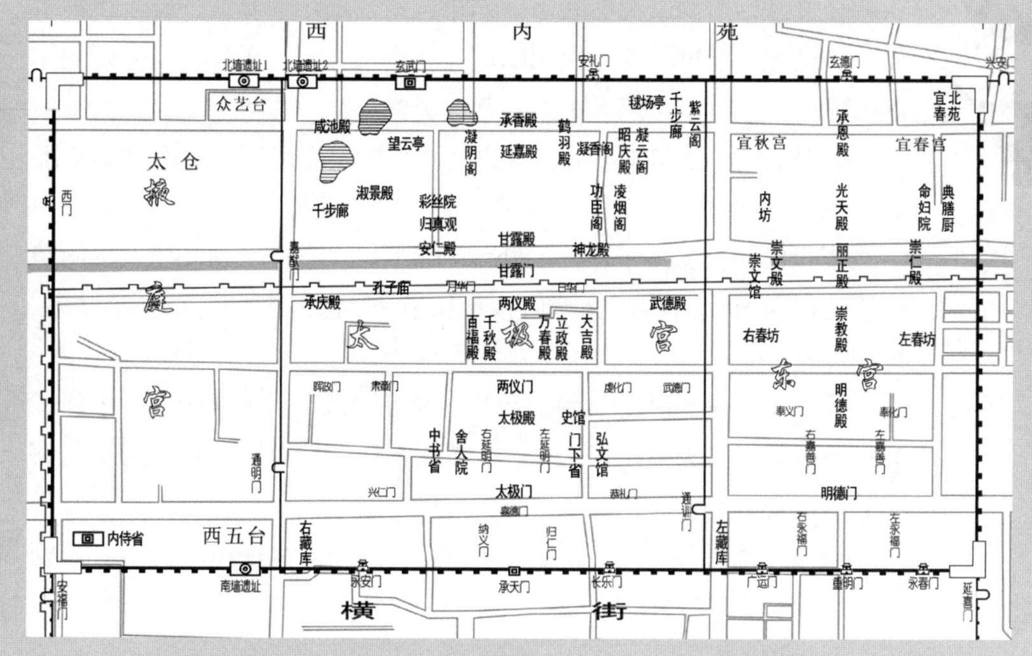

太极宫图

残杀的事件。

李渊的皇后窦氏生有四个儿子：老大建成，老二世民，老三元霸，老四元吉。老三早夭，李渊称帝时只剩三个。按照传统的宗法制度，立嫡以长，李建成当上了皇太子，李世民则被封为秦王，李元吉被封为齐王。

但是，在统一全国的过程中，秦王李世民南征北战，出生入死，立下了赫赫战功，因而有了当太子的想法。太子建成与齐王元吉结党，共同对抗秦王世民。昔日的同胞兄弟变成了对手。李建成企图先发制人，毒杀李世民，但因有人告密，阴谋败露；李世民暗中积极准备发动政变，表面却装出不忍骨肉相残的模样。

武德九年六月四日（626 年 7 月 2 日），秦王世民设下圈套，率领心腹长孙无忌、尉迟敬德等人，伏兵于玄武门。当李建成、李元吉

入朝经过时，遭到了突然袭击。结果，李建成中箭身亡，元吉也被杀死。就这样，李世民踩过兄弟的尸体，当上了皇太子，并受命处理军国大事[①]。

当时，武士彟和他不满三岁的女儿武则天，还不知道事变的真相。

2. 去豫州

李世民当上皇太子，开始处理国政后，为笼络元从功臣，巩固自己的地位，将武士彟召回京师，授使持节豫、息、舒、道等四州诸军事、豫州都督。

于是，武则天又随父到达豫州（今河南汝南）。一个多月以后，李世民登基，是为太宗，次年改元为贞观元年，从而开启了历史上著名的“贞观之治”。

贞观元年（627）十二月以前，武士彟一直担任豫州都督。武则天在豫州长了一岁。

3. 去利州

贞观元年十二月，利州都督李孝常因入朝留京师，与右武卫将军刘德裕及其外甥统军元弘善、监门将军长孙安业互说符命，图谋以宿卫兵发动叛乱，结果被杀[②]。孝常死后，他的部下在利州很不安定。太宗遍访群臣，以为武士彟可以收拾局面，就任命他为利、隆、始、静、西、龙等六州诸军事、利州都督。

利州前接关表，后据剑门，自古为兵家必争之地。治所绵谷（今四川广元市），隔嘉陵江与乌龙山相望，山清水秀，颇具巴蜀风景之趣；但远离京师，比较偏僻。武士彟受命之后，带着妻女，越秦岭，踏栈道，于贞观二年（628）初风尘仆仆地来到绵谷。

根据当地的具体情况，武士彟采取宽仁政策，招抚叛亡，赈济贫

①（宋）司马光撰，（元）胡三省注：《资治通鉴》卷 191，武德九年六月癸亥条，中华书局，1956，第 6012 页。

②《资治通鉴》卷 192，贞观元年（627）十二月戊申条，第 6039 页。

广元五代广政碑

乏。不久即大见成效，境内逐步安定。太宗下制褒美，增封邑五百户，并赐珍物服玩之类，以示恩宠[①]。

武士彟当了四年利州都督，武则天从五岁到八岁也在利州度过了四个春秋。孩提时代的武则天非常喜欢利州这个地方。后来利州一带产生了关于武则天的许多传说，如“则天坝”“天后梳洗楼”等。江潭感孕和袁天纲相面也是两个比较重要的传说。

江潭感孕，是关于武则天诞生于利州的传说。相传有一天，武士彟之妻杨氏在州治附近的黑龙潭里荡舟自娱，突然她感到黑龙从天而降，向她扑来，回家后就有了身孕，生下了武则天。

龙是什么东西，恐怕我们谁也没有见过。感龙而孕，在今人看来是不可思议的，但古人却不这样认为。武则天后来当了皇帝，他们对这种情况无法解释。在他们的脑海里装的是简狄吞玄鸟之卵以生夏契，姜嫄践巨人之迹而诞周稷。“龙种自与常人殊”嘛。

既然武则天后来当过真龙天子，那必然与龙有关。她母亲来过利州，利州又有黑龙潭。这样，利州出现江潭感孕的说法并代代相传就不奇怪了。显然，这一传说多少反映了人们对武则天的推崇。

袁天纲相面，说的是袁天纲给武则天相面的事。武士彟当利州都督时，相面大师袁天纲受召进京，途经利州，见到武士彟夫妇。袁给杨氏看了脉相，说：“夫人当生贵子”，士彟把儿女叫来，让他细看。

袁天纲先看了武士彟的儿子武元庆和武元爽，说：“官至刺史，但不得善终”，接着看武则天的姐姐，说：“将大富大贵，但不利其夫。”

当时武则天还小，尚在襁褓之中，穿着男孩衣服。袁天纲见而大惊，预言：“此郎君龙睛凤颈，长相非凡，是贵人中最尊贵的；若是女子，日后将成为天下之主。”[②]

---

①《文苑英华》卷 875《攀龙台碑》，第 4618 页。

②《旧唐书》卷 191《方技·袁天纲传》，第 5093–5094 页。（唐）刘肃：《大唐新语》卷 13《记异第二十九》，中华书局，1984，第 193 页。

这一传说流传甚广，《册府元龟》卷860《总录·相术》、《新唐书》卷204《方技》、《旧唐书》卷191《方伎》、《太平广记》卷224等均有记载。

4. 去荆州

武则天八岁那年，也就是贞观五年（631），武士彟改任荆、峡、澧、朗、岳、果、松等七州诸军事、荆州都督。贞观六年（632）春，武士彟全家又来到了荆州（今湖北江陵）。

荆州地处长江中游，“北据汉沔，利尽南海，东连吴会，西通巴蜀”[①]，属长江重镇，“人多剽悍”[②]，号称难治。武士彟到州后，严惩贪残，省刑约法，传播“礼义”，劝课农桑。

据说当时荆州地区大旱，武士彟亲往长沙寺，迎阿育王像，祈雨行道七日，行感上天，大降甘露[③]。当然，天降瑞雨，并不是由于武士彟的虔诚，也不是由于阿育王的法力，只不过是巧合的自然现象。但武士彟能在大旱伤稼之际祈雨七日，在当时是甚得民心的。

由于武士彟勤勤恳恳，方法得当，因而取得了不少的政绩。唐太宗特下敕书褒奖：“公比洁冬水，方思春日。奸吏豪右，畏威怀惠。善政所暨，祥祉屡臻。白狼见于郊垧，嘉禾生于垅亩。其感应如此。”[④]

在武士彟担任荆州都督期间，武则天母女表现得非常活跃。后来，甚至在靠近太平洋北部湾的钦州，都有关于他们的传说，并予以纪念。宋人周去非记载：“广右人言，武后母本钦州人。今皆祀武后也。冠帔巍然，众人环坐，所在神祠，无不以武为尊。巫者招神，称曰‘武

①（晋）陈寿撰、陈乃乾校点：《三国志》卷35《诸葛亮传》，中华书局，1964，第912页。

②（宋）乐史撰：《太平寰宇记》卷146《山南东道五·荆州》，中华书局，2007，第2833页。

③《文苑英华》卷875《攀龙台碑》，第4618页。

④《册府元龟》卷681《牧守部·感瑞》，第8139页。

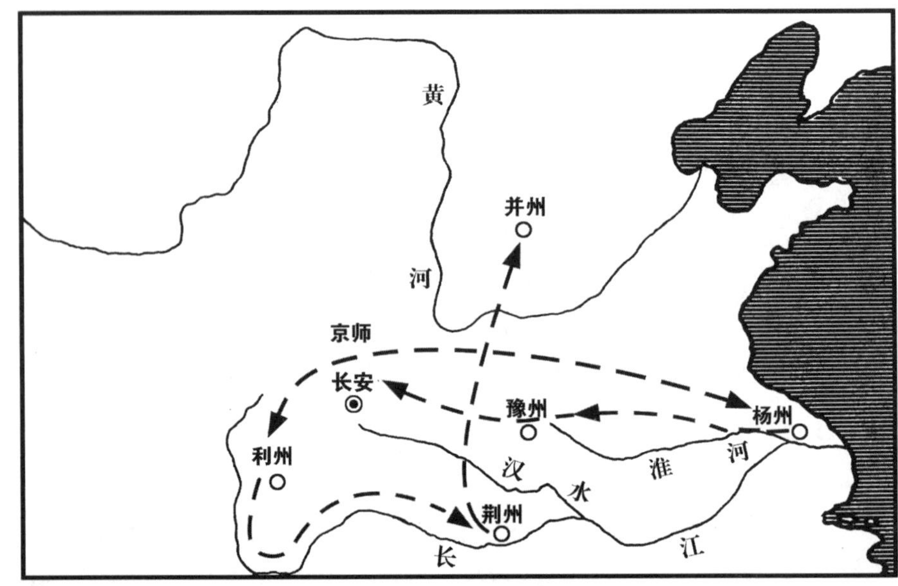

武则天童年游历图

太后娘娘’，俗曰武婆婆也。”[①]

5. 回并州

贞观九年（635）五月，太上皇李渊谢世。武士彟在荆州哀悼成疾，呕血而死。当时，武则天只有十二岁。

武士彟的灵柩在长沙大崇福观里放了七个月[②]。唐太宗认为武士彟是忠孝之士，并追赠礼部尚书，令官办丧事。十二月，武则天兄妹护送着武士彟的灵车，长途跋涉，回到并州（治所晋阳，在今山西太原市西南）故里，在并州大都督英国公李勣的监护下埋葬了他们的父

---

①（宋）周去非撰、杨武泉校注：《岭外代答》，《志异门》，中华书局，1999，第437页。

②（清）倪文蔚：《（光绪）荆州府志》卷28《祠祀·寺观·大崇福观》，台北成文出版社有限公司，1970，第302页。

亲。

从此，武则天一家开始了孤儿寡母的悲凉生活。

二 接受教育

武则天在童年时代，一直随父母奔波，几乎游遍了大半个中国。扬州的烟花，豫州的绿野，利州的山水，荆州的竞帆，并州的飞雁，都在她的脑海里留下了深刻的印象，陶冶了她的情操，培养了她的气魄。这是同时代的同龄人很少能享受的美事。

武士彟夫妇与武则天朝夕相处。士彟为人忠厚，性情开朗，通晓兵法，懂得为官之道；杨氏笃信佛教，富有个性，熟悉经史，能写善画。这无疑会对武则天产生潜移默化的作用。此外，士彟曾经经商，杨氏未曾生男，传统观念较少，不甚重男轻女。因此给武则天传授文化知识也是情理中的事。这在同龄人中也是不多见的。由于缺乏记载，我们无法弄清武则天童年都做过些什么事情，但从现有材料推断，她不是像普通官僚的女儿那样深居闺房，学做家务之事，而是比较“开放”，阅读过文史书籍，学习过书画、音乐、舞蹈等等。

武则天的童年，就是在这样的时代、这样的家庭环境里度过的。她沐浴唐初的风云，跟随父亲的足迹，由一名天真无邪的小女孩，成长为一位婷婷玉立的少女。历史将为她安排怎样的前程，当时她连想都不曾想过。

第二章

【给唐太宗当才人】

武士彟死后，武则天失去了靠山，不得不在老家文水住下。像她这样的女子，在当时是没有多少出路的，长大后能嫁有钱的小户人家也就不错了。然而，就在武则天十四岁的时候，她遇到了一个贵人改变了她的命运。这个贵人就是唐太宗。

第一节 入宫当才人

贞观十一年（637），武则天在山西文水为父亲武士彟守孝。然而，武士彟的原配夫人相里氏所生二子武元庆和武元爽对她们母女不好，武士让的儿子维良、怀运也欺负他们[①]。就在这时，她接到了入宫当才人的诏书。

一 天生丽质

史书记载说，唐太宗之所以诏武则天入宫当才人，是因为她长得很美。

武则天美在哪里？

唐人曾给武则天画过几幅画像。《宣和画谱》卷二《道释二》载：与吴道玄同时的画家杨庭光“善写释氏像与经变相”，宋神宗时，御

① （宋）司马光撰：《资治通鉴》卷 201，乾封元年（666）八月辛丑条，中华书局，1956，第 6349 页。

府藏其画十四，其中包括《写武后真》一幅[①]。同书卷六《人物二》载，德宗时画家周昉“传写妇女，则为古今之冠”，神宗时御府藏有其画七十二幅，其中包括《写武后真》一幅。可惜这些画像都没有保存下来。

唐代的许多寺观里也有她的石像“真容”，但开元以后逐渐损坏，到清朝末期，只剩下广元皇泽寺中的一尊，今也面目全非。唐宋时代的画家，曾给她画过几幅图像，但流传到今天的只有唐张萱的《唐后行从图》和明刻本《历代古人像赞》《君臣图鉴》《三才图绘》《历代帝后像》等作品中的画面。多凭想象构图，且都描绘的是武则天中年时期的形象，很难从中了解她年轻时的相貌。

好在传世文献中对武则天的相貌特征有所描写：

一是“奇相月偃”。此说出自国子司业崔融所撰的《则天大圣皇后哀册文》。该册文称：“至哉坤德，沈潜刚克，奇相月偃，惠心泉塞……”[②]

二是“龙睛凤颈”。此说出自刘肃《大唐新语》。该书记载，袁天纲在给武则天相面时说：“龙睛凤颈，贵之极也。”[③]

三是“方额广颐”。此说出自《新唐书》。该书记载：“主（太平公主）方额广颐，多阴谋，后（武则天）常谓‘类我’。”[④]

方额广颐，说明五官端正丰满。五官端正丰满，一般身段也会比较协调健美。“奇相月偃”，可见她生得眉清目秀。“龙睛凤颈”，

---

①（宋）佚名撰，王群栗点校，《宣和画谱》卷 2《道释二・杨庭光》，浙江人民美术出版社，2012，第 21 页。又见《式古堂书画汇考》卷 32《画二》、《佩文斋书画谱》卷 95《历代鉴藏五》、《绘事备考》卷 3。

②（宋）李昉等编：《文苑英华》卷 837 崔融《则天大圣皇后哀册文》，中华书局，1966，第 4417 页。

③（唐）刘肃撰：《大唐新语》卷 13《记异第二十九》，中华书局，1984，第 193 页。

④（宋）欧阳修、宋祁撰；《新唐书》卷 83《诸帝公主・太平公主传》，中华书局，1975，第 3650 页。

《百美新咏》中的武则天像

《历代古人像赞》中的武则天像

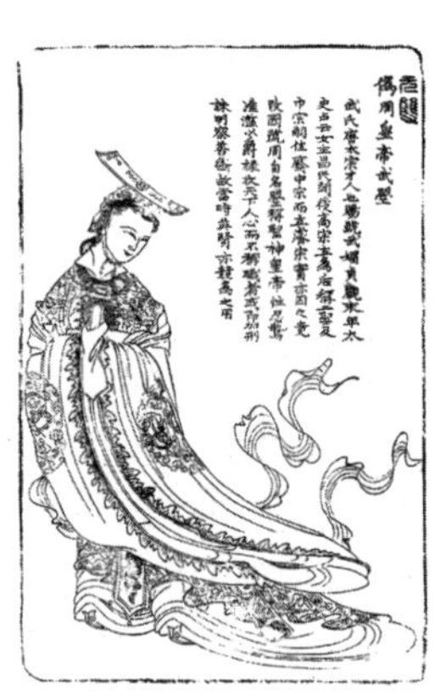

《无双谱》中的武则天像

则说明她还有一双迷人的眼睛。

二 入宫受封

杨氏得知皇上要召自己的女儿武则天入宫，悲喜交集。喜的是，没想到她这个寡妇居然成了皇戚。悲的是，不知女儿此去命运如何，何时才能再相见。

武则天起程之日，杨氏哭得很伤心。武则天却泰然自若，对母亲说："见天子庸知非福，何儿女悲乎？"[①] 杨氏觉得言之有理，就不再哭泣，亲自将她送出了家门。

武则天一入宫便被封为才人。"才人"是内官名称之一，属妃嫔中的一个等级。

唐沿隋制，除皇后外，宫中还置有众多的妃嫔。其中贵妃、淑妃、德妃、贤妃各一人，正一品；昭仪、昭容、昭媛、修仪、修容、修媛、

① 《新唐书》卷 76《则天顺圣皇后武氏传》，1975，第 3474 页。

充仪、充容、充媛各一人，正二品；婕妤九人，正三品；美人九人，正四品；才人九人，正五品；宝林二十七人，正六品；御女二十七人，正七品；采女二十七人，正八品。[①]

才人的地位在妃嫔中算中等偏下，其职责是记录妃嫔们的饮宴睡寝和蚕桑之事。唐太宗直接封武则天为五品才人，是挺看重她的。

第二节 在唐太宗身边

长安城里的皇宫，宏伟壮丽。以前，武则天只是从远处瞧瞧。如今她来到太极宫中的掖庭宫，觉得一切都很新鲜。入宫不久，她见到了唐太宗。太宗看她如花似玉，妩媚可爱，特意赐给她一个动听的称号，叫做“武媚”[②]，故而人称“武媚娘”。从此，武则天带着“武媚娘”的美誉，开始了她的宫廷生涯。

一 看太宗驯马

由于职责的关系，武则天常常可以见到唐太宗。与当时的其他妃嫔一样，武则天很想在皇帝面前表现自己。

有一次，唐太宗在宫女们的簇拥下去看驯马。那马是西域的贡品，名叫“狮子骢”，性情刚烈，高大肥逸，谁也不能调教驾驭。

武则天看到这种情况，便对太宗说道：“妾能制之，然须三物：一铁鞭，二铁挝，三匕首。铁鞭击之不服，则以铁挝挝其首，又不服，则以匕首断其喉。”[③]太宗闻言，对她的气魄非常称赞。

但不知为什么，她却没有得到唐太宗的宠幸。也许是因为唐太宗

①（后晋）刘昫等撰：《旧唐书》卷51《后妃传》，中华书局，1975，第2161–2162页。

②《新唐书》卷76《后妃传上·高宗则天顺圣皇后武氏》，第3474页。

③《资治通鉴》卷206，久视元年正月戊寅条，第6544页。

唐太宗像

武则天像

这位一代英主，只喜爱像长孙皇后、徐贤妃那样温柔的女性，而武则天的个性过于刚烈。

作为才人，武则天在宫中谨守其职，日复一日，年复一年，十多个春秋过去了，不少妃嫔都有所晋升，而她仍然是一个才人，过着寂寥无闻的生活。这对她来说，当然是很失意的事。

二 读书习礼

但是，在此期间，她也学到了不少新东西，在学识方面比以前有了较大的长进。

首先，她接受了严格的宫廷教育。唐制：妃嫔不仅要跟皇后等学妇礼、四德、祭祀、宾容，而且还要跟宫教博士学书算众艺[①]。由于长孙皇后病故，太宗没有再立皇后，所以，武则天进宫后没有受到皇后的约束，除尽到自己的职责外，就同众妃嫔一起学习礼乐，特别是

① 《旧唐书》卷44《职官志三》，第1871页。

诗歌和书法。在这一过程中，她进一步熟悉了上流社会，提高了自己的文化素养。

其次，她自觉不自觉地受到了唐太宗的影响。唐太宗以亡隋为鉴，知人善任，从谏如流，励精图治，是封建帝王的楷模。在他统治期间，政治清明，经济发展，社会安定，国力强盛，这是尽人皆知的事实。作为唐太宗的才人，武则天虽然没有干预政事的权力，但对此一定是很清楚的。很难想象，一个多年生活在皇帝身边的妃嫔对皇帝一无所知。可以推断，在唐太宗的熏陶下，武则天的阅历逐渐丰富。

再者，她基本上弄清了宫廷生活的内幕。长期的才人生活使她深深感到，皇宫并不是每个人的天堂。这里有承欢粉黛的笑颜，也有皓首宫娥的辛酸。表面上，妃嫔举止，彬彬有礼；实际上，争风邀宠，矛盾重重。尔虞我诈，不进则退。从这里，她得到了许多有益的经验和教训。

三 与皇太子相识

唐太宗晚年，猜疑大臣。史载，贞观十九年（645），宰相刘洎因为说了一句“圣体患痈，极可忧惧”的话，被褚遂良诬告，太宗就令他自尽[①]。二十年（646），另一宰相张亮又因“有义儿五百”，被太宗以谋反罪杀掉[②]。这在当时都是重大事件，武则天不会不知。她进一步懂得，政治斗争不比花前月下散步。于是，她逐渐丢掉了天真和稚气，变得成熟起来，开始为自己的前途担忧。

贞观末年，唐太宗的身体越来越差，病情日甚一日。武则天与其他妃嫔轮番入侍。据说唐太宗曾让武则天照顾皇太子。日子久了，与皇太子李治产生了感情。

---

①《旧唐书》卷74《刘洎传》，第2612页。

②《旧唐书》卷69《张亮传》，第2516页。

李治，小字雉奴，是唐太宗的第九个儿子，贞观二年（628）六月出生于东宫之丽正殿，比武则天小四岁。在文德皇后长孙氏所生诸子中排行第三，本来是当不上皇太子的。

太宗长子李承乾是皇太子的法定人选，且于武德九年（626）十月太宗即位之初，就被立为太子。李承乾小时比较聪明，颇得太宗宠爱[①]；但当上太子以后，“每临朝视事，必言忠孝之道，退朝后便与群小亵狎”[②]。太宗知道后，心中不悦，加之承乾又有足疾，更不高兴，便开始偏爱魏王李泰。

李泰是文德皇后第二子，颖悟博学，曾组织学者写成《括地志》一书。他见承乾失德，太宗偏爱自己，便有夺嫡之志。于是二人拉拢朝臣，暗结党羽，明争暗斗，关系十分紧张。为了保住皇太子地位，李承乾在汉王元昌和宰相侯君集等人的支持下，割臂拭血，私下结盟，谋划率兵攻入太极宫，企图谋反。

贞观十七年（643）四月，李承乾等人的阴谋提前败露。太宗杀掉汉王元昌等人，将承乾废为庶人。李泰以为时机已到，在太宗面前倍献殷勤。太宗当面应允立他为太子，大臣岑文本等也表示支持。但是，长孙无忌却坚决反对，他请求立晋王李治为太子。

李泰怕太宗改变主意，便暗中威胁李治，说：“汝与元昌善，元昌今败，得无忧乎？”意思是说，勿与我争，不然，后果不堪设想。李治听后，忧形于色。太宗见了奇怪，多次问其原因。于是李治将真情说了一遍。太宗恍然大悟：立泰，承乾与治皆不得全；立治，则承乾与泰皆安。于是，决定立晋王李治为太子。

为了立李治为太子，太宗还演了一出滑稽戏：一天，太宗罢朝，

① （宋）王钦若等编：《册府元龟》卷258《储宫部·才智》，中华书局，1960，第3072页。

② 《册府元龟》卷258《储宫部·失德》，第3075页。

群臣退出，只让长孙无忌、房玄龄、李勣、褚遂良留下，对他们说：“朕弟元昌和儿子承乾不忠不孝，实在令人寒心。”话音刚落，便一头栽倒于床上。无忌等人大惊失色，急忙上前扶抱。刚扶起来，太宗又抽出佩刀，做出准备自杀的架势。褚遂良一看不好，将刀夺下，交给李治。无忌等问太宗何以如此。太宗说：“我欲立晋王。”无忌说：“谨奉诏，有异议者臣请斩之！”[①]就这样，李治才当上了皇太子。

李治当上皇太子以后，唐太宗给他配备了一批得力的僚属。以当朝宰相长孙无忌为太子太师，房玄龄为太子太傅，萧瑀为太子太保。以李勣为太子詹事兼太子左卫率，李大亮为太子右卫率。以于志宁、马周为太子左庶子，苏勖、高季辅为太子右庶子，张行成为太子少詹

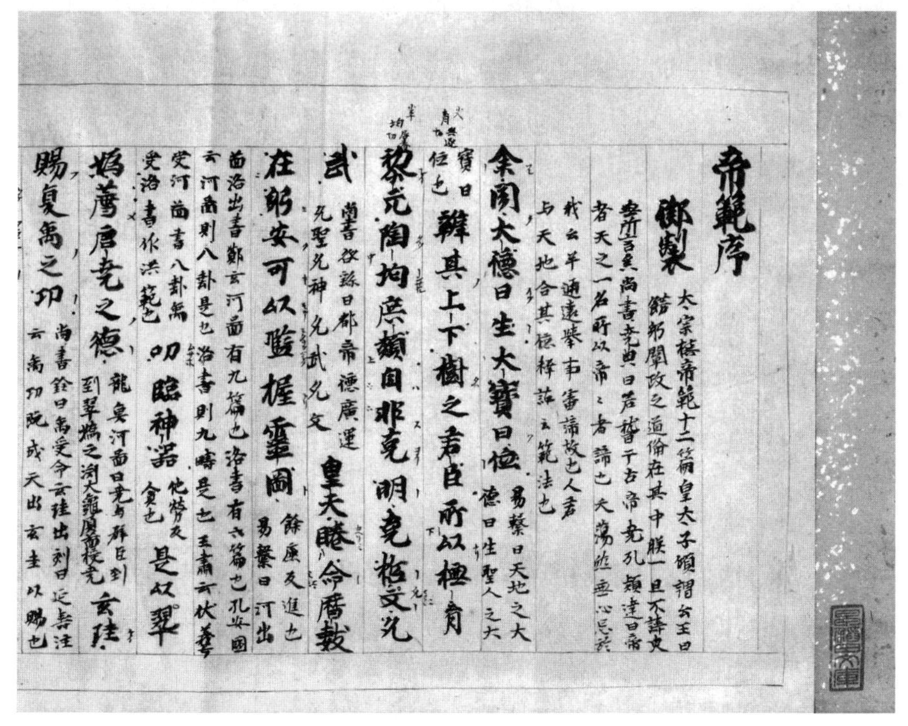
帝範序
御製
余聞大德曰生，大寶曰位，辨其上下，樹之君臣，所以撫育黎元，陶均庶類，自非克明克哲，允武允文，皇天睠命，曆數在躬，安可以濫握靈圖，叨臨神器。是以翠嬀薦唐堯之德，玄珪賜夏禹之功。

《帝范》序（弘化三年〔1846 年〕小野保正抄本）

①《资治通鉴》卷 197，唐太宗贞观十七年四月乙酉条，第 6196 页。

事，褚遂良为太子宾客，让这些元老重臣都来辅佐太子李治[①]。

鉴于李承乾堕落的教训，唐太宗十分注意对李治的教育。每当吃饭的时候，太宗就会说："汝知稼穑之艰难，则常有斯饭矣。"看见太子乘马，也会说道："汝知其劳逸，不竭其力，则常得乘之矣。"看见太子乘舟，则说："水所以载舟，亦所以覆舟，民犹水也，君犹舟也。"看见他在树下休息，就说："木从绳则正，后从谏则圣。"[②]

唐太宗在处理朝政时，常令李治站在一旁观看，或发表意见[③]。还专门给李治写了一本书，名叫《帝范》，从君体、建亲、求贤、审官、纳谏、去谗、戒盈、崇俭、赏罚、务农、阅武、崇文等十二个方面总结自己的统治经验，作为帝王教科书，以供李治学习。同时，还让他参决朝政，锻炼实际临朝的能力。

李治有一个特点，就是忠孝老实。贞观二十年（646），唐太宗病重，下诏军国大事，并委任太子李治决断。李治在听政之余，入侍药膳，不离左右。太宗让他休息一会儿，他也不肯。太宗极为感动，便在自己的寝殿旁设置"别院"，供李治居住。也就是在这个时候，李治认识了武则天。

武则天与太子治在名义上是母子关系。按照封建伦理道德，他们之间绝对不能有什么越轨的行为。但事实上，唐初皇族的伦理观念比较淡薄，男女之间的禁忌也比较松弛。出于独特的审美观念，李治被武媚娘的美丽吸引住了。而武则天在受多年冷落之后，也从李治这位未来的皇帝身上看到了一线希望。

于是，他们之间逐渐产生了情愫。后来李治在一个诏书中写道："朕昔在储贰，特荷先慈，常得侍从，弗离朝夕。宫壶之内，恒自饬躬，

---

①《资治通鉴》卷197，唐太宗贞观十七年四月乙丑条，第6197页。

②《资治通鉴》卷197，唐太宗贞观十七年六月闰月辛亥条，第6199页。

③《旧唐书》卷4《高宗本纪》，第65页。

嫔嫱之间，未尝迕目，圣情鉴悉，每垂赏叹，遂以武氏赐朕，事同政君。”[①]意思是说，他在当太子的时候，深得太宗喜爱，常常待在太宗身边。妃嫔往来，他连看也不看。太宗对此十分赞赏，就把武媚娘赐给了他。这件事就同汉宣帝给皇太子选王政君一样[②]。

从当时的实际情况来看，“常得侍从”，确系事实，“未尝迕目”，则是文饰之词。至于说唐太宗把武则天赐给了他，恐怕完全是他编造出来的谎话。

四 潜伏的危机

贞观二十二年（648）七月，太白星多次白天出现，太史对此进行占卜，得出了“女主昌”的结论。与此同时，民间流传着一种《秘记》谶纬之书，上面也说：“唐三世之后，女主武王代有天下。”[③]唐太宗听到这些消息，心里非常烦恼，但他不相信有哪位女子会成为取代李氏天下的一国之君。

不久，太宗在宫中与武将们宴饮。行酒令时，让各自说出自己的小名。左武卫将军武连县公武安县人李君羡，说他的小名叫五娘。太宗不由一愣，佯装笑脸，说道：“哪来的女子，这般勇健！”罢宴之后，太宗想，李君羡的官称和封邑上都有“武”字，小名又叫五娘，说不定就是那位要夺大唐江山的“女子”。于是，下令把他贬出京城去当华州刺史。几天以后，便把他杀掉了。

---

①《资治通鉴》卷200，唐高宗永徽六年十月乙卯条，第6293页。

②《资治通鉴》卷27，汉宣帝甘露三年条载：“皇太子所幸司马良娣病。……及死，太子悲恚发病，忽忽不乐。帝乃令皇后择后宫家人子可以娱侍太子者，得元城王政君，送太子宫。政君，故绣衣御史贺之孙女也。见于丙殿，壹幸，有身。”由此可见，王政君之得幸于太子与武则天的情况并不相同。

③参（唐）瞿昙悉达撰，常秉义点校：《开元占经》卷46《太白占二·太白经天昼见三》，中央编译出版社，2006，第501页。

李君羡死后，太宗问太史令李淳风：“《秘记》所云，信有之乎？”淳风答道：“臣仰稽天象，俯察历数，其人已在陛下宫中，为亲属，自今不过三十年，当王天下，杀唐子孙殆尽，其兆即成矣。”

李淳风像

太宗又问：“疑似者尽杀之，何如？”答曰：“天之所命，人不能违也。王者不死，徒多杀无辜。且自今以往三十年，其人已老，庶几颇有慈心，为祸或浅。今借使得而杀之，天或生壮者肆其怨毒，恐陛下子孙，无遗类矣！”太宗这才罢手[①]。

由此看来，似乎武则天在贞观末年还有过一次没有降临的灭顶之灾。当然，这也可能是史家捏造的故事。

其一，这一记载本身有许多漏洞。如太白昼见则“女主昌”，这是谶书早已讲过的，此处却说“占云”；又，当时思想统治甚严，民间怎么会流传此类《秘记》？其二，唐太宗如果真的知道武氏会夺取他的江山社稷，难道会因李淳风一言而听天由命？他在与李治的交谈和遗诏中怎么不提此事？其三，如果确有其事，后来高宗要立武则天为皇后时，长孙无忌等用尽各种办法加以反对，又为什么不拿出那个《秘记》？

所以，这一记载可能是封建史家无法解释武则天紫宸易主的原因而归之于天命的产物。李君羡的确死了。只是他的死因为当时史家所掩盖，而被巧妙地用在这里罢了。

① 《资治通鉴》卷199，唐太宗贞观二十二年六月条，第6259页。

第三章

【在感业寺当尼姑】

武则天14岁入宫时满怀希望。她希望受到唐太宗的恩宠，给他生下儿女，然后母以子贵，光宗耀祖。然而，她万万没有想到，她并没有得到唐太宗的宠爱，在她26岁时被迫出家为尼。这究竟是怎么回事呢？

第一节 从才人到尼姑

武则天在唐太宗身边生活了十二年。在这十二年中，她的才人身份始终没有改变。这对她来说是不如意的。但不如意的事还不止这些，唐太宗死后，她的命运被彻底改变。

一 舍身佛门

贞观二十三年（649）五月十六日，唐太宗崩逝于终南山翠微宫之含风殿。两天以后，太子李治即位于柩前，是为唐高宗。唐高宗为了给太宗追福，决定让太宗妃嫔未生育者剃度出家为尼，从佛念经。武则天没有子嗣，就这样，武则天随众妃到感业寺当了比丘尼[①]。

比丘尼又叫苾刍尼、沙弥尼（梵语音译），也就是我们通常所说的尼姑。自汉明帝同意刘峻之女和洛阳妇阿潘出家之后，中国便有了

① 有人认为武则天绝无削发为尼之事（李树桐《唐史考辨》）。但从大量材料分析，武则天当尼姑是无法否认的事实。

尼姑。魏晋以后，尼姑渐多，宫嫔出家者也不乏其例[①]。所以，武则天当尼姑也不是什么新鲜事。

感业寺遗址

二 寺院生活

感业寺位于长安城朱雀街西崇德坊的西南隅[②]，靠近清明渠。其东侧有太宗别庙[③]。周围地势平坦，林木葱郁。但矮小的佛庐怎能与高大的皇宫相比？对于过惯了优裕生活的妃嫔来说，来到这里，无异进了地狱。这不仅是因为这里生活条件较差，而且还因为尼寺里有各种各样的清规戒律。

据《大爱道比丘尼经》，当尼姑首先要削发。削发就是把头发全部剃掉。头发从某种意义上来说是装饰品，去掉头发，这对一个年轻的女人来说本身就是一件痛苦的事。削发之后，还要受十戒：

（一）不得残杀群生，伤害人物。对天上飞的，地上跑的，水里游的，都要加以保护。如见到被

---

①（清）陈梦雷编：《古今图书集成·博物汇编·神异典》卷203《尼部·中国有尼之始》，鼎文书局，1977，第2087页；卷204《尼部·列传一》、卷205《尼部·列传二》，第2088–2102页。

②（宋）宋敏求撰，辛德勇、郎洁点校：《长安志》卷9《唐京城三·崇德坊》，三秦出版社，2013，第318页。今西安市未央区六村堡乡后所寨西南30米处有感业寺，可能是经过迁徙的。

③《资治通鉴》卷199，唐高宗永徽五年三月条，第6284页。

杀者，要为之坠泪。

（二）不得偷盗，不得贪财。不穿珍宝之衣，不戴珠环璎珞，不坐高床帏帐之中。

（三）不得淫。不得畜夫婿，不思夫婿，不念夫婿，不施脂粉，防远男子，禁闭情欲，寂然守贞。

（四）要至诚有信，心直为本。不说三道四，不惹事生非，不证人入罪，不恶语伤人。

（五）不得饮酒。不尝酒，不嗅酒，不至酒家，不与酒客说话。

（六）不乘车，不骑马，不吃肉。

（七）不得彩画，不得金缕绣，不作织成衣与他人，不得坐高床，不得照镜子，不得大笑而语，不高声说话，不弹奏乐器，不歌舞自摇身躯，不顾视而行，不邪视而行。

（八）不得学习巫师，不得作医蛊饮人，不占视吉凶，不谈天说地，不论国家之事。

（九）男女各别，不得同寺而止。不与男子穿同一颜色的衣裳，不与男子同席而座，不与外界书信往来。

（十）不犯恶口，不犯恶心，不犯恶言，不大笑戏调，不昂首走路，不交脚而座。①

削了发，受了戒，才算是尼姑。当了尼姑，就要按戒律行事。此外，平时一定要比师傅起来得早，听经读经不能有丝毫差错，还要努力克服女人的八十四态。这对武则天等人来说，当然是很不情愿的。

尽管武则天一行是唐太宗的妃嫔，感业寺的“师傅”不敢在她们面前说长道短，但既然她们是奉了皇帝之命来当尼姑的，就不可能不受尼寺清规戒律的限制。武则天虽说幼年即受佛教影响，性情开朗，

①《古今图书集成·博物汇编·神异典》卷203《尼部·大爱道比丘尼经》，第2080-2081页。十戒原文较长，此处有所删节。

但当尼姑绝非本愿，因此她在感业寺的心情是很沉痛的。

第二节 初为人母

在感业寺，武则天每天面对青灯黄卷，过着简单平凡的生活。她相信佛教的基本教义，但她尚未看破红尘，因为在她的心中还有许多牵挂。她想念她的母亲，也想念她在宫中认识的皇太子李治。佛教的清规禁锢不住她对李治的思念，但她不知道自己还能不能见到李治。因为李治已经当了皇帝。

一 与唐高宗重逢

唐高宗继位后，按照唐太宗的既定方针处理国政。史载“永徽之政，百姓安阜，有贞观之遗风”[①]。

永徽元年（650）五月二十六日，也就是唐太宗去世一周年的时候，唐高宗举行隆重的祭典仪式，并来感业寺行香。礼毕之后，意外与武则天相见。[②]

史载，唐高宗与武则天相见的情景是：“武氏泣，上亦泣。”[③]武则天望着唐高宗，似乎满肚子委屈，一时不知从何说起，便一个劲地抽泣起来。唐高宗见她这副模样，想起贞观末年的往事，也情不自禁地流下泪来。

此后，高宗常来感业寺与武则天相会。武则天在名义上是比丘尼，

---

①《资治通鉴》卷一九九，高宗永徽元年正月辛酉条，第6270—6271页。

②关于唐高宗在感业寺初次见到武则天的时间，《资治通鉴》只说“太宗忌日”，未载年代。他书略同。案，感业寺是专为太宗追福的，其旁又有太宗别庙，依常理永徽元年，太宗忌日，高宗要来此地行香。

③《资治通鉴》卷一九九，高宗永徽五年三月庚申条，第6284页。

实际上已成了唐高宗的妃嫔。唐高宗十分喜爱武则天，但武则天毕竟已成为尼姑。他一时还找不到一个恰当的借口将她接回宫去，只好让她继续在感业寺里居住。

武则天对唐高宗的不忘旧情十分感激，两人的恩爱日益加深。如果唐高宗较长时间不到感业寺去，武则天就相思不已。她曾经给唐高宗写下这样的诗句：

看朱成碧思纷纷，憔悴支离为忆君。
不信比来长下泪，开箱验取石榴裙。[①]

这首诗的意思是说：我等你、盼你，以至于看朱成碧，形容憔悴。无限的思念使我暗地里不知哭了多少回。如果不相信，请你打开箱子看看我的石榴裙，那上面还有我流下的眼泪。

二 长子李弘的诞生

武则天多么希望唐高宗把她接进宫去，但她也知道，像她这样的人，要重入宫阙不大容易。正当她为此忧虑的时候，她发现自己怀孕了。一年以后，武则天在感业寺生了一个男孩，这就是后来的太子李弘。

关于李弘出生的时间，史书记载不一。《旧唐书·孝敬皇帝传》云：上元二年（675），太子弘薨，年二十四。据此逆推，则生于永徽四年（653）。但《通鉴》卷200云：显庆元年（656），“立皇后子代王弘为皇太子，生四年矣”[②]。据此，则太子弘生于永徽三年。

查《全唐文·孝敬皇帝睿德记》载：李弘“年才一岁，立为代王。”[③]

---

①（清）彭定求等编：《全唐诗》卷5则天皇后《如意娘》，中华书局，1960，第58-59页。

②《资治通鉴》卷200，唐高宗显庆元年正月辛未条，第6296页。

③（清）董诰等编：《全唐文》卷15高宗皇帝《孝敬皇帝睿德记》，中华书局，1983，第184页。

《唐会要》卷二："李弘永徽四年正月封代王。"[1]永徽六年（655）十一月，许敬宗奏称："永徽爰始，国本未生，权引彗星，越升明两。"[2]彗星指燕王忠。可见李忠立为太子时，李弘尚未诞生。燕王李忠是永徽三年（652）七月立为太子的，则李弘之生当在七月以后。这些记载说明，李弘很可能是永徽三年下半年出生的。

李弘的降生，给武则天带来了新的希望，也带来了巨大的困难。因为这孩子生的不是地方。武则天难免会遭人白眼。尽管这孩子是皇帝贵种，一般人不敢说三道四，但要在感业寺里把这个孩子养大谈何容易！

当时，王皇后与萧淑妃争风吃醋，矛盾达到了尖锐化的程度。

王皇后是西魏大将王思政的玄孙女，其父母两家都与李唐皇室有一定的血缘关系。唐高宗为晋王时，她在同安公主的推荐下被太宗选为晋王妃。贞观十七年（643），李治当上皇太子后，她被册为太子妃。高宗即位不久，她又被立为皇后。她是唐太宗心目中的好媳妇，长得也很有姿色，但却不大为高宗喜欢。只是出于对唐太宗的顺从和对长孙无忌等佐命大臣的尊重，高宗才将她立为皇后的。

萧淑妃的出身史书上无明文记载，可见其家世不如王氏。李治当太子时，她被选入东宫，封为良娣。高宗即位，她又被升为淑妃。在当时众多的妃嫔中，她是唐高宗比较喜欢的一个。

王皇后不会生儿育女，但萧淑妃却儿女双双，直接危及王皇后的地位，因此二人勾心斗角。这又引起了唐高宗的不满。

这两件事都为武则天离开感业寺创造了有利的条件。

---

①（宋）王溥撰：《唐会要》卷2《追谥皇帝》，中华书局，1955，第20页。

②《资治通鉴》卷200，高宗永徽六年十一月己巳条，第6295页。

第四章

【给唐高宗当昭仪】

李弘出生后，武则天的内心常常处于矛盾的状态。一方面，她因为有了孩子而欣喜。另一方面，又为他们母子的处境而伤悲。作为李弘的父亲，唐高宗在这件事情上也显得无能为力。正当武则天和唐高宗一筹莫展的时候，王皇后和萧淑妃的斗争为武则天带来了转机。

第一节 二进宫帏

永徽四年（653）春，王皇后与萧淑妃之间的关系空前紧张，为了保住自己的皇后地位，她想到一条妙计，就是利用武则天来打击萧淑妃。这一举措为武则天再次入宫创造了条件。

一 时来运转

长孙无忌是支持王皇后的。经过一番密谋后认为，燕王忠是高宗长子，而生母卑贱。若立他为太子，一则可以扼断萧淑妃的晋升之路，再则不会影响王皇后的地位。于是联合上奏，请立燕王。高宗看他们的要求颇为强烈，又迫于立嫡以长的传统观念，便立燕王忠为皇太子。

但是，萧淑妃并不因此而罢休，继续在高宗面前说王皇后的坏话。燕王忠虽被立为太子，但萧淑妃受宠如故，使得王皇后更加嫉妒。她也时常在高宗面前说萧氏的坏话，但高宗不予理睬，急得她无计可施。

后来王皇后想到了武则天与唐高宗的关系，以为武则天有子，可以夺萧淑妃之宠，若使她二人相争，则自己必能坐收渔翁之利，便建议高宗把武则天从感业寺接回宫中。这正是高宗求之不得的好事，当然一拍即成。

二 重入皇宫

于是，武则天奉唐高宗之诏，告别了生活四年之久的感业寺，再一次踏进了皇宫的大门。第二次入宫以后，她被高宗册封为“昭仪”。昭仪，正二品，是妃嫔中较高的一等。当时，武则天已经29岁了。

武则天第二次入宫后不久，其子李弘也被册封为代王[①]。这样，她就在妃嫔中有了较高的地位。但她并不自尊自大，相反，总是彬彬有礼，显得和蔼可亲。对王皇后更是“卑辞屈体”[②]，伺候得十分殷勤。

第二节 后宫争宠

王皇后见武则天对自己非常恭敬，心中窃喜，以为自己选对了人。但她没有想到，新的宫斗即将开始。

一 独占皇恩

唐高宗本来就喜欢武则天，武则天立为昭仪后的表现又十分得体。这样，他就把对萧淑妃的爱转移到了武则天身上。萧淑妃就被逐渐冷落了。王皇后见萧氏终于败下阵来，自以为得计，觉得自己的皇后地位可以稳固了。

然而，王皇后做梦也没有想到，事情后来会发生逆转。萧淑妃的确是被冷落了，但唐高宗专宠武则天，这是她始料不及的。王皇后看

---

①（清）王昶撰：《金石萃编》卷58《孝敬皇帝睿德纪》，陕西人民美术出版社影印扫叶山房本，第6页。

②（宋）司马光等撰，（元）胡三省音注：《资治通鉴》卷199，高宗永徽五年（654）三月条，中华书局，1956，第6284页。

到萧氏失宠之后得宠的不是自己，而是武昭仪，心里感到非常沮丧。因此，对武昭仪产生了仇恨的心理，决心把武昭仪从皇宫中清理出去。

萧淑妃也许还不了解王皇后的计划。她眼睁睁地看到，打破自己美梦的是武昭仪这个“不速之客”。她未曾料到，这个从感业寺中迎来的美人，如此得宠，如此富有魅力，竟然轻而易举地取代了自己的地位。因此，她发疯般地妒恨武则天，也想拔掉这颗眼中钉。

在这种情况下，王皇后和萧淑妃之间的矛盾缓和了。她们不再彼此攻击，而都将矛头对准了武昭仪。

二 排挤王皇后和萧淑妃

武则天对王皇后和萧淑妃的用心十分清楚。以往的经历告诉她：要保住既得利益，就决不能退让。她必须同王萧二人进行一番较量，并取得胜利。

王皇后出自名门，姿色秀丽，又是太宗亲自选定的儿媳，具有皇后身份，地位尊崇，在朝廷中有不少达官贵人为其撑腰。但她与唐高宗感情不好，又无子女，且喜妄自尊大，在后宫中比较孤立[①]。

萧淑妃长得漂亮，与高宗有一定的感情，并为唐高宗生有一男二女，即许王素节、义阳公主和宣城公主。但她在朝廷中势力单薄，在后宫中也没有什么威信。

武昭仪不仅生得美丽，聪明巧慧，而且与高宗感情很深，并在后宫中威望较高，在朝廷中也有一部分支持者。但她出身低微，又当过唐太宗的才人。

由于王皇后与萧淑妃结盟，又有部分朝臣的支持，在宫斗中实力较强。不过，武则天也有一个很大的优势，那就是她与唐高宗有深厚

---

①《资治通鉴》卷 199 永徽五年（654）十月条载：“后不能曲事上左右，母魏国夫人柳氏及舅中书令柳奭入见六宫，又不为礼。”第 6286 页。

的感情。所以，谁胜谁负，就要看谁的手段高明了。

王皇后和萧淑妃反对武则天的劲头十足。但她们不能很好地合作，只是各自为战，捏造事实，给武昭仪脸上抹黑。

武昭仪则不然。她一方面无微不至地体贴唐高宗，另一方面，在后宫中拉拢势力，特别是拉拢被王皇后排斥的那些人，“伺后所不敬者，必倾心与相结，所得赏赐分与之”[①]，通过她们掌握王皇后、萧淑妃的一言一行，“后及淑妃动静，昭仪必知之”，然后调盐加醋，告诉高宗。

这样一来，高宗便不信王皇后和萧淑妃而独信武昭仪。史书说：“帝终不纳后言，而昭仪宠遇日厚。”[②]

唐高宗虽然宠爱武昭仪，但还没有马上废掉王皇后的意图。武则天认为，只要有王皇后在，自己的日子就不得安宁，更不可能当上皇后，因而必欲除之而后快。

第三节 卷入宫斗

永徽六年(655)，长安宫城中硝烟再起。宫斗的核心人物是王皇后、萧淑妃和武昭仪。参与宫斗的还有长孙无忌、李勣等大臣。

一 与权臣对垒

永徽六年初，武昭仪与王皇后、萧淑妃的斗争白热化。在唐朝最高统治集团内部，围绕着皇后废立问题的争论，也形成了两大派别。

争论的一方是贞观老臣，以宰相为主，其代表人物是长孙无忌、褚遂良、于志宁、柳奭、韩瑗和来济。

---

①《资治通鉴》卷 199，高宗永徽五年（654）十月条，第 6286 页。

②(后晋)刘昫撰:《旧唐书》卷 51《高宗废后王氏传》，中华书局，1975，第 2170 页。

长孙无忌，河南洛阳（今洛阳市）人。祖上本是鲜卑贵族，姓拓跋氏。北魏时战功最多，又为宗室之长，故改姓长孙。高祖稚，西魏太保、冯翊文宣王。曾祖子裕[①]，西魏卫尉卿、平原郡公。祖兕，北周骠骑大将军，开府仪同三司，袭平原公。父晟，隋右骁卫将军。妹即太宗之文德皇后。家世异常贵盛。无忌幼时，与秦王李世民关系密切。后参与“玄武门之变”，功居第一，进封齐国公。贞观年间，屡见宠遇，位至宰辅。在宰相马周等相继病故后，检校中书令，知尚书、门下事，独揽相权，深得太宗倚重。曾力主以晋王治为皇太子。太宗死后，他以国舅、太尉、顾命大臣的身份辅佐高宗，地位十分尊崇[②]。

长孙无忌像

褚遂良，杭州钱塘（今浙江杭州市）人。其先世居住在河南阳翟（今河南禹县），后渡江仕于南朝。高祖湮，梁御史中丞。曾祖蒙，太子中舍人。祖蚧，陈秘书监。父亮，唐初“十八学士”之一，历任通直散骑常侍等职[③]。遂良博涉文史，尤工隶书。贞观时日渐重用，官至中书令。太宗临死前，命遂良与无忌共同辅佐太子，并令遂良草录遗诏。高宗即位，奉遗诏辅政，颇有权势[④]。

---

①（宋）欧阳修、宋祁撰：《新唐书》卷 76《太宗文德顺圣皇后长孙氏传》说其曾祖名“裕”，中华书局，1975，第 3470 页。

②《旧唐书》卷 65《长孙无忌传》，第 2454 页。

③《旧唐书》卷 72《褚亮传》，第 2582 页。

④《旧唐书》卷 80《褚遂良传》，第 2738 页。

于志宁，雍州高陵（今陕西高陵）人，出自鲜卑贵族。曾祖谨，西魏八柱国之一，北周时任太师，封燕国公。祖义，隋潼州总管，建平郡公。父宣道，隋内史舍人。家世相当煊赫。志宁初从太宗征讨，后又兼辅太子承乾，为太宗所重，官至侍中、太子左庶子。永徽元年（650），加光禄大夫，进封燕国公，继续担任宰相[①]。

柳奭，蒲州（今山西永济一带）人。曾祖庆，西魏宰相，封平齐景公。祖旦，隋太常少卿，封新城县公。父则，隋左卫骑曹。门望较盛，且与隋、唐皇室也有一定姻亲关系[②]。高宗即位后，柳奭因是王皇后的舅父，渐被重用。永徽三年，官至中书令[③]。

韩瑗，雍州三原（今陕西三原县）人。曾祖褒，西魏、北周重臣，以少保致仕，封三水县公。祖绍，隋太仆少卿，封金崖县公。父仲良，唐刑部尚书、秦州都督府长史，封颍川县公。瑗袭父爵，与长孙无忌及李唐皇室有间接的姻亲关系[④]。永徽三年（652），拜黄门侍郎；四年，参与朝政；五年，加银青光禄大夫；六年，又迁侍中，兼太子宾客[⑤]。

来济，扬州江都（今江苏扬州市）人。其先世并不显华，但父亲来护儿是隋代名将，官至左翊卫大将军，封荣国公。贞观时，来济为太子司仪郎兼崇贤馆直学士。永徽二年，又任中书侍郎；四年，同中书门下三品；五年，加银青光禄大夫，封南阳县男；六年，迁中书令，检校吏部尚书[⑥]。

从家世和身份来看，这些人几乎都是士族的后裔，身为宰相，权

---

①《旧唐书》卷 78《于志宁传》，第 2697 页。

② 奭伯祖子娶隋兰陵公主；堂叔娶唐高祖外孙女。

③《旧唐书》卷 77《柳亨传》，第 2682 页。

④ 妻为无忌从父操之女；操子娶太宗新城公主。

⑤《旧唐书》卷 80《韩瑗传》，第 2740 页。

⑥《旧唐书》卷 80《来济传》，第 2742 页。

倾内外，无论是政治上还是经济上，都拥有雄厚的资本。

争论的另一方是所谓的庶族官僚，寒门士子。其代表是李勣、许敬宗、李义府、崔义玄、王德俭、袁公瑜等人。

李勣，曹州离狐（今山东东明）人。本姓徐，隋末参加瓦岗军，降唐后赐姓为李。祖上是山东土豪，没有名人。本人屡经战阵，在维护唐朝版图方面有很大的功绩。封英国公，出将入相，地位较高，但不是“元从将领”，没有参加“玄武门之变”，也不是拥立晋王的功臣，因此，多少受到太宗猜忌。贞观二十三年（649）四月，太宗病危，曾对太子治说：李勣才智有余，但你对他没有恩泽，恐怕不能驾驭。我现在准备将他贬出朝去。如果他马上动身走，我死后，你就把他用作宰相，当成亲信；如果他徘徊观望，那么我就把他处死，给你解除后患。于是将李勣贬往千里之外的叠州（治所合川，在今甘肃迭部县一带）。李勣明白太宗的心事，接诏后没有回家就前往贬所。高宗即位后，按照太宗的遗旨，任命李勣为开府仪同三司、同中书门下三品、左仆射。但李勣知道相权掌握在长孙无忌等人手中，所以要求解职。于是高宗解除李勣的左仆射，只留下开府仪同三司、同中书门下三品，相当于宰相的空名号。因此，实际地位远远不及长孙无忌①。

许敬宗，杭州新城（今浙江富阳西南）人。其先祖自高阳南渡，世世代代在南朝做官。祖亨，陈卫尉卿。父善心，陈时为通直散骑常侍，至隋任礼部侍郎，在江都被宇文化及杀死②。门第虽不很高，但仍属于士族。其人颇有学问。初为秦王府“十八学士”之一，后在太宗之世一度掌执枢密，又尝为太子右庶子。高宗即位后，他资格很老，却未能复登相位。因嫁女于少数民族首领冯盎，多收财贿，一度被贬

---

①《旧唐书》卷67《李勣传》，第2487页。《资治通鉴》卷199，太宗贞观二十三年—高宗永徽元年（649～650），第6266-6273页。

②（唐）魏徵等撰：《隋书》卷58《许善心传》，中华书局，1973，第1431页。

为郑州刺史。后虽被任为礼部尚书，但总觉得自己才高位卑，不甚得意[①]。

李义府，瀛州饶阳（今属河北）人。先世曾居四川，家境寒微。有辞学，善属文。剑南道巡察大使李大亮荐于太宗。据说太宗令其赋诗，立成，有“上林多许树，不借一枝棲”之语。太宗大悦，言“吾将全树借汝，岂惟一枝”[②]。后在刘洎、马周等人的推荐下当了监察御史、太子舍人，加崇贤馆直学士。刘洎被杀，马周病故之后，李义府久不得志。及长孙无忌辅政，李义府更加感到自己随时都有被贬官的危险[③]。

崔义玄，贝州武城（今山东武城县西）人，出自清河崔氏南祖房，但自五代祖以下，皆无名位[④]。因此，已算不上士族。据两《唐书》本传，义玄隋末投靠李密，未得一官半职，后拉拢大将黄君汉降唐。永徽初，任婺州刺史。以镇压陈硕真起义之功，拜御史大夫。

王德俭，幽州（今北京市）人。曾祖清，梁安南将军。祖孟，陈东衡州刺史。父纩，楚州刺史[⑤]。德俭永徽年间官至中书舍人，是许敬宗的外甥，瘿而多智，时人号曰“智囊”[⑥]。

袁公瑜，陈州（今河南周口市一带）人。曾祖虬，魏车骑大将军、行台大都督、汝阳郡开国公。祖钦，北周昌城太守，汝阳郡开国公。父弘，唐雍州万年县令、舒州刺史。公瑜年 19，调补文德皇后挽郎。历任大理司直、晋阳县令、大理寺丞、兵刑二部员外郎、兵部郎中、

---

①《旧唐书》卷 82《许敬宗传》，第 2762 页。

②（唐）刘悚撰、程毅中点校：《隋唐嘉话》卷中，中华书局，1979，第 19 页。

③《旧唐书》卷 82《李义府传》，第 2766 页。

④《新唐书》卷 72 下《宰相世系表》，第 2750 页。

⑤《新唐书》卷 72 中《宰相世系表》，第 2629 页。

⑥《大唐新语》卷 12，第 180 页。

御史中丞等职[①]。

这些人的出身比较复杂，有的是士族，但更多的是庶族。当时，他们有一个共同的特点，就是政治地位较低，受到宰相集团的排挤。

以长孙无忌为首的一派，反对立武则天为皇后，原因是：其一，如果立武则天，势必要废王皇后。王皇后是唐太宗托付给他们的。若同意废掉，别人会说有负遗旨。其二，武则天曾当过太宗的才人。若拥立武氏，会有损于他们的体面，违背传统观念，给他人留下离经叛道的口实。其三，王皇后与他们有千丝万缕的联系，王皇后的地位与他们的利益密切相关。废王立武，势必损害他们的既得利益。这一点是最重要的。

以李勣为首的一派，支持立武则天为皇后，主要原因是：他们对长孙无忌等人独掌相权、把持仕途的局面深恶痛绝。他们不满现状，要求改变现状，企图通过废立皇后的办法来提高自己的政治地位。

因此，这两个派别之间的冲突，从表面上看来好像是士庶之争，因为一派全是士族，一派以庶族为主；但从斗争的具体内容上看，并不是纯粹的士庶之争，而主要是维护或夺取相权的权力之争。

二 反复较量

永徽六年（655）初，唐高宗开始谋划皇后废立之事。袁公瑜、许敬宗揣度形势，迎合上意，暗中表示支持[②]。

唐高宗和武则天认为，要实现皇后废立，长孙无忌是一个重要人物。因为他既是国舅，又是顾命大臣。如果他同意了，就会减少许多阻力。因此，他们双双来到长孙无忌的府第。酒酣，破格提升长孙无

---

①《大周故相州刺史袁府君（公瑜）墓志铭并序》，刊《千唐志斋藏志》，文物出版社，1983，第 481 页。

②《资治通鉴》卷 199，高宗永徽五年（654）冬十月条，第 6287 页。

忌的三个儿子为朝散大夫，并赐给金银宝器各一车，绫绵十车，试探这位国舅的态度。

趁无忌高兴的时候，高宗叹息一声说：王皇后无子。意思是暗示无忌，希望他感恩戴德，同意废王后而立武氏。长孙无忌心里明白，但不顺从高宗的旨意，故意打岔子，说些别的事。二人碰了钉子，感到极为扫兴，愤然回宫。

后来武则天又派母亲杨氏找许敬宗前去和长孙无忌说情。长孙无忌更不客气，干脆顶了回去。

唐高宗本欲长孙无忌回心转意，没想到他竟如此顽固，心中有说不出的恼怒。但无忌既是舅舅，有拥立之功，又是顾命大臣，权势很盛，不好随便处置。他只好忍气吞声，把自己的心事暂且搁下。

可武则天却咽不下这口气，她是不肯屈居王皇后之下的。她相信，凭着高宗的宠爱和自己的机智，总有一天，她会如愿以偿的。因此，一点也不灰心。这年三月里，她写了一篇《内训》①，俨然以皇后的身份自处。

相传永徽五年（654）末，武则天生了一个女孩，为了陷害王皇后，她竟然把自己的亲生女儿扼杀了。这种说法似乎有一定的根据。

《唐会要》："昭仪所生女暴卒，又奏王皇后杀之，上遂有废立之意。"②

《新唐书》卷七十六列传第一《后妃传上》载："昭仪生女，后就顾弄，去，昭仪潜毙儿衾下，伺帝至，阳为欢言，发衾视儿，死矣。又惊问左右，皆曰：'后适来。'昭仪即悲涕，帝不能察，怒曰：'后杀吾女，往与妃相谗媢，今又尔邪！'由是昭仪得入其訾，后无以自解，

①《旧唐书》卷4《高宗本纪》，第74页。

②《唐会要》卷3《天后武氏》，第24页。

而帝愈信爱，始有废后意。”[1]

《资治通鉴》亦载：“后宠虽衰，然上未有意废也。会昭仪生女，后怜而弄之，后出，昭仪潜扼杀之，覆之以被。上至，昭仪阳欢笑，发被观之，女已死矣，即惊啼。问左右，左右皆曰：‘皇后适来此。’上大怒曰：‘后杀吾女！’昭仪因泣数其罪。后无以自明，上由是有废立之志。”[2]

当代学者或以此作为武则天残忍的根据，认为武则天确曾生过一个小公主，为了当皇后，将其扼杀，用以陷害王皇后[3]。

但事实上，此事未必可靠[4]。因为两《唐书·则天纪》不载。唐朝人刘肃所著的《大唐新语》一书中，虽收入了不少贬责武则天的资料，其中《酷忍》一章中就记载了武则天与王皇后、萧淑妃斗争的全过程及武则天如何残忍杀害王、萧二人，杀害长孙无忌，及酷吏杀害等 11 条罪状，但并没有关于她扼杀亲女、嫁祸于王皇后的任何记载。

最重要的是，所谓武则天扼杀小公主之事发生在永徽六年初。但这个时段，武则天是不可能生小公主的。因为史书明确记载太子李贤生于永徽五年十二月十七日。而王皇后在永徽六年六月即被唐高宗限制自由。从永徽五年十二月到次年六月仅半年时间，在这半年中，武则天是不可能生出一个小公主的。

因此，所谓“小公主”实际上是不存在的，而武则天扼杀小公主之事纯属无稽之谈。

事实上，王皇后之被废是另有原因的。

史载，王皇后看到武昭仪宠遇日隆，心急如焚，妒火中烧，便与

---

①《新唐书》卷 76《后妃传上》，第 3474–3475 页。

②《资治通鉴》卷 199，高宗永徽五年十月条，第 6286–6287 页。

③ 胡戟：《武则天本传》，三秦出版社，1987，第 24 页。勾利军：《武则天杀女应属事实》，《史学月刊》，1996 年第 4 期。

④ 梁恒堂：《武则天杀女辨误》，《武则天探秘》，山西古籍出版社，1997，第 27 页。

其母柳氏找来巫师，施“厌胜”之术[①]。但她不曾料到，她身边就有武则天的心腹，把这一情况传送给了武则天。

武则天将此事向高宗作了汇报，说王皇后诅咒圣上，罪不容诛。高宗闻言大怒，下令把柳氏赶出宫门，不许再进，并免去柳奭的宰相职务，贬为遂州刺史。这件事更坚定了高宗废王立武的决心。《旧唐书》卷51《高宗废后王氏传》载：王皇后求巫祝厌胜，事发，“帝大怒，……将废后，长孙无忌、褚遂良等固谏，乃止”。

武则天当时的职位是昭仪，在她上面还有贵妃、淑妃、德妃、贤妃等。在这种情况下，要把她直接立为皇后，似乎有些名不正，言不顺。有鉴于此，高宗下诏特封武则天为“宸妃”，以提高她的地位。

但宰相韩瑗和来济拼命反对，说后宫内职古有定制，从来没有什么宸妃；以武昭仪为宸妃，会破坏大唐帝国的礼仪。高宗不想因此招来更多的麻烦，就取消了宸妃之号，武则天仍当她的昭仪。反对派又取得了一个小小的胜利[②]。

长孙无忌乘胜进攻，想采用釜底抽薪的办法削弱武则天的支持者，便利用手中的大权，草拟敕书，准备贬李义府为壁州司马，把他赶往剑南。可是，敕书还没有传到门下省，就走漏了风声。

李义府得知后，忙找好友中书舍人王德俭商量对策。王见李处境危险，恐唇亡齿寒，便出主意说：武昭仪甚承恩宠，皇上早就想把她立为皇后，之所以到现在还不下诏书，是害怕宰相们反对。你如果能挺身而出，公开主张立武昭仪为皇后，就可以转祸为福，坐取富贵。李义府听了频频点头。

---

①《资治通鉴》卷199据《实录》载：此系昭仪诬告。但以情理分析恐也未必。今从《旧唐书》卷51《高宗废后王氏传》。

②《通鉴·考异》驳《唐历》而从《会要》，云未为宸妃。但《旧唐书·则天纪》云：“进号宸妃”，《新唐书·则天纪》略同。故恐有进号之争。至于后来立武氏为皇后诏仍称昭仪者，疑先进号，后去之。

次日，李义府代王德俭值班，即叩阁上表，请立武昭仪，废王皇后。高宗大喜，立即召见，赐珠一斗，留居旧职。武则天又派人前去慰劳。不久，李义府被提拔为中书侍郎。崔义玄等见李升迁，也前来“申劝”，与许敬宗、李义府、袁公瑜等互为表里，逐渐成为武昭仪的心腹。

唐高宗见武昭仪有了一些支持者，便重新提起了废立之事。九月某日，高宗退朝，召长孙无忌、李勣、于志宁、褚遂良进入内殿。他们都知道，肯定是为皇后的事，各自盘算着如何表态。

李勣担心与长孙无忌发生正面冲突，心生一计，说他病了，不能去，所以来到内殿的只有三人。

高宗对长孙无忌说：莫大之罪，无过于绝嗣。王皇后无子，而武昭仪有之。我想废王立武，你认为如何？无忌十分狡猾，首先推出褚遂良，说：先帝以遂良为顾命大臣，请陛下问他。

不等高宗开口，褚遂良就说：皇后出自名家，是先帝为陛下娶的媳妇。先帝临终时，曾拉着陛下的手对我说：“朕佳儿佳妇，今以付卿。”[①]言犹在耳，陛下还记得吧。这些年来没听说皇后有什么过错，怎么能轻易废掉！我不敢屈从陛下而违背先帝的遗命。

高宗很不高兴，挥手让他们退下，回去再认真考虑一番。

第二天，唐高宗询问考虑结果。于志宁既怕违旨得罪，又不肯赞同，看看高宗，再看看长孙无忌，不作一声。

褚遂良只好再次出阵。他的态度很坚决，声色俱厉地说：陛下假如一定要换易皇后，天下名门闺秀哪里没有，何必非要武氏！武氏曾经当过先帝的才人，这是人所共知的。若立她为皇后，世人将谓陛下为何如！愿陛下三思！臣违背陛下旨意，罪该万死。但只要不负先帝，死也甘心。说完，把笏朝殿阶上一放，又说：还陛下此笏。接着解下头巾，叩头流血，用辞职和生命威胁高宗。

---

①《资治通鉴》卷199，高宗永徽六年（655）九月条，第6290页。

高宗见褚遂良态度如此顽固，勃然大怒，喝令来人，把他拉出。坐在帘后的武昭仪喊道：“何不扑杀此獠！”长孙无忌立即站出来为褚遂良辩护：“遂良受先朝顾命，有罪不可加刑。”[①]这样，才算稳住了阵脚。

褚遂良被赶下宫殿之后，长孙无忌又推出了韩瑗和来济。

韩瑗对高宗说：王皇后是陛下为太子时先帝亲自选定的，直到现在并没有过错，而陛下却要加以废黜。这件事要是让后人知道，谁能不感到困惑不解。愿陛下以社稷为重，不要轻举妄动。说罢呜咽流涕。高宗强按怒火，一言不发。

第二天，韩瑗又谏，内容与昨日略同，但感情更加悲切，几乎控制不住自己。高宗让人把他送回家去。可他还不甘心，又上了一道奏疏说：匹夫匹妇，犹相选择，何况天子！皇后是用来母仪万国的，天下的善恶都由她来决定。嫫母虽丑，但能辅佐黄帝；妲己虽美，终于倾覆殷商。《诗经》上说：“赫赫宗周，褒姒灭之。”可见女在德而不在色。我以前看到古代这类事情，常常废书兴叹，没想到会发生于今日。愿陛下悬崖勒马，不要给后人留下笑柄。过去吴王不听伍子胥的话，结果麋鹿游于姑苏之台。如果陛下不听我的话，恐怕海内失望，宗社为虚的日子就不远了。

在这里，韩瑗把武昭仪比作妲己、褒姒，而且字里行间充满了对高宗的恫吓。来济也上表谏阻，他说：王者立后，只有选择名家闺秀，才能副四海之望。高宗感到这些都是陈词滥调，皆不予采纳。

但皇后废立之事已牵动这么多宰相，他们的态度如此顽固，高宗感到阻力太大了。他在烦闷之际想到了李勣，就秘密地来到李勣的住宅，用试探性的口气征求他的意见：朕欲立武昭仪为皇后，可是褚遂良等人都表示反对。遂良既是顾命大臣，你看这事是不是就算了？

①《资治通鉴》卷 199，高宗永徽六年（655）九月条，第 6290 页。

李勣与长孙无忌等有着较深的矛盾。他从心底里是支持高宗此举的。但这位足智多谋的政治家又不愿十分露骨地说出自己的立场，便说：“此陛下家事，何必更问外人！”[①]这句话虽然很短，但意思十分清楚：不要理睬褚遂良等人，您想怎么干就怎么干。

李勣像

唐高宗听了李勣的话，觉得茅塞顿开，精神为之一振，从而更加坚定了废立皇后之志。

此时，许敬宗也在朝中大发议论，说什么田舍翁多收十斛麦，尚欲换掉旧妇，何况天子富有四海，立一皇后，有何不可？此事和我们这些人有何相干而竟妄生异议！

武则天知道这件事后十分得意，让人专门向高宗作了汇报。于是，高宗决心排除一切干扰，立武则天为皇后。

七月，唐高宗开始行动，任命李义府为中书侍郎、参知政事。九月，贬褚遂良为潭州都督。这样，拥立者日益得势，反对者节节败退。武则天当皇后的日子已为时不远了。

①《资治通鉴》卷199，高宗永徽六年（655）九月条，第6291页。

第五章

【给唐高宗当皇后】

永徽六年的皇后废立之争，是唐朝历史上最典型的宫斗。这场斗争惊心动魄，从后宫波及外朝，不少大臣被卷入其中。结果，在唐高宗等人的大力支持下，武则天大获全胜，为当皇后铺平了道路。

第一节 荣迁“国母”

武则天二次入宫之初，并没有奢望自己会为皇后。但在残酷的宫斗之中，她有了取代王皇后的想法，并最终实现了她的理想。

一 奉诏上位

永徽六年（655）十月，皇后废立之争到了尾声，谁废谁立，大局已定。因此，唐高宗决定用诏书的形式，将结果公布于众。

十月十三日，是王皇后和萧淑妃最痛苦的日子。这一天，唐高宗下了道诏书：

王皇后、萧淑妃谋行鸩毒，废为庶人，母及兄弟，并除名，流岭南。[①]

其实，王皇后和萧淑妃并无毒害高宗之举。所谓“谋行鸩毒”，完全是欲加之罪。王皇后和萧淑妃接到诏书，相对而泣，随即被置于别院。其亲属原来跟着沾了光，如今也跟着倒了霉。

王皇后被废后，文武百官，尤其是皇后废立的支持者，纷纷上表，

---

①（北宋）司马光：《资治通鉴》卷200，高宗永徽六年（655）十月条，中华书局，1956，第6293页。

请立武昭仪为皇后[①]。

十月十九日，唐高宗又下了一道诏书，原文是这样写的："武氏门著勋庸，地华缨黻，往以才行，选入后庭，誉重椒闱，德光兰掖。朕昔在储贰，特荷先慈，常得侍从，弗离朝夕。宫壶之内，恒自饬躬；嫔嫱之间，未尝迕目。圣情鉴悉，每垂赏叹。遂以武氏赐朕，事同政君。可立为皇后。"[②]

唐高宗在这里有意抬高武氏门第，并把他们的结合堂而皇之地说成太宗恩赐，显然是为了说明立武则天为皇后的合理性[③]。武则天接到诏书，忘记了争宠以来的疲惫。她所感受到的，是由衷的欣慰。

二 戴凤冠的时刻

《立武昭仪为皇后诏》颁发之后，太极宫和武氏宅院张灯结彩。唐高宗按照传统习惯，开始举行隆重的"纳后"仪式。

首先是"命使""纳采""问名""纳吉""纳徵"，以司空李勣、左仆射于志宁为正副使者，备礼"求婚""定婚"。

接着进行最重要的册封之礼。李勣、于志宁乘辂，持节，备仪仗，至武家大门外，于西侧就位。武家主人穿着崭新的朝服立于东阶[④]，面西。

傧者出门，问有何事，李勣说道："某奉制，授皇后备物典册。"傧者入告主人，主人出门迎接勣等，向北再拜。勣等并不答礼，入大门，

---

①《资治通鉴》卷 200，高宗永徽六年（655）十月条，第 6293−6294 页。

②（清）董诰等编：《全唐文》卷 11《立武昭仪为皇后诏》，中华书局，1983，第 143 页。

③黄约瑟：《武则天如何登后座——论立武后诏》，见《武则天与洛阳》，三秦出版社，1988。

④士彟已亡，主人当为武家长者。

法门寺地宫出土武则天绣裙

立于左侧。主人入，立于右侧。

这时，奉册宝案者将册宝交给于志宁。志宁交内侍。内侍西向受之，转向交给内谒者监。内谒者监持入，立于则天所处阁外之西，向东，下跪，置之于案。尚宫以下入阁，协助武则天戴首饰，穿皇后袆衣。

打扮就绪，尚宫引导，武则天在傅姆的陪同下立于庭中，面向北方。尚宫跪取制册，尚服跪取宝绶，立于则天之右，面向西方。司言、司宝各一，立于则天之左，面向东方。

这时，尚宫说道："有制。"尚仪立即说"再拜"。则天闻言再拜。拜罢，尚宫宣读册文："维永徽六年十一月一日，皇帝使使持节司空英国公李勣等册命前荆州都督士彟女武氏为皇后。咨尔《易》阶乾坤，《诗》首关雎。王化之本，实由内辅。是故皇英嫔虞，帝道以光。太任姒姬，周胤克昌。皇后其祗勗厥德，以肃承宗庙，虔恭中馈，尽敬于妇道，导师道于六宫，作范仪于四海。皇天无亲，惟德是依，可不慎欤。"①

①（唐）杜佑：《通典》卷 122，《礼典·嘉礼一》"册后"条，中华书局，1988，第 3123–3125 页。

话音刚落，尚仪又令再拜。然后，尚宫将册文授于则天，则天又授于司言。尚服把宝绶授于则天，则天复授之司宝。则天升坐，内官以下皆贺。

武则天像

礼毕，皇后入室，李勣等回宫复命。“册后”礼结束后，又举行了“奉迎”“同牢”之仪。武则天在浩浩荡荡的仪仗引导下，被迎入宫中，与高宗“会餐”，然后进入“洞房”。①

这是戴凤冠的时刻。尽管这些仪式异常烦琐，冬季的长安寒风刺骨，然而，武则天的心里却是热乎乎的。她回想起随父南北奔波的岁月，回想起第一次入宫前母亲的眼泪，回想起感业寺的青灯，而如今，辉煌的前程就在眼前……

唐高宗像

她按捺不住内心的喜悦。喜悦之外，她还有一种感激之情。她感激失意官僚、寒门仕子的支持，如果没有这部分人，长孙无忌等人一手遮天，那么，即使高宗宠爱她，恐怕她也是很难当上皇后的。

她感激高宗对她的深厚情爱，如果高宗不爱她，或者说爱得不是那样深，而宠信王皇后，那么，即使李勣等人有通天的本领，也无异于痴人说梦。

在感激之外，她还颇有一点自恃，那就是她的美貌和才智。如果不是相貌出众，富有魅力，高宗怎会被她吸引？如果不是聪明智慧，通文史、晓音律、懂书法，与高宗有共同的语言，高宗怎能对她有如此深厚的情爱？

---

① 此次纳后仪式，史书上没有明确记载。案，当时用贞观之礼。贞观礼基本保存于《大唐开元礼》《通典·礼典》和《新唐书·礼乐志》中。今据以立说，当不致大误。

凤冠戴上之后，武则天就成了大唐高宗的皇后。这一时刻，对武则天来说是终生难忘的。武则天成为皇后，她的父母也跟着沾了光。高宗“再赠士彟至司徒，爵周国公，谥忠孝，配食高祖庙。母杨，再封代国夫人”①。

第二节 解除威胁

当高宗举行隆重的“纳后”仪式，为武则天戴凤冠的时刻，武则天为自己的尊严而骄傲，但是，她并没有得意忘形。她知道，皇后之位来之不易，要保住这一位置，还得进一步努力。她认为后宫中的一些人，特别是太子李忠和长孙无忌等仍然在威胁着自己，所以武则天刚当上皇后，就接着开始了解除威胁的斗争。

一 控制后宫

所谓后宫，就是皇帝的妃嫔所居住的宫室。唐代的后宫叫掖庭宫，位于宫城内太极宫之西。

武则天懂得，皇后之位是当时女子所能得到的最高地位，它对于每个妃嫔都具有极大的吸引力。她自己就是由昭仪晋升为皇后的。如果其他妃嫔得宠，自己的地位将岌岌可危。因此，要保住自己的地位，就要首先控制住后宫，慑服其他妃嫔，防患于未然。

也许正是出于这种考虑，武则天十分注意后宫中的动向。谁可能对她产生不利影响，她就要收拾谁。王皇后和萧淑妃之死，便是在这种情况下发生的。

《资治通鉴》卷200永徽六年（655）十一月条记载说：

①（宋）欧阳修、宋祁撰：《新唐书》卷76《高宗则天顺圣皇后武氏传》，中华书局，1975，第3475页。

故后王氏，故淑妃萧氏，并囚于别院，上尝念之，间行至其所，见其室封闭极密，惟窍壁以通食器，恻然伤之，呼曰："皇后、淑妃安在？"王氏泣对曰："妾等得罪为宫婢，何得更有尊称！"又曰："至尊若念畴昔，使妾等再见日月，乞名此院为回心院。"上曰："朕即有处置。"武后闻之，大怒，遣人杖王氏及萧氏各一百，断去手足捉酒瓮中，曰："令二妪骨醉！"数日而死，又斩之。王氏初闻宣敕，再拜曰："愿大家万岁！昭仪承恩，死自吾分。"淑妃骂曰："阿武妖猾，乃至于此！愿他生我为猫，阿武为鼠，生生扼其喉。"……寻又改王氏姓为蟒氏，萧氏为枭氏。①

《旧唐书》卷 51《高宗废后王氏传》和《新唐书》卷 76《高宗废后王氏传》所载略同。只是描写武后的情节稍有差异："武后知之，促诏杖二人百，剔其手足，反接投酿瓮中。"②

从这些记载来看，武则天对王皇后和萧淑妃十分残酷。起初，把她们囚禁在暗无天日的"别院"中。后来，又把她们残害致死。但仔细考察，其中颇多疑窦。

第一，既然武氏大怒，遣人杖王、萧各百，以至斩尸，何来"王氏初闻敕"？到底此二人是高宗下诏杀掉的，还是武则天擅自杀掉的？

第二，如果高宗确有使王、萧二氏重见天日之意，武氏初为皇后，岂能立即下诏杀之，而且杀得那样残忍？

第三，既剔其手足，又何必"反接"？

因此，我们怀疑这些记载的真实性。史家所以如此描写，恐怕是出于对武则天的仇视而比于汉代的"人彘"之酷。

《史记》卷 9《吕太后本纪》载，吕后怒汉高祖宠姬戚夫人。高祖死后，吕后"断戚夫人手足，去眼，辉耳，饮瘖药，使居厕中，命

---

①《资治通鉴》卷 200，高宗永徽六年（655）十一月条，第 6294 页。

②《新唐书》卷 76《高宗废后王氏传》，第 3474 页。

曰‘人彘’。”[①]此事汉代或许有之，至于唐代，则恐未必。

两《唐书》后妃传所谓“促诏杖二人百”“王氏初闻敕”“自缢而死”表明，王皇后、萧淑妃之死，是武则天怕她们卷土重来，请求高宗将她们处死；高宗下诏，令她们自缢的。

王皇后和萧淑妃死后，武则天慑服了后宫。从此，妃嫔们没有人敢与她争衡。

二 换易太子

太子是皇帝的继承者，十分重要。武则天当上皇后之初，皇太子仍然是燕王李忠。

燕王忠是在柳奭、褚遂良、韩瑗、长孙无忌等人的提携下当上皇太子的。永徽六年（655）二月，太子忠行成年礼，加了“元服”[②]。他是站在长孙无忌一边的，一旦当了皇帝，必然对武则天不利。

武则天并非没有儿子。按照传统习惯，若皇后有子，则不以他人为储。武则天已当上皇后，以自己的儿子作太子，不仅顺理成章，而且对保持皇后地位也是至关重要的。因此，除掉王、萧之后，又开始了换易太子的活动。

永徽六年十一月三日，礼部尚书、高阳县男许敬宗见武则天已当上皇后，揣测太子问题必将提出，乃谒阙上奏，请高宗换易太子，略曰：“今之守器，素非皇嫡，永徽爰始，国本未生，权引彗星，越升明两。近者元妃载诞，正胤降神，重光日融，爝晖宜息。”[③]

高宗召见许敬宗，问“立嫡若何”[④]，意思是想立武则天长子李

---

①（汉）司马迁撰：《史记》卷9《吕太后本纪》，中华书局，1963，第397页。

②（后晋）刘昫等撰：《旧唐书》卷4《高宗本纪》，中华书局，1975，第74页。

③《旧唐书》卷86《燕王忠传》，第2824页。

④《新唐书》卷81《燕王忠传》，第3586页。

弘为太子。许敬宗深表赞同，并进一步强调说："皇太子，国之本也。本犹未正，万国系心。且在东宫者，所出本微，今知国家已有正嫡，必不自安。窃位而怀自疑，恐非宗庙之福。"[①] 在他看来，不换太子已经不行了。而高宗也认为如此，君臣二人一唱一和，易储之事便很快确定下来。

对于这一决定，拥立太子忠的柳奭、韩瑗、长孙无忌等人已一蹶不振，也不敢出来反对。于是，显庆元年（656）正月六日，太子忠被降为梁王、梁州刺史；武则天的亲生子，年方四岁的代王弘，当上了皇太子。

太子忠的被废，代王弘的晋升，对武则天来说，是巩固地位的重要一步；对长孙无忌等人则又是一次沉重的打击。

三 贬杀权臣

换易太子事件发生后，以长孙无忌为首的反对派处于更加不利的窘境。但是，他们并没有退出政治舞台。

史载，当时仅褚遂良被贬为潭州（治所在今湖南长沙市）都督，此外，长孙无忌仍为太尉，韩瑗仍为侍中，来济仍为中书令，职位均未变动。而以许敬宗为首的支持者却没有得到他们所期冀的政治权力和经济利益，他们迫切希望取代长孙无忌等元老重臣的地位。对此，唐高宗和武则天都很清楚。

显庆元年正月，唐高宗任命于志宁兼太子太傅，特设太子宾客，由韩瑗、来济、许敬宗兼任，让他们共同辅佐太子。这实际上是限制反对派活动，提高支持者地位的一种尝试。但是，反对派不肯继续退却。为了防止大权旁落，他们开始重整旗鼓，伺机反扑。

显庆元年十二月，韩瑗上疏，为褚遂良叫苦喊冤：

---

①《资治通鉴》卷 200，高宗永徽六年（655）十一月条，第 6296 页。

伏见诏书以褚遂良为潭州都督，臣夙夜思之，……诚为未可。遂良运偶升平，道昭前烈，束发从宦，方淹累稔。趋侍陛下，俄历岁年，不闻涓滴之愆，常睹勤劳之效。竭忠诚于早岁，罄直道于兹年，体国忘家，捐身徇物，风霜其操，铁石其心。诚可重于皇明，讵专方于曩昔。且先帝纳之于帷幄，寄之以心膂，德逾水石，义冠舟车，公家之利，言无不可。及缠悲四海，遏密八音，竭忠国家，亲承顾托，一德无二，千里懔然。此不待臣言，陛下备知之矣，臣尝有此心，未敢闻奏。且万姓失业，旰食忘劳；一物不安，纳隍轸虑。在于微细，宁得过差。况社稷之旧臣，陛下之贤佐，无闻罪状，斥去朝廷，内外甿黎，成嗟举措。……臣闻晋武弘裕，不贻刘毅之诛；汉祖深仁，无恚周昌之直。而遂良被迁，已经寒暑，违忤陛下，其罚塞焉。伏愿缅鉴无辜，稍宽非罪，俯矜微款，以顺人情。[①]

在韩瑗看来，褚遂良是古今罕见的忠良、功臣，贬为潭州都督，完全是蒙受了不白之冤，应当昭雪平反。否则，便会违逆人情，有损于皇上的英明。实际上是要求高宗将褚遂良调进京来，跻身中枢，再握相权。

唐高宗不是傻瓜，无论从维护武则天的地位还是从维护他本人的尊严方面考虑，他都不会答应。事实也是如此。他不客气地对韩瑗说："遂良之情，朕亦知之矣。然其悖戾犯上，以此责之，朕岂有过！卿言何若是之深也？"

韩瑗争辩说："遂良可谓社稷忠臣，臣恐以谀佞之辈，苍蝇点白，损陷忠贞。昔微子去之而殷国以亡，张华不死而纲纪不乱，国之欲谢，善人其衰。……伏愿违彼覆车，以收往过。"[②] 言辞越来越激烈，不但把褚遂良的被贬说成是高宗听信谗言的结果，而且把是否召回褚遂

①《旧唐书》卷80《韩瑗传》，第2740—2741页。

②《旧唐书》卷80《韩瑗传》，第2741页。

良说成是关系国家兴亡的大事。但高宗却不以为然，依旧不予理睬。

韩瑗见高宗拒不采纳自己的意见，便以辞职相要挟[①]。高宗看出他的用意，不许辞职。“辞职”也不见效，韩瑗知要立即调回褚氏是没有可能了，便与来济等人商议，决定利用自己手中的权力，先改善遂良处境，然后再做打算。遂于显庆二年(657)三月改褚遂良为桂州(治所始安，在今广西桂林市) 都督。

这时，许敬宗等人也在积极活动。他们密切地注视着反对派的动向。他们看到，打倒反对派对高宗和武皇后也很重要；而且皇帝皇后有了进一步镇压反对派的倾向。因此就在遂良当上桂州都督后不久，“希皇后之旨”，诬告韩瑗、来济、褚遂良“朋党构扇”[②]，“潜谋不轨”。根据是“以桂州用武之地，故授遂良桂州刺史，实以为外援”[③]。

高宗并不去辨别真伪，毫不迟疑地用事实予以答复：八月十一日，贬侍中、颍川县公韩瑗为振州（治所在今海南三亚市西）刺史，中书令兼太子詹事、南阳侯来济为台州（治所在今浙江临海市）刺史，再贬褚遂良为爱州（治所在今越南清化）刺史，柳奭为象州（治所在今广西象州县东北）刺史。

这样一来，反对派元气大伤，完全处于被动状态。史载，褚遂良至爱州，上表自陈，罗列自己的功绩，字里行间充满了哀求：

往者濮王、承乾交争之际，臣不顾死亡，归心陛下。时岑文本、刘洎奏称：“承乾恶状已彰，身在别所，其于东官，不可少时虚旷，请且遣濮王住居东官。”臣又抗言固争，皆陛下所见。卒与无忌等四人共定大策。及先朝大渐，独臣与无忌同受遗诏。陛下在草土之辰，不胜哀恸，臣以社稷宽譬，陛下手抱臣颈。臣与无忌区处众事，咸无

---

①《资治通鉴》卷 200，高宗显庆元年（656）十二月条，第 6300 页。

②《旧唐书》卷 80《来济传》，第 2743 页。

③《旧唐书》卷 80《韩瑗传》，第 2742 页。

废阙，数日之间，内外宁谧。力小任重，动罹愆过。蝼蚁余齿，乞陛下哀怜。[①]

他摆出过去立储君、受遗诏、处众事的功劳，希望以此打动高宗，放宽对他的处罚。可是高宗已横下了一条心，“表奏，不省”。显庆三年（658）冬，褚遂良在忧郁中死去，时年63岁。

褚遂良是太宗高宗二朝的重要人物之一。在政治上，一些见解并不高明，有时近乎迂腐，还诬陷过刘洎。在经济上，曾强占民田。但他勤于职守，有较强的办事能力，确实为大唐帝国出过汗马之力，而且知识渊博，是唐初著名书法家之一。结果就这样，在争权夺利的斗争中充当了牺牲品。

褚遂良死后，许敬宗等人又把矛头对准了长孙无忌。长孙无忌自武则天当上皇后以后，很少抛头露面，主要承担领导编纂书籍的职责。显庆元年（656），与史官、国子祭酒令狐德棻缀集武德、贞观二朝国史为80卷[②]。五月，又进史官所撰梁、陈、周、齐、隋《五代史志》30卷。三年，复与礼官等修成《新礼》130卷[③]。

在此期间，长孙无忌似乎没有参与政治斗争，但实际上，他仍是反对派的总后台。因此，当韩瑗、来济等被贬逐，褚遂良贬死爱州之后，他就直接成了别人的对手。

褚遂良书《大唐三藏圣教序》拓片（局部）

---

①《资治通鉴》卷200，高宗显庆二年（657）八月条，第6304页。

②《旧唐书》卷65《长孙无忌传》，第2455页。

③《旧唐书》卷4《高宗本纪》，第78页。

显庆四年（659）四月，也就是距褚遂良之死半年的时候，洛阳人李奉节等告太子洗马韦季方和监察御史李巢互为朋党。许敬宗借题发挥，上告李巢与长孙无忌勾结谋反。

于是高宗下诏削无忌太尉及封邑，以为扬州都督，于黔州安置，但仍按一品官的待遇供给伙食："每日细白米二升，粳米、粱米各一斗五升，粉一升，油五升，盐一升半，醋三升，蜜三合，粟一斗，梨七颗，苏一合，干枣一升，木植十根，炭十斤，葱韭豉蒜葍椒之类各有差；每月羊二十口，猪肉六十斤，鱼三十头，（各一尺），酒九斗。"[①]这样的处置在当时是很少见的。

从史书记载来看，长孙无忌之被贬，似乎完全出于许敬宗等人的诬陷，唐高宗则处于被动状态，对无忌还很有感情。其实，自皇后废立事件发生后，唐高宗与长孙无忌之间，在感情上已产生了很大的裂痕。虽为甥舅，但已失去了内在的引力。在唐高宗看来，他的舅舅大权在握，德高望重，既已站在了自己的对立面，便是危害自己统治的重要政敌；而这位年轻的皇帝是绝不允许任何臣下有震主之威的。

因此，当许敬宗等人诬告长孙无忌的时候，他并没有去分辨真伪，甚至连问也没问，就把他贬了出去。如果说唐高宗和长孙无忌之间的关系没有恶化，那么，他怎能断然贬逐这位凌烟阁的功臣，这位拥立自己当太子并受遗诏辅政的舅舅呢？

长孙无忌离京不久，许敬宗又奏："无忌谋逆，由褚遂良、柳奭、韩瑗构扇而成；奭仍潜通宫掖，谋行鸩毒，于志宁亦党附无忌。"[②]于是高宗又下诏，追削褚遂良官爵，除掉柳奭、韩瑗名籍，免除于志宁职务[③]。无忌子秘书监驸马都尉长孙冲等皆除名，流于岭南。褚遂

---

①（唐）李林甫等撰，陈仲夫点校：《唐六典》卷4《尚书礼部》，中华书局，1992，第128页。

②《资治通鉴》卷200，高宗显庆四年（659）四月条，第6314页。

③《旧唐书》卷78《于志宁传》，第2700页。

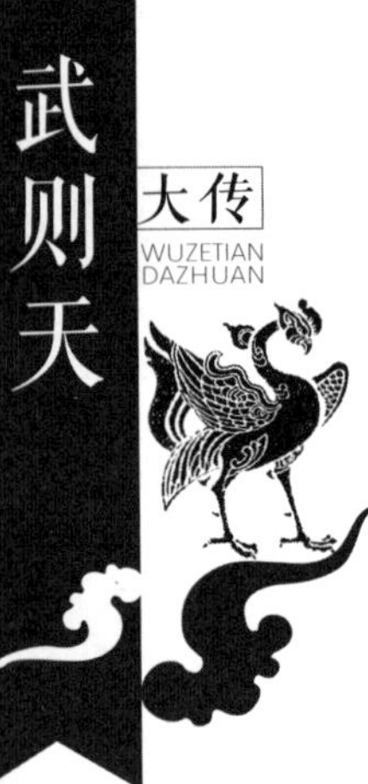

良之子褚彦甫、褚彦冲等流放爱州，途中被杀[①]。

七月，高宗命李勣、许敬宗、辛茂将、任雅相和卢承庆重新审察无忌等人，实际上是想对这桩“谋反”案作最终裁决。许敬宗遣中书舍人袁公瑜等往黔州（今四川彭水苗族土家族自治县），逼令长孙无忌自缢而死，然后具状奏闻，说铁证如山，完全属实。

于是高宗再次下诏：斩柳奭、韩瑗；籍没三家，近亲流岭南为奴婢。这样，柳奭被杀于象州，韩瑗虽死，仍发棺验尸；长孙氏、柳氏被贬降者13人，于氏9人。[②]至此，以长孙无忌为首的反对派彻底失败。

第三节 扶植新贵

在解除威胁的斗争中，掖庭宫中的武则天所依靠的力量，仍然是她争夺皇后之位的支持者，即唐高宗和那些职位较低或不得志的官吏。唐高宗之所以支持她，是因为与她感情深厚，见识略同；这些官吏之所以支持她，则是为了获取拥立之功，得到更多的政治经济利益。换句话说，他们支持武则天，是想得到她的扶植。而武则天为了打倒反对派，进而巩固自己的地位，对这些人也是极力扶植的。

一 重用李义府、许敬宗

李义府、许敬宗、崔义玄、王德俭、侯善业、袁公瑜等人在拥立武则天为皇后的过程中不遗余力。特别是许敬宗、李义府等还为武则天解除威胁立下了大功。因此，他们率先得到了武则天的提携和唐高宗的重用。

李义府是最早受赏的一个。史载，永徽六年（655）七月，也就

---

①《资治通鉴》卷200，高宗显庆四年（659）四月条，第6314页。

②《资治通鉴》卷200，高宗显庆四年（659）四月条，第6314页。

是武则天被立为皇后的两个月之前，李义府就因“密申协赞”而擢拜中书侍郎、同中书门下三品、监修国史，赐爵广平县男，又参知政事，由中书舍人一跃而至宰辅之位[①]。显庆元年，又以本官兼太子右庶子，进爵为侯。不久，兼太子左庶子。二年，代崔敦礼为中书令，兼检校御史大夫，监修国史、学士并如故。复加太子宾客，进封河间郡公。三年，追赠其父德盛为魏州刺史，“诸子孩抱者并列清官，诏为造甲第，荣宠莫之能比”[②]。

李义府不但得到了高官厚禄，而且得到了宠信和保护。洛阳有位淳于妇人，长得颇有姿色，因犯罪被关押在大理寺监狱。李义府让大理寺丞毕正义违法释放，准备纳为己妾。大理寺卿段宝玄上书揭发此事。高宗令给事中刘仁轨等前去审讯。李义府怕事端败泄，逼正义自杀。高宗知道后，“原义府罪不问”[③]。

李义府即使有忤旨行为，也很少被处罚。《旧唐书》卷 82《李义府传》载：“义府本无藻鉴才，怙武后之势，专业卖官为事，铨序失次，人多怨讟。……帝颇知其罪失，从容诫义府云：‘闻卿儿子、女婿皆不谨慎，多作罪过，我亦为卿掩覆，未即公言，卿可诫勖，勿令如此。’义府勃然变色，腮颈俱起，徐曰：‘谁向陛下道此？’上曰：‘但我言如是，何须问我所从得耶！’义府睆然，殊不引咎，缓步而去，上亦优容之。”[④]

高宗之所以这样重用、优容李义府，并不是因为他德高望重。史载，当时李义府在社会上的名声是很坏的。“义府貌状温恭，与人语必嬉怡微笑，而褊忌阴贼。既处权要，欲人附己，微忤意者，辄加倾

①《旧唐书》卷 82《李义府传》，第 2766 页。

②《旧唐书》卷 82《李义府传》，第 2767 页。

③《资治通鉴》卷 200，高宗显庆元年（656）八月条，第 6298 页。

④《旧唐书》卷 82《李义府传》，第 2768 页。

陷。故时人言义府笑中有刀，又以其柔而害物，亦谓之‘李猫’。”[①]也不是因为他廉洁能干。事实上，李义府“贪冒无厌”，并无多少可以称道的政绩。只是由于他有拥立皇后之功，是“支持者”中的重要人物而已。

当然，李义府“才思精密”，也有一定的文采，当我们读“生情镂月成歌扇，出意裁云作舞衣。照镜自怜回雪影，时来好取洛川归”[②]等诗句时，就不能不承认这一点。

许敬宗一直是武则天最得力的支持者。早在武则天第二次进宫后不久，他就成了武则天的心腹人物。当唐高宗欲立武则天为皇后时，他与李义府等人“赞成其计”[③]，不仅暗地里东奔西跑，拉拢势力，而且宣言于朝，制造舆论。当武则天要解除政敌威胁时，他又诬奏韩瑗、来济与褚遂良不轨，进而诬奏长孙无忌谋反，将他们或贬或杀，收拾殆尽。因此，他受到唐高宗和武则天的高度重视。

史载，永徽六年十二月，“遣礼部尚书、高阳县男许敬宗每日待诏于武德殿西门”[④]。显庆元年，“加太子宾客，寻册拜侍中，监修国史”。三年，进封郡公，“代李义府为中书令，任遇之重，当朝莫比”[⑤]。

许敬宗是歪曲历史的能手。如在隋末江都兵变之际，父亲许善心遇害之时，他贪生怕死，不敢营救。封德彝知道此事，并说了出去。于是，他便对封氏怀恨在心，“及为德彝立传，盛加其罪恶”[⑥]。他将女儿嫁给出身微贱的左监门大将军钱九陇，“乃为九陇曲叙门阀，妄加功绩，

①《旧唐书》卷 82《李义府传》，第 2766–2767 页。

②（唐）刘肃撰，许德楠、李德霞点校：《大唐新语》卷 13，中华书局，1984，第 189 页。

③《旧唐书》卷 82《许敬宗传》，第 2763 页。

④《旧唐书》卷 4《高宗本纪上》，第 75 页。

⑤《旧唐书》卷 82《许敬宗传》，第 2763 页。

⑥《旧唐书》卷 82《许敬宗传》，第 2763 页。

唐太宗問許敬宗曰朕觀群臣之中惟卿最賢有言非者何也敬宗對曰春雨如膏農夫喜其潤澤行人惡其泥濘秋月如鏡佳人喜其玩賞盜賊恨其光輝天地之大人皆有歎何況臣乎臣無肥羊美酒以調眾人之口且是非不可聽聽之不可說君聽臣遭誅父聽子遭戮夫妻聽之離朋友聽之別鄉鄰聽之疎親戚聽之絕人生七尺軀謹防三寸舌舌上有龍泉殺人不見血帝曰卿言甚善朕當識之

唐太宗君臣對 时在乙亥之夏於長安 高陽原慶恩

太宗君臣问对

并升与刘文静、长孙顺德同卷”[①]。凡此种种，都说明此人史德很糟。

但是，论才能，许敬宗确实是一个学识渊博、文采出众的人物。史载，贞观十九年（645），唐太宗亲征高丽，中书令岑文本死于途中，太宗命许氏以本官检校中书侍郎。及“大破辽贼于驻跸山，敬宗立于马前受旨草诏书，词彩甚丽，深见嗟赏”[②]。

显庆三年（658），唐高宗游览汉长安城，问侍臣：“朕观故城旧基，宫室似与百姓杂居，自秦、汉以来，几代都此？”许敬宗回答说：“秦都咸阳，郭邑连跨渭水，故云‘渭水贯都，以象天河’。至汉惠帝始筑此城，其后苻坚、姚苌、后周并都之。”高宗又问：“昆明池是汉武帝何年中开凿？”敬宗回答说：“武帝遣使通西南夷，而为昆明滇池所闭，欲伐昆明国，故因镐之旧泽，以穿此池，用习水战，元狩三年事也。”[③]

麟德二年（665）十一月，高宗至濮阳，问丞相窦德元：濮阳为什么叫帝丘？德元回答不出。许敬宗回答说：古时颛顼居此地，所以

---

①《旧唐书》卷82《许敬宗传》，第2764页。

②《旧唐书》卷82《许敬宗传》，第2762页。

③《旧唐书》卷82《许敬宗传》，第2763页。

叫帝丘[①]。

如果说许敬宗不学无术，怎么能够如此通晓古今，对答如流？其实，就拿篡改历史这一点来说，也是需要学问的，不然就不会自圆其说。

应当承认，许敬宗除了歪曲历史、陷人以罪外，所总修的《五代史》《晋书》《东殿新书》《西域图志》《文思博要》《文馆词林》《累璧》《瑶山玉彩》等书，对我国文化的发展是有贡献的。还应当指出，许敬宗虽然很有才能，但却并非完全是“位以才升”。他在“武德之际，已为文皇入馆之宾，垂三十年，位不过列曹尹”[②]；主要是由于他在关键时刻支持了唐高宗和武则天，才得以重用。

崔义玄、王德俭、侯善业、袁公瑜等人也都程度不同地得到了晋升。如袁公瑜累历中书舍人、西台舍人、司刑少常伯等[③]，官职逐渐显赫。

总的说来，在争夺皇后之位的斗争中，尤其是在解除威胁的过程中，以李义府、许敬宗为首的支持者的地位迅速提高。到显庆四年长孙无忌等命丧黄泉之后，反对派的政治地位大部分都被李义府等支持者取代了。

原来长孙无忌、褚遂良、柳奭、韩瑗、来济、于志宁是宰相，而今宰相成了李义府、许敬宗等。李义府、许敬宗等在关键时支持了唐高宗和武则天；唐高宗和武则天在称意时提拔了李义府和许敬宗。这是个人欲望的需要，也是政治斗争的产物。

二 编《姓氏录》

长孙无忌、褚遂良与李义府、许敬宗之间的矛盾，并非简单的个

---

① (宋)王溥撰：《唐会要》卷27《行幸》，中华书局，1955，第516页。

②《旧唐书》卷82《许敬宗传》，第2772页。

③河南省文物研究所、河南省洛阳地区文管处编：《千唐志斋藏志》，《大周故相州刺史袁府君(公瑜)墓志铭并序》，文物出版社，1983，第481页。

人冲突，而有其深刻的社会背景，各自代表着不同阶层的利益和要求。

因此，长孙无忌等人与李义府、许敬宗地位的转换，并不意味着两派斗争的结束，而仅仅是两派首脑人物的跌落与升腾。他们代表的两个阶层的社会势力并无根本性的变化。

如果不从门第等级上对这两个派别的地位进行重新排列组合，支持者的既得利益就有得而复失的危险。换句话说，唐高宗和武则天要扩大其统治基础，维护已经取得的成果，就必须对这两个阶层的地位进行调整。

正因为如此，在打击长孙无忌、褚遂良，重用李义府、许敬宗之余，唐高宗、武则天又进行了改《氏族志》为《姓氏录》的活动。

《氏族志》是唐太宗贞观年间修成的一部关于士族等级的书籍。士族也叫世族、门阀、阀阅、高门，是与所谓庶族、寒门相对而言的，系指世代做高官的家族。

士族制度萌芽于东汉，确立于曹魏，到两晋南北朝时期发展至鼎盛阶段。其特点主要是：在政治上，依靠“九品中正”制，“平流进取，坐致公卿”，世代担任重要官职，尤其是高级文官，形成“上品无寒门，下品无士族”的局面。在经济上，依靠政治特权，通过各种手段，占有大量的土地和劳动力。在社会生活方面，养尊处优，奢侈腐化，自相崇尚，不与庶族通婚，也不与其同乘共座[①]。他们完全是一个固步自封的特权阶层。

由于门阀士族长期的腐化堕落，不尚文习武，结果到南北朝后期，兵权和中央地方实权逐渐落入寒人之手，从而使门阀士族制度出现了危机。经过隋末农民起义的沉重打击，这一制度开始衰落。

但是，根深蒂固的士族观念还存在着。士族残余仍自相崇贵，跻

①（唐）姚思廉：《陈书》卷 33《王元规传》，中华书局，1973，第 448 页；（唐）李延寿：《南史》卷 21《王弘传附王僧达传》，中华书局，1975，第 572 页。

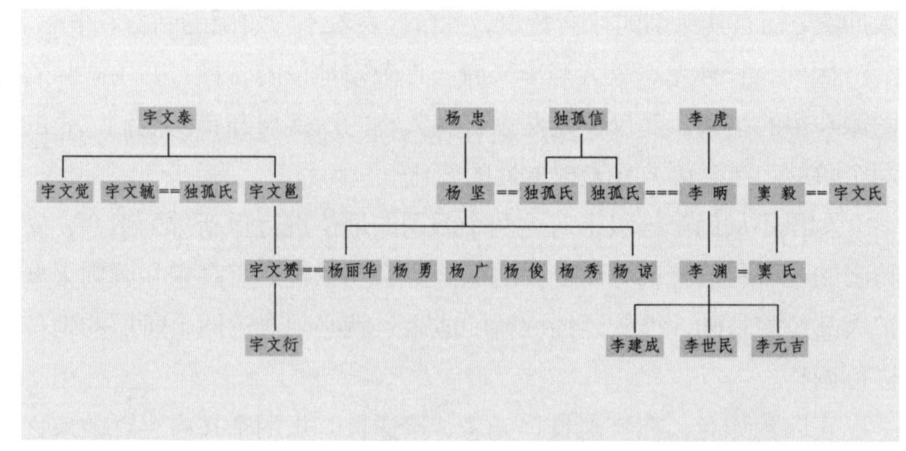

李唐与周隋皇室关系图

身士族仍是许多人梦寐以求的理想，“族望为时所尚”[①]。

唐高祖李渊就曾不止一次地夸耀过自己的门第。《唐会要》卷36载：“武德元年（618），高祖尝谓内史令窦威曰：‘昔周朝有八柱国之贵，吾与公家咸登此职。’”“三年，高祖尝从容谓尚书右仆射裴寂曰：‘我李氏昔在陇西，富有龟玉，降及祖祢，姻娅帝王，及举义兵，四海云集，才涉数月，升为天子。至如前代皇王，多起微贱，劬劳行阵，下不聊生。公复世胄名家，历职清要，岂若萧何、曹参起自刀笔吏也。惟我与公，千载之后，无愧前修矣。’”[②]

唐人苏冕在记载了这件事之后，大发感慨，说道：“创业君臣，俱是贵族，三代以后，无如我唐。高祖，八柱国唐公之孙，周明懿、隋元真二皇后外戚，娶周太师窦毅女，毅则周太祖之婿也。宰相萧瑀、陈叔达，梁、陈帝王之子；裴矩、宇文士及，齐、隋驸马都尉；窦威、杨恭仁、封德彝、窦抗，并前朝师保之裔；其将相裴寂、唐俭、

①《资治通鉴》卷200，高宗显庆四年（659）九月条，第6318页。

②《唐会要》卷36《氏族》，第663页。

长孙顺德、屈突通、刘政会、窦轨、窦琮、柴绍、殷开山、李靖等，并是贵胄子弟。比夫汉祖、萧、曹、韩、彭门第，岂有等级以计言乎！”[①] 可见，唐初帝王将相确实多系士族。

但在当时人的心目中，他们并不是真正的最高门第。关东的崔卢李郑“犹自矜伐”，不把他们放在眼里，这对于李唐的统治是非常不利的。此外，在建唐过程中发迹的一些庶族官僚也希望抬高自己的门第。正是在这种情况下，唐太宗才令礼部尚书高士廉、御史大夫韦挺、中书侍郎岑文本、礼部侍郎令狐德棻及四方士大夫谙练族姓者，“普索天下谱谍，约诸史传，考其真伪，以为《氏族志》”[②]。

高士廉等人按照传统观念，仍以山东崔干为第一等。太宗看后不悦，说：“我与山东崔、卢家岂有旧嫌也！为其世代衰微，全无官宦人物。贩鬻婚姻，是无礼也；依托富贵，是无耻也。我不解人间何为重之？我今定氏族者，欲崇我唐朝人物冠冕，垂之不朽。何因崔干为一等？”[③]“不须论数世以前，止取今日官爵高下作等级。”[④] 于是高士廉等将崔氏降为第三等。共录 293 姓，1651 家，分为九等。书成，颁行天下。

可见，唐太宗修《氏族志》的目的，是为了推崇唐朝冠冕，就是说为了打击那些不利于自己统治的旧门阀，扶植那些在唐朝的建立和统一过程中立有战功，在“玄武门之变”中支持自己的谋臣猛将，以巩固李氏王朝的统治。事实上，《氏族志》问世以后，也确实在一定程度上起到了这样的作用。

但是，随着时间的推移和社会的发展，《氏族志》成了旧士族的

---

①《唐会要》卷 36《氏族》，第 664 页。

②《唐会要》卷 36《氏族》，第 664 页。

③《唐会要》卷 36《氏族》，第 664 页。

④《旧唐书》卷 65《高士廉传》，第 2444 页。

护身符和社会不安定的因素之一：

一方面，它完全变为维护元老重臣和达官贵人利益的工具。在它的保护下，元从功臣和贞观旧僚不仅控制了朝廷要职，而且与旧士族势力相结合[①]，大都形成了比较雄厚的私人势力。

另一方面，它也变成了阻碍"寒庶"晋升的一大障碍。当时，庶族势力发展很快。不少人在经济上发了迹，要求相应的政治地位，但仕途多为士族控制；有些人虽然通过科举入仕，也常常"挠不得进"，因而反感《氏族志》。

这种情况在永徽六年(655)皇后废立问题发生后表现得更为明显。这样，对唐高宗来说，修改《氏族志》已不可避免。武氏家族此时虽已显达，但究其门第，不过是一个地方富商，不在《氏族志》之内。因此，修改此书，更是武则天的愿望。所以，唐高宗下令废祖宗之成规，修改《氏族志》。

《资治通鉴》卷200显庆四年（659）六月条云：

丁卯（22日），诏改《氏族志》为《姓氏录》。初，太宗命高士廉等修《氏族志》，升降去取，时称允当。至是，许敬宗等以其书不叙武氏本望，奏请改之。乃命礼部郎中孔志约等比类升降，以后族为第一等，其余悉以仕唐官品高下为准，凡九等。于是士卒以军功致位五品，豫士流，时人谓之"勋格"。[②]

《唐会要》卷36云：

显庆四年九月五日，诏改《氏族志》为《姓录》。上亲制序，仍自裁其类例。凡二百四十五姓，二百八十七家。以皇后四家、酅公、介公、赠台司、太子三师、开府仪同三司、仆射为第一等；文武二品及知政

①《资治通鉴》卷200，显庆四年(659)十月条云："初，太宗疾山东士人自矜门地，婚姻多责资财，命修《氏族志》例降一等；王妃、主婿皆取勋臣家，不议山东之族。而魏征、房玄龄、李勣家皆盛与为婚，常左右之，由是旧望不减。"第6318页。

②《资治通鉴》卷200，高宗显庆四年六月条，第6315-6316页。

事者三品为第二等。各以品位为等第，凡为九等，并取其身及后裔。若亲兄弟，量计相从，自余枝属，一不得同谱。（注云：初，贞观《氏族志》称为详练。至是，许敬宗以其书不叙明皇后武氏本望，李义府又耻其家无名，乃奏改之。于是委礼部侍郎孔志约、著作郎杨仁卿、太子洗马史玄道、太常丞吕才等十二人，商量编录。遂立格，以皇朝得五品者，书入族谱。入谱者，缙绅士大夫咸以为耻。议者号其书为“勋格”。）[①]

《旧唐书》卷82《李义府传》云：

初，贞观中，太宗命……修《氏族志》，勒成百卷，升降去取，时称允当，颁下诸州，藏为永式。义府耻其家代无名，乃奏改此书，专委礼部郎中孔志约、著作郎杨仁卿、太子洗马史玄道、太常丞吕才重修。志约等遂立格云：“皇朝得五品官者，皆升士流。”于是兵卒以军功致五品者，尽入书限，更名为《姓氏录》。由是缙绅士大夫多耻被甄叙，皆号此书为“勋格”。[②]

上述记载，略有出入。如诏改《氏族志》为《姓氏录》的时间，《通鉴》作六月二十二日，《唐会要》作九月五日；《唐会要》云改《氏族志》为《姓录》，无“氏”字，等等[③]。但总的看来，只有详略的差别，没有实质的不同。

通过比较，我们可以看出下列问题：（一）发起此举者为许敬宗、李义府。（二）决策者是唐高宗。（三）修撰者是孔志约等12人。（四）取舍的标准是当时官职的高低。（五）旨在提高皇后武则天和现任重要官员的门第。（六）书成，不为“士大夫”所喜。（七）与《氏族志》相比，《姓氏录》多100卷。但所列士族少了48姓，1364家。在245姓、

---

①《唐会要》卷36《氏族》，第664-665页。

②《旧唐书》卷82《李义府传》，第2769页。

③《旧唐书·经籍志》（第2012页）、《新唐书·艺文志》（第1500页）均作《姓氏谱》二百卷。《宋史》不载。

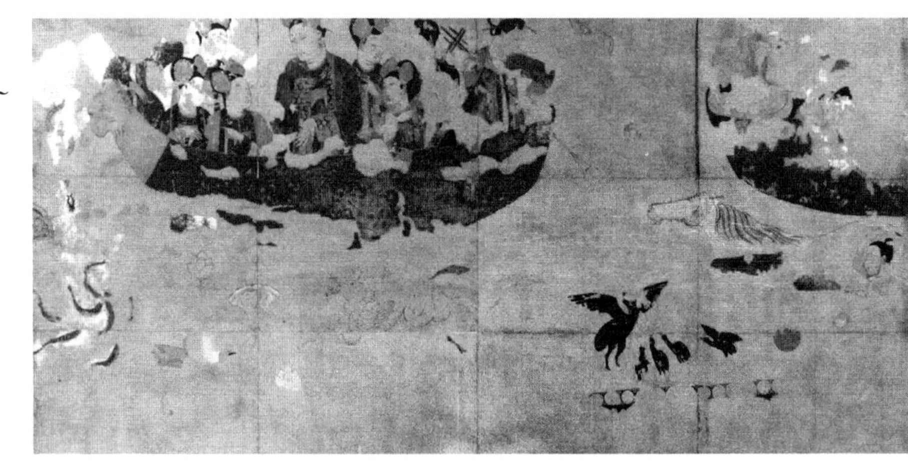

撒马尔罕大使厅壁画中的武则天

287家士族中，还有不少是新升的。

前六点可明了修改状况，第七点最为重要。由此可见，《姓氏录》对旧士族包括贞观士族的打击是何等沉重，无怪乎他们对《姓氏录》极为不满而谓之“勋格”。

虽然一些“士大夫”对此举极为不满，但由于新进士族有较为开拓的精神风貌，以及千余家旧士族特权的丧失，为广大庶族跻身仕途敞开了道路，因而，这一改革可以说获得了巨大的成功。

从此，支持者的力量更加广泛、雄厚；武则天的皇后地位进一步趋于巩固。然这时武则天并未走出帷幕，掖庭宫中的武皇后与唐高宗有着共同的政治基础，她通过高宗手中的权柄，实现了自己的愿望。

第四节　母仪天下

皇后就是国母。在中国古代主流意识中，这是女性所能达到的最高地位。武则天深知皇后之位来之不易，因而倍加珍惜。她决心母仪天下，使自己成为天下女性的表率。

一 衣锦还乡

显庆五年（660）正月，在仪卫的簇拥下，武则天回到了阔别二十多年的故乡。在并州，唐高宗和武则天举行了盛大的赏赐和祭典。

史载，唐高宗设宴招待“从官及诸亲、并州官属父老”，“赐酣三日”，对功臣子弟，分别给予赏赐。又“祠旧宅，以武士彟、殷开山、刘政会配食”。

武则天在朝堂专门设宴招待亲族邻里故旧，“每赐物一千段，期亲五百段，大功已下及无服亲、邻里故旧有差。城内及诸妇女年八十已上，各版授郡君，仍赐物等”[①]。如此隆重的场面，在唐王朝的发祥地还是第一次出现。

在这欢天喜地的日子里，文水县的人们特别高兴，武氏家族显得更为神气。武则天本人衣锦还乡，当然也很快活。她和高宗在并州游了两个多月，直到百花竞艳，小麦抽穗的时节，才回到洛阳。

二 相夫教子

武则天回到洛阳后，决心相夫教子，使自己成为天下女性的表率。

作为皇后，她对唐高宗非常关心，并努力使自己与高宗保持一致。唐高宗要“劝课农桑”，她就多次“先蚕于北邙”[②]，以示重视；唐高宗要“返朴还淳”，她就“常著七破间裙”，“务尊节俭”[③]。

作为母亲，她悉心照料年幼的孩子，养儿育女方面也下了不少功夫。李弘是她与唐高宗所生的长子，显庆元年（656）正月六日被册立为太子。为了培养李弘，她与唐高宗请博学多才鸿儒当他的老师。

---

①《旧唐书》卷4《高宗本纪》，第80页；《资治通鉴》卷200，显庆五年（660）三月条，第6318页。

②《新唐书》卷3《高宗本纪》，第71页。

③《旧唐书》卷5《高宗本纪》，第107页。

对于次子李贤和三子李显，也都关怀备至。为了教育这些孩子，她还召集文学之士撰《古今内范》《青宫纪要》《少阳政范》《维城典训》《凤楼新诫》《孝子传》等书作为教材。

作为女儿，她对自己的母亲格外关照。由于父亲死得早，她把对父母的爱全部寄托在母亲身上，尽了子女应尽的孝道。

大凡一个皇后应该做的事，她都做了。仅此而言，武则天不失为一位贤妻良母。这对唐高宗乃至当时社会都是不无裨益的。

第六章

【参与朝政】

武则天在当皇后之初，并没有参与朝政的打算。她只是想努力尽到皇后的职责，相夫教子，母仪天下。然而，几年以后，她却走上了参与朝政的道路。

第一节 参与朝政的原因

武则天为什么会参与朝政？有人说，是因为唐高宗昏懦，也有人说是由于唐高宗“惧内”。但事实并非如此[①]。从大量资料来看，武则天参与朝政有客观原因，也有主观因素。

一 客观原因

显庆五年（660）唐高宗得了重病，“风眩头重，目不能视”[②]。“风眩头重，目不能视”是什么病，尚不能确切判定。

有人认为唐高宗的病是高血压、近视眼、精神衰弱，但似乎都有些牵强。因为史书上有许多高宗骑马射箭，围场打猎的记载。若是高血压、近视眼、这些记载无法解释。

据一位老中医分析，这是一种由“阴虚阳亢”引起的慢性疾病，难以根治，易于复发，重在调养。无论如何，风眩头重、目不能视是非常痛苦的事。

---

① 赵文润：《唐高宗“昏懦”说质疑》，刊《人文杂志》1986 年第 1 期。

②（宋）司马光编：《资治通鉴》卷 200，显庆五年十月，中华书局，1965，第 6322 页。

唐高宗最初染上此疾，旬月不得康复。在这种情况下，需要有人帮他临朝，处理国家事务。由谁出面好呢？

当时太子李弘年方八岁，且“多疾病”[①]，根本不可能断决庶政。宰相许敬宗等人能够处理朝政，但不能完全依靠他们，否则，便有大权旁落的可能。

这样，武则天就显得异常重要起来，成了唯一可以完全信赖的人选。他们既是生活中的伴侣，又是政治上的伙伴。此时高宗让她帮助处理朝政，是顺理成章的事。

二 主观因素

武则天自幼聪明好学，权变多智。不平凡的经历开阔了她的视野，锻炼了她的意志，丰富了她的知识，增长了她的才干。她深知前朝古代的治乱得失，又有同反对派作斗争的实际经验，政治头脑灵活，能够排忧解难，把握风云变幻；她具有较高的文化素质和超人的胆略，而且精力充沛，作风顽强，能够吟诗作文[②]，批阅奏章，日理万机。

特别是，武则天又与唐高宗情投意合，心心相印。这种密切关系自然而然地促进了主客观因素的结合。关于这一点，史书上说得非常清楚。《资治通鉴》卷200载：显庆五年十月，高宗“初苦风眩头重，目不能视，百司奏事，上或使皇后决之”。《唐会要》卷3亦载：“显庆五年十月已后，上苦风眩，表奏时令皇后详决，自此参与朝政。”[③]

---

①（后晋）刘昫撰：《旧唐书》卷86《孝敬皇帝弘传》，中华书局，1975，第2829页。

②《全唐诗》卷5、《全唐文》卷95皆有武则天诗文。

③ 武则天最初参与朝政的时间，尚有永徽六年、显庆四年二说。案，武则天自争夺皇后地位起，便卷入政治旋涡，对朝政有一定影响，但皆通过高宗，范围极其有限。故说业已参政，为时尚早。至于说长孙无忌被诛之日，即武则天参政之时，似近情理，其实不通。自古女子不得干政。吕后、贾后、冯太后皆辅昏、幼之主；时高宗稳坐朝堂，武则天何以遂能参政？故今弃而不取。

少林寺大唐天后御制诗书碑

第二节 参政过程

武则天参与朝政是从显庆五年十月开始的。虽然当时她的参政有一定的偶然性，但毫无疑问，迈出了进入政坛的第一步。

一 步入政坛

显庆五年（660）十月之参与朝政，对武则天来说本来是临时性的。太子长大成人，她便可以告别政坛，深居后宫。

可是，显庆五年（660）以后，唐高宗“头重目眩”的病常常复发，又患上了可怕的疟疾[①]。每次患病，一月左右。由于有病，需要休息，所以当病情缓和时，高宗总是花许多时间去打猎、游幸。

这一点，只要我们浏览一下唐高宗这时的行踪，就会看得非常清楚：

龙朔元年（661）三月二十七日，幸合璧宫[②]。七月，还东都。十月，畋于陆浑、非山。

二年（662）三月五日，离开东都。十六日，至河北县（今三门峡市西北）。二十二日，幸蒲州（今山西永济）。二十四日，幸同州（今陕西大荔）。四月一日，至京师。十月，幸骊山之温汤（即今临潼华清池）。

三年（663）居长安蓬莱宫之含元殿[③]，厌风湿。

---

①《旧唐书》卷5《高宗本纪》，第81页；《资治通鉴》卷202，咸亨四年（673）八月辛丑条，第6371页。

② 本为八关宫，显庆五年改名。在东都苑中。

③ 蓬莱宫即大明宫，始修于贞观八年，在今西安市东北龙首原上。龙朔二年，高宗以风痹厌太极宫湫湿，重修大明宫，改名蓬莱，含元系蓬莱宫正殿。

麟德元年（664）二月十日，幸福昌宫。二十五日，幸万年宫[①]。八月，还京。

二年（665）二月十日，发自京师，二十五日，至合璧宫。闰三月初一至东都。十月，东南行，十二月，至泰山之下。

乾封元年（666）正月，禅于泰山。三月，始返东都。六日以后，复幸合璧宫。四月八日，达长安。

二年（667）秋，久疾不愈。

总章元年（668）二月二十四日，幸九成宫。八月二十一日还京。

二年（669）四月一日，幸九成宫。九月二十六日，大蒐于岐州（今陕西凤翔县东南）。十月十二日，还京。

咸亨元年（670）四月二十八日，幸九成宫。八月十七日还京。

二年（671）正月七日，发京师，二十六日，至东都。十一月十七日，幸许、汝二州。十二月十日，校猎于叶县（今河南叶县）。二十三日，还东都。

三年（672）四月九日，幸合璧宫。二十一日，教旗于洛水之南。十月五日，发东都，十一月十七日，至京师。

四年（673）四月二十一日，幸九成宫。八月，患严重疟疾，热而不寒，病情危笃。十月二十四日还京。

上元元年（674）十一月一日，离京师。四日，校猎于华山之曲武原。二十三日，至东都。

二年（675）三月，风疹复发，目眩难忍，居合璧宫，四月末，还洛阳。

仪凤元年（676）二月十九日，幸汝州之温汤。三月六日，还东都。闰三月二十二日，离东都。四月十一日至京师。二十一日，幸九成宫。十月一日，还京。

---

①本隋仁寿宫，唐初改为九成宫，永徽二年九月改为万年宫，在今陕西麟游县西五里。

二年（677）正月二十九日，幸司竹园，即日还宫。

三年（678）五月七日，幸九成宫。十月，还京。

调露元年（679）正月二十八日，幸东都。居宿羽等宫[①]。

永隆元年（680）二月八日，幸汝州温汤。十二月，至少室山。二十日，还东都。四月二十一日，幸紫桂宫[②]。八月五日，还东都。十月八日西行，二十七日，至京师。

开耀元年（681）闰七月，复病，服药饵。

永淳元年（682）四月三日，离长安，二十二日，至东都。

弘道元年（683）正月，幸奉天宫[③]。四月十二日，还东都。五月三日，幸芳桂宫，复至合璧宫，遇雨而还。十月，幸奉天宫。十一月，风眩头闷，难受至极……[④]

在这种情况下，高宗虽欲勤于朝政，但往往苦于没有精力，所谓心有余而力不足，常常仍需他人代理朝政。

二 辅佐高宗

本来皇太子李弘逐渐长大，可以成为唐高宗的得力助手，可是实际上皇太子并未能发挥其应有的作用。

李弘自立为太子，即多有疾病，“沉瘵婴身”[⑤]，得了严重的结核病。在很长时间内，不能观决朝事，其预政者仅仅有下列几次：

龙朔三年（663）十月，高宗患风痹，皇太子每五日于光顺门（即大明宫紫宸殿南之右门）视诸司奏事。

乾封二年（667）九月，高宗久病不愈，命皇太子监国。

---

① 指宿羽、高山、上阳宫。据《唐六典》，宿羽、高山二宫，在东都禁苑之中。上阳宫临洛水，“为长廊亘一里”。

② 在河南渑池县西部，仪凤四年五月造，初名紫柱宫，永淳元年改为芳桂宫。

③ 永淳元年七月造，在河南嵩山之南洛州嵩阳县界内。

④ 此履历谱据两《唐书》《资治通鉴》《唐会要》排列。

⑤《旧唐书》卷 86《孝敬皇帝弘传》，第 2830 页。

咸亨三年（672）十月，高宗幸京师，诏皇太子于东都监国。

咸亨四年（673）八月，高宗患疟疾，令皇太子于延福殿受诸司启事。

李弘由于病魔缠身，24岁时就过早地离开了人世。关于李弘之死，《新唐书》的作者认为是被武则天“鸩杀”的。《新唐书》卷3《高宗纪》云：上元二年四月己亥，“天后杀皇太子”。同书卷76《则天顺圣皇后武氏传》云：“萧妃女义阳、宣城公主幽掖廷，几四十不嫁，太子弘言于帝，后怒，鸩杀弘。”卷81《孝敬皇帝弘传》云：“帝尝语侍臣：‘弘仁孝，宾礼大臣，未尝有过。’而后将骋志，弘奏请数怫旨。上元二年，从幸合璧宫，遇鸩毙，年二十四，天下莫不痛之。”这种说法并不可靠。

因为《旧唐书》卷5《高宗纪》只是说：上元二年（675）四月“已亥（25日），皇太子弘薨于合璧宫之绮云殿”。同书卷86《高宗诸子·孝敬皇帝弘传》云：“上元二年，太子从幸合璧宫，寻毙，年二十四。”并没有提到李弘被鸩之事。

太子弘是武则天的长子。在册封为皇太子时，唐高宗曾寄予很大的希望。他说：“惟尔代王宏，猗兰毓祉，乔桂凝华，岐嶷表于天姿，符瑞彰于神授。”“朕虔奉灵图，肃膺丕业，仰惟七庙之重，思隆万叶之庆，畴咨列辟，钦若前修，是用命尔为皇太子。”要他“绝骄奢之心，纳忠良之训”，“无怠无荒，固保我宗基”[①]。

当时太子弘是武则天手中的一张王牌，她对太子的态度与高宗完全一致。由于李弘当时太小，立为太子后并没有立即移居东宫，仍然生活在武则天身边，直到显庆四年（659）十月加元服，始入居东宫[②]。时唐高宗与武则天幸洛阳，留皇太子“监国”，“太子思慕不已，

①（清）董诰编：《全唐文》卷14《高宗皇帝·册代王宏为皇太子文》，中华书局，1982，第166页。

②（宋）王钦若等编：《册府元龟》卷257《储宫部·建立二》，中华书局，1960，第3059页。

上闻之，遽召赴行在”。可见太子弘对唐高宗和武则天是很有感情的，亦“深为帝及天后所钟爱”[①]。

唐高宗和武则天还注意培养他的政治才能。如龙朔三年（663）十月一日，诏云：“宜令皇太子宏每日于光顺门内坐，诸司有奏事小者，并启皇太子。”[②]

咸亨二年（671）前，高宗和武则天亲自为太子弘选择了美丽的妃子。当该妃婚前被贺兰敏之奸污后，武则天大伤脑筋，不惜杀死贺兰氏这位侄儿，这位武士彟的继承人。咸亨二年（671）后，他们又为太子弘纳右卫将军裴居道之女为妃[③]。

由此可见，太子弘与唐高宗、武则天的关系一直很好。武则天作为母亲，怎么会“鸩杀”他呢?

太子弘死后，被追谥为“孝敬皇帝”[④]，葬于洛阳附近缑氏县景山之恭陵，“制度一准天子之礼”[⑤]。唐高宗还在大病之余亲制《孝敬皇帝睿德纪》，并书之于石，树之陵侧。

在《孝敬皇帝睿德纪》中，唐高宗对太子弘作了高度的评价，说他具有九德：至孝、至仁、至明、至俭、至正、至博[⑥]、至直[⑦]、至睦、至通。这样的评价显然是过于溢美，但它反映出高宗对太子弘的悼念之深。

---

①《册府元龟》卷258《储宫部·令德》，第3070页。

②《全唐文》卷13《高宗皇帝·命皇太子领诸司启事诏》，第158页。

③《旧唐书》卷86《孝敬皇帝弘传》，第2829页。

④《全唐文》卷11《高宗皇帝·赐谥皇太子宏孝敬皇帝制》，第140页。

⑤《旧唐书》卷86《孝敬皇帝传》，第2830页。

⑥《孝敬皇帝睿德纪》碑残泐已久。此字《全唐文》卷15及《金石萃编》卷58不录。无从得知其旧。据所列事实，似应为“博”。

⑦此字王昶撰：《金石萃编》卷58《孝敬皇帝睿德纪》不录。见《全唐文》卷15《高宗皇帝·孝敬皇帝睿德纪》，第185页。

孝敬皇帝睿德纪碑

孝敬皇帝恭陵

当时武则天也在洛阳，并负责处理朝政，诸如追谥太子为孝敬皇帝、葬礼一准天子等事武则天肯定是赞同的。这说明她与高宗的心情是完全相同的。《孝敬皇帝睿德纪》上说：太子死后，“天后心缠积悼，痛结深慈。相凤□□□□□□□□□□□泣。昔周（中缺）言朕之怀，不欲违其心许，故申旧命，爰赠尊名。粤以吉辰，乃谥为孝敬皇帝”。

可见，对太子弘之死，武则天十分悲痛，“孝敬皇帝”之谥，还是她首先提出来的。如果说太子弘确系武则天所害，那么唐高宗怎么会这样写？

史载：“（裴）居道以女为太子（弘）妃，则天（称制）时，历位纳言、内史、太子少保，封翼国公。”① 就是说，在太子弘去世十年之后，他的岳父裴居道还受到过武则天的重用，位至宰相。如果说武则天鸩杀了太子弘，这些事又将如何解释？

事实上，太子弘并不是武则天杀害的，而是死于疾病。太子弘头脑聪明，但身体不好。《旧唐书》卷 189《邢文伟传》载李弘自述云：

---

① 《旧唐书》卷 86《高宗中宗诸子传》，第 2831 页。

“早尚坟典，每欲研精政术，极意书林。但往在幼年，未闲将卫，竭诚耽诵，因即损心。”意思是说，他小的时候学习刻苦，但不知道保护身体，结果用功过度，伤了身体。到他能参与朝政时，又得了重病。

《旧唐书》卷86《高宗中宗诸子·孝敬皇帝弘传》录制文曰：“自琰圭在手，沉瘵婴身。”“瘵”即肺结核，在当时的医学条件下，这种病是很难治愈的[①]。因此，太子身体越来越坏。

到咸亨二年（671）“监国”时，竟一度不能过问朝政。《旧唐书》卷86《孝敬皇帝弘传》载：“是时戴至德、张文瓘兼左庶子，与右庶子萧德昭同为辅弼，太子多疾病，庶政皆决于至德等。”咸亨三年（672），病情有所好转，但仍不能正常行动，而为“风虚”所苦[②]。

为了使太子弘恢复健康，唐高宗和武则天曾下旨“不许重劳”[③]，但并未能使李弘病情好转。上元二年（675），高宗“风疹不能听朝”[④]，太子亦为沉瘵所迫。三月，高宗“苦风眩甚”[⑤]。见太子身体如此，欲下诏令天后摄知国政，但遭到宰相郝处俊的激烈反对。于是高宗决定等太子弘病愈，便让他摄知国政。但为时不久，太子弘病情恶化，终于被病魔夺去了年轻的生命。

对此，当时的文书上写得十分清楚。《赐谥皇太子宏孝敬皇帝制》云：“皇太子宏，生知诞质，惟几毓性。直城趋驾，肃敬著于三朝；中寝问安，仁孝闻于四海。若使负荷宗庙，宁济家邦，必能永保昌图，克延景历。岂谓遽婴雾露，遂至弥留。顾惟辉掌之珍，特切钟心之念，庶其痊复，以禅鸿名。及腠理微和，将逊于位，而宏天资仁厚，孝心

---

① 见宋代医学著作《三因极一病证方论》。

②（宋）欧阳修、宋祁撰：《新唐书》卷106《邢文伟传》，中华书局，1975，第4057页。

③《旧唐书》卷189《邢文伟传》第4960页。

④《旧唐书》卷5《高宗本纪》，第100页。

⑤《资治通鉴》卷202，高宗上元二年三月条，第6375页。

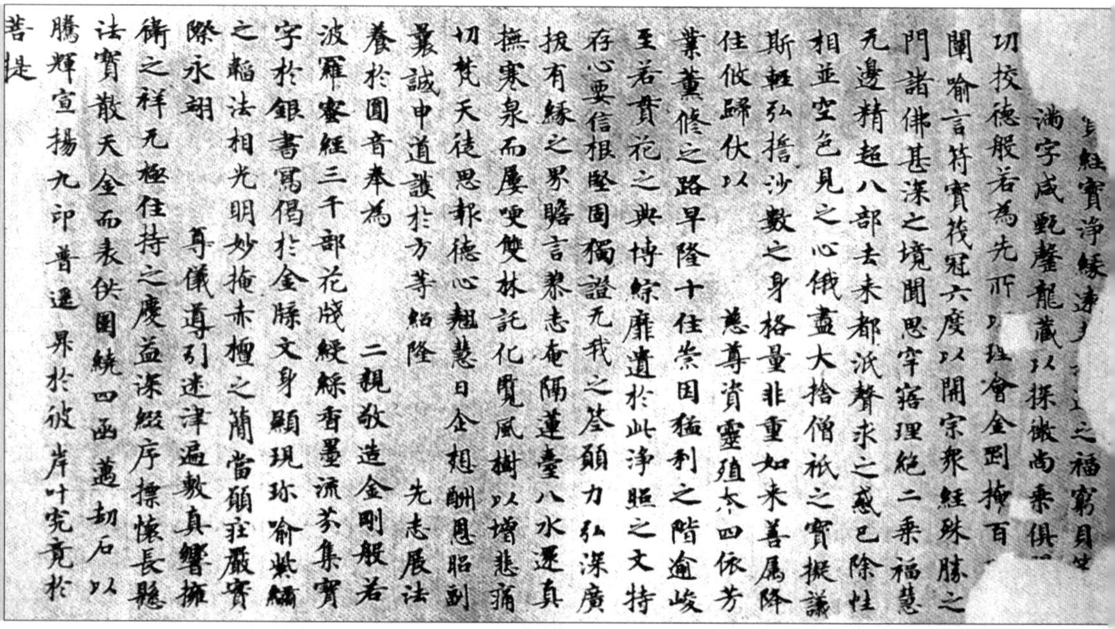

敦煌文书 S.7236、S.1513：武则天为双亲及太子弘写经追福

纯确，既承朕命，掩欷不言，因兹感结，旧疾增甚。”①

《册谥孝敬皇帝文》云：“咨尔故皇太子宏，克岐克嶷，有德有行。……顷炎象戒节，属尔沈疴。实美惟痊，释予重负。粤因瘳降，告以斯怀。尔忠恳特深，考情天至，闻言哽咽，感绝移时，因此弥留，奄然长逝……”②

《孝敬皇帝睿德纪》亦云：“属炎籥戒辰，凉宫避暑，□因扈□，□沉□。及其□愈，乃申□（中缺）性特隆，一闻斯言，因便感咽，伏枕流欷，哽绝移时，重致绵留，遂咸沈痼。西山之药，不救东岱之魂；吹汤之医，莫返逝川之命。以上元□年□月廿五日薨于□之□□

①《全唐文》卷 11，高宗皇帝《赐谥皇太子宏孝敬皇帝制》，第 139–140 页。

②《全唐文》卷 14，高宗皇帝《册谥孝敬皇帝文》，第 147 页。

□□。”[①]

就是说，太子弘随高宗去合璧宫避暑时，又得了重病，一度昏迷不醒。其后病情稍有好转，唐高宗表示将禅位于他。听了这话，太子深感不安，很快导致病情加剧：先是“伏枕流歉”，接着便重新昏迷。病情恶化，抢救无效，于上元二年四月二十五日在合璧宫死去。

由此可见，“鸩杀”说是《新唐书》的作者加在武则天身上的诬蔑不实之词。

李弘死后，其弟李贤（则天第二子）被册立为皇太子，时年20岁。

李贤“容止端重，少为帝爱”[②]。高宗曾对司空李勣说：“此儿已读得《尚书》《礼记》《论语》，诵古诗赋复十余篇，暂经领览，遂即不忘。我曾遣读《论语》，至‘贤贤易色’，遂再三覆诵。我问何为如此，乃言性爱此言，方知夙成聪敏，出自天性。”[③]

李贤初封潞王，后迁授岐州刺史，加雍州牧、幽州都督。龙朔元年（661），徙封沛王，加扬州都督，兼左武卫大将军，雍州牧如故。二年，加扬州大都督。麟德二年（665），加右卫大将军。咸亨三年（672），改名为德，徙封雍王，授凉州大都督，雍州牧、右卫大将军如故。上元元年（674），复名为贤。

有一定的政治才能。史载：“及为皇太子，令监国，处分明审，为时所称。”[④]他还曾召集左庶子张大安、洗马刘讷言、洛州司户参军格希玄、学士许叔牙、成玄一、史藏诸、周宝宁等儒士给范晔《后汉书》作注。

---

①《全唐文》卷15，高宗皇帝《孝敬皇帝睿德纪》，第185页。另《金石萃编》卷58《孝敬皇帝睿德纪》记载所缺字与其不同。

②《新唐书》卷81《章怀太子贤传》，第3590页。

③《旧唐书》卷86《章怀太子贤传》，第2831页。

④《唐会要》卷4《储君》，第42页。

但此人颇好声色[①]，武则天对此不满，命人撰写《少阳正范》及《孝子传》赐给他，接着"又数作书诮让之"，希望他能够改邪归正，孝敬父母，努力学习治理天下的本领。而太子贤自命不凡，拒不接受。太子贤不接受批评的态度，确实加深了母子之间的矛盾。

另外，当时宫中有人窃议，说李贤不是武则天生的，而是其姊韩国夫人的儿子。李贤听到后，"内自疑惧"。不久，术士明崇俨向武则天秘称"太子（贤）不堪承继"。李贤闻之，"愈不自安"，乃招募刺客，将明崇俨暗杀。

武则天"使人发其阴谋事，诏令中书侍郎薛元超、黄门侍郎裴炎、御史大夫高智周与法官推鞫之，于东宫马坊搜得皂甲数百领"[②]。因此，李贤被废为庶人，太子位由其弟李显继承。而李显年少，且学识有限，仍不能独理朝政。

这样，在许多场合，特别是高宗患病之际，仍需要武则天参与朝政。而武则天对此也很清楚，希望能够继续参政。为此，努力做到处事"皆称旨"。

显庆六年到弘道元年之间，唐高宗亲理朝政的事实屡见于史籍：

龙朔元年（661）五月，高宗"命左骁卫大将军、凉国公契苾何力为辽东道大总管，左武卫大将军、邢国公苏定方为平壤道大总管，兵部尚书、同中书门下三品，乐安县公任雅相为浿江道大总管，以伐高丽"[③]。

龙朔二年（662），左相许圉师的儿子奉辇直长许自然游猎，犯人田，田主怒，自然以鸣镝射之。圉师杖自然一百而不向高宗报告。高宗知道后说："圉师为宰相，侵陵百姓匿而不言，岂非作威作福！"[④]

①《资治通鉴》卷202，高宗调露元年条，第6397页。

②《旧唐书》卷86《章怀太子贤传》，第2832页。

③《旧唐书》卷4《高宗本纪》，第81-82页。

④《资治通鉴》卷201，高宗龙朔二年十月条，第6332页。

圄师免官。

龙朔三年（663）二月，高宗下诏说："在京系囚应流死者，每日将二十人过"，并亲自临问，多所原宥，不尽者令皇太子录。

麟德二年（665）四月，高宗"讲武邙山之阳，御城北楼观之"[①]。

乾封元年（666）正月，高宗赴泰山封禅，封于泰山，禅于社首[②]。

乾封二年正月，高宗以去冬至于是月无雨雪，"避正殿，减膳，亲录囚徒"[③]。咸亨二年（671）六月，因天旱，高宗"亲录囚徒"[④]。

乾封三年(672)四月，吐蕃遣其大臣仲琮入贡，高宗问及吐蕃风俗，并谴责吐蕃吞灭吐谷浑、败薛仁贵、侵逼凉州之事[⑤]。

上元二年（675）四月，高宗"以旱避正殿，减膳，撤乐，诏百官言事"[⑥]。

调露元年（679）十一月，高宗"临轩试应岳牧举人"[⑦]。

这些事实说明，在武则天参与朝政后，唐高宗仍然掌管某些重要的军政事务，并不像一些学者所认为的那样，完全成了武则天的傀儡。

但是，值得注意的是，显庆五年（660）以后，唐高宗新病旧疾，时常发作，而且病情愈来愈重。这种情况，加上其他因素，武则天参与朝政的程度必然会逐步加深，其政治地位势必会随之增高。事实也是如此。

总之，武则天参与朝政期间，并没有独揽朝纲，唐高宗始终是最

---

①《旧唐书》卷4《高宗本纪》，第86页。

②《新唐书》卷3《高宗本纪》，第65页。

③《旧唐书》卷5《高宗本纪》，第91页。

④《旧唐书》卷5《高宗本纪》，第96页。

⑤《资治通鉴》卷202，高宗咸亨三年条，第6368页。

⑥《新唐书》卷3《高宗本纪》，第71页。

⑦《旧唐书》卷5《高宗本纪》，第105页。

高行政首脑，健康时常常临朝决事。不过，随着唐高宗病情的加重，武则天的权力和政治地位确有不断增长的趋势。

三 诛杀上官仪

《资治通鉴》卷201麟德元年（664）十二月条载：武则天“及得志，专作威福，上欲有所为，动为后所制，上不胜其忿。有道士郭行真出入禁中，尝为厌胜之术，宦者王伏胜发之。上大怒，密诏西台侍郎（即中书侍郎）、同东西台三品（即同中书门下三品）上官仪议之。仪因言：‘皇后专恣，海内所不舆，请废之。’上意亦以为然，即命仪草诏。左右奔告于后，后遽诣上自诉。诏草犹在上所，上羞缩不忍，复待之如初；犹恐后怨怒，因绐之曰‘我初无此心，皆上官仪教我。’仪先为陈王咨议，与王伏胜俱事故太子忠。后于是使许敬宗诬奏仪、伏胜与忠谋大逆。十二月，丙戌（十三日），仪下狱，与其子庭芝、王伏胜皆死，籍没其家。戊子（十五），赐忠死于流所”[①]。

这段记载不尽真实。武则天参与朝政后，在某些问题上与高宗发生意见分歧是有可能的，但要说她“专作威福”，却没有充分的根据。又，“厌胜”之术，人所甚忌。自古以来，不知有多少“厌胜”者身首异处。武则天当年亲眼看到王皇后“厌胜”的下场，而今岂敢自行此术？何况她已是一位名正言顺、甚见宠爱的皇后，有什么必要冒险“厌胜”！可见，这一记载与事情的真相是有一定距离的。

但由此可知武则天参政四年后，权势有所增加，已与宰相上官仪发生了矛盾。从“左右奔告于后，后遽诣上自诉”，“上羞缩不忍，复待之如初”，犹恐皇后有怨而道出上官仪的情况来看，唐高宗对武

① （唐）刘肃撰，许德楠、李德霞点校：《大唐新语》卷2《极谏》，中华书局，1984，第24页；《新唐书》卷105《上官仪传》略同，第4035页；《旧唐书》卷80《上官仪传》不载废后之谋，只说：“麟德元年，宦者王伏胜与梁王忠抵罪，许敬宗乃构仪与忠通谋，遂下狱而死，家口籍没。”第2744页。

则天的感情是深厚的，只是偶尔有些不满，本无废弃之意；真正要求废弃武则天的乃是宰相上官仪。

上官仪，字游韶，陕州陕县（今河南三门峡市）人。曾祖回，仕后周襄城太守。祖父失名，履历不详。父弘，隋比部郎中、江都总监。虽然家世并不显赫，但也算得上个小门士族。

隋炀帝大业末年，上官仪的父亲上官弘为陈棱所杀，仪乃私度为僧，“游情释典，尤精《三论》”[①]。“寝工文词，涉贯坟典。”[②]诗歌清秀，“好以绮错婉媚为本”，人称“上官体”。贞观初，以进士及第，任弘文馆学士，颇为唐太宗所重。高宗即位后，迁秘书少监，进西台侍郎。龙朔二年（662）十月，同东西台三品，位至宰相，“颇恃才任势”[③]。

上官仪当宰相一年多工夫，就形成了“独持国政”的局面[④]。这是武则天所不能容忍的，她要对上官仪加以限制。上官仪为了维护既得利益，进而真正达到独持朝纲的目的，便指使同党王伏胜捏造罪名，激怒高宗，并见缝插针，亲手导演了一出废皇后的滑稽剧。可见，正当他指手画脚，得意忘形的时候，一副沉重的镣铐禁锢了他的身躯，直到死在狱中。

上官仪是被指控与燕王忠谋反而丧生的。燕王忠自显庆元年（656）失去皇太子地位以后，怀恨在心，结纳宾客，图谋不轨，遣使入京，窥探消息，又怕事泄被杀，常穿妇人之衣以防奸细[⑤]。因而也未能逃脱死亡的厄运。上官仪被杀后，在很长一段时间里，没有人再敢对武氏参政公开表示异议。

---

①《旧唐书》卷 80《上官仪传》，第 2743 页。

②《新唐书》卷 105《上官仪传》，第 4035 页。

③《旧唐书》卷 80《上官仪传》，第 2743 页。

④（唐）刘餗撰，程毅中点校：《隋唐嘉话》卷中，中华书局，1979，第 32 页。

⑤《全唐文》卷 154，上官仪《黜梁王忠为庶人诏》，第 1576 页。

上官仪被杀之后，武则天的权势有所增长。“自是上每视事，则后垂帘于后，政无大小，皆与闻之。天下大权，悉归中宫，黜陟，杀生，决于其口，天子拱手而已，中外谓之二圣。”这是《资治通鉴》卷201的评述。

《新唐书》卷76《则天顺圣皇后武氏传》说：“群臣朝，四方奏章，皆曰‘二圣’。每视朝，殿中垂帘，帝与后偶坐，生杀赏罚惟所命。”

虽然二书有视朝方法的不同[①]，并夸大了武氏的权力，与上述事实不符，但都说明，武则天的政治地位进一步尊崇。

上元二年（675）三月，唐高宗旧病复发，风眩不支，准备逊位于武则天，由于宰相郝处俊等人反对而中辍其事。《大唐新语》卷2载：高宗将下诏，逊位于则天，摄知国政，召宰相议之。（郝）处俊对曰：“礼经云：天子理阳道，后理阴德。然则帝之与后，犹日之与月，阴之与阳，各有所主，不相夺也。若失其序，上则谪见于天，下则祸成于人。昔魏文帝著令，崩后尚不许皇后临朝，奈何遂欲自禅位于天后？况天下者，高祖、太宗之天下，非陛下之天下。正合谨守宗庙，传之子孙，不可持国与人，有私于后。惟陛下详审。”中书侍郎李义琰进曰：“处俊所引经典，其言至忠。惟圣虑无疑，则苍生幸甚。”高宗乃止[②]。

虽然如此，武则天的地位仍在上升：仪凤三年（678）正月辛酉初四，“百官及蛮夷酋长朝天后于光顺门”[③]。

四 大义灭亲

参与朝政之前，武则天曾“制《外戚诫》献诸朝”。参与朝政后，

① 可能是先垂帘于后，后因故改为偶坐。

② 参见《资治通鉴》卷202，第6375–6376页及两《唐书》郝处俊、李义琰传。

③《资治通鉴》卷202，高宗仪凤三年正月条，第6384页。

龙门大卢舍那像

大卢舍那像题记

武则天对自己的亲戚限制得比较严格，贬杀了哥哥武元庆、武元爽、武惟良、武怀运和侄儿贺兰敏之。

武元庆与武则天同父异母，官至宗正少卿。元爽是元庆的亲弟弟，官至少府少监。惟良是武则天伯父士让的儿子，官至司卫少卿。怀运是惟良的弟弟，官至淄州刺史。

关于元庆、元爽、惟良、怀运之死，史书上是这样记载的：武士彟死，元庆等对继母杨氏及其女武则天淡漠失礼。武则天当上皇后以后，杨氏被封为荣国夫人，地位日益尊崇。有一天，杨氏设宴置酒，与亲戚会饮。抚今思昔，用挖苦的口气对惟良说："颇忆畴昔之事乎？今日之荣贵复何如？"惟良答道："惟良等幸以功臣子弟，早登宦籍，揣分量才，不求贵达，岂意以皇后之故，曲荷朝恩，夙夜忧惧，不为荣也。"杨氏听后，很不高兴。

于是，武则天向唐高宗上疏，请出惟良等为远州刺史。高宗下诏以惟良检校始州（今四川剑阁县）刺史、元庆为龙州（今广西龙州县北）刺史、元爽为濠州（今安徽凤阳县东）刺史。元庆至州，不久即忧惧病死。乾封元年（666），惟良、怀运至京师，献食，"后密置毒醢中，使侄女魏国夫人（韩国夫人之女）食之"，遂暴卒，"因归罪于惟良、怀运"①，诛之，改其姓为蝮氏。元爽等缘坐配流岭外而死。

从这些记载来看，武则天贬杀武元庆等，似乎完全是感情用事，报当年之旧恨。事实上，恐怕也与当时武则天抑制外戚的主导思想不无关系。武则天"通文史"，对历史上外戚专权之祸，是很清楚的。此时的武则天，一心辅佐高宗治理朝政，尚无当女皇的欲望，这与后来登基之初利用外戚抑制皇室不同。因此，她对外戚采取抑制政策是可以理解的。

---

①《资治通鉴》卷201，高宗乾封元年八月条，第6350页。

武元庆病死龙州，不完全是武则天的责任[①]。武惟良等人被杀，若《通鉴》记载属实，好像有点冤屈。至于贺兰敏之被贬死，完全是罪有应得。

贺兰敏之是武则天姐姐韩国夫人的儿子，长得潇洒英俊，一表人才。武元庆等人死后，武则天觉得贺兰敏之还差不多，就上奏高宗，以贺兰氏为士彟之嗣，改姓为武，袭爵周国公，官至弘文馆学士，左散骑常侍。本来，武则天对贺兰敏之抱有很大希望，“令鸠集学士李嗣真、吴兢之徒，于兰台刊正经史并著撰传记”[②]。

但是，贺兰敏之不知恩德，恃宠骄纵，屡犯国法。对此，武则天甚为不满。后来，他变得越来越不像话了。司卫少卿杨思俭的女儿姿色出众，唐高宗和武则天亲自选择，以为太子李弘之妃。快要成婚的时候，被贺兰敏之强奸了。当时武则天的女儿太平公主还小，去外婆荣国夫人家玩耍，宫女侍行，“又尝为敏之所逼”。

咸亨元年（670）八月，武则天的母亲荣国夫人病死，武则天悲痛欲绝，为她举行隆重葬礼，破格于咸阳县洪渎原堆土为陵[③]。为了使母亲在阴间过得快活，武则天出内库大瑞锦及钱数十万，“令敏之造佛像追福”。贺兰敏之又贪污挪用，并在荣国丧服之内，“私释衰绖，著吉服，奏妓乐”[④]。

由此可见，贺兰敏之根本就是一个流氓无赖，贪官污吏。连武则天的女儿他都敢动手动脚，对武则天的母亲又是如此不孝，武则天对此异常气愤也是正常的。

咸亨二年（671）六月，武则天表陈贺兰敏之前后罪恶，请加贬逐。

---

①《旧唐书》卷 183《武承嗣传》，第 4727 页。

②《旧唐书》卷 183《武承嗣传》，第 4728 页。

③《全唐文》卷 239，武三思《大周无上孝明高皇后碑铭并序》，第 2416 页。

④《旧唐书》卷 183《武承嗣传》，第 4728 页。

高宗准奏，将敏之流雷州（今广东海康）。敏之自感途穷，在前往雷州的半道上以马僵自缢而死，结束了他丑恶的一生。①

武元庆等人的死亡，使外戚势力大为削弱。人们由此看到：武则天之参与朝政，是为了“天下”，而不是为其亲戚。因此，不少人从内心打消了抵触情绪。

五 著书立说

武则天参政十几年后，感到自己一个人的能力有限，便通过高宗召集了一批“文学之士”，让他们著书立说，帮助她处理朝政。

《新唐书》卷201《文艺上·元万顷传》载：“武后讽帝召诸儒论撰禁中，万顷与周王府户曹参军范履冰、苗神客、太子舍人周思茂、右史胡楚宾与选，凡撰《列女传》《臣轨》《百僚新戒》《乐书》九（当为凡）千余篇。至朝廷疑议表疏密使参处，以分宰相权，故时谓‘北门学士’。”②

“北门学士”与弘文馆学士或翰林学士不同，不是职官名称，而是当时人对这批“文学之士”的称呼。据《旧唐书·经籍志》等记载，《臣轨》《百僚新戒》是后来的作品③。此时所撰除《古今内范》100

---

①《资治通鉴》卷202，高宗咸亨三年条，第6367页。有人说贺兰敏之清忠廉洁，为之鸣冤叫屈。其论据一为《新唐书》本传所谓：“初，魏国卒，敏之人吊，帝为恸，敏之哭不对。后曰：‘儿疑我！’恶之。俄贬死。”一为新出土之《贺兰敏之墓志》。案，魏国卒在前，敏之为士彟嗣在后。若魏国夫人卒时武后已恶敏之，岂能得奏请以为士彟之嗣？又《贺兰敏之墓志》立于武则天下台之后的“复辟”时期，且十分空洞，岂能据为信史？

②《新唐书》卷117《刘祎之传》、《旧唐书》卷6《则天纪》、卷87《刘祎之传》、卷190《元万顷传》、《资治通鉴》卷202高宗上元二年三月条所载略同。胡注曰：“不经南衙，于北门出入，故云然。”

③《臣轨》作于垂拱元年，《百僚新戒》作于二年。详见王双怀《（臣轨）的作者、年代和价值》，刊《西北第二民族学院学报》1992年第2期。

卷、《青宫纪要》、《少阳政范》各30卷、《维城典训》、《凤楼新诫》、《孝子传》、《孝女传》各20卷外，还有《紫枢要录》10卷、《列女传》100卷、《字海》100卷、《玄览》100卷、《乐书要录》10卷、《保傅乳母传》1卷。

这些书绝大部分已经失传①，但顾名思义，可知这些书大都是为太子和诸王写的。当然，也有为“天下”写的。如《孝子传》《孝女传》《列女传》等等。至于《字海》《玄览》《乐书要录》更是通用的工具书。

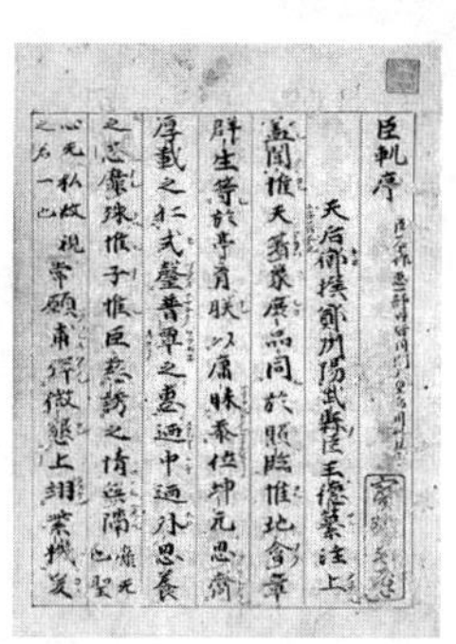

《臣轨》序（元龟二年〔1571〕吉田兼右手抄本）

北门学士的另一重要任务是“参决朝政”。关于北门学士参决朝政的原因，史书上说是为了“分宰相之权”。可见，唐高宗、武则天对当时的一些宰相并不放心。实际上，北门学士是武则天和唐高宗的智囊团。

武则天提高了北门学士的地位；北门学士成了武则天进一步参与朝政的重要帮手。当然，北门学士都是中级官员，虽然能对时政产生一定的影响，但对相权的分割是有限的，还远远没有达到架空宰相的程度。

由于高宗体弱多病，皇太子未能发挥应有的作用，而武则天处事皆符合高宗旨意，因此从显庆五年（660）十月开始，武则天参与朝政历经二十三载，直到弘道元年（683）高宗病死。

第三节 参政的业绩

武则天参与朝政有三种形式：一是在唐高宗病重时独自垂帘听政。二是在唐高宗病情好转时与他偶坐听政。三是唐

① 仅《臣轨》完璧，《乐书要录》残存三卷。

高宗病好时上书言事，建言献策。23年间为唐王朝的发展做出了重要贡献。

一 建言献策

上书言事，是武则天参与朝政的形式之一。龙朔元年（661）四月，唐高宗欲亲率大军出击高丽。武则天以为不妥，“抗表进谏”[①]。上元元年（674）十二月，上表，建言十二事：其一，劝农桑，薄赋徭；其二，给复三辅地；其三，息兵，以道德化天下；其四，南北中尚禁浮巧；其五，省功费力役；其六，广言路；其七，杜谗口；其八，王公以降皆习《老子》；其九，父在为母服齐衰三年；其十，上元前勋官已给告身者元追覆；十一，京官八品以上益廪人；十二，百官任事久、才高位下者得进阶申滞[②]。

“建言十二事”是武则天针对当时的社会实际提出的十二条政改方案。

第一、二条是恢复和发展经济的措施。乾封元年（666）以后，朝野官员多被“封禅”的盛况冲昏头脑，不注意农业生产，剥削额有所加重，加之自然灾害的影响，经济形势出现逆转，关中三辅情况尤为严重。因此，武则天提出劝课农桑、轻徭薄赋，给复三辅地的主张。

第三条涉及军事战略。乾封前后，唐王朝东征高丽，南讨叛蛮，西御吐蕃，四方用兵，连年不休，虽取得了一定的胜利，但也付出了很大的代价，正是在这种情况下，武则天建言息兵，而以德化天下。

第四、五条，提倡厉行节约，勤俭办事。第六、七条主张广泛听取不同意见，杜绝谗言，以集中统治阶级的集体智慧。

第八、九条旨在尊奉李唐先祖、提高妇女地位。第十条以下则是

①《资治通鉴》卷200，高宗龙朔元年四月条，第6324页。

②《新唐书》卷76《则天顺圣皇后武氏传》，第3477页。

要增强各级官吏的凝聚力。史载这些建议多被唐高宗采纳，施行之后，颇益于时。

二 从驾封禅

武则天参政后，政通人和，“比岁丰稔”。到麟德二年（665），“米斗至五钱，麦、豆不列于市”[①]。公卿大臣数请封禅，以感谢“天地神祇”。武则天表示赞同，唐高宗便着手准备封禅大典。

所谓“封禅”，就是在泰山顶上筑坛祭天，在泰山脚下设场祀地，报答“天地”的恩赐，请求“神祇”的保佑。司马迁在《史记》卷 28《封禅书》中说：“自古受命帝王，曷尝不封禅？”可知封禅之典古已有之。考诸史籍，秦皇、汉武，皆有封禅之事。

唐初，“兖州刺史薛胄，以天下太平，登封告禅，帝王盛烈，遂遣博士登泰山观古迹，撰封禅图及仪上之。高祖谦让不许”。贞观五年（631）、六年（632），朝集使等又请封禅，太宗以天下凋残等为理由，没有接受。其后群臣复有所请，太宗乃召集儒士，议封禅之礼，几次准备，但终未成行[②]。

唐高宗在做了充分的准备之后，于麟德二年（665）十月二十八日离开东都，向泰山进发。“从驾文武仪仗，数百里不绝。列营置幕，弥亘原野。东自高丽（朝鲜半岛北部），西至波斯、乌长（伊朗、巴基斯坦一带），诸国朝会者，各帅其属扈从，穹庐毳幕，牛羊驼马，填咽道路。”[③]队伍浩浩荡荡，“议者以为古来帝王封禅，未有若斯之盛者也”[④]。

---

①《资治通鉴》卷 201，高宗麟德二年十月条，第 6345 页。

②《册府元龟》卷 36《帝王部 · 封禅》，第 393 页。

③《资治通鉴》卷 201，高宗麟德二年十月条，第 6345 页。

④《册府元龟》卷 36《帝王部 · 封禅》，第 393 页。

泰山玉皇顶

登封台

皇后武则天的仪仗在这支队伍中显得特别耀眼，她神气十足，想充当重要角色。十二月，车驾至泰山脚下，“及有司进奏仪注，封祀以高祖、太宗同配，禅社首以太穆皇后、文德皇后同配，皆以公卿充亚献、终献之礼”。武则天上表主张改革礼仪，不可仍尊旧轨，认为社首祭地，公卿大臣行事不妥，应当由她率六宫命妇进行①。高宗觉得有理，就同意了她的要求，禅社首以武则天为亚献，越国太妃燕氏为终献②。

乾封元年（666）正月，高宗率众在泰山举行隆重的大典。

初一，祀昊天上帝于泰山南。

初二，高宗登泰山，封玉牒，上帝册藏以玉匮，配帝册藏以金匮，“皆缠以金绳，封以金泥，印以玉玺，藏以石䃮”。

初三，降禅于社首，祭皇地祇。高宗初献毕，执事者皆趋下，宦者执帷，武则天升坛亚献，“帷帟皆以锦绣为之”③。

礼毕，唐高宗饮宴群臣，对这次活动作了概括总结。他兴高采烈，

①《旧唐书》卷23《礼仪志》，第886–887页。

②即越王李贞之母。她是当时唯一幸存下来的太宗妃嫔。

③《资治通鉴》卷201，高宗乾封元年正月条，第6346页。

用夸耀的口气说：“升中大礼，不行来数千载。近代帝王，虽称封禅，其间事有不同：或为求仙克礼，或以巡游望拜，皆非尊崇祖业……朕丕承宝历，十有七年，终日孜孜，夙夜无怠。属国家无事，天下太平，华夷乂安，远近辑睦，所以躬亲展礼，褒赞先勋。情在归功，固非为己。遂得上应天心，下允人望。”[①]

“封禅”是专制皇权时代帝王对个人政绩的宣扬，并不能仅仅视为一种封建迷信活动，当然也造成物质上的巨大浪费。但在当时，如此宏大、庄严的典礼，提高了唐王朝的威望，在客观上进一步维系了人心，加强了各族之间的联系，因而具有一定的积极意义。

三 改革官制

职官制度对国家政治有直接的影响。武则天在辅佐高宗时期，对官制进行了一些改革。

1. 官职增减

显庆元年（656），置骠骑大将军员，秩从一品[②]。

龙朔二年（662）正月十五日，太府寺更置少卿一员，分两京检校[③]。二月七日，废尚书令。

总章二年（669）二月十二日，同三品始入衔；置司列、司戎少常伯各两员。

永淳元年（682）七月，置州别驾[④]；外司四品以下知政事者始以“平章事”为名。

2. 官名改易

①《册府元龟》卷36《帝王部·封禅》，第394页。

②《旧唐书》卷42《职官志》，第1786页。

③《旧唐书》卷4《高宗本纪》，第82页。

④《旧唐书》卷42《职官志》，第1788页。

龙朔二年（662）二月，改门下省为东台，中书省为西台，尚书省为中台；侍中为左相，中书令为右相，仆射为匡政，左、右丞为肃机，尚书为太常伯，侍郎为少常伯；其余二十四司，御史台、九寺、七监、十六卫，并以义训更名[①]。

咸亨元年（670）十二月，高宗又下诏，将龙朔二年（662）所改官名大部分依旧，“其东宫十率府……各宜依旧为率府。其左司议郎除左字。其左右金吾、左右威卫，依新改”[②]。

3. 官加泛阶

乾封元年（666）正月五日，“文武官三品已上赐爵一等，四品已下加一阶”，打破了以劳考叙进的局面[③]。

4. 确定章服

龙朔二年（662）九月，令八品、九品衣碧。

上元元年（674）八月，敕文武官三品以上服紫，金玉带；四品服深绯，金玉带；五品服浅绯，金带；六品服深绿，七品服浅绿，并银带；八品服深青，九品服浅青，并鍮石带[④]。

5. 制定铨注之法

针对当时“承平既久，选人益多”的状况，总章二年（669）司列少常伯裴行俭与员外郎张仁祎设长名姓历榜，引铨注法，定州县升降、官资高下，遂为定制：

（1）从身、言、书、判四个方面考察人才，计资量劳而拟官。始集而试，观其书、判，看是否楷法遒美，文理优长；已试而铨，察其身、言，看是否体貌丰伟、言辞辩正；已铨而注，询其便例；已注

①《资治通鉴》卷200，高宗龙朔二年二月条，第6326页。

②《旧唐书》卷42《职官志》，第1788页。

③《资治通鉴》卷201，高宗乾封元年正月条，第6346页。

④《资治通鉴》卷202，高宗上元元年八月条，第6372–6373页。

而唱，集众告之。然后排列名次，先简仆射，乃上门下，给事中读，侍郎省，侍中审之，不当者驳下。考察工作结束后，向皇帝汇报，主者受旨奉行。各给以符，谓之告身。

（2）兵部武选也是如此。课试之法，以骑射及翘关（翘关，长丈七尺，径二寸半，凡十举后，手持关距，出处无过一尺为中第）、负米（负米五斛，行二十步，为中第）。

（3）如果有人年限未满，而能试文三篇，谓之宏词；试判三条，谓之拔萃；可以不限年限而授官。

（4）黔中、岭南、闽中州县之官，不由吏部先举，委托都督选择当地土人补授。

（5）凡居官按年考核，六品以下，四考为满。①

仪凤元年（676）八月，高宗又下令："桂、广、交、黔等都督府，比来注拟土人，简择未精，自今每四年遣五品已上清正官充使，仍令御史同往注拟。"时人谓之"南选"②。

以上情况表明，当时选拔官吏的制度和办法更加健全和严密。

四 调整经济

在经济方面，继续推行均田制，同时大力禁用"恶钱"（即不合格的货币）。显庆五年（660），以"恶钱"多，官府购买，以一善钱兑换五恶钱。

乾封元年（666），改铸"乾封泉宝"钱，以一当旧钱之十，这是中国"年号钱"的开始。

乾封二年（667），以商贾不通，米帛踊贵，复行开元通宝钱。

永淳元年（682），鉴于铸多钱贱，米粟踊贵，诏"私铸者抵死，

---

①《资治通鉴》卷201，高宗总章二年条，第6362页。

②《资治通鉴》卷202，高宗仪凤元年八月条，第6380页。

开元通宝

邻、保、里、坊、村正皆从坐”[①]。遇到自然灾害时，复有赈济之举。

咸亨元年（670），“天下四十余州旱及霜虫，关中尤甚。诏令任往诸州逐食，仍转江南租米以赈给之”。

仪凤二年（677）夏四月，“以河南、河北旱，遣使赈给”。

调露元年（679）二月，“东都饥，官出糙米以救饥人”。

永隆元年（680）九月，“河南、河北大水，遣使赈恤”。十一月，“洛州饥，减价官粜，以救饥人”[②]。

五 治理边疆

首先，在周边地区增置州县，使许多少数民族首领成了都督、刺史。

①《新唐书》卷54《食货志》，第1384页。

②《旧唐书》卷5《高宗本纪》，第107页。

史载，龙朔元年（661）在“吐火罗（今阿富汗北部）、嚈哒、罽宾、波斯等十六国置都督府八、州七十六、县一百一十、军府一百二十六，并隶安西都护府”①。

麟德元年（664），“于昆明之弄栋川置姚州都督府”，管 32 州②。

总章元年（668），“分高丽地为九都督府、四十二州、百县，置安东都护府于平壤以统之，擢其酋渠为都督及刺史县令，与华人参理”③。

咸亨三年（672），“昆明蛮十四姓二万三千户内附，置殷、敦、总三州”④。

在周边少数民族地区甚至附属国都普遍增置了州县或羁縻府州，与之相适应，任命许多少数民族首领为地方长官。这反映出在武则天辅佐下，高宗统治时期国力的强盛和版图的扩大。

其次，提高庶族的政治地位。

庶族势力在隋末唐初迅速发展，但唐高祖时，12 个宰相，全是士族。太宗所任宰相，亦多为士族。高宗统治时宰相中庶族占百分之二十以上，超过了太宗时期⑤。

此外，关注民生。咸亨元年（670）关中大饥，诏年十五以下不能存活者，任人收养驱使，但“不得将为奴婢”。咸亨四年，“诏咸

---

①《资治通鉴》卷 200，高宗龙朔元年六月条，第 6324—6325 页。胡注：四国及诃达罗支、解苏、骨咄施、帆延、石汗那、护时犍、怛没、乌拉喝、多勒建、俱密、护密多、久越得犍凡十六国，皆在中亚。又，据《唐会要·安西都护府》第 1323 页，都督府之数当为十六。

②《资治通鉴》卷 201，高宗麟德元年五月条，第 6340 页。

③《唐会要》卷 73《安东都护府》，第 1318 页。

④《资治通鉴》卷 202，高宗咸亨三年正月条，第 6368 页。

⑤《新唐书·宰相世系表》《资治通鉴》及两《唐书》本传。

亨初收养为男女及驱使者，听量酬衣食之值，放还本处”[1]。

六 打击反叛

在军事方面，维护大唐王朝的国家利益，与周边少数民族和属国进行了一系列战争。

1. 与高丽、百济、新罗的战争

高丽、百济、新罗原来是中原王朝的属国。公元七世纪初，高丽强大，与中原王朝关系紧张。隋炀帝曾三征高丽，唐太宗也曾出兵辽东，皆未使之降服。

高宗即位之初，高丽曾遣使入贡；但自恃强大，仍有不臣之心。当时新罗与唐朝关系密切而与百济不协；高丽支持百济，“数侵新罗”。新罗王春秋向唐朝求救。

显庆五年（660），唐高宗遣左武卫大将军苏定方等率水陆10万大军援救新罗。苏定方等打败了百济，在百济设置了熊津、马韩、东明、金连、德安五个都督府，“立其酋渠为都督、刺史及县令”，留郎将刘仁愿镇守百济城，以左卫中郎将王文度为熊津都督，“抚其余众”。

不久，王文度渡海身亡，百济僧人道琛和故将福信从日本国接回原王子丰，引兵围攻刘仁愿驻守的府城。高宗命刘仁轨检校带方州刺史，便道发新罗兵以救仁愿。

龙朔元年（661）四月，唐高宗以任雅相为浿江道行军总管，契苾何力为辽东道行军总管，苏定方为平壤道行军总管，与萧嗣业及诸胡兵凡35军，“水陆分道并进”，以围平壤。苏定方等人没有攻下平壤，但钳制了高丽，支援了百济战场。

当时百济的道琛为福信所杀，福信专权跋扈，与其王扶余丰相互猜忌；扶余丰袭杀福信，从高丽、倭国（日本）借兵攻袭唐军。

---

①《旧唐书》卷5《高宗本纪》，第97页。

龙朔三年（663）双方展开白江之战，刘仁轨、孙仁师与新罗金法敏（前新罗王春秋之子）等合势，彻底打败了百、倭联军，“百济悉平”。

唐高宗令刘仁轨率军镇守，授降唐入京的百济太子扶余隆为熊津都督，遣还本国，与新罗和亲，以招集其余民众而安抚之[①]。

史载，“百济兵火之余，比屋彫残，僵尸满野。仁轨始命瘗骸骨，籍户口，理村聚，署官长，通道涂，立桥梁，补堤堰，复陂塘，课耕桑，赈贫乏，养孤老，立唐社稷，颁正朔及庙讳。百济大悦，阖境各安其业”[②]。

大唐平百济碑

这样一来，在朝鲜半岛的三国之中，只剩下高丽没有臣服了。高丽陷于孤立后，亦有所恐惧。麟德二年（665），唐高宗和武则天将封禅于泰山，新罗、百济、耽罗、倭国遣使会祠，高丽王高藏也派来太子福男。

乾封元年（666），高丽盖苏文死，诸子争权，发生内乱。唐王朝趁机出兵，十二月，以李勣为辽东道行军大总管，以郝处俊为副总管，统率水陆诸军，向高丽再次发起大规模进攻。

李勣是当时著名的战将，“夙夜小心，忘身忧国”，曾率军打败过东突厥，消灭了薛延陀。其他总管也都具有一定的特长。如薛仁贵“勇冠三军”，庞同善“持军严整”，高侃“忠果有谋”，

---

①《旧唐书》卷199上《百济传》，第5332–5333页。

②《资治通鉴》卷201，高宗龙朔三年九月条，第6338页。

契苾何力“沉毅能断”。战争进行了一年，胜败之局逐渐明晰。

总章元年（668）二月，侍御史贾言忠奉使自辽东而还，唐高宗询问前线战况，言忠答道：“高丽必平。”高宗又问何以知之，言忠回答说：“隋炀帝东征而不克者，人心离怨故也；先帝（太宗）东征而不克者，高丽未有衅也。今高藏微弱，权臣擅命，盖苏文死，男建兄弟内相攻夺，男生倾心内附，为我乡导，彼之情伪，靡不知之。以陛下明圣，国家富强，将士尽力，以乘高丽之乱，其势必克，不俟高举矣。且高丽连年饥馑，妖异屡降，人心危骇，其亡可跷足待也。”这一分析是相当精辟的。

当年九月，唐朝的各路大军与李勣会合，推进至鸭绿栅。高丽发兵拒战。李勣等奋击，大破之，追奔二百余里，拔辱夷城，诸城遁逃及降者相继。

契苾何力率先引兵至平壤城下，李勣军继之，围平壤月余。高丽王藏遣泉男产见大势已去，率首领98人，持白幡投降，李勣以礼近受降。泉男建犹闭门拒守，频遣兵出战，皆败。男建以军事委僧信诚，信诚密遣人诣勣，请为内应。后五日，信诚开门，勣纵兵登城鼓噪，焚城四月（当作门）。男建自刺不死，遂擒之。高丽悉平①。

十二月，唐王朝举行了隆重的受降仪式。接着，以高藏政非已出，赦以为司平太常伯、员外同正。以泉男产为司宰少卿，僧信诚为银青光禄大夫，泉男生为右卫大将军。李勣以下，封赏有差。泉男建流黔中，扶余丰流岭南。

为了加强对高丽地方的管理，分高丽5部、176城、69万余户为9都督府，42州，100县，置安东都护府于平壤以统之，擢其酋帅有

---

①《资治通鉴》卷201，高宗总章元年九月条，第6355–6356页。胡注：焚城四月之“月”当作角或周。案，《旧唐书·高丽传》云：“烧城门楼，四面火起”，据此，“月”当作门。

李勣墓

功者为都督、刺史、县令，与华人参理。以右威卫大将军薛仁贵检校安东都护，总兵两万人以镇抚之[①]。

五年以后，高丽有些人不服薛仁贵管束，叛亡出境。新罗王金法敏予以收留，且侵占百济故地。高宗大怒，削金氏官爵，遣宰相刘仁轨率军讨伐。上元二年（675）二月，刘仁轨大破新罗之众于七重城，法敏遣使请罪，前后相继。高宗这才恢复了法敏官爵。以后高丽、百济渐衰而新罗日强，"界内置州"，"所输物产为诸蕃之最"[②]。

2. 与突厥的战争

突厥是匈奴的别支，活动于北方沙漠和草原地带。隋时分为东西二部。西突厥控制着阿尔泰山以西、里海以东的许多国家；东突厥则占据东起兴安岭，西到阿尔泰山的广袤地区。

隋末唐初，东西突厥特别是东突厥颇为强大，不断侵扰中原王朝。唐太宗为解除突厥威胁，曾进行了长期的准备，并于贞观四年（630）消灭了东突厥，二十二年（648）在西突厥附属国龟兹等地设置了著名的"安西四镇"。但是东突厥车鼻可汗继而兴起，西突厥亦多次抗命。

①《资治通鉴》卷 201，高宗总章元年十二月条，第 6356–6357 页。

②《唐会要》卷 95《新罗、百济、高句丽》，第 1708–1714 页。

高宗即位后，继续与突厥作战。永徽元年（650），右骁卫郎将高侃追获车鼻可汗。高宗责其罪而赦之，拜右武卫将军，处其余众于郁督军山（今蒙古杭爱山支脉），设置狼山都督加以统辖。在原东突厥地区分置单于、瀚海二都护府。单于都护府治所在今内蒙古和林格尔县西北，领狼山、云中、桑乾三都督、苏农等14州；瀚海都护治所在今蒙古共和国哈尔和林，领瀚海、金微、新黎等7都督、仙萼、贺兰等8州。都督、刺史皆以突厥首领充任。

显庆二年（657），左屯卫将军苏定方又俘获西突厥沙钵罗可汗阿史那贺鲁，平定了西突厥。高宗分西突厥地置濛池、昆陵二都护府，以突厥首领阿史那弥射为左卫大将军、昆陵都护、兴昔亡可汗；阿史那步真为右卫大将军、濛池都护、继往绝可汗。又以诸部酋帅为刺史、县令。此后，在很长一段时间里，大漠南北较为安定。

调露元年（679），单于都护府所辖突厥首领阿史德温傅、阿史德奉职二部复“相率反叛”，立泥熟匐为可汗，24州叛应，众至数十万。单于都护萧嗣业出兵讨伐，反为叛军所败。高宗令礼部尚书裴行俭为定襄道行军大总管，总兵30万镇压。裴行俭娴熟兵法，善出奇兵，数战皆捷，逼杀泥熟匐，赶走阿史德温傅，擒奉职而还。

不久，阿史那伏念又伪称可汗，勾结阿史德温傅再谋作乱。高宗复派裴行俭率曹继叔、程务挺等讨伐。行俭用反间之计，使温傅与伏念互相猜忌，又用大军进逼。伏念窘急，缚温傅请罪。这样，东突厥故地又恢复了安定的秩序。

在西突厥故地，永淳元年（682），阿史那车薄围弓月，唐将王方庆奋力解围，大破车薄及其同党，擒其酋长300人，亦取得了重大胜利，从而维护了唐王朝对西北边疆的管理[①]。

---

①《资治通鉴》卷203，高宗永淳元年条，第6409页；《旧唐书》卷194《突厥传》，第5166-5167页；同书卷84《裴行俭传》，第2805页。

3. 与吐蕃的战争

吐蕃在青藏高原一带，原为许多分散的部落。七世纪前期，松赞干布实现了统一，建立了强大的奴隶制政权。

贞观年间，曾有文成公主入蕃的佳话。在唐王朝的扶持下，吐蕃日渐强盛。龙朔（661 ~ 663）以后，吐蕃与吐谷浑发生矛盾，趁唐军东征之机，大败吐谷浑，并攻陷了安西四镇。

咸亨元年（670），高宗命右威卫大将军薛仁贵为逻娑道行军大总管，左卫员外大将军阿史那道真、右卫将军郭待封为副，率十万之众向吐蕃发动进攻。郭待封原来官职与薛仁贵并列，及征吐蕃，耻居其下，不听仁贵调遣。将帅失和加上孤军深入、水土不服等因素，致使唐军在大非川（今青海共和县境）被吐蕃相论钦陵所统的几十万大军打得大败，几乎全军覆没。

此后，吐蕃东与凉、松、茂、嶲等州相接，南至婆罗门，西至葱岭，北抵突厥，“地方万余里”，在漫长的河西地带，常常神出鬼没，不断侵扰，使唐军疲于奔命。

仪凤元年（676），高宗命尚书左仆射刘仁轨往洮河军防御吐蕃。三年（678），又命中书令李敬玄兼部州都督，代仁轨镇守；命益州长史李孝逸，嶲州都督拓王李奉等发剑南山南兵募加强防御。但李敬玄并无将才，这年秋天，双方大战于青海，唐军又被打得大败。朝廷震怒，迄无良策[①]。

4. 与其他少数民族的战争

龙朔元年(661),铁勒不服从唐朝管辖。高宗遣郑仁泰等前往讨伐。二年（662）三月，唐兵至天山，铁勒九姓合众十余万抗拒，并选骁健者数十人挑战。左武卫将军薛仁贵单枪匹马，发三矢而杀其三人，慑服挑战者，然后纵兵奋击，“获叶护兄弟三人而还”。军中歌曰：

①《资治通鉴》卷 201 至 203、《旧唐书》卷 196《吐蕃传》，第 5223–5224 页。

"将军三箭定天山，战士长歌入汉关。"①

七 发展文教

在文化方面，科举制有所发展。唐太宗时，科举制已基本形成。武则天参与朝政后，科举制的某些内容得到了修改和补充。

龙朔三年（663），以书学隶兰台，算学隶秘阁，律学隶详刑。上元二年（675），贡士加试《老子》策，明经二条，进士二条。"国子监置大成二十人，取已及第而职明者为之。试书日诵千言，并日试策，所业十通七，然后补其禄俸，同直官。通四经业成，上于尚书，吏部试之，登第者加一阶放选。其不第则习业如初，三岁而又试，三试而不中第，从常调。"永隆二年（681）下诏："自令明经试帖粗十得六以上，进士试杂文两篇，通文律者然后试策。"②

薛仁贵像

与此同时，通过科举入仕的人数也有所增加。宰相中科举出身者所占的比重超过了高祖、太宗时期。

此外，还产生了一些学术成果。其中最有代表性的就是医学方面的《唐本草》、天文学方面的《麟德历》和文字学方面的《字海》。

《唐本草》是世界上第一部官修药典，凡54卷，"大行于代"③。

《麟德历》是著名天文学家李淳风在隋《皇极历》

①《唐会要》卷96，第1726页；《旧唐书》卷83《薛仁贵传》，第2781页。
②《新唐书》卷44《选举志上》，第1163页。
③《旧唐书》卷79《吕才传》，第2726-2729页。

的基础上修撰而成的，“时称精密”[①]。

《字海》则是一部集体修撰的文字学工具书，达 100 卷之巨，在量上大大超过了《说文解字》。

如果我们把上述事件加以分析，并与贞观时期的情况作以比较，就会发现：显庆五年至弘道元年（660 ~ 683），统治者基本上顺应了历史潮流，推行并在一定程度上发展了太宗创立的各项制度，维护了祖国的辽阔版图。

在这一段时间里，武则天始终参与着朝政，而且有时还实际上掌握着最高权柄。因此，可以说她在辅佐高宗的日子里，对唐王朝的巩固和发展做出了一定的功绩。

后来，武则天曾说：“朕辅先帝逾三十年，忧劳天下。”这并非自吹自擂。唐人崔融曾说：“至哉坤德，沈潜刚克。……蘋藻必恭，纮延是则。训自闺阃，风行邦国。九庙肃祇，六官允釐。中外和睦，遐迩清夷。家道以正，王化之基。皇日内辅，后其谋咨。谋咨伊俟，皇用嘉止。”[②]就连对武则天颇怀敌意的人也不得不承认：则天皇后“聪明睿哲，内辅时政，厥功茂矣”[③]。可以说，“忧劳天下”，正是武则天对自己辅政时期这段历史的客观总结。

---

①《旧唐书》卷 32《历志一》，第 1152 页。《旧唐书》卷 79《李淳风传》，第 2719 页。

②《全唐文》卷 220《则天大圣皇后哀册文》，第 2225 页。

③《唐会要》卷 63《修国史》，第 1095-1096 页。

唐 张萱《武后从行图》

第七章

【临朝称制】

武则天辅佐唐高宗二十余年，为唐高宗分忧解难，不仅减轻了唐高宗的压力，而且保障了唐朝社会的顺利发展。唐高宗死后，武则天的身份发生变化，成为太后。本来，她该退休在家，颐养天年。然而，她却临朝称制，独揽朝纲。这究竟是怎么回事呢？

第一节 从皇后到皇太后

唐高宗在位期间，武则天之所以能够长期参与朝政，一是因为唐高宗多病，二是她具有处理朝政的能力。二十多年来，她已经习惯了朝廷的政治生活。她希望唐高宗健康长寿，但她没有想到，唐高宗还是先她而去，从而再次改变了她的命运。

一 高宗之死

弘道元年（683）秋，唐高宗病情恶化。十一月，高宗幸奉天宫，“疾甚”，头重目眩，无法忍受。武则天急召侍医秦鸣鹤、张文仲医之。

秦鸣鹤认为，刺头出血可愈。武则天觉得危险，反对在头部针刺。唐高宗说：“但刺之，未必不佳。”于是，秦鸣鹤在高宗的“百会”和“脑户”二穴上刺了几针。这几针当时还真管用，高宗觉得眼睛似乎可以看见了，很高兴。武则天在旁也很激动，“再拜谢，曰：‘天赐我师！’”亲自“负彩百匹以赐鸣鹤”[①]。

①（宋）司马光编著，（元）胡三省音注：《资治通鉴》卷203，高宗弘道元年十一月条，中华书局，1956，第6415页。（后晋）刘昫等撰：《旧唐书》卷5《高宗本纪》，中华书局，1975，第111页。

但她万万没有想到，秦鸣鹤的这几针，只起了回光返照的作用。高宗随即病危了。十一月下旬，唐高宗在武则天的护理下回到洛阳。病情加剧，遂至弥留。弘道元年（683）十二月四日，唐高宗死于洛阳宫之贞观殿，享年五十六岁。

有人认为唐高宗是受武则天迫害而死的，论据是高宗病危时，“武氏不欲上疾愈”。其实，这种看法完全是出于对武则天的憎恨而强加给她的不实之词。

如前所述，自当上皇后以后，武则天曾进行了解除威胁、扶植新贵、参与朝政等许多活动。这些活动，绝大部分都是经过唐高宗允许的，甚至是与唐高宗合作进行的，并没有构成对唐高宗的迫害。恰恰相反，正是通过这些活动，唐高宗才摆脱了长孙无忌、褚遂良等人的控制，才得以在百病缠身的情况下“执政”三十四年，维护唐王朝的强盛局面。

唐高宗病重时，武则天一直守护在身边。只因御医请在高宗头上进行针刺出血时，武则天说了句“此可斩也，乃欲于天子头刺血！”便被有些人抓为把柄，说她“不欲上疾愈”。其实这正是出于对高宗的爱护和关心。

二 临危受命

唐高宗临死前头脑清醒，他在遗诏中说：“七日而殡，皇太子即位于柩前，园陵制度，务从节俭。军国大事有不决者，取天后处分。”[1]

唐高宗的这段遗诏有三层含义：其一，他死后由皇太子在柩前即位。当时的皇太子是李显。也就是让李显当皇帝。其二，他的丧礼和葬礼要从俭办理，不要铺张浪费。其三，国家大事如果不能决断，要由武则天来处理。

这是唐高宗在生命的最后关头做出的安排。唐高宗死后，皇太子

①《旧唐书》卷5《高宗本纪》，第112页。

李显遵遗诏即位，立他的妃子韦氏为皇后。武则天则从皇后成为皇太后。在一般情况下，武则天不能参与朝政，但在关键时刻，她仍可以处理国家大事。这是唐高宗赋予她的权力。

第二节 埋葬高宗

对于唐高宗的死，武则天悲痛万分。想起她与唐高宗的点点滴滴，不由泪下沾襟。她知道，她在尼姑庵孤守青灯时，是唐高宗向她伸出了温暖的手臂。二次入宫后，是唐高宗帮她击败了众多的对手，让她当上了皇后，并且有了参与朝政的权力。没有唐高宗，她就不可能有辉煌的人生。因此，她决心为唐高宗修建一座富丽堂皇的陵墓，从而报答他的知遇之情。

一 营建乾陵

为了给唐高宗修好陵墓，武则天曾做了大量的准备工作。

首先，她要决定灵柩去向。高宗死于洛阳，而高祖、太宗葬于关中。高宗临死时，曾对侍臣讲："天地神祇若延吾一两月之命，得还长安，死亦无恨"[①]，宛然有西归之志。因此，武则天决定遵照高宗遗愿，把他葬在关中。

但是，这一决定遭到许多官僚，尤其是新科进士陈子昂的反对。陈子昂谒阙上书，认为关中地狭，又遭荒馑，"流人未返，田野尚芜"，既不能供给千乘万骑的食宿，也不堪凿山采石的劳役，如果大驾长驱西进，势必造成新的危机；而东都富庶，地灵人杰，"景山崇丽，秀冠群峰，北对嵩邙，西望汝海，居祝融之故地，连太昊之遗墟，帝王图迹，纵横左右"，是设置陵寝的最佳之地[②]。

---

①《旧唐书》卷 5《高宗本纪》，第 112 页。

②（清）董诰等编：《全唐文》卷 212，陈子昂《谏灵驾入京书》，中华书局，1983，第 2148 页。

武则天召见陈子昂，说他很有才气，授以“麟台正字”之职[①]，但没有接受他的建议。她认为关中形势并不像子昂说的那么坏，坚持遵奉高宗遗愿，使灵柩西返。

其次，她要明确陵墓类型。我国古代帝王陵墓大抵主要有两种形式。一是“堆土成陵”，一是“因山为陵”。所谓“堆土成陵”，就是在平地上垒土成丘，以为坟垅。这种陵墓出现较早，著名的秦始皇陵便是如此。所谓“因山为陵”，就是穿山置椁，以山为冢。这种陵墓出现较晚，汉文帝霸陵是其代表。

唐初葬高祖，诏依汉长陵故事，“堆土成陵”。秘书监虞世南以为不如仿汉文霸陵，“因山为墓”。太宗不纳其言，但颇以为是。贞观十八年（644），他对侍臣说：“古者因山为坟，此诚便事。我看九嵕山孤耸回绕，因而傍凿，可置山陵处，朕实有终焉之理。”[②]遂因九嵕山为他营建了昭陵。

武则天认为“因山为陵”比“堆土成陵”具有很大的优越性：高大雄伟，坚固牢靠，因而决定营造这种陵墓。

再者，她还要认真选择陵地。古人对墓地十分讲究，认为墓地的穴位对其子孙的祸福有很大影响，因而十分重视对墓地的选择。帝王陵墓更是如此。选择的办法是先堪舆，即通常所说的“看风水”，然后占卜吉凶，决定取舍。

唐高祖的献陵和太宗的昭陵都是经过占卜确定的。武则天在确定灵柩去向和陵墓类型之后，照例派出卜陵使前往关中堪舆。由于古代的天子葬都城之北，一代天子一个陵区的遗规，唐初高祖、太宗的陵寝皆在渭北，因而卜陵使自然而然地把注意力集中到了渭北山系。

---

①《旧唐书》卷 190《陈子昂传》，第 5024 页。

②（宋）王溥撰：《唐会要》卷 20《陵议》，中华书局，1955，第 395 页。实际上，昭陵的营建最迟始于贞观十年。《旧唐书》卷 3《太宗纪》载，十年“冬十一月庚寅，葬文德皇后于昭陵”，第 46 页。

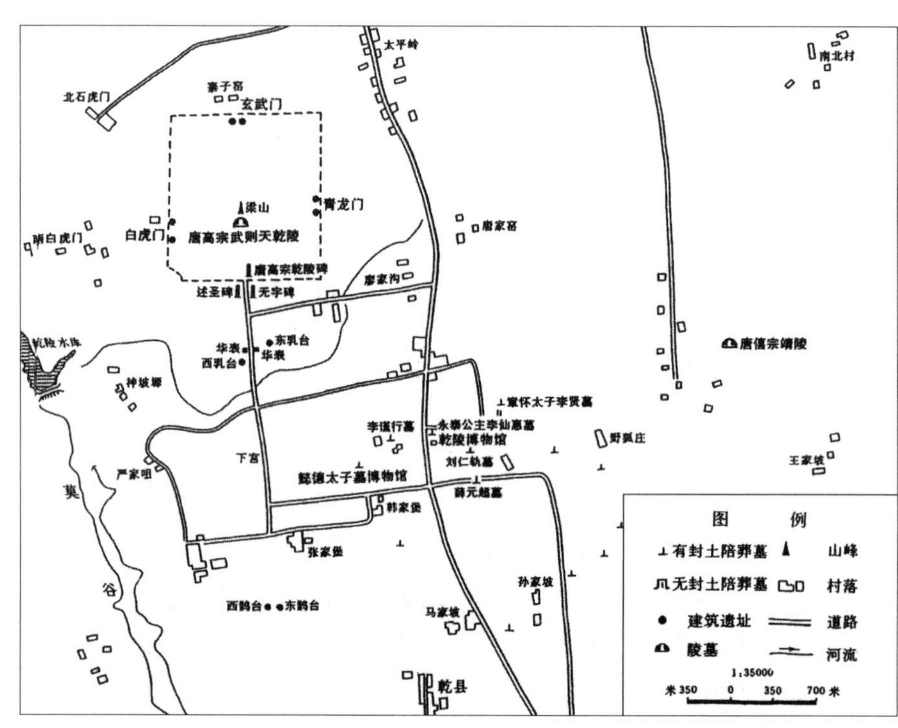

乾陵平面图

经过认真比勘，最后选中了梁山。梁山位于长安西北的“乾”地，北峰最高，海拔 1047.9 米，九嵕处其东，武水环其西，北连丘陵，南为台原，不远处又有东西对峙两峰特起，整个山势挺拔俊秀，确系形胜之地。因此，武则天马上表示同意，并定墓所为“乾陵”。

准备工作就绪之后，武则天任命吏部尚书韦待价摄司空，为山陵使，发兵民十余万破土动工，营建乾陵[①]。乾陵的主体工程由地下宫殿和地面建筑组成。地下宫殿以墓室为主，结构复杂，操作难度很大；地面建筑包括城阙、献殿、寝殿、游殿等设施，修建起来也有较大的难度。但由于当时物力雄厚，人员充足，加之设计合理，组织得法，

①《旧唐书》卷 77《韦挺传》，第 2672 页。

兵民昼夜辛劳，经过半年时间，就基本上完成了巨大的陵园工程。

乾陵是依照昭陵营建的。昭陵建筑由地上楼阁和地下宫殿组成。地面建筑供保护陵寝和祭祀之用，主要有城墙、献殿、寝殿、游神殿和祭坛等；地下建筑供停放棺椁和殉葬品之用，主要有延道、过洞、墓室等等。乾陵的情况大体也是这样。

在具体制度上，乾陵与昭陵有不同之处。昭陵周长 60 公里，乾陵 40 公里。就此而言，昭陵的规模大于乾陵。但乾陵的各种建筑并不比昭陵逊色。

城墙：乾陵城墙凡内外两重[①]。内城墙保护地宫，以夯土筑成，宽 2.1 至 2.5 米不等，高约数米，略呈方形，面积 22938 万平方米[②]。外城墙是陵园的外部屏障，周 40 公里。皆经粉刷，颇为坚固。

城门：外城一门，在南墙中部。内城四门：东青龙，西白虎，南朱雀，北玄武。每座门均建门楼。城角另建角楼，皆高大庄严。

献殿：设于朱雀门内，仿照朝堂建筑，象征皇帝生前处理朝政之地，蔚为壮观。

寝殿：在献殿之北，梁山之腰。仿皇城太极宫建筑，安放死者遗物。

游殿：在梁山之巅，仿神宫建筑，供死者魂游。

阙楼：有内外两种。内阙楼在朱雀门稍南，外阙楼在神道的起点。各有两座，均三出阙（一母阙，二子阙）。内阙楼建于夯土堆上，外阙楼则以自然山峰为基。

石刻：内城四门外，各刻石狮 2 尊。神道两旁置华表 2，翼马 2，朱雀 2，伏马 10，翁仲 20，碑 1 通。又朱雀门内献殿稍前两侧，立 61 宾王石像，以象征高宗统治时期国威的强大和民族关系的和睦。

此外，在外城西南部还建有下宫，以象征死者的离宫；在外城西

---

① 见（元）李好文撰：《长安志图 · 唐高宗乾陵图》。

② 贺梓城、王仁波：《乾陵》，《文物》1982 年第 3 期。

乾陵古建筑复原图

部建有临川亭，以供死者“游幸”；在封域南六里建乾陵署，以供管理乾陵之用。

至于地下宫殿，目前尚不知详情。1960 年考古工作者曾对乾陵隧道进行发掘，实测隧道呈斜坡形，南宽北窄，全长 63.1 米，平均宽 3.9 米[①]。估计下面可能有三个墓室。整个隧洞及墓室均绘有光彩夺目的壁画[②]。

可以说，韦待价主修的乾陵，重城森然，宫阙林立，肃穆庄严，完全符合武则天的心愿。

二 树碑颂德

乾陵修成以后，武则天又命侍中刘齐贤和霍王元轨知山陵葬事，

---

① 杨正兴：《乾陵》，见《武则天与乾陵》，三秦出版社，1986。

② 详见王双怀：《唐陵“地官”之谜》，见《揭开神秘的面纱》，三秦出版社，1989。

为唐高宗举行隆重的葬礼。

在此之前，当占卜使前往关中，选择陵地的时候，武则天在洛阳给唐高宗确定了谥号。“谥者，行之迹也”，就是根据死者生前的所作所为而评定的称号。

唐高宗的谥号是由唐中宗按照武则天的旨意提出来的。中宗在《高宗天皇大帝谥议》中说：大行皇帝（治）一生积下了“孝德”“仁德”“明德”“恭德”“广德”“文德”“威德”“元德”和“神德”，“谨按自然覆育曰天，明一合道曰皇，无所不包曰大，谨上状议曰天皇大帝，庙称高宗。”[①]于是李治被称为高宗天皇大帝，“高宗”之称，即源于此。

与此同时，武则天还为高宗举行了入殓仪式。这一仪式没有留下文字记载，据《大唐元陵仪注》推测[②]，主要有以下几个步骤：

（1）子孙奔丧。令杞王上金、鄱阳王素节、义阳公主和宣城公主等入朝哭奠[③]。

（2）沐浴。在贞观殿给高宗剃须、理发、擦身躯、剪指甲。中宗、相王、公主、妃嫔哭于殿西，内命妇以下哭于殿东。

（3）小殓。开宫殿门，诸卫各领所部禁军，仗卫如生前。陈衣十九称于殿中。礼仪使引中宗等哭临，侍御小臣为高宗穿衣。

（4）大殓。设大殓床于殿中，陈衣一百二十称及绞约、六玉等于殿楹之东。宫门一启，诸卫仪仗入卫，中宗率皇室百官依次入位哭拜，中宫内官为高宗加衣。抚棺哀号，声闻数里。

（5）殡。停高宗梓棺于乾元殿之西阶。所司设熬黍稷，盛于八筐，南北各置一筐，东西各三筐。以绣黼覆盖棺木，张三重帟，又用柏木制“黄肠题凑”，而以白泥涂抹封实。然后设灵位，皇帝以下，披麻

① 《全唐文》卷 17《高宗天皇大帝谥议》，第 209 页。

② 散见于杜佑撰：《通典·礼典·丧礼》。

③ 《旧唐书》卷 86《高宗中宗诸子传》，第 2825 页。

戴孝，就位哭祭……

文明元年（684）二月，相王代中宗为帝，是为睿宗。五月十五日，武则天欲亲护高宗灵柩西返，群臣谏阻，乃命睿宗护送灵柩。

当高宗灵柩在一片哭声中离开洛阳的时候，武则天流泪了。她多想亲赴关中，埋葬亡夫啊！可是为了防止政局动荡，她还是把自己的心愿，寄托给了睿宗。

睿宗带领千乘马骑，扶护高宗灵驾，迈着沉重的脚步，沿着通往长安的大道缓慢地前进着。灵车前高高竖起的铭旌上，“高宗天皇大帝之柩”几个大字随风摇曳，气氛十分悲壮。

六月，睿宗至长安。当时葬期未至，乾陵正在营建之中，因而仍殡高宗灵柩于太极殿之西阶，接受长安官吏的吊谒。

八月十日，将移高宗灵柩于乾陵，复启殡告庙。设挽郎、挽士、鼓足、严警之位。在庭中架起火堆，通宵不灭。二至五更，宗室、百官，轮番哭奠；挽歌鼓吹持续不绝。

十一日晨，皇帝哭临，十五举音。置“谥宝”于灵辅，梓棺于“龙车”。“龙车”两边系六条大绳，各30丈，由1000名身着白袴褶、头戴白介帻的禁军牵引。又设挽郎200助挽。挽歌二部，各64人，分8列。执翣左右各6人，司马8人，代哭150人……侍中请发，于是大驾卤簿在前，司马执铎，挽郎执绋，挽歌振作，皇帝以下乘车哭踊以赴山陵。

灵车到陵后，停于陵门西侧凶帷帐下，公主、内官以下下车哭于凶帐之西；皇帝百官、番夷酋长立于帐门之外，相向而哭，十五举声。“二刻”以后，所司在灵驾前设奠，群臣侍立，太尉奠毕，跪读祝文。

接着，移灵驾至南神门，换丧车，自羡道而上，王妃公主以下哭从。至洞口，皇帝百官哭于道东，公主王妃哭于道西。三十举声，梓官入洞，安置于玄宫御榻褥上，覆以御衾。挽士拉出丧车，于庚地焚之；礼官奉宝册、玉币入，跪奠宝绶于神座之西，奠谥册于宝绶之西，奠哀册于谥册之西；奉玉币跪奠于神座之东。

接着，礼生引将作少府监入陈明器。陶人陶马之属，皆高大精巧，饰以金银，置于隧洞两侧龛内[①]。大旗树于墓室，白幡等靠墙陈列。

最后，放入大量的金银珠宝和高宗生前喜爱的字画书籍[②]。礼生一出，众人皆哭，三十举声。公主王妃等退下，山陵使、将作监、御史大夫督闭地宫之门，外塞以石条，“其石缝铸铁，以固其中”。[③]

就这样，唐高宗离开了纷繁复杂的人间世界，进入了富丽堂皇的地下王国。

其时武则天仍在洛阳，但她的心早已飞到了梁山，“肠与肝而共断，忧与痛而相寻”。她亲自为唐高宗撰写的《哀册文》被放置在唐高宗的梓棺之前。在这个哀册文中，武则天首先用赞美的语言，叙述了唐高宗的圣德和功绩。

乾陵墓道封石

哀册文中说：“月瑶诞庆，云邱降祥；仙源汉远，圣绪天长。绕枢飞电，丽室腾光；鸟庭开象，龙德含章。六艺生知，四聪神授。晦迹登序，韬光齿胄。……粤自铜闱，虔膺宝命。惠霑动植，信洎翔泳。淳化有敷，至仁无竟。……贲园旌士，焚林尽贤。濬明上格，财成下济。

① 乾陵有无壁龛，尚无直接证据，案，太子弘墓依帝陵之制，内有便房，以储明器。（《唐会要》卷21《诸陵杂录》，第417页。）据此，则乾陵或许有之。唐制不饰金银，但“例作空文”。（《唐大诏令集》卷12）

② 乾陵玄宫有无金珠宝贝，史无明文。据《旧五代史》卷73《温韬传》，昭陵等有之，则乾陵当不例外。武则天在《述圣纪》中说，乾陵不藏金银，唯藏所习之书。详见王双怀：《“关中十八陵”被盗之谜》，刊《中外历史》1987年第3期。

③《唐会要》卷20《陵议》，第396页。

问寝承亲，在原申悌。戒盈茅宇，蠲奢土砌。……时和俗泰，天平地成。”

哀册文用沉痛的语调叙述了高宗病逝后的政局和武则天的悲痛心情：“所冀元寿，齐年紫皇。祲兴旅馆，灾缠未央，遽脱屣于宸极，奄乘云于帝乡。亘天维而落构，匝日寓而沈光。殉百身而靡赎，积万古而徒伤。魂销志殒，裂骨抽肠。受玉几之遗顾，托宝业于穷荒。嗣君孝切，谅暗居丧。集大务于残喘，积众忧于未亡。所以割深哀而克励，力迷衿而自强。呜呼哀哉！浃埏遏密，绵区缟素。恨钧天之不归，瞻鼎湖以凝慕。呜呼哀哉！攀圣滋远，恋德滋深，诉昊穹而雨泗，擗厚载而崩心，泣人灵而洒悲霰，晦宇宙而起愁阴。呜呼哀哉！”

哀册文最后以感叹的口气叙述灵驾西返和武则天不能送终的原因：“缇琯移序，朱明应律，蚩龛方营，龟谋献吉。背九洛而移驭，傃八川而从跸，列璧羽之逶迤，动钟挽之萧瑟，顾园邑之苍翠，望严隧之纡郁。乔阳之写不追，茂陵之书方出。呜呼哀哉！迹图悬圃，神降长流，去重阳之奕奕，袭大夜之悠悠……契纪鏖而莫修，思门山于夕月，悲陇树于新秋。呜呼哀哉！想轩驾之攀龙，思鑫山之恋凤，矧承眷于先房，誓牵毁而哀送。岂谓务切至綦，事违深倥，仍徇公而抑己，遂夺情以从众。悲千罔极之悲，痛万终天之痛。呜呼哀哉！恭惟圣烈，实镂微衷。敬因彤管，载撰元功。业弥遥而道弥著，时益远而声益隆。播二仪而不极，横四海而焉穷。呜呼哀哉！”①

乾陵述圣纪碑

①《全唐文》卷96高宗武皇后《高宗天皇大帝哀册文》，第993页。

乾陵《述圣纪》残文

全文凄怆悲切，表达了她对唐高宗的高度评价和深切怀念。

为了表达对唐高宗的哀悼之情，武则天还打破帝王陵前不立石碑的惯例，命令大臣在乾陵朱雀门外为唐高宗树立了一通巨大的石碑。

据说碑石来自于阗[①]。碑高 7.5 米，边宽 1.86 米，碑身分为五段，上有盖，下有座，榫眼扣接，凡七节，习称“七节碑”。因碑上刻着《述圣纪》，故又名“述圣纪碑”。

①《陕西金石志》卷 9。

《述圣纪》碑文是武则天亲自撰文，由唐中宗书写的，洋洋8000言（一说5500字）。由于年代久远，风吹雨蚀，加之人工拓损，已漫漶残泐。但从留下的文字来看，仍充满了对高宗的赞美，她把永徽以来唐王朝所取得的成就，全部推到高宗身上[①]。

刊刻工作完成后，又在阴刻的文字中嵌入金屑，使碑文在阳光照射下闪闪发光。

第三节 独揽大权

武则天对唐高宗的感情是真挚的，她不希望她和唐高宗维护的大唐基业有什么闪失。为此，在埋葬高宗的过程中废了中宗，另立睿宗，实际控制了唐朝的大权。

一 废黜中宗

唐中宗名显，是高宗的第七个儿子，在武则天所生诸子中排行为三，显庆元年(656)十一月五日生于长安。次年二月二日即被封为周王，授洛州牧。仪凤二年(677)十月三日，徙封英王，改名哲，授雍州牧。永隆元年(680)八月受封为皇太子。弘道元年(683)十二月高宗驾崩，两天后即位于柩前，年28岁。两个月后，被武则天废黜。

武则天为什么要废中宗？史书上是这样解释的：中宗居高宗之丧，武则天以母后临朝，中宗册其妃韦氏为皇后，甚加宠爱，欲以岳父韦玄贞为侍中，并授给乳母的儿子五品高官。宰相裴炎面引廷争，以为不可。中宗大怒，说：我难道不能把天下让给韦玄贞？给个侍中有什么可惜的！[②]裴炎害怕起来，就把这件事向武则天作了汇报。武

---

①参见《唐文续拾》卷1、《全唐文》卷95及《金石萃编》卷60。

②《旧唐书》卷87《裴炎传》，第2843页。

则天听后很生气，认为中宗不堪为君。裴炎乃与武则天“密谋废立”[①]。

光宅元年（684）二月六日，武则天在洛阳宫乾元殿召集文武百官议事。中宗高坐殿上，等候朝拜。这时，裴炎与中书侍郎刘祎之、羽林将军程务挺、张虔勖勒兵入殿，宣读了武则天废黜中宗的诏令。左右侍臣遵奉武则天的旨意，扶中宗下殿。中宗很不服气地质问：“我有何罪？”武则天回答说：“你想把天下让给韦玄贞，怎么能说无罪！”[②]就这样，唐中宗被废为庐陵王，幽于别所。四月，迁于均州（今湖北均县）濮王李泰故宅。

对于这件事，自古迄今，曾有不少人认为，中宗要以天下让韦玄贞，只不过是在气头上说出的气话，未必真要那样去做。武则天以此废黜中宗不过是个借口，其目的是为了独揽大权。

是的，唐中宗固然未必以天下让其岳父，但这并不等于说唐中宗就是一个好皇帝。种种迹象表明，唐中宗之被废，不仅仅是因为他与裴炎的争执，还有更重要的原因：武则天之所以废中宗，并不完全是出于权势欲望，而主要是为了维护当时的政治局势。这一点只要我们认真考察一下当时的实际状况，就会看得十分清楚。

如前所述，高宗末年疾病加重，几乎完全不能处理朝政。武则天不得不抽出大量时间照顾高宗，从而在一定程度上影响了对朝政的处理。在这种情况下，周边少数民族反叛、骚扰的事件常常发生。

调露元年（679）十月，单于大都护府突厥阿史德温傅、奉职二部反，立阿史那泥熟为可汗，二十四州酋长皆响应，众数十万，入寇定州。

永隆元年（680）七月，吐蕃侵剑南，复寇河源。突厥余众围困云州。

永隆二年（681），突厥侵扰原、庆等州，阿史那伏念自立为可汗，

---

①《资治通鉴》卷203，则天顺圣皇后光宅元年正月条，第6417页。

②（唐）刘肃撰：《大唐新语》卷11《惩戒》，中华书局，1984，第171页；《旧唐书》卷87《裴炎传》，第2843页。

与阿史德温傅连兵侵扰。

永淳元年（682）二月，西突厥阿史那车薄率十姓部落反叛，进围弓月城。五月，吐蕃论钦陵侵扰柘、松、翼等州[①]。十月，突厥余党阿史那骨笃禄、阿史德元珍等招集亡散，侵扰并州[②]。

弘道元年（683）二月，突厥侵扰定州、妫州。三月，阿史那骨笃禄等围单于都护府，杀都护府司马张行师。四月，绥州步落稽白铁余自称“光明圣皇帝”，置百官，进攻绥德、大斌，杀官吏，焚民舍[③]。五月，阿史那骨笃禄侵扰蔚州[④]。唐高宗和武则天不断调兵遣将，虽然取得了一些胜利，但消耗了大量的人力物力，边患仍未解除。

与此同时，自然灾害也特别严重。永隆元年（680）九月，河南、河北诸州大水[⑤]。二年（681）八月，该地复遭水灾[⑥]。永淳元年（682）五月，连日大雨，“沃若悬流”[⑦]。“洛水溢，溺民居千余家。”关中先水后蝗，“继以疾疫”[⑧]。次年（683）三月，黄河水冲入河阳县，水面高于城内五六尺，所过桥津，无复完壁[⑨]。

连年的自然灾害，不仅造成了“菽粟不稔”，严重地摧残了社会经济，使由少数民族贵族入侵引起的财政困难日益加深，而且造成了灾区人民的极端贫困。如永淳元年（680）的水旱灾害，使西京长安和东都洛阳发生饥疫，米斗至四百钱，“两京间死者相枕于路”，以

---

①《资治通鉴》卷202，高宗永淳元年五月条，第6406–6407页。

②《唐会要》卷94《北突厥》，第1691页。

③《资治通鉴》卷203，高宗弘道元年四月条，第6413–6414页。

④《旧唐书》卷194《突厥传》，第5166–5167页。

⑤《旧唐书》卷5《高宗本纪》，第107页。

⑥《新唐书》卷3《高宗本纪》，第78页。

⑦《旧唐书》卷37《五行志》，第1352页。

⑧《资治通鉴》卷203，高宗永淳元年五月条，第6410页。

⑨《旧唐书》卷37《五行志》，第1353页。

至出现了“人相食”的悲剧[1]。正当内外交困的时候，高宗皇帝又离开人世，使局势变得更加严峻。

在这种情况下，要继续维护唐王朝的辽阔版图和稳定局面，战胜自然灾害，恢复和发展生产，同时办好唐高宗的丧事，是何等的艰难！这就要求最高统治者有非凡的才能和坚强的毅力。而这正是唐中宗所缺少的。

唐中宗之成为皇太子，进而面南称朕，并不是因为他有什么杰出的才能，也不是由于高宗和武则天的偏爱，而是因为其兄太子弘死于疾病，太子贤以罪被废，其弟豫王旦年纪尚幼，且无特殊功绩。论“资”排辈，才将他推到了台前。自太子弘之死，至李显进入东宫，皇太子之位已三易其人。皇太子即是“储君”，频繁更换对统治是十分不利的。因此，唐高宗和武则天不欲更易其人。

武则天铜像

但是，论德行才艺，李显比不上李弘和李贤，甚至还不如他的弟弟豫王李旦。这一点唐高宗和武则天都是很清楚的。正因为如此，当他们把李显立为皇太子以后，便派出德高望重、学识渊博、富有统治经验的人当太子辅佐。

开耀元年（681）三月，以尚书左仆射、同中书门下三品刘仁轨兼太子少傅，以侍中郝处俊为太子少保。七月，以嵩山道士、海内名流田游岩为太子洗马。

永淳元年（682），唐高宗和武则天幸东都，留太子于京师监国，复命侍中裴炎、中书令薛元超辅之。

在对李显加强教导的同时，唐高宗还立其子重照为皇太孙，希望他放下包袱，勤学政务，有所长进。

然而，这一切安排，并没有起到多大作用，李显还是

①《资治通鉴》卷203，高宗永淳元年五月条，第6410页。

老样子。监国期间，即“颇事游畋”[①]，荒于政事。对此，唐高宗和武则天大伤脑筋。

高宗临死时之所以在遗诏中强调“军国大事有不决者，听天后处分”，正是在认真分析了当时政局形势和皇太子状况之后做出的重大决策，表现出对武则天的信任和对李显的担心。

事实上，李显即位的所作所为，比高宗担心的还差。他不是与母后同心同德，想着如何改变当时的困难局势，如何埋葬高宗，而是独断专行，一心想着如何讨好韦皇后，给庸庸碌碌的岳父韦玄贞穿上三品紫衣，如何让自己奶妈的儿子当上五品官，平步青云。为了达到这一目的，甚至不顾“天子口中无戏言”的戒律，说出“我以天下与韦玄贞岂不可”的狠话。既然中宗不能负此重任，又与武则天和大臣闹起了矛盾，武则天只好把他废了。

所以，光宅元年（684）二月武则天废黜中宗，表面上看起来是武则天抢班夺权，实际上并非如此。唐高宗早已赋予她处分军国大事的权力，她废黜中宗的目的主要是为了稳定局势，完成高宗的葬礼，发展社会经济。

武则天的这一用心，我们还可以从裴炎等人的态度上看出。

裴炎，字子隆，绛州闻喜（今属山西）人。少而好学，为人宽厚，寡言笑，“有奇节”[②]，擢为明经，先后担任兵部侍郎、同中书门下平章事、侍中等职。永淳元年（682）即于京师辅佐太子。二年（683），高宗病重，又跟太子赴东都侍疾。此年十一月，高宗病危，皇太子监国，复奉诏与黄门侍郎刘齐贤、中书侍郎郭正一于东宫平章事。十二月高宗死，更受遗诏为顾命大臣。与太子显相处较久。但是，中宗李显之被废，竟是他首先发起的。

---

①《资治通鉴》卷 203，高宗永淳元年七月条，第 6411 页。

②《新唐书》卷 117《裴炎传》，第 4247 页。

忠于唐室的重臣刘神之、大将程务挺、张虔勖等皆预其谋，宰相刘齐贤等亦无异词。可见，他们也都认为在当时的历史条件下废黜中宗是必要的。因此，我们认为，废黜中宗，在当时并不是武则天的过错，而是大势所趋。

二 以睿宗为傀儡

嗣圣元年（684）二月六日中宗被废之后，唐高宗第八子，也就是武则天的小儿子豫王李旦继位，是为睿宗。

睿宗以龙朔二年（662）六月一日生于蓬莱宫（即长安大明宫）之含凉殿。初名“旭轮”。同年十一月十八日被封为殷王，遥领冀州大都督、单于大都护、右金吾卫大将军。乾封元年（666）七月，徙封为豫王。总章二年（669）十一月，徙为冀王，改名为“轮”。上元三年（676）正月，徙封相王。永隆二年（681）又改封豫王。嗣圣元年（684）二月七日，越过皇太子阶段，直接当上了皇帝。

睿宗为人随和，刻苦好学，“工草隶，尤爱文字训诂之书”，比中宗李显要强[①]。他在当上皇帝后，改元文明，废原皇太孙李重照为庶人，流韦玄贞于钦州。立其长子永平郡王李成器为皇太子。但他并未处理朝政，“政事决于太后”[②]。实际上他只不过是个傀儡。

既然睿宗比中宗精明，那么，他为什么会成为傀儡？原因很简单。睿宗即位时遇到的形势和中宗即位时的形势基本上是相同的。与中宗相比，睿宗确有他的长处：一是他有一定的知识才能，不像中宗那样庸庸碌碌；二是他能与母后武则天保持一致，不像中宗那样独断专行。但是，他在即位时，也有明显的不足，那就是他没有当过太子，也没有想到自己会当皇帝，缺乏政治头脑和处理朝政的本领。因此，同样

---

①《旧唐书》卷7《睿宗本纪》，第151页。

②《资治通鉴》卷203，则天顺圣皇后光宅元年条，第6418页。

不能立即担负起扭转局势的重任。

在这种情况下，朝政势必还要由武则天掌握。睿宗很有自知之明，把政事一股脑地推给母后，请她继续临朝；自己则闲散居处，以尽孝道。而武则天呢，对当时的形势了如指掌，知道让睿宗临朝，事情也很难办好。

于是，武则天就让他出面去办高宗的丧事，而把军政大权集中在自己手中。这样，就形成了武则天临朝称制，睿宗当傀儡的局面。史书上说，睿宗居于别殿，政事“不得有所预”；太后武则天常御洛阳宫之紫宸殿，施惨紫帐以视朝[①]。

三 慰抚诸王

武则天在废中宗为庐陵王，以睿宗为傀儡的过程中，为了稳定政局，还采取了“慰抚诸王，以防其变”的措施。

自初唐以来，争夺皇位继承权的斗争层出不穷。高祖时有建成、元吉与世民之争，结果导致了“玄武门之变”。太宗时有承乾、李泰之争，甚至出现宗室谋反。争夺皇位几乎成了唐王朝的“传统”。

高宗死后，为了防止皇位争夺的悲剧重演，武则天对宗室诸王采取了慰抚和贬逐相结合的政策。

弘道元年（683）十二月十二日，以高祖子韩王元嘉为太尉、霍王元轨为司徒、舒王元名为司空、滕王元婴为开府仪同三司、鲁王灵夔为太子太师，以太宗之子越王贞为太子太傅、纪王慎为太子太保：明升暗降，实夺其权。

光宅元年（684）三月，徙封高宗之子杞王上金为毕王、鄱阳王素节为葛王。四月，复徙上金为泽王，拜苏州刺史；素节为许王，拜绛州刺史。对故太子李贤则采取了监视的手段。

① 《资治通鉴》卷 203，则天顺圣皇后光宅元年条，第 6419 页。

章怀太子墓

李贤被废为庶人后，居于巴州。因其才高行薄，武则天十分担心，生怕他乘危而起，便于光宅二年（685）二月派左金吾大将军丘神勣前往巴州，检校其宅第，“以备外虞”[①]。丘神勣至巴州，对李贤监视甚严。不久，李贤死于宅第。

论者或认为武则天命丘神勣鸩杀之，或认为丘神勣逼令自杀。据两《唐书》则天本纪、李贤传和《通鉴》所载有关资料分析，当是丘神勣看管过严，李贤自感永无出头之日，不胜其愤，遂自杀而亡。

李贤死讯传来，武则天不由泪下。她怕李贤闹事，派丘神勣前去看守，没想到竟使他一命归西。因为这件事，武则天贬了丘神勣的官，举哀于显福门，追封贤为雍王[②]，才算了结。

①《旧唐书》卷86《章怀太子贤传》，第2832页。李贤死后，唐隆元年（710）追谥为“章怀”，故人称“章怀太子。”

②《资治通鉴》卷203，则天顺圣皇后光宅元年三月条，第6419页。

四 加强防务

在防范诸王的同时，武则天还加强了全国防务。

弘道元年（683）十二月高宗死后不久，即派左威卫将军王果、左监门将军令狐智通、右金吾将军杨玄俭、右千牛将军郭齐宗分往并、益、荆、扬四大都督府，与府司相知镇守，以防不测。

在高宗葬期之内，武则天一直坐镇东都洛阳，而以左仆射刘仁轨专知西京留守事。武则天还采取了笼络大臣的办法，务使其共赴国难。

中宗初立时，中书令裴炎为顾命大臣。为便于裴氏行使职权，武则天同意将政事堂从门下省移至中书省。中宗被废后，复提拔拥立睿宗的官僚，刘祎之当上了宰相，程务挺也“累受赏赐”。

刘仁轨镇守西京时，武则天写信给他，说“昔汉以关中事委萧何，今托公亦犹是矣”，表现出对刘氏的极端信任。

刘仁轨以为武太后会效法汉代吕后，上书“陈吕后祸败事以申规戒”[①]。武则天没有责怪他，只是向他说明了自己临朝称制的原因：“今以皇帝谅暗不言，眇身且代亲政。”同时表扬了他的“忠贞之操”和“劲直之风”。要求他“以匡救为怀”[②]，尽职尽责。

此外，武则天还针对当时的社会现实，在内政外交方面采取了一系列相应的措施。

正因为武则天表现出了非凡的才能，处事果断，措施有效，大臣协力，百姓奋斗，唐王朝才避免了可能到来的危机，不仅在短短的半年时间里修造了规模宏大的乾陵[③]，完成了唐高宗的葬礼，而且使社

①《资治通鉴》卷203，则天顺圣皇后光宅元年条二月条，第6418页。

②《资治通鉴》卷203，则天顺圣皇后光宅二年二月条，第6418-6419页。

③秦始皇修骊山墓，汉武帝建茂陵，皆始于生前，少则用二三载，多则用数十年。唐太宗之昭陵，亦修自贞观十年，经十余年始成。乾陵则不然，自光宅元年春季动工，至秋季会葬，为时不过半年。论其规模，可与昭陵比美矣。

会逐渐安定下来，经济出现了复苏的势头。所以，武则天以皇太后的身份临朝称制，独揽大权是无可厚非的。

武则天银像

第八章

【镇压反叛】

武则天性格刚烈，行事果断，具有很高的智商和情商。她知道她的临朝称制，会招致有些人的不满。果然，在武则天临朝后不久，就发生了徐敬业和越王贞的叛乱。对于这些叛乱，武则天该怎么办呢？

第一节 平定徐敬业叛乱

在武则天临朝称制后，率先起兵叛乱的人是徐敬业。徐敬业是徐懋功的孙子。徐懋功降唐后被唐高祖赐姓为李，改名李世勣，后避唐太宗的名讳，去“世”字，称为李勣。李勣当年是支持武则天当皇后的关键人物。他万万没有想到，他的孙子会反对武则天。

一 徐敬业叛乱的背景

文明元年（684）八月下旬，高宗的丧事办完。武则天打算让睿宗临朝理政，试试他的才干，自己居后台辅佐。但是，睿宗却一味退让，说自己眼下缺乏能力，难以应付局面。

长期参与朝政和独揽大权的经历，增加了武则天的权势欲。因而，当睿宗表示退让时，她便决定继续临朝称制，“励精为政，克己化人。使宗社固北辰之安，区寓致南风之泰。以斯酬眷命，用此报先恩。冀上不负于尊灵，下微申于至恳”[①]。也就是说，她准备用自己的全部才能治理国家，使国泰民安，以酬答高宗的顾托之重和睿宗的推戴之

①（清）董诰等编：《全唐文》卷96《改元光宅赦文》，中华书局，1983，第994页。

诚。

为此，她决定首先刷新朝廷上下的面貌。九月六日，武则天大赦天下，改元“光宅”。在《改元光宅诏》中，武则天对在埋葬高宗时立下功劳的官吏进行了奖励，并提出了一些新的改革主张。

其一，改变旗帜、服装的颜色和百官的称谓。把旗帜由红色改为“金色”，“仍饰以紫，画以杂文”[①]。官服文武三品以上服紫，四品服深绯，五品服浅绯，六品服深绿，七品服浅绿，八品服深青，九品服浅青，八品以下服碧[②]。

其二，改易官名。如改尚书省为文昌台，左右仆射为文昌左右相，吏部为天官，户部为地官，礼部为春官，兵部为夏官，刑部为秋官，工部为冬官。改门下省为鸾台，侍中为纳言。改中书省为凤阁，中书令为内史。改太常为司礼，鸿胪为司宾，宗正为司属，光禄为司膳，太府为司府，太仆为司仆，卫尉为司卫，大理为司刑。改左右骁卫为左右武卫，左右武卫为左右鹰扬卫，左右威卫为左右豹韬卫[③]，左右领军卫为左右玉钤卫。改御史台为左肃政台，专知在京百官及监察军旅，承诏出使；另置右肃政台，“专知诸州案察”[④]。

其三，改东都为“神都”，改洛阳宫为“太初宫”[⑤]，以提高其政治地位。

这些改革，显示了武则天准备“从头开始”、大干一场的雄心。

可是对于这些变化，李唐宗室和官僚士族瞠目结舌，大惊失色。在他们看来，睿宗居丧之日，武则天代理朝政就不合“法”，但还勉

---

①《全唐文》卷 96《改元光宅赦文》，第 994 页。

②（宋）王溥撰：《唐会要》卷 31《章服品第》，中华书局，1955，第 569 页。

③（唐）杜佑撰：《通典》卷 28，中华书局，1988，第 787 页。

④（后晋）刘昫等撰：《旧唐书》卷 42《职官志》，中华书局，1975，第 1788 页。

⑤（宋）司马光编著，（元）胡三省音注：《资治通鉴》卷 203，则天顺圣皇后光宅元年九月条，中华书局，1956，第 6421 页。

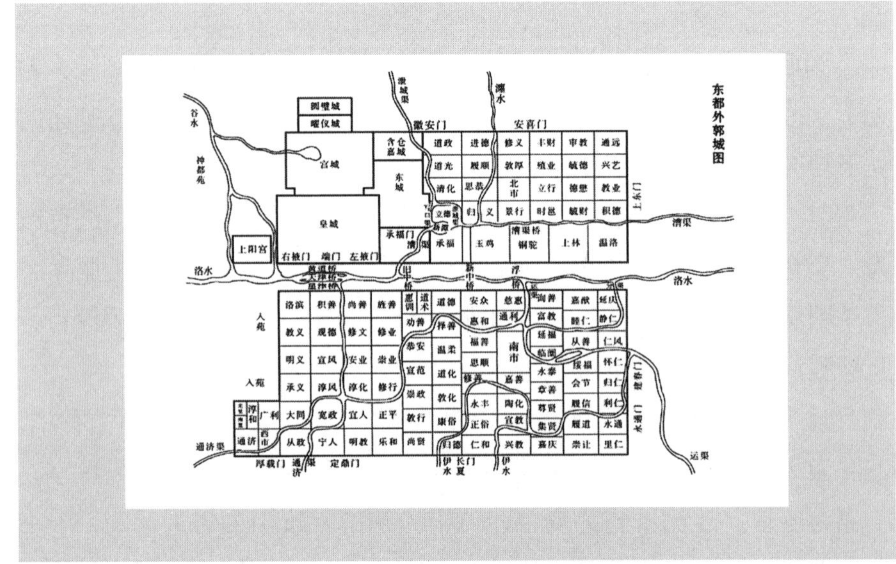

神都洛阳图

强说得过去。如今高宗既已安然入土，武则天就应当立即归政睿宗，退出政坛，去安心当皇太后；不归政睿宗而继续临朝，且改变先皇遗规，这分明是包藏祸心！因而对武则天更加不满。就连原来支持武则天临朝称制，主张废黜中宗的裴炎，也走向了她的对立面。

光宅元年（684）九月中旬，武则天的侄子武承嗣上书请武则天追王其祖，立武氏七庙。

按照传统礼制，只有天子才能建立七庙：始祖居中，三昭三穆。武则天虽独揽大权，但毕竟只是临朝称制。在这种情况下建立武氏七庙是不合“法”的，会招来僭越的罪名。因此，武则天没有采纳武承嗣建立七庙的建议。

但是，她认为自己既已贵为太后，临朝称制，就应当进一步提高祖宗的地位，所以决定追封自己的祖先为王。

裴炎知道这件事后，马上表示反对，用十分强硬的口气说：“太后母临天下，当示至公，不可私于所亲。独不见吕氏之败乎！”

武则天不为所动，回答说：“吕后以权委生者，故及于败。今吾追尊亡者，何伤乎！”裴炎又说：“事当防微杜渐，不可长耳。”武则天不予理睬[①]。

二十一日，武则天下诏追尊其五代祖克己为鲁国公，妣裴氏为鲁国夫人；高祖居常为太尉、北平郡王，妣刘氏为王妃；曾祖俭为太尉、金城郡王，妣宋氏为王妃；祖华为太尉、太原郡王，妣赵氏为王妃；父士彟为太师、魏王，妣杨氏为王妃。又在故乡文水作五代祠堂，谥鲁国公曰靖，北平郡王曰恭肃，金城郡王曰义康，太原郡王曰安成。妣谥皆从其夫。

这一事件，成了矛盾的催化剂。部分宗室成员和“皇唐旧臣”不胜“愤惋”[②]，暗中联络，准备反击。

就在这时，徐敬业“据扬州起兵，自称上将，以匡复为辞”，率先举起了反对武则天的旗帜。

从表面上看，徐敬业的起兵是“疾太后胁逐天子，不胜愤”，欲顺“民情”而匡复社稷的正义行动。实际上这是一场有组织、有预谋、有野心的武装叛乱。对此，只要我们看一看起兵的前前后后就会明白。

根据历史记载，这次起兵的策划者和领导人主要是徐敬业和骆宾王，此外，还有唐之奇、杜求仁、徐敬猷等。

徐敬业少时，身强力壮，“射必溢镝，走马若飞”，练有一身豪胆和智慧，武艺高超[③]，曾随李勣征伐，以勇敢著称[④]。历任太仆少卿，

①《资治通鉴》卷203，则天顺圣皇后光宅元年九月条，第6422页。

②旧史载“愤惋”原因，或为“时诸武用事，唐宗室人人自危”（《资治通鉴》卷203）；或为“高宗崩，……政由天后，诸武皆当权任”（《旧唐书》卷67《李勣传》，第2490页）；或为“诸武擅命，唐子孙诛戮”（《新唐书》卷93《李勣传》，第3822页）。案，其时唯武承嗣较显，实无诸武擅命之事。

③（宋）王谠撰：《唐语林》卷2，中华书局，1987，第116页。

④（宋）欧阳修、宋祁等撰：《新唐书》卷93《李勣传》，中华书局，1975，第3822页。

眉州刺史等职，袭爵英国公。

从任职情况看，徐敬业确有一定的才能，但为人狂妄，据说李勣早已看出，曾担心地说："破我家者必此儿。"[①]不仅如此，此人还很贪财，有极强的权势欲。

骆宾王，婺州义乌（今浙江义乌）人。祖上没有什么显官，父亲曾当过博昌县令。宾王自幼好学，聪敏过人。七岁能赋诗[②]，有"鹅、鹅、鹅，曲项向天歌。白毛浮绿水，红掌拨清波"等佳句传世[③]。长大后，文思泉涌。在武功与富嘉谟并称"富骆"，在长安与李峤并列。又与王勃、杨炯、卢照邻并列，成为著名的"初唐四杰"之一，所作《帝京篇》，清新俊逸，时人以为绝唱[④]。

从学术上讲，骆宾王的诗文造诣极深，在中国文学史上占有重要的地位。但在政治上却很不得意。初为道王府属，乾封初拜奉礼郎、东台详正学士，历任武功主簿。上元中，吐蕃侵扰鄯、廓、河、芳等州，吏部侍郎裴行俭将率军击之，聘为记室；他辞以母老，拒不应聘。不久调明堂主簿，转长安主簿。仪凤三年（678），迁侍御史，坐赃入狱。次年（679）六月遇赦。调露二年（680），拜临海（今浙江临海）县丞。郁郁失志，弃官而去。

骆宾王仕途不达，恐怕与他自恃才高，孤芳自赏，被上级认为"华而不实"有关[⑤]，与他"落魄无行，好与博徒游"[⑥]，也不无关系。由于仕途坎坷，他常有怀才不遇之慨。《帝京篇》所谓"三冬自矜诚足用，十年不调几遭回"，"谁惜长沙傅，独负洛阳才"；《在狱咏蝉》

①（唐）刘餗撰：《隋唐嘉话》卷中，中华书局，1979，第 34 页。

②《新唐书》卷 201《骆宾王传》，第 5742 页。

③（清）彭定求等编：《全唐诗》卷 79《咏鹅》，中华书局，1960，第 864 页。

④《旧唐书》卷 190《骆宾王传》，第 5006 页。

⑤《全唐文》卷 228《赠太尉裴公神道碑》，第 2306 页。

⑥《旧唐书》卷 190《骆宾王传》，第 5006 页。

所谓“无人信高洁，谁为表予心”；《畴者篇》所谓“卿相未曾识，王侯宁见拟”，“他乡冉冉消年月，帝里沈沈限城阙”等[①]，都是他自负、哀怨、怀才不遇思想的流露。

嗣圣元年（684），李敬业（即徐敬业）坐赃被贬为柳州（治所在今广西柳州市）司马，其弟盩厔（今陕西周至）县令李敬猷受到牵连，亦被免官。兄弟二人与前盩厔尉魏思温偕行南下。

当时，给事中唐之奇坐事被贬为栝苍（今浙江丽水东南）令，詹事府司直杜求仁被贬为黟（今安徽黟县）令，亦在南行之中，与李敬业等在扬州相遇。骆宾王自临海弃官之后，也来到扬州（江苏扬州），正好碰上了李敬业一行。熟人相见，同病相怜，“各自以失职怨望”[②]。

徐敬业等人回忆昔日的经历，感叹前程的渺茫，越说越伤心，越谈越气愤，越聊越投机。在他们看来，像他们这样有才华的人，应当出将入相。如今沦落到这种境地，完全是由于君王昏庸，有眼无珠。如果按照朝廷的处分，身赴穷荒，那么高官厚禄，功名富贵，一切都完了；如果不去赴任，结果也会招来杀身之祸。

他们认为当今唐廷外疲于戎狄，内困于天灾，加以高宗新丧，易于摇动；而武氏以母后临朝，废黜中宗，冷落睿宗，独揽大权，已引起了许多宗室大臣的不满，这正是起兵的大好时机。以为只要他们打出匡复的旗

乾陵翼马

① 见（唐）骆宾王撰，（清）陈熙晋笺注：《骆临海集笺注》卷 1、卷 4、卷 5，中华书局，1961。

②《资治通鉴》卷 203，则天顺圣皇后光宅元年九月条，第 6422 页。

帜，登高一呼，就会得到很多人的响应。武则天一倒台，天下就是他们的了。纵或得不到天下，仍不失为匡复功臣，也不算白活一世。

于是，他们便不再南行，就以扬州为据点，乘武则天为扭转危局、埋葬高宗日夜忙碌之机，密谋策划起兵。

二 扬州起兵内幕

为了确保起兵的成功，李敬业决定首先争取部分朝臣的支持，作为内应。由于唐之奇、杜求仁与左武卫大将军程务挺友善，薛仲璋是裴炎的外甥，裴炎又与程务挺关系密切，因此裴、程二人便成了他们争取的主要对象。李敬业派骆宾王前去联系。骆宾王与程务挺是老相识，因而首先找到程氏，并通过他与裴炎取得联系，说以匡复之事[①]。

裴炎和程务挺都是所谓“人杰”，老谋深算，政治头脑比李敬业等人高明得多。他们是忠于唐王朝的，不像李敬业那样有野心。他们当初支持武则天废中宗、立睿宗，主要是出于维护唐朝江山社稷和自身利益的考虑。他们没有想到唐睿宗会成为武则天的傀儡。当他们看到睿宗即位而武则天继续临朝的情景后，就开始对武则天产生了不满，思考着如何使武则天返政于睿宗。

裴炎等听了骆宾王的游说，觉得与李氏合作有可能达到使武则天返政的目的，但这样做对自己极为不利：作为堂堂正正的顾命大臣、禁军统帅，不能扶持李氏皇权而依靠无名小辈，不免为天下所笑。且

---

①（唐）张鷟撰：《朝野佥载》卷5载：“裴炎为中书令，时徐敬业欲反，令骆宾王画计，取裴炎同起事。宾王足踏壁，静思食顷，乃为谣曰：‘一片火，两片火，绯衣小儿当殿坐’，教炎庄上小儿诵之。……炎乃访学者令解之……。宾王……即说自古大臣执政，多移社稷……。（炎）遂与敬业等合谋。”（中华书局，1979，第117页）案，敬业党渠薛仲璋系炎外甥，炎又与程务挺友善。骆宾王尝说务挺以匡复之事（《骆临海集》卷8《与程将军书》），必亦说炎，似不必采用歌谣的形式。

敬业素有野心，将来若立扶佐之功，恐怕不会把他们放在眼里。何况千里联络，万一走漏风声，后果将不堪设想。

因此，裴炎对宾王说，起兵是件好事，只是眼下山陵事紧，不能行动。凡事应从长计议。也许山陵事毕，太后会归政的。到那时如果她还不归政，你们再动手，我们一定支持。

当然，对于这样的回答，骆宾王是很不满意的，他离开洛阳时，给程务挺留下了一封信，再次强调说，你现在大权在握，应当辅佐皇帝。

骆宾王回到扬州后，将游说情况和得到的消息向李敬业作了汇报，敬业基本满意，便与骆宾王等商量在扬州发展势力的问题。

七月，李敬业按照魏思温的建议，再次派人潜入神都刺探情报，并与其党徒监察御史薛仲璋接上了头。薛仲璋奉敬业密令，请求出使江都。就这样，起兵的计划一步步地变成了行动。

八月中旬，高宗山陵事毕，武则天改旗易帜，追王其祖，继续临朝。裴炎面折廷争，无济于事，遂与程务挺密议，准备对武则天实行“兵谏”。当时，裴炎和程务挺并未与李敬业联系，以为这样秘密可靠，既可以迫使武则天归政于睿宗，又可以扩大自己的权势，还可阻止李敬业起兵，保持社会的安定。

但是，天不作美，他们的如意算盘落了空。史载，“（裴）炎谋乘太后出游龙门，以兵执之，还政天子。会久雨，太后不出而止”[①]。

“兵谏”计划破灭不久，北方吃紧，武则天派程务挺为单于道安抚大使，“以备突厥”[②]，从而使裴炎失去了最得力的助手。

裴炎感到势单力薄，光凭自己的力量不能制服武则天，开始着手与李敬业联络。据说他派人给李敬业送信，信中只写了两个字：“青鹅。”[③]这两个字可能是原来骆宾王与他商定的暗语。但不知怎么搞的，

---

①《新唐书》卷 117《裴炎传》，第 4248 页。

②《资治通鉴》卷 203，则天顺圣皇后光宅元年九月条，第 6421 页。

③《朝野佥载》卷 5，第 117 页。

这封信竟落入武则天之手，从此，武则天对裴炎产生了怀疑。

李敬业没有接到裴炎的来信，但得到了武则天改易旧制、追王其祖和“人情愤惋”的消息。他认为裴炎不派人联系，可能是还在犹豫；起兵的时机已经成熟，不能再耽误下去。于是没有与裴炎联络便动起手来。

史载，武则天改元光宅不久，李敬业令其党羽韦超到薛仲璋的临时官衙告变，说“扬州长史陈敬之谋反”，实际上是要薛仲璋用冠冕堂皇的手法除掉陈敬之，扫除障碍。薛氏心领神会，立即将陈敬之逮捕入狱，从而使唐王朝在扬州的武装陷于瘫痪。

几天以后，李敬业在一队仪仗的簇拥下，大摇大摆地出现在扬州都督府门前，声称是新派来的扬州司马。薛仲璋立即前往迎接，扬州群僚不敢怠慢，赶紧进行热情招待。就这样，李敬业等人要了一个小小的花招，便轻而易举地掌握了扬州都督府的军政大权。

接着，李敬业又矫诏杀死陈敬之，并诈称高州酋长冯子猷谋反，皇帝密令他发兵讨伐。于是集合群僚，要求出兵。录事参军孙处行拒绝，立即被杀，吓得其他官吏“无敢动者”。敬业“遂起一州之兵”[①]。又打开府库，“鸠聚民众”[②]，发给兵器。

这时，李敬业又摇身一变，对官吏们说，冯子猷蛮夷小丑，不足为患。当今的大患，乃是皇太后武则天。武氏废黜皇帝，独揽大权，如不讨除，大唐的江山就有沦入他人之手的危险，天下就要大乱。我们都是皇上的臣民，应当忠君报国。因此，我决定首先起兵勤王，匡扶社稷，希诸位共同努力，如不听命，军法是从。说罢“复称嗣圣元年”[③]，表示要匡复中宗。

同时，李敬业开设三府：一个叫匡复府，一个叫英公府，一个叫

①《资治通鉴》卷 203，则天顺圣皇后光宅元年，第 6423 页。

②《旧唐书》卷 67《李勣传附敬业传》，第 2490 页。

③《资治通鉴》卷 203，则天顺圣皇后光宅元年九月条，第 6423 页。

扬州大都督府。敬业自称匡复上将，领扬州大都督，以唐之奇为左长史，杜求仁为右长史，李宗臣为左司马，薛仲璋为右司马。以江都令韦知止为英公府长史，骆宾王为记室（相当于秘书长），魏思温为军师。其余党魁，按其亲近程度，“皆伪署职位”，从而建立了一个临时性的叛乱机构。

为了使天下人知道起兵的“正义性”，减少阻力，争取支持，李敬业决定“传檄州县，疏武氏过恶”[①]。骆宾王自告奋勇，写成了著名的《代李敬业传檄天下文》[②]：

伪临朝武氏者，人非温顺，地实寒微。昔充太宗下陈，尝以更衣入侍。洎乎晚节，秽乱春宫。密隐先帝之私，阴图后庭之嬖。入门见嫉，蛾眉不肯让人；掩袖工谗，狐媚偏能惑主。践元后于翚翟，陷吾君于聚麀。加以虺蜴为心，豺狼成性，近狎邪僻，残害忠良，杀姊屠兄，弑君鸩母。神人之所共疾，天地之所不容。犹复包藏祸心，窃窥神器。君之爱子，幽之于别宫；贼之宗盟，委之以重任。呜呼！霍子孟之不作，朱虚侯之已亡。燕啄皇孙，知汉祚之将尽；龙漦帝后，识夏庭之遽衰。

敬业皇唐旧臣，公侯冢子，奉先帝之遗训，荷本朝之厚恩。宋微子之兴悲，良有以也；桓君山之流涕，岂徒然哉！是用气愤风云，志安社稷。因天下之失望，顺宇内之推心，爰举义旗，誓清妖孽。南连百越，北尽三河，铁骑成群，玉轴相接。海陵红粟，仓储之积靡穷；江浦黄旗，匡复之功何远！班声动而北风起，剑气冲而南斗平。暗鸣则山丘崩颓，叱咤则风云变色。以此制敌，何敌不摧；以此攻城，何城不克！

---

①《新唐书》卷93《李勣传附李敬业传》，第3822页。

②《全唐文》作《代李敬业讨武氏檄》。《唐文粹》作《为徐敬业以武后临朝移诸郡县檄》。《文苑英华》略同。或作《讨武曌檄》。凡此，皆后人所加。其中作《讨武曌檄》者最谬。武氏名曌，在敬业起兵五年之后。《旧唐书·李勣传附敬业传》亦有录文，但无标题。各本文字稍异，但意思相同。

公等或家传汉爵，或地协周亲，或膺重寄于爪牙，或受顾命于宣室，言犹在耳，忠岂忘心？一抔之土未干，六尺之孤安在！傥能转祸为福，送往事居，共立勤王之勋，无废旧君之命，凡诸爵赏，同指山河。若其眷恋穷城，徘徊歧路，坐昧先几之兆，必贻后至之诛。请看今日之域中，竟是谁家之天下！

移檄州郡，咸使知闻[①]。

檄文首先历数武氏“罪状”，把武则天说成秽乱东宫的妖女淫妇，残害忠良的杀人恶魔，罪不容诛的窃国大盗，以激发人们对武则天的愤恨。接着叙述李敬业起兵的目的和取胜的把握，把李敬业说成是见义勇为、忠君报国的直臣，攻无不克、战无不胜的英雄，欲使百姓慕名起敬，闻声响应。最后用激将、利诱、威胁的口气向世人晓以利害，提出要求，企图使更多的人加入他们的行列，俯首听命。全篇一气呵成，言简意赅，脍炙人口，具有极强的煽动性。

从文学角度来讲，这篇檄文文采飞扬，绚丽多姿，确系高水平之作。但从实际内容看，所言多不实之词。

文章一开始便歪曲事实，说武氏“人非温顺，地实寒微”。如果说武则天没有温和的气质，怎么能在太宗身边呆那么久，怎么会被性情温和的太子治看中？

武则天虽出自庶族，但祖上并非全无仕宦，其父武士彟历任朝廷重职，也算得上是权门新贵。怎么能完全概括为“寒微”呢？

文章说，武则天“密隐先帝之私，阴图后庭之嬖”，“践元后于翚翟，陷吾君于聚麀”。难道武则天与太宗的关系高宗不知？如果不是高宗见武氏而“悦之”，武则天纵使“阴图后庭之嬖”，又能怎么样呢？

文章说，武则天“近狎邪僻，残害忠良，杀姊屠兄，弑君鸩母”。“近狎邪僻，残害忠良”当指重用李义府、许敬宗等人，杀逐长孙无忌、

① 《骆临海集笺注》卷 10《代李敬业传檄天下文》，第 330–338 页。

褚遂良、韩瑗和上官仪等。李义府等人品不正，确系事实；褚遂良等有功于唐，亦人所共知。但前者是否纯属“邪僻”，后者是否全是“忠良”，还很成问题。“杀姊屠兄，弑君鸩母”，当指杀韩国夫人、元庆、元爽、惟良、怀运、杨氏及高宗。元庆兄弟，确为武氏所杀，原因前已叙述。至于韩国夫人、杨氏及高宗，武则天一向敬而爱之，何曾加害？

文章说，“君之爱子，幽之于别宫；贼之宗盟，委之以重任”。前者当指武则天废中宗为庐陵王，徙于濮王故宅；以睿宗为傀儡，“居之别殿”；后者当指武则天用人唯亲，让子侄掌权，“诸武擅命”。中宗之被废，睿宗之闲居，上文已经指出，都是由当时的形势决定的。且睿宗虽居别殿，并未被幽。要说诸武擅权，更为荒谬。当时武氏子侄，唯承嗣曾居相位，且不久即罢为礼部尚书[①]，其余皆无名小辈，何曾过问朝政？

文章又说，“敬业奉先帝之遗训，荷本朝之厚恩”，“因天下之失望，顺宇内之推心”，“誓清妖孽”，“志安社稷”。事实上，所谓“奉先帝之遗训，荷本朝之厚恩”，不过是冠冕堂皇、掩人耳目的虚托辞令。他们正是由于“失职怨望”，才利用部分官僚士族对武则天专权的不满而起兵的，其真正目的并不是为了匡扶唐室，而是打着诛武氏、匡社稷的幌子，去另建徐家王朝。这一点在起兵以后的行为中表现得十分清楚。

文章还说，此次起兵有必胜的把握，“南连百越，北尽三河，铁骑成群，玉轴相接。海陵红粟，仓储之积靡穷；江浦黄旗，匡复之功何远！”其实，当时他们哪有这样雄厚的实力。扬州固然是东南都会，经济发达，人口稠密，但他们并未完全控制扬州地区。至于“南连百越，北尽三河，铁骑成群，玉轴相接”更是言过其实。

当然，对骆宾王来说，为了达到起兵的目的，故意抹杀武则天辅

①《资治通鉴》卷203，则天顺圣皇后光宅元年八月条，第6421页。

政和临朝时期的功绩，捏造罪名，颠倒是非，把武则天诬蔑成十恶不赦的罪人，把李敬业打扮成除恶匡正的忠臣，摇唇鼓舌，虚张声势，是很有必要的。如其不然，人们怎么会听信他那一套而“转祸为福”呢？

李敬业等人看了骆宾王写的檄文，赞叹不已，十分满意，立即命令善书者抄写数千份，散往各地。由于煽动工作出色，许多对武则天心怀不满的官僚地主纷纷前来投奔，加之开库铸钱，强行征募，势力迅速增长，据说还不到十天时间，就“得胜兵十余万”[①]。

三 铁腕平叛始末

李敬业在扬州起兵的消息很快传到了神都洛阳，朝廷内外的空气一下子变得十分紧张，但武则天却泰然自若，好像没什么事似的。

原来，李敬业的叔父李思文敬慕太后，忠于朝廷，知敬业将叛，早就遣使密报太后。武则天已经做好了应付叛乱的思想准备，所以一点也不惊慌。再说她已有丰富的应变和平叛的经验，已练就了一双铁的手腕，何怕之有！

侍臣将李敬业的檄文呈上，以为武则天要大发雷霆，但没想到她一边朗读，一边“嘻笑”。至“一抔之土未干，六尺之孤安在”，方“矍然曰：‘谁为之？’”[②]当她得知作者是骆宾王时，不但没有因对她肆无忌惮的诬蔑和谩骂而忌恨，反而有遗才之憾，说道：“宰相之过也。人有如此才，而使之流落不偶乎！”

当时，李敬业正在扩大地盘。楚州（在扬州之北）司马李崇福率所部山阳（今淮安县东）、盐城（今江苏盐城）、安宜（今江苏保应）三县归于敬业。刘行举与其弟行实据盱眙县（今属江苏）抗拒敬业。敬业遣尉迟昭攻之，不克。武则天下诏褒奖，擢行举为游击将军，行

---

①《资治通鉴》卷203，则天顺圣皇后光宅元年九月条，第6423页。

②《新唐书》卷201《骆宾王传》，第5742页。

乾陵航拍图片

实为楚州刺史。同时，令内史裴炎等谋划对策，实欲观察裴氏态度，以解“青鹅”之谜。

裴炎听到李敬业起兵的消息和武则天的命令，坐卧不安，又愁又喜。喜的是，他有了使睿宗执政，掌握大权的机会。愁的是，作为宰相，眼下如何对付足智多谋的皇太后，将来怎样对付重兵在握、野心勃勃的李敬业。

他横下一条心：先利用李敬业的起兵，迫使武则天归政。因而故意拖延时间，“不汲汲议诛讨”[①]。“则天潜察之”[②]，觉得裴炎与李敬业起兵肯定有一定关系。

武则天将裴炎诏入宫中，询问消弭叛乱之法。裴炎回答说：“皇帝年长，不亲政事，故竖子得以为辞。若太后返政，则不讨自平矣。”[③]

武则天终于明白了：原来裴炎与李敬业勾结，欲迫使她还政皇帝而自握大权。不由恨从心起，怒火中烧。

监察御史崔察猜武则天必恨裴炎，便上奏说：“裴炎伏事先朝，二十余载，受遗顾托，大权在己，若无异图，何故请太后归政？”[④]

听了崔察的话，武则天想，自己日理万机，废寝忘食，是为了报答死去的高宗，稳定唐廷的局势。裴炎受先帝之顾托，负宰相之重任，不同心同德，济时匡世，反而勾结叛党，逼我还政，不是谋反是什么？因而不由分说，令卫士将裴炎拿下，遣左肃政大夫骞味道和侍御史鱼承晔审讯。

凤阁舍人李景谌出庭作证，说裴炎必反。裴炎的好友、宰相刘景先和凤阁侍郎胡元范极力为裴炎辩护，说他不会造反。武则天说：“炎

---

①《资治通鉴》卷 203，则天顺圣皇后光宅元年九月条，第 6425 页。

②（唐）刘肃撰：《大唐新语》卷 3，中华书局，1984，第 50 页。

③《资治通鉴》卷 203，则天顺圣皇后光宅元年九月条，第 6425 页。

④《旧唐书》卷 87《裴炎传》，第 2844 页。

反有端，顾卿不知耳。”[1]这样，裴炎戴着“谋反”的帽子下了监狱，内史之职，由骞味道接替。

事实上，裴炎并非真心造反，只是想把武则天赶出政坛，改变睿宗的傀儡地位，以取辅佐之功，掌握更多的实权。当然，他既与叛军相联系，又不及时进行讨伐，说他“谋反”也不是毫无根据的。从当时的情况来看，要消灭叛军，不把裴炎抓起来是根本不行的。

武则天将裴炎下狱以后，立即任命左玉钤卫大将军李孝逸为扬州道大总管，大将军李知十、马敬臣为副总管，殿中侍御史魏元忠为监军，率兵30万，浩浩荡荡，南下讨伐李敬业。

李敬业本来是打着匡复中宗的招牌起兵的，但起兵之后，又捏造了个太子李贤。他们绞尽脑汁，找了一个长得和故太子贤很像的人，骗其徒众说，李贤未死，逃到扬州来了，“因奉以号令”[2]。太子贤半年前已死在巴州，这怎么能叫人相信呢？

在确定进军路线时，叛军首脑意见也不一致。军师魏思温建议李敬业率大军直攻洛阳。他说：“明公以匡复为辞，宜帅大众鼓行而进，直指洛阳，则天下知公志在勤王，四面响应矣。”但右司马薛仲璋表示反对。他认为：“金陵有王气，且大江天险，足以为固。不如先取常、润为定霸之基，然后北向以图中原。”

魏思温不以为然，说：“山东豪杰以武氏专制，愤惋不平，闻公举事，皆自蒸麦饭为粮，伸锄当兵，以俟南军之至。不乘此势以立大功，乃更蓄缩自谋巢穴，远近闻之，其谁不解体！”

李敬业不听魏思温之言，乃“希金陵王气”，令左长史唐之奇守江都老窝，亲率大股叛军渡江，向京口重镇润州（今镇江市）发起猛烈的进攻。其称帝野心，已暴露无遗。

---

①《资治通鉴》卷203，则天顺圣皇后光宅元年九月条，第6426页。

②《资治通鉴》卷203，则天顺圣皇后光宅元年九月条，第6424页。

当时，唐王朝的润州刺史正是李敬业的叔父李思文。思文极力反对敬业起兵，在遣人向武则天报告了李敬业的动向之后，与司马刘延嗣修缮城池，训练士兵，准备配合官军，镇压叛乱，所以李敬业进攻润州时，遇到了顽强的抵抗。

十月十四日，润州陷落，思文、延嗣及前来救援的曲阿（丹阳）县令尹元贞被俘，皆威武不屈。敬业大怒，改思文姓武，囚之。杀尹元贞。

当时，李孝逸的大军方至临淮（盱眙城北）。徐敬业以李宗臣为润州刺史，令其弟敬猷屯兵淮阴（今淮安），遣猛将韦超据都梁山（在盱眙城南），自率部众，屯高邮县之下阿溪（在盱眙与江都之间）以拒官军，打败孝逸偏将雷仁智，气焰十分嚣张。

李孝逸是唐宗室淮安王李神通之子，颇受武则天重用，他忠于唐廷，也忠于武氏，有一定军事才干，但有些胆小，过于谨慎，史载，雷仁智失利，“孝逸惧，按兵不进”[①]。

叛军活动的情况传到洛阳，武则天大怒。十月十八日，斩裴炎于都亭。十九日，追削李敬业祖考官爵，发冢斫棺[②]，复其姓为徐氏。

接着，重新组织讨叛力量，下诏赦扬、楚等州百姓之为敬业胁从者；以敬业首献者，授官三品，赏帛五千；以其他魁首献者，官五品，帛三千。

同时，派人与魏元忠、李孝逸联络。魏元忠精明干练，颇知用兵之术，对李孝逸说：“朝廷以公王室懿亲，故委以阃外之事。天下安危，实资一决。且海内承平日久，忽闻狂狡，莫不注心倾耳，以俟其诛。今大军留而不进，则解远近之望。万一朝廷更命他将代公，其将何辞以逃逗挠之罪？幸速进兵，以立大效。不然，则祸难至矣。”[③]

---

①《资治通鉴》卷 203，则天顺圣皇后光宅元年十月条，第 6429 页。

②《隋唐嘉话》卷中及《唐语林》卷 3 说因大雾而止，似未掘开。然正史皆云斫棺，中宗尝为“葺完茔冢”。考古结果，斫棺为实。

③《旧唐书》卷 92《魏元忠传》，第 2951 页。

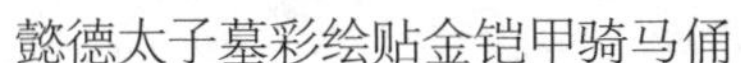

懿德太子墓彩绘贴金铠甲骑马俑

永泰公主墓彩绘武士俑

李孝逸觉得言之有理，便率领将士继续进讨。兵至都梁山下，与叛将韦超交锋。副总管马敬臣一马当先，率部奋击，斩叛军别帅尉迟昭、夏侯瓒于马下，遂围都凭山[①]。至此，战争的形势开始有了明显的改变。

十一月初，战争进入决战阶段。当时的形势对唐军十分有利：

从军队人数来看，叛军总共不过10万；官军仅李孝逸部即达30万，左鹰扬大将军、江南道大总管黑齿常之率领的后续部队已离开神都，正在南下途中。

从部队素质来看，叛军党魁唯徐敬业等极少数人精于用兵，其余皆罕习戎马，不通战事；至于兵士，只有少数经过专门训练，余皆刚

①《旧唐书》卷60《淮安王神通传附孝逸传》，第3343页。

入部伍。官军主帅李孝逸虽胆小无勇，但能听取部下意见，择善而从；魏元忠精通用兵之术，黑齿常之更是著名的战将；兵士大都训练有素，装备精良。

从双方的斗志来看，徐敬业叛乱之心大白后，许多被蒙蔽的人失去了信心，而被驱从的群众希望安定，根本不愿为之卖命。官军将士，痛恨叛乱，同仇敌忾，士气旺盛。

从兵力分布来看。叛军分为数部。主力由徐敬业率领，屯于高邮下阿。余众由李宗臣、韦超、徐敬猷率领，分别屯驻在润州、都梁山和淮阴县。兵力本少，又分居数地，使势力更加削弱。官军集中于临淮至都梁山一线，围困都梁山，形成分割牵制，重点进攻的绝对优势。

显然，叛军处于守势。

为了确保胜利，李孝逸首先召集将佐，商讨作战方案。不少人认为，都梁山形势险要，“（韦）超凭险自固，士无所施其勇，骑无所展其足；且穷寇死战，攻之多杀士卒，不如分兵守之，大军直取江都，覆其巢穴”①，但主管军资粮仗的支度使薛克构表示异议②。他分析说：“（韦）超虽据险，其众非多。今多留兵则前军势分，少留兵则终为后患，不如先击之，其势必举。举都梁，则淮阴、高邮望风瓦解矣！”③

虽然薛氏过分地强调了叛军在都梁山的实力而轻视了盘踞在淮阴、高邮的叛军，但要求首先攻拔都梁山无疑是正确的。因为自讨叛以来，官军曾经失利，未尝大胜，若舍韦氏而取江都，不但背部受牵，还可能受到敬业兄弟的腰击，从而降低士气。李孝逸决定采纳薛氏的意见。

那么，攻拔都梁山以后向何处进军？诸将说：“不如先攻敬业。

---

①《资治通鉴》卷203，则天顺圣皇后光宅元年十月条，第6430页。

②《资治通鉴》中华书局本作“克杨”，十二行本作“克构”。案，《旧唐书·淮安王神通传附孝逸传》作“克构”。当以十二行本为是。

③《资治通鉴》卷203，则天顺圣皇后光宅元年十一月条，第6430页。

敬业败，则敬猷不战而擒矣。若击敬猷，则敬业引兵救之，是腹背受敌也。”[①]

魏元忠不同意这种见解。他说：“贼之劲兵精卒，尽在下阿，蚁聚而来，利在一决，万一失捷，则大事去矣。敬猷本出博徒，不习战斗，其众寡弱，人情易摇，大军临之，其势必克。既克敬猷，我军乘胜而进。彼若引救淮阴，计程则不及，又恐我之进掩江都，必邀我于中路。彼则劳倦，我则以逸待之，破之必矣。譬之逐兽，弱者先擒，岂可舍必擒之弱兽，趋难敌之强兵？恐未可也。”[②]

这一建议积极稳妥，也被李孝逸采纳。这样，先灭韦超，次灭敬猷，再击敬业的作战方案便迅速确定下来。

于是，激烈的战斗开始了。李孝逸令官军首先向龟缩在都梁山上的叛军发起冲击。都梁山比较险峻，易守难攻。官军人数虽多，但很难施展，战斗十分残酷。

傍晚时分，官军攻占了最后一个山头，韦超乔装改扮，连夜逃走。这是官军到达江淮以后取得的第一个重大胜利，将士无不欢欣鼓舞。李孝逸等乘胜前进，绕过白水塘，直奔淮阴。

淮阴城坐落在淮水南岸，颇为坚固，但叛将徐敬猷本系博徒，素不知兵，闻官军大至，惊慌失措。李孝逸等指挥官军奋击破城，徐敬猷自暗道潜逃，投奔徐敬业去了。

这样，淮阴城轻而易举地落入官军之手。徐敬业不胜其愤，乃沿下阿溪设防，决心与官军决一雌雄。

十三日，李孝逸的先头部队攻入扬州界内，到达下阿溪北岸，隔河与徐敬业相持。这天晚上，后军总管苏孝祥率5000将士渡河偷营，被徐敬业打败。苏孝祥战死，左豹韬卫果毅成三郎被俘。其余残卒被逼至水滨，不降而赴水者过半。

---

①《资治通鉴》卷203，则天顺圣皇后光宅元年十一月条，第6430页。

②《旧唐书》卷92《魏元忠传》，第2951页。

由于官军失利，叛军又猖狂起来。为了进一步煽动士气，唐之奇指着被俘的成三郎哄骗说："此李孝逸也！"三郎大呼："我果毅成三郎，非李将军也。官军今大至矣，尔曹破在朝夕。"[①] 正气凛然，不屈而死。

次日，李孝逸率领的官军赶到。但由于徐敬业早有准备，很会打仗，且孤注一掷，因此官军几次失利。李孝逸胆怯，又欲退兵。而徐敬业之徒也颇有损伤。

魏元忠和行军管记刘知柔建议使用火攻。当时官军位于叛军西北，正是顺风放火的好时机。李孝逸令官军强渡下阿溪，"因风纵火"，叛军大乱，被斩者七千余，"溺死者不可胜纪"[②]。

徐敬业与徐敬猷、唐之奇、杜求仁、骆宾王等狼狈逃入老巢。李孝逸紧追不舍。徐敬业看江都难保，便与敬猷等"悉焚其图籍，携妻子奔润州"[③]，欲投奔所署润州刺史李宗臣，借润州之兵负隅顽抗，东山再起。

他们首先潜入算山，写信与李宗臣联系，但慌乱中丢失了原定联系信物，李宗臣以为有诈，不予理睬。他们认为该李已经降唐，绝望中乘小船潜入长江，准备"入海投高丽"[④]。

此时，李孝逸已入据江都，一面派兵扫荡扬、楚、润三州的叛军残部，一面遣将分道追捕叛军党魁。

十八日，徐敬业等逃至海陵（今泰州）界，遇大风，船不得行，而追兵将至。正当他与骆宾王等商量对策时，其将王那相杀死徐敬业、敬猷和骆宾王，提着三人的头颅投降了李孝逸。

---

①《资治通鉴》卷203，则天顺圣皇后光宅元年十一月条，第6430页。

②《资治通鉴》卷203，则天顺圣皇后光宅元年十一月条，第6431页。

③《新唐书》卷93《李勣传附敬业传》，第3823页。

④《旧唐书》卷67《李勣传附敬业传》，第2492页。

章怀太子男骑马俑

孝逸又将唐之奇、魏思温等人抓获，一并“传首神都”，于是“扬、润、楚三州平”[①]，李孝逸率军凯旋。

徐敬业自起兵至灭亡凡三个月。

事实表明，武则天的所作所为并不像骆宾王说得那样坏，那样已失天下之望。相反，反对她的只是宗室、官僚、地主缙绅中的个别分子。

徐敬业也不像骆宾王说得那样好，那样忠，那样有能耐。相反，他所发动的起兵，是一次彻头彻尾的叛乱，真正支持他的只是一些失意的官僚地主。广大民众、甚至连他的叔父都表示反对。

正如时人陈子昂所说：“扬州构逆，殆有五旬，而海内晏然，纤尘不动。”[②]尽管徐敬业等狡诈多端，还是未能逃脱灭亡的命运。

李孝逸凯旋之后，武则天十分高兴，立即奖励在镇压叛乱中的有功之臣。授李孝逸为镇军大将军，转左豹韬卫大将军，改封吴国公；

①《资治通鉴》卷 203，则天顺圣皇后光宅元年十一月条，第 6431 页。

②《资治通鉴》卷 203，则天顺圣皇后垂拱二年三月条，第 6440 页。

擢魏元忠为司刑正，稍迁洛阳令；拜徐思文为司仆少卿，赐姓武氏；其余将士，皆依据功劳大小给予不同的赏赐。

同时，杀逐与叛军首领有密切关系和平叛不力的人。重贬刘景先为吉州员外长史，贬郭待举为岳州刺史，斩程务挺于军中，籍没其家。叛酋之家，亦行籍没。

接着武则天便将群臣召集到宫殿严加训斥。如本书“引言”所述。

看来，武则天对于能够迅速平定徐敬业叛乱，翦除其党羽，是很得意的。徐敬业之流本想通过发动武装叛乱，使武则天一败涂地；结果他们的覆灭，却使武则天的威望空前提高，更加增长了她临朝称制的勇气。

第二节 加强政权建设

平叛战争结束以后，武则天敏锐地意识到加强政权建设的重要性，因而采取了一系列措施。

一 紧握大权

武则天在平定徐敬业叛乱之后，改元“垂拱”，仍然独揽大权。一年以后，当社会完全趋于安定，形势有所好转时，她才作出了返政的姿态。

垂拱二年（686）正月，“皇太后下诏复政于皇帝”。但睿宗知太后非诚心，奉表固让，坚决不干。于是，“太后复临朝称制”①，继续掌握国柄。谁对此表示异议，她就贬杀谁。

垂拱二年（686）十月，雍州新丰县（今陕西临潼），东南有山涌出，侍臣以为祥瑞，武则天改新丰县为庆山县，“四方毕贺”。江陵人俞

①《资治通鉴》卷203，则天顺圣皇后垂拱二年正月条，第6437页。

文俊不以为然，上书说道："天气不和而寒暑并，人气不和而疣赘生，地气不和而塠阜出。今陛下以女主处阳位，反易刚柔，故地气塞隔，而山变为灾。陛下谓之'庆山'，臣以为非庆也。臣愚以为宜侧身修德以答天谴，不然，殃祸至矣！"[①]很露骨地反对女人掌权。武则天大怒，把俞文俊流放到了岭外。

垂拱三年（687）五月，凤阁侍郎、同凤阁鸾台三品刘祎之在私下对凤阁舍人贾大隐说："太后既废昏立明，安用临朝称制！不如返政，以安天下之心。"[②]贾大隐把这话向武则天作了汇报，结果，"太后不悦"。

有人诬告刘祎之受归诚州都督孙万荣之贿，又与许敬宗之妾私通。武则天令肃州刺史王本立审问其事。本立宣读武则天之敕，祎之曰："不经凤阁鸾台，何名为敕！"武则天以为拒捍制使，"赐死于家"[③]。

刘祎之少年时与孟利贞、高智周、郭正一俱以文藻知名，人称"刘孟高郭"。上元年间被诏入禁中，充当"北门学士"。则天临朝，"甚见亲委"，被提拔为宰相，"时军国多事，所有诏敕，独出祎之，构思敏速，皆可立待"[④]。只因有使则天还政之意和"拒捍制使"之行，便丢了性命[⑤]。

垂拱三年（687）九月，虢州人杨初成自称郎将，矫制募人，欲迎庐陵王于房州而驱逐武则天和唐睿宗，武则天立即处决了杨初成。

二 扩大仕途

唐初入仕之途主要是门荫，其次是军功、科举。门荫是汉魏以来

---

①《资治通鉴》卷 203，则天顺圣皇后垂拱二年十月条，第 6442 页。

②《资治通鉴》卷 204，则天顺圣皇后垂拱三年五月条，第 6444 页。

③《资治通鉴》卷 204，则天顺圣皇后垂拱三年五月条，第 6444 页。

④《旧唐书》卷 87《刘祎之传》，第 2847 页。

⑤《旧唐书》卷 87《刘祎之传》，第 2848 页。

传统的入仕途径，带有“世卿世禄”之遗风，只局限于达官贵人。军功受爵古亦有之，然不甚流行。南北朝末期以后有所抬头，但只局限于战争的场合和军人内部。科举制起于隋、兴于唐，虽面向全社会，但也往往限于贵族士人，一般百姓很难问津。

所以唐初的仕途虽较前代为宽，但从当时的社会状况来看，仍然是比较窄的。官僚贵族仍是政治舞台上的主体。对此，唐太宗十分不满。他曾准备拓宽仕途，实行自举，但因有人反对而未能如意[①]。

武则天自当皇后以来，遭到不少士族官僚的反对，因而对门荫入仕的主导地位极为不满。为了壮大自己的势力，使更多的有识之士为其统治服务，她勇敢地迈出了唐太宗所未能迈出的一步。

垂拱元年（685）五月，“制内外九品以上及百姓，咸令自举”[②]。也就是说，不论是现任官吏，还是平民百姓，只要有才干，都可以毛遂自荐，以求进用。

正如《新唐书·则天顺圣皇后武氏传》所说：“太后不惜爵位，以笼四方豪杰自为助，虽妄男子，言有所合，辄不次官之，至不称职，寻亦废诛不少纵，务取实才真贤。”

三 了解民情

唐初依前代旧规，设登闻鼓于西朝堂，设肺石于东朝堂，供告急诉冤之用，但派专人防守。一般人即使有冤，也难以击鼓立石。

垂拱元年（685）二月，武则天下制：“朝堂所置登闻鼓及肺石，不须防守，有挝鼓立石者，令御史受状以闻。”[③]

垂拱二年（686）三月，又令巧匠鱼保家作铜匦四枚，共为一室，

①《唐会要》卷53《举贤》，第914页。

②《资治通鉴》卷203，则天顺圣皇后垂拱元年五月条，第6435页。

③《资治通鉴》卷203，则天顺圣皇后垂拱元年二月条，第6433页。

“四面置门”[①]，分别为青、红、白、黑四色，置于朝堂，以收天下常人表疏：青匦在东，名“延恩”，告“养人及劝农之事者”投之；红匦在南，名“招谏”，“正谏论时政之得失者”投之；白匦在西，名“伸冤”，“有欲自陈屈抑者”投之；黑匦在北，名“通玄”，献“谋智者”投之。令正谏大夫、补缺、拾遗一人充使，于朝堂知匦事，“每日所有投书，至暮并进”[②]。

武则天通过铜匦了解到不少情况，“由是人间善恶事多所知悉”。

四 撰写《臣轨》

吏治对社会状况至关重要，因此自古有作为的帝王莫不勤于整饬。武则天“通文史”，且有几十年的统治经验，对此十分清楚。

武则天知道，对于官吏光用法律的形式来约束是不行的，要使他们“称职”必须加强教育，使其懂得为臣之道。为此，她在百忙中抽出时间，亲自撰写《臣轨》一书[③]，从十个方面对

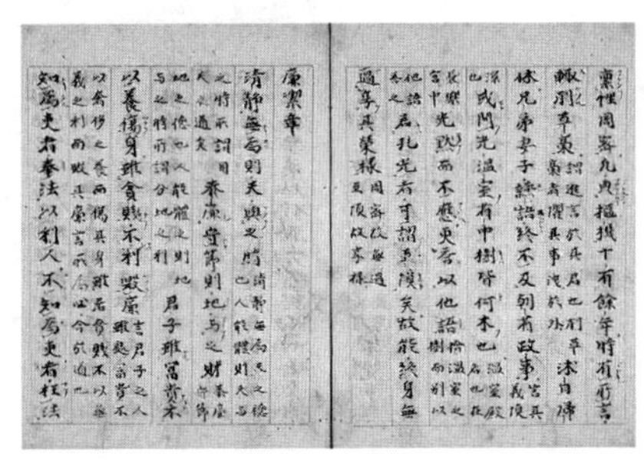

《臣轨》书影

①《旧唐书》卷50《刑法志》，第2142页。

②《唐会要》卷55《匦》，第956页。此书云，垂拱二年六月，置铜匦。《旧唐书·则天纪》云：“三月，初置匦于朝堂。”案，《新唐书·则天纪》云：“三月戊申，作铜匦。”《资治通鉴》卷203据《实录》亦云：“三月，戊申，太后命铸铜为匦。”据此分析，似三月初令制作，六月置于朝堂。

③《唐会要》卷75；《通典》卷15。

臣下提出要求：

（一）同体。即为臣者要与君王同心同德，做君主的手足耳目；爱国恤人，尽职尽责。

（二）至忠。以慈惠为本，多其功而不言；推善于君，引过在己。

（三）守道。以“道”清心正身，佐时匡主；名不动心，利不动志。

（四）公正。理官事则不营私家，当公法则不阿亲党，举贤才则不避仇雠；处“六正”之道，不行“六邪”之术[①]。

（五）匡谏。除君之过，矫君之失；以谏为忠，不避斧钺。

（六）诚信。以信忠君，以信怀下；上下通诚，信而不疑。

（七）慎密。保守国家机密，不漏禁中之语；非所言勿言，非所为勿为。

（八）廉洁。奉法以利人，不枉法以侵人；以廉平为德，不求非其所有。

（九）良将。有五材四艺，机智果断[②]。

（十）利人。禁末作，兴农功，省徭轻赋，不夺人时，务使家给人足。

显然，其中心思想是要求臣僚成为德才兼备、忠君爱民的人物。垂拱元年书成，“普锡具僚”[③]。

由于此书采用摆事实、讲道理的方式，要求严而不苛，因而起到了较好的作用。

---

① 六正：圣臣、大臣、忠臣、智臣、贞臣、直臣。六邪：具臣、谀臣、奸臣、谗臣、贼臣、亡国之臣。

② 五材：智不可乱，明不可蔽，信不可欺，廉不可贷，直不可曲。四艺：受命之日忘家，出门之日忘亲，张军鼓宿忘主，援枪合战忘身。

③《臣轨·序》，见《佚存丛书》第一帙。关于《臣轨》的作者及成书年代，历来众说纷纭。据考证：为武则天垂拱元年所作。详见拙作《臣轨的作者、年代和价值》，刊《西北第二民族学院学报》1992 年第 2 期。

在对官吏进行普遍教育的同时，武则天还对官制的某些环节也作了改革。

如垂拱二年（686）正月，提高地方官的身份，“初令都督、刺史并准京官带鱼”。

三年十一月，罢监军。史载：“太后欲遣韦待价将兵击吐蕃，凤阁侍郎韦方质奏请如旧制遣御史监军，太后曰：‘古者明君遣将，阃外之事悉以委之。比闻御史监军，军中事无大小皆须承禀。以下制上，非令典也；且何以责其有功！’遂罢之。”①

五 加强法制

武则天辅佐高宗几十年，深知法制的重要。为了进一步维护社会秩序，垂拱元年，即派人重新删定律令格式。

所谓律令格式，乃是唐王朝的法律文书的形式。简单些说，“律”是国家的法律条文，“令”是关于尊卑贵贱及国家制度的规定，“格”是皇帝下达的有关百官日常行事的敕令，“式”是有关国家行政法规的各种章程。高宗即位之初，律令格式已大体齐备，而以律的成就最为显著。

自永徽至垂拱，已历三十余年，律令，特别是格式已有了重定的必要。因此，武则天在广开言路的同时，命内史裴居道、夏官尚书岑长倩、凤阁侍郎韦方质与袁智弘等十余人重新删定。修改律令的指导思想是约法省刑。

武则天说：“朕情在爱育，志切哀矜。疏网恢恢，实素怀之所向；苛政察察，良夙心之所鄙。方冀化致无为，业光刑措。”②

---

①《资治通鉴》卷 204，垂拱三年十一月条，6446-6447 页。

②（宋）宋敏求编：《唐大诏令集》卷 82《颁行律令格式制》，学林出版社，1992，第 428 页。

由于《永徽律疏》本身“得古今之平”[1]，因而修改时大抵依旧，“惟改二十四条”[2]。

对于格式，根据“便于时”而“堪为当时行用”的原则作了较大的变动，编成《垂拱格》2卷，《垂拱留司格》6卷，《垂拱式》20卷[3]。删定工作结束后，武则天亲为《垂拱格》作序，与律令等一道颁下。

由于武则天的主导思想正确，加上删修官韦方质、王守慎等精通法律，因而垂拱格式“议者称为详密”[4]。施行之后，颇见成效。

武则天所做的这些努力，绝大部分都是有利于社会发展的。事实上也确曾起到了这样的作用。因此，她的威望比以前有了进一步的提高。

六 营建明堂

在励精图治的同时，武则天的权势欲也有了明显的增加。如果说她起初只是暂时临朝并无长远打算的话，现在就有了长期临朝称制的思想。而随着这种思想的产生，她对李、武两家的态度也发生了微妙的变化。

一方面，她一如既往，继续尊崇李氏。垂拱三年闰正月，封皇子成美为恒王，隆基（即后来的玄宗）为楚王，隆范为卫王，隆业为赵王。垂拱四年正月，在神都创高祖、太宗、高宗三庙，“四时享祀如西庙（京师太庙）之仪”。

另一方面，她一改先前限制外戚的做法，提高武氏地位，大搞武

① （清）永瑢等编：《四库全书总目提要》卷82《史部三十八·唐律疏义》。

② 《唐会要》卷39《定格令》，第702页。

③ 《旧唐书》卷46《经籍志》，第2010–2011页。

④ 《旧唐书》卷50《刑法志》，第4143页。

氏崇拜。最明显的事例就是在神都为高祖李渊等立庙的同时，“又（于西京）立崇先庙以享武氏祖考”[①]。

表面上看来，似乎是公平合理，一视同仁，实际上，在一姓独尊的时代为武氏修崇先庙，就是对李氏的贬抑。因此，一些官僚，尤其是李唐宗室的一些人，对武则天越来越不满。

垂拱四年（688）二月，武则天下令毁神都之乾元殿，于其地作“明堂”。

“明堂”相传为周公所创，系帝王布政、祭祀、大享、朝会之室。汉魏六朝，多有设置。但“明堂之制，爰自古昔，求之简牍，全文莫覩”，因而各代所造差异很大。要问“明堂”是个什么样子，即使“巨儒硕学”，也很难说得清楚。

隋文帝开皇年间，将作大匠宇文恺据《月令》造“明堂”木样以献，文帝“方欲崇建，而诸儒争论不定，竟议罢之”。

唐太宗贞观年间，令“儒官”议明堂制度，将欲建之，“但以学者专固，人人异言，损益不同，是非莫定”[②]。

高宗永徽、乾封之际，两次发动“群儒”研究明堂制度，且改元总章，置明堂县，以示必建，而议者纷然[③]，“终高宗之世，未能创立”[④]。

武则天认为，建立明堂十分重要，可以赞五神、申宗祀、扬国威、顺物理，“使灾害不生，祸乱不作”，因而早在乾封之岁即上表请立[⑤]。镇压徐敬业叛乱之后，她决心按高宗遗志和自己的夙愿修建明堂[⑥]。

---

①《资治通鉴》卷 204，垂拱三年正月条，第 6447 页。

②《旧唐书》卷 22《礼仪志》，第 852–853 页。

③《新唐书》卷 13《礼乐志》，第 338 页。

④《旧唐书》卷 22《礼仪志》，第 862 页。

⑤《全唐文》卷 96《令礼官详定享明堂礼仪诏》，第 988 页。

⑥《旧唐书》卷 22《礼仪志》，第 862 页。

洛阳明堂遗址

鉴于太宗、高宗欲立明堂而诸儒议论纷纭的事实，武则天“独与北门学士议其制，不问诸儒”[①]。诸儒都说明堂应置于国阳丙巳之地，即在皇宫三里之外，七里之内。武则天认为丙巳之地，“去宫室遥远，每月所居，因时飨祭，常备文物，动有烦劳”[②]，乃“自我作古”，毁乾元殿，以薛怀义为使，役数万人以造明堂。

七 宣扬天命

在决定修建明堂时，武则天表示她将在这里祭祀天地，供奉祖先，发号施令，长期执政。她的侄子武承嗣看出了她的真实意图。四月，亲自导演了一出“洛出书”的喜剧。

史载，武承嗣使人在一块白色的卵石上刻了“圣母临人，永昌帝业”八个大字，以碎紫石和药填之，使变得古雅别致，如天外之物，

①《资治通鉴》卷204，垂拱四年正月条，第6447页。

②《全唐文》卷96《令礼官详定享明堂礼仪诏》，第988-989页。

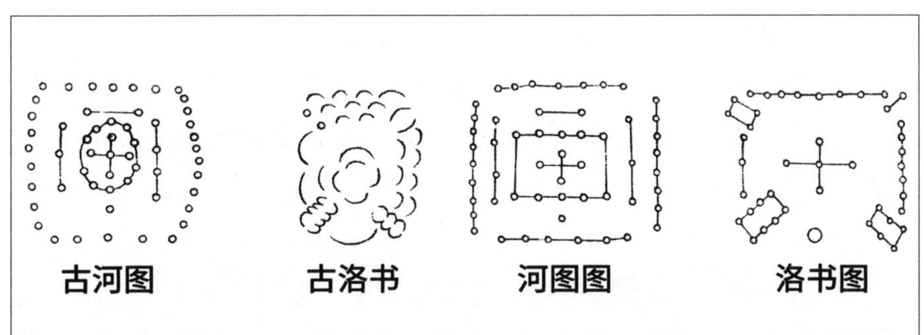

河图洛书图

然后放入洛河边的一个小潭内。几天以后，派雍州人唐同泰从水中捞出，献于朝廷，宣称发现了“洛书”。

《易·系辞上》云：“河出图，洛出书，圣人则之。”尽管后人对“河图”“洛书”的理解不同，但都把河出图、洛出书当作帝王德高功大、治国有方、风调雨顺、国泰民安的代称。

唐同泰既称这块瑞石得之洛水，无疑是向朝野宣告：武则天临朝以来，励精图治，天下太平，以致上苍降瑞，出现了洛书自现的奇迹。而且，这书上明明写着“圣母临人，永昌帝业”的话，可见，上天的意思是让武则天永远当政。毫无疑问，这是迎合武则天的权势欲望，为她长期掌权制造舆论的。

对于“洛书”的出现，许多大臣亦纷纷上表祝贺：“陛下以虔恭顾托，八篆灵开，超万祀而同存，历百世而罕逮。况乎阴阳景测，朝市天临，号令施于四海，机衡动于万国，灵心叶赞，景业会昌，荐希代之鸿宝，获非常之嘉应。固可以明褆大宝，礼秩介邱，副神宗之乃眷，答上元之蕃祉。臣等遇偶休明，荣参簪笏。千年旦暮，邀逢累圣之期；百辟歌讴，喜属三灵之庆。无任凫藻踊跃之至。”[①] 表现出对武则天

①《全唐文》卷 243《为百僚贺瑞石表》，第 2458 页。

长期控制朝政的支持。

武则天极为高兴，决定在这块石头上大作文章。她把这块石头称作“宝图”，擢唐同泰为游击将军。到了五月，下诏说她将亲拜洛水，受“宝图”，御明堂，朝群臣。令诸州都督、刺史及宗室、外戚于拜洛前十日集于神都。

接着，加尊号为圣母神皇，作神皇三玺。七月，更命“宝图”为“天授圣图”，洛水为永昌洛水，封其神为显圣侯，名出图小潭曰“圣图泉”，并于泉侧置永昌县。又改嵩山为神岳，封其神为天中王，拜为太师。此外，以先此曾于汜水得到瑞石一块，改汜水为广武。

第三节 镇压越王贞的反抗

这些活动引起了李唐宗室的极其不满。他们认为，武则天这样做，必然会使武氏更加得势，而使李氏日益沉沦；长此以往，不仅大唐的江山社稷难以保障，就连自身的利益也会受到损害。因此，他们暗中串通，“密有匡复之志”[①]。越王父子的反叛，就是在这种情况下发生的。

一 越王父子叛乱

越王李贞是唐太宗的第八个儿子，系燕妃所生。贞观五年（631）封为汉王。七年，授徐州都督。十年，改封原王，不久徙封越王，拜扬州都督，赐实封800户。十七年，转相州刺史。二十三年，加实封满1000户。永徽四年（653），授安州都督。咸亨年间（670～674），复转相州刺史。则天临朝，加官太子太傅，除豫州刺史。此人“少善骑射，颇涉文史，兼有吏干”。在宗室中享有美名，被称为“材王”。

但是，越王贞为人奸诈，有才无德，“所在或偏受谗言，官僚有

① 《资治通鉴》卷204，垂拱四年七月条，第6449页。

正直者多被贬退，又纵诸僮竖侵暴部人”[①]，因而在社会上并没有什么威望。

越王贞对武则天当权很有意见。武则天刚刚临朝称制，他便与韩王元嘉、鲁王灵夔、霍王元轨、元嘉子黄国公李譔、灵夔子范阳王李蔼、元轨子江都王李绪及其长子博州刺史、琅琊王李冲“计议反正”，准备造反。“在蔡州，数奏免所部租赋以结人心，家僮千人，马数千匹，外托以畋猎，内实习武备。”[②]

由于武则天采取了预防叛乱的措施，给他们升了官衔，加之高宗新丧，正在办理后事，他们才没有行动。后来徐敬业起兵，他们看到徐氏别有用心，也没有参加。徐敬业败亡后，他们慑于武则天的威严和实力，暂时减少了串通。但当他们看到武则天作明堂，收符瑞，即将拜洛受图时，再也沉不住气了，便加紧联络，调动军旅，决心大动干戈，将武氏赶下台去。

垂拱四年（688）七月，黄国公李譔给诸王写信：“内人病渐重，恐须早疗；若至今冬，恐成痼疾。宜早下手，仍速相报。”[③]意思是说，皇太后为害渐深，宜早除之，如果等到拜洛受图之后，事情就不好办了，要求诸王早做准备。

韩王元嘉又煽动说，皇太后拜洛受图，令宗室赴集，大享之际，必遣人告密，“因大行诛戮”，到那时，“皇家子弟无遗种矣”。其用意与李譔完全一致。

不久，李譔伪造皇帝玺书，送给琅琊王冲，云：“朕被幽系，王等宜各救拔我也。”李冲看后又伪造玺书曰：“神皇欲倾李家之社稷，移国祚于武氏。”[④]分送韩、鲁、霍、越、纪等王，各令起兵以赴神都。

①《旧唐书》卷76《越王贞传》，2661页。

②《旧唐书》卷76《越王贞传》，2662页。

③《旧唐书》卷76《越王贞传》，2661页。

④《旧唐书》卷76《越王贞传》，第2661页。

于是诸王加紧准备，李冲父子尤为积极。李冲一面命其心腹萧德琮等招募士卒，一面与“诸王连谋”，与济州刺史薛顗、弟绪，绪弟驸马都尉绍勾结；李贞亦遣人与东莞公李融、寿州刺史驸马都尉赵环及纪王慎等相约。霎时间，形势骤变，宗室诸王厉兵秣马，磨刀霍霍，大有翻江倒海之势。

范阳王蔼遣使谒李贞父子，建议诸王同时行动：“若四方诸王一时并起，事无不济。”[①] 李贞父子亦认为，诸王于四方并起，可使武则天顾此失彼。因而着手制定起事日期。

当时，唐高祖第七女常乐公主捎话给越王说：“尔诸王若是男儿，不应至许时尚未举动。”[②] 催促起兵。越王制定好行动时间，分别通知诸王。诸王中有的还未接到通知，九月十七日，琅琊王冲即提前起兵于博州（今山东聊城东北）。

二 平叛的经过

李冲起兵的消息传到神都洛阳后，武则天立即以左金吾将军丘神勣为清平道行军大总管，率军讨伐。

当时，李冲率所部5000余人，欲渡过黄河，攻占济州，然后向神都进发。但道路为其部下武水县令郭务悌所阻。李冲大怒，首先向武水县（在聊城西南）发起进攻。郭务悌向魏州刺史求援，魏州刺史派莘县（为武水之西邻）县令马玄素带1700人入城拒守。李冲令其徒用草车塞武水南门，因风纵火，欲乘火入城。不料“火作而风回”，反而阻挡了自己的部队。

由于攻不下武水，士气一落千丈，其大将董玄寂对人说：“琅琊王与国家交战，此乃反也。”[③] 李冲杀了玄寂，结果“兵众惧而散入草泽，

①《资治通鉴》卷204，垂拱四年九月条，第6451页。

②《旧唐书》卷76《越王贞传》，第2663页。

③《资治通鉴》卷204，垂拱四年八月条，第6450页。

不可禁止，惟有家僮、左右不过数十而已”。

九月二十三日，李冲见大势已去，慌忙逃回博州，但还未来得及入城，就被守门人杀掉了。

李冲自起兵到失败，前后不过七日。丘神勣的讨伐军还未赶到，李冲的叛乱已告平息。乃“传首神都，枭于阙下”①。

李唐宗室起兵“失败的主因，无疑是准备不足，行事仓促”②。由于李贞起兵的准备不足，时间仓促，加之诸王贪生怕死，因此，李冲起兵之后，诸王“莫有应者，惟贞以父子之故，独举兵以应之”③。

史载，八月二十五日，越王贞起兵于豫州（今河南汝南）以应李冲。其时李冲已死二日，因路途遥远，消息闭塞，李贞并不知道。

李贞起兵时，遣使约东莞公李融同时行动。“融仓促不能应”，在僚佐的逼迫下，只好把使者抓起来上变。

武则天得知越王将反，又着手组织讨伐力量。越王贞攻陷豫州上蔡（今属河南），闻其子已败，不胜慌恐，“欲自锁诣阙谢罪”。

这时，新蔡县令傅延庆率勇士2000赶到，李贞才改变了主意。为了鼓舞士气，他哄骗说：“琅琊王已破魏、相数州，聚兵至二十万，朝夕即到，尔宜勉之。”又在属县征兵，得7000余人，分为五营：贞自领中营；以汝阳县丞裴守德为大将军、内营总管；赵成美为左中郎将，押左营；闾弘道为右中郎将，押右营；安摩诃为郎将、后军总管；王孝志为将军，前军总管。又以蔡州长史韦庆礼为银青光禄大夫、司马。“凡署九品已上官五百余人”，势力大大超过了琅琊王。

九月一日，武则天命左豹韬大将军麹崇裕为中军大总管，夏官尚书岑长倩为后军大总管，凤阁侍郎张光辅为诸军节度，发兵10万以

---

①《旧唐书》卷76《琅邪王冲传》，第2664页。

②黄约瑟：《试论垂拱四年李唐宗室反武之役》，《唐代文化研讨会论文集》，台湾文史哲出版社，1991。

③《旧唐书》卷76《越王贞传》，第2661页。

越王李贞墓志

讨之。下诏削除越王父子属籍，改其姓为“虺”氏。

九月中旬，麴崇裕等部至豫州之东，距城 40 里下寨。李贞自建府设官之后，常令道士僧侣诵经念咒，以祈事成。但所属官吏、兵士多以胁迫见从，“本无斗志”，“家僮、战士咸带符以辟兵”[①]，只有其女婿裴守德武艺高强，愿为卖命。

讨叛大军到了距城 40 里的地方，李贞令其幼子李规同裴守德带

①《旧唐书》卷 76《越王贞传》，第 2662 页，

兵前去拒战，结果刚一交兵，就一败涂地。守德等满身是血，逃回城内。

李贞大惧，无计可施。正踌躇之际，讨叛大军已兵临城下，把豫州围得水泄不通。越王贞登上阁楼，见城下人山人海，军容甚盛，预感到危在旦夕，不禁长叹一声。

一位亲兵走来说：“事既如此，岂得受戮辱，当须自为计。”越王贞遂服毒而死。裴守德亦自缢。家僮等“舍仗就擒”。

越王贞从起兵到失败也不到20天，与其子李冲一样，头颅被悬于国门。

越王父子的起兵之所以这样迅速地失败，最主要的原因是起兵不得人心。武则天自扫平徐敬业叛乱后，励精图治，采取了不少有益于社会发展的措施，社会状况有了明显的好转，支持她的人越来越多。

在这种情况下发动叛乱，必然会遭到众人的反对。事实也是如此。李冲起兵后遭到博、魏两州军民的反击，官军未至，便已解体。李贞起兵时，与纪王李慎联络“慎知时未可”，拒不合作[①]；起兵之后，仅得士卒7000，且多是胁从之辈，“无心战作”，才一交兵，便宣告失败。

当然，越王父子的迅速失败，也与宗室诸王不相救应有较大关系。起兵之前，越王父子与宗室诸王多次联系，制定了进军路线和起兵时间，但当他们先后起兵之后，“诸王仓卒无应者”。既得不到人民支持，又得不到宗室援助，势单力薄，自无立身之地。

此外，越王父子的迅速失败，也与武则天及时出击，将帅用兵得法有一定的关系。

总之，越王父子逆时而动，其下场同徐敬业一样悲惨。武则天在镇压了越王父子之后，又“收韩王元嘉、鲁王灵夔、黄公譔、常乐公主于东都，迫胁皆自杀”[②]，更其姓曰“虺”氏，诛其亲党。

---

①《新唐书》卷80《纪王慎传》，第3577页。

②《资治通鉴》卷204，垂拱四年九月条，第6452页。

文武官俑

第九章

【走向皇位】

徐敬业的叛乱被平定了，越王贞的反抗也被镇压了，谁还敢再反对武则天临朝称制呢？在一连串的胜利之后，武则天踌躇满志。在这种情况下，支持武则天上位的人较前增多。如果说武则天在临朝称制之前只是参与朝政，那么，现在她就有了当皇帝的想法。是的，她要向下一个目标迈进。

第一节　排除异己

武则天以皇太后身份临朝称制，其权势已与女皇无异。然而，要真正登上皇帝宝座，并不那么容易！因为反对她的人很多，除徐敬业、越王贞等人，以宗室为首的反对派仍有很大的实力。这些人不仅是她前进的绊脚石，而且是她的政敌，时刻想将她置于死地。武则天该怎么办呢？

一　打击政敌

武则天是位刚毅果决、办事稳重的女性。她要乘平叛胜利的有利形势，想方设法铲除一切政敌。正因为如此，当武承嗣建议“尽诛皇室诸王及公卿中不附己者”的时候[①]，她没有表示反对。

那么，怎样才能铲除政敌，“尽诛皇室诸王及公卿中不附己者”

①（后晋）刘昫等撰：《旧唐书》卷183《武承嗣传》，中华书局，1975，第4729页。

呢？对公开反叛者，可以出兵征讨；但对那些分布在朝廷内外、全国各地的潜藏的政敌，最有效的办法莫过于利用酷吏，诉诸法律。

封建法律是维护统治阶级，尤其是最高统治者利益的工具。因此，凡是有损于统治阶级、特别是最高统治者的，都可以绳之以法。

虽然唐初以来实行的法律主要是维护李唐宗室和“皇唐旧臣”利益的工具，但是，既然这个工具掌握在了武则天手里，她就可以首先用以保护自身及支持者的利益；既然宗室、旧臣要危害她，她自然可以将这个法律变成镇压宗室旧臣的工具。

比如，《唐律》规定：“诸谋反及大逆者，皆斩，父子年十六以上者绞，十五以下及母女、妻妾、祖孙、兄弟、姊妹，若部曲、资财、田宅，并没官。……伯叔父兄弟之子皆流三千里，不限籍之同异。”[①] 如果给反对派扣上“谋反”的帽子，就可以名正言顺地加以消灭。

二 奖励告密

武则天“通文史”，深知法制的奥妙。她在同褚遂良、长孙无忌、上官仪等人的斗争中，已经积累了不少使用法律武器的经验。她知道要抓住政敌，绳之以法，必须有人告密。

早在文明元年，武则天就开始奖励告密。当年二月，武则天废中宗、立睿宗后不久，“有飞骑十余人饮于坊曲，一人言：‘向知别无勋赏，不若奉庐陵（中宗）。’一人起，出，诣北门告之。座未散，皆捕得，系羽林狱。言者斩，余以知反不告皆绞，告者除五品官。”

徐敬业起兵之后，武则天进一步奖励告密。史载太后“疑天下人多图己”，“乃盛开告密之门，有告密者，臣下不得问，皆给驿马，供五品食，使诣行在。虽农夫樵人，皆得召见……所言或称旨，则不

① （唐）长孙无忌等撰，刘俊文笺：《唐律疏议笺解》卷 17《贼盗律》，中华书局，1996，第 41 页。

次除官，无实者不问”[①]。

第二节 重用酷吏

武则天奖励告密的目的，就是要用法律武器来对付政敌。而要用法律武器铲除政敌就需要酷吏。

一 酷吏的兴起

所谓“酷吏”，即是残暴酷烈、滥用刑罚的官吏。这种官吏的存在，是中国古代社会的普遍现象。自司马迁在《史记》一书中创立《酷吏传》以来，《汉书》《后汉书》等“正史”中皆有专篇。

虽说唐初70余年“官得其人”[②]，没有产生过著名的酷吏，但是既然最高统治者需要用残暴酷烈的办法维护统治，酷吏就会被创造出来。这是自不待言的。

本来，武则天对酷吏是反感的。这不仅可以从她的《臣轨》一书里看出，还可以从她参与朝政以来的所作所为中看出。临朝称制之初，她曾经对臣下说过：“朕情在爱育，志切哀矜，疏网恢恢，实素怀之所尚；苛政察察，良夙心之所鄙。方冀化致无为，业光刑措……”[③]

但是，当统治阶级内部的斗争发展到不可调和的地步，以致“不切刑名，不可摧奸息暴”的时候[④]，她便不得不改变策略，暂时采用“夙心之所鄙”的酷吏了。

---

①（宋）司马光编撰：《资治通鉴》卷203，垂拱三年三月条，中华书局，1965，第6438-6439页。

②（宋）欧阳修、宋祁撰：《新唐书》卷197《循吏传》，中华书局，1975，第5616页。

③（宋）宋敏求编：《唐大诏令集》卷82，中华书局，2008，第428页。

④《旧唐书》卷90《朱敬则传》，第2941页。

对于武则天的这一变化，一些史书中也或多或少有所披露。

《旧唐书·刑法志》云："则天临朝，初欲大收人望"，"然则天严于用刑，属徐敬业作乱及豫博兵起之后，恐人心动摇，欲以威制天下，渐引酷吏，务令深文，以案刑狱。"

《通典·刑典八》云："大唐武太后临朝，属徐敬业反，越王贞等起，遂立威刑以服天下。将移神器，渐引酷吏，务令深文。"

《旧唐书·酷吏传》亦云："逮则天以女主临朝，大臣未附，委政狱吏，翦除宗枝。于是来俊臣、索元礼、万国俊、周兴、丘神勣、侯思止、郭霸、王弘义之属，纷纷而出。"

可见，引用酷吏，并不是由于武则天秉性残忍，热衷杀戮，而是由于铲除政敌、巩固统治的需要。

史载，自越王父子失败之后，武则天"大开诏狱，重设严刑"[①]，"委政狱吏"[②]。"由是告密之辈，推核之徒，因相诬构，共行深刻"[③]，酷吏队伍很快兴起。著名的酷吏头目索元礼、周兴、来俊臣等人就是在这时出现的。

索元礼，出自少数民族，是位"胡人"。此人曾参加过科举考试，并得举进士及第[④]，是薛怀义的义父[⑤]。徐敬业失败后，他被擢为游击将军，充当推事使，时人号为"索使"[⑥]。"推一人，广令引数十百人，衣冠震惧，甚于狼虎。"[⑦] 由于武则天多次召见赏赐，"张其权势"，因而成为第一位显赫的酷吏。

---

①《旧唐书》卷 50《刑法志》，第 2144 页。

②《旧唐书》卷 186《酷吏传》，第 4836 页。

③（唐）杜佑撰：《通典》卷 169《刑典七》，中华书局，1988，第 4382 页。

④（清）徐松撰：《登科记考》卷 27，中华书局，1984，第 1080 页。

⑤《新唐书》卷 209《酷吏传》，第 5904 页。

⑥（唐）张鷟撰：《朝野佥载》卷 2，中华书局，1979，第 30 页。

⑦《旧唐书》卷 186《索元礼传》，第 4843 页。

周兴，雍州长安（今西安市）人。“少以明习法律，为尚书省都事”，累迁司刑少卿，秋官侍郎，“屡受制狱”，推劾残酷，时人号为“牛头阿婆”[①]。以发明火瓮拷讯法及判词中有“被告之人，问皆称枉；斩决之后，成悉无言”而著称。

来俊臣，与周兴同乡，雍容美貌，颇明法理，但“面柔心狠，行险德薄”[②]，一经武则天提拔，即专按制狱，继索元礼、周兴而起，后来居上，成为最有名的酷吏。

二 酷吏的暴行

酷吏往往打着法律的幌子去干违法的勾当。随着酷吏的兴起，各种“滥用刑罚”的残暴行为便相继发生。

1. 诬告

自垂拱初年开告密之门以来，所告多系事实。《旧唐书·桓彦范传》载：“往属革命之时，人多逆节。”但是，反对派人数至多，能抓住把柄的毕竟是少数。

怎样对付这些未露马脚的反对派呢？酷吏的办法是：“构似是之言，成不赦之罪。”[③]在这方面表现最突出的人物是来俊臣。

为了使诬告成功，来俊臣与朱南山、万国俊等人造《告密罗织经》一卷，“具为支脉纲由，咸有首末，按以从事”，“教其徒网罗无辜，织成反状”[④]。欲陷某人，即于数处同告，使被告者有口难辩，俯首就案。

2. 逼供

在众多的“谋反”案中，有些铁证如山。例如韩王元嘉、鲁王灵

①《旧唐书》卷186《周兴传》，第4842页。《朝野佥载》卷2，第32页。
②《朝野佥载》卷4，第97页。
③（宋）王溥撰：《唐会要》卷41《酷吏》，中华书局，1955，第742页。
④《新唐书》卷209《来俊臣传》，第5906页。

夔、黄公譔及常乐公主等人，与越王父子通谋，即是如此。这类案件很容易定性。

但是，更多的“谋反”案是“诬告”出来的，没有多少过硬的材料，被告往往不服。对于这些人，酷吏的办法是逼供。

为此，他们制造了许多可怕的刑具。大枷便是其中之一。史载，来俊臣“以索元礼等作大枷，凡有十号：一曰定百脉，二曰喘不得，三曰突地吼，四曰著即承，五曰失魂胆，六曰实同反，七曰反是实，八曰死猪愁，九曰求即死，十曰求破家”①。其目的是用这些异乎常制的刑具使被告毛骨悚然，望而生畏。

酷吏讯囚时，先布枷棒于地，对囚犯说：“此是作具。”囚犯见之，大都“魂胆飞越”，违心自诬。

对于见了刑具还不招认的囚徒，酷吏便使用各种刑具予以拷讯：“或以椽关手足而转之，谓之‘凤皇（凰）晒翅’；或以物绊其腰，引枷向前，谓之‘驴驹拔橛’；或使跪棒枷，累甓其上，谓之‘仙人献果’；或使立高木，引枷尾向后，谓之‘玉女登梯’；或倒悬石缒其首，或以醋灌鼻，或以铁圈瞉（箍）其首而加楔”②，“或处之以秽室，或并绝其粮饷”③。

杜佑描写当时的情况说：“新开总监内，洛州牧院之中，遇成秘狱，互为峻网：塞窗堪户，粗杖大枷；追摄掩捉，匪朝伊夕；炬火围宅，刀棒阑（拦）门；苦楚拷掠，非罪亦承。”④

3. 诛夷

由于告密和拷掠，不但把一些真正的谋反者揪了出来，送上了断

---

①《旧唐书》卷 186《来俊臣传》，第 4838 页。

②《资治通鉴》卷 203，垂拱三年三月条，第 6439 页。

③《旧唐书》卷 186《酷吏传》，第 4838 页。

④《资治通鉴》卷 169《刑典七》，第 4382 页。

头台，而且也给一些没有谋反迹象的人戴上了谋反的帽子，送进了阎罗殿。

有人描述当时的情况是："公卿士庶，连颈受戮，道路籍籍。"[①]这种说法虽然有些夸张，但被酷吏杀掉的李氏宗室和"皇唐旧臣"确实不少。其中宗室死亡尤惨。

史载，垂拱四年（688）冬，"韩王元嘉、鲁王灵夔、元嘉子黄国公諶、灵夔子左散骑常侍范阳王蔼、霍王元轨及子江都王绪、故虢王元凤子东莞公融坐与（越王）贞通谋，元嘉、灵夔自杀，元轨配流黔州，諶等伏诛"。

永昌元年（689）夏，"杀辰州别驾汝南王炜、连州别驾鄱阳公桎等宗室十二人，徙其家于巂州"。九月，"杀宗室鄂州刺史嗣郑王璥等六人"，"嗣滕王修琦等六人免死，流岭南"。"皇唐旧臣"亦遭到了沉重打击。

据说"朝士多因入朝，默遭掩袭，以至于族"，"每入朝者，必与其家诀曰：'不知重相见不？'"[②]造成了一片恐怖气氛。

三 酷吏的作用

由于武则天曾经重用酷吏，酷吏又有这么多的残暴行为，因而，在封建时代，就有人认为武则天是千古未有之忍人，甚至说她是"恶之穷天地亘古今者"[③]。今人亦往往据为口实，说武则天残忍无道。

固然，从当时的情况看，武则天重用酷吏，以诬告、逼供、诛夷的办法对付政敌，手段是残酷的。但从整个古代社会来考察，这也不是什么新东西。自阶级产生，特别是专制制度确立以来，诬告、逼供、

---

①（宋）李昉等编：《文苑英华》卷697，中华书局，1982，第3579页。

②《旧唐书》卷186《来俊臣传》，第4838页。

③（明）胡应麟：《少室山房笔丛》卷14《史书佔毕》。

诛夷的事便不断发生，而且基本上为封建法律所容许。

与古代的脯醢、炮烙、焚烹、缳裂、凌迟、肢解、活埋等刑罚相比，武则天用酷吏诛杀政敌的残酷程度未必最甚。再说这是统治阶级内部斗争的需要。统治阶级内部的斗争一旦达到不可调和的程度，哪有不残酷的？隋炀帝弑父杀兄，唐太宗杀兄屠弟，不是照样很残酷吗？

武则天重用酷吏，这是事实。但重用过酷吏的不止是武则天，汉武帝、唐玄宗等人也是如此。

西汉一代，著名的酷吏 18 人，其中张汤、赵禹等 12 人都是汉武帝的臣子。他们的作为完全以皇帝的旨意为标准。上所爱者，挠法活之；上所憎者，曲法灭之，“以斩杀缚束为务”，“其治如狼牧羊”[①]。

唐玄宗时著名的酷吏有王旭、吉温、罗希爽等。王旭每讯囚，“必铺棘卧体，削竹签指，方梁压髁，碎瓦指膝，遣仙人献果，玉女登梯，犊子悬驹，驴儿拔橛，凤凰晒翅，弥猴钻火，上麦索，下阑单。人不聊生，囚皆乞死。肆情锻炼，证是为非，任情指麾，傅空为实”[②]。吉温“早以严毒闻，频知诏狱，忍引枉滥”[③]。罗希爽亦甚残酷，“自韦坚、皇甫惟明、李适之、柳勃、裴敦复、李邕、鄢元昌、杨慎矜、赵奉璋下狱，皆与（吉）温锻炼”[④]。“诛夷者数百家。”[⑤]

如果因为武则天重用过酷吏就说她是十恶不赦的暴君，那么，对汉武帝、唐明皇等人重用酷吏之事当作如何解释？所以，我们认为，由此把武则天当作千古未有之忍人是不大妥当的。

有人说，酷吏杀戮的主要是百姓，并以此作为否定武则天的根据。这种说法也是值得商榷的。酷吏的作用，在于为武则天铲除政敌，为

①（汉）班固撰：《汉书》卷 90《酷吏传》，中华书局，1983，第 3653 页。

②《朝野佥载》卷 2，第 34 页。

③《旧唐书》卷 186《吉温传》，第 4856 页。

④（宋）王钦若等编：《册府元龟》卷 619，中华书局，1960，7440 页。

⑤《资治通鉴》卷 215，天宝六载十一月条，第 6883 页。

走向皇位排除障碍。在这种情况下，她需要的正是百姓的支持，根本没有杀戮百姓的必要。如果说酷吏当年杀害的都是些无辜的平民百姓，那么怎么还会出现“四方告密者蜂起”，公卿大臣，“连颈就戮”的局面呢？这是不可思议的。

从酷吏的构成上来看，残杀百姓说也是讲不通的。当时的酷吏，多在御史台任职。御史台官的职责，或为“掌持邦国刑宪典章，以肃正朝廷”；或为“纠举百僚，推鞫狱讼”[①]。而且，他们几乎无一例外的都是在首都洛阳的“新开总监”和“洛州牧院”里推按制狱。这样一来，被他们杀掠的必然主要是达官贵人，而不可能是众多的平民百姓。

如果再从被杀者的实际情况考察，问题就会看得更为清楚。在有关当时酷吏的材料中，杀害百姓的记载寥若星辰。相反，屠覆绅缨的“罪恶”却俯拾即是。

《周故朝议大夫行兖州龚业县令上柱国程府君(思义)墓志》云：“扬豫作逆，袄氛未殄。王侯将相，连因下狱，伤痍诛斩，不可胜数。”[②]

《旧唐书·礼仪志》载，酷吏“贼害宗室”，“勋阶岁累”。同书《酷吏·万国俊传》载，国俊“屠覆宗枝朝贵”。

《新唐书·来俊臣传》云，俊臣“阴啸不逞百辈，使飞语诬蔑公卿”，“颛以诛夷大臣为功”。诸如此类，不胜枚举。

因此，残杀百姓说是不能成立的，以此作为否定武则天的根据，也是不大合适的。虽然，在酷吏纵横的日子，难免有个别无辜百姓会被牵连而遭受祸害。

当然，用酷吏铲除政敌的残酷手段是不足称道的。但对武则天来

---

①《旧唐书》卷44《职官志》，第1862页。

②河南省文物研究所、河南省洛阳地区文管处编：《千唐志斋藏志》，文物出版社，1984，第498页。

说，这一手段极为重要。这一点连封建史家也承认。

有人说，武则天因酷吏以自肆，“不出帏闼，而天命已迁”[①]。

有人说，“武后因之坐移唐鼎，天网一举，而卒笼八荒”[②]，攻击中带着钦佩。

武则天的亲信大臣朱敬则说，武则天开告端，重酷吏，“故能计不下席，听不出闱，苍生晏然，紫宸易主”[③]，赞扬中略带阿谀。

这些评论，从不同角度夸大了酷吏的作用，但毫无疑问，重用酷吏是武则天走向皇帝宝座的重要一步。

第三节 选拔人才

武则天知道可以用酷吏来打击政敌，不可以用酷吏来治理天下。因此，她一方面铲除政敌，另一方面选拔人才，为改朝换代培养新生力量。

一 改革科举制度

武则天深知人才的重要。早在参与朝政时期，她就开始注意人才问题。临朝称制后，进一步注意选拔人才。在打击政敌的过程中，她“令文武五品以上各举所知”，并对科举制度进行了改革。

科举制包括制举和常举两种形式。《新唐书·选举志》云：“唐制，取士之科，多因隋旧，然其大要有三。由学馆者曰生徒，由州县者曰乡贡，皆升于有司而进退之。其科之目有秀才，有明经，有俊士，有进士，有明法，有明字，有明算，有一史，有三史……此岁举之常

---

①《新唐书》卷 209《酷吏传》，第 5904 页。

②《旧唐书》卷 186《酷吏传》，第 4836 页。

③《旧唐书》卷 90《朱敬则传》，第 2914 页。

选也。其天子自诏者曰制举，所以待非常之才焉。”

与九品中正制相比，科举制在当时无疑是一种比较进步的选官制度。因为它可以摆脱士族门阀的垄断地位，给统治机构增添一些新鲜血液。但是，这种比较进步的选官制度在隋代刚刚诞生，唐初仍然被限制在狭小的范围里。

据粗略统计，唐高祖武德年间由科举入仕者仅 32 人，每年平均不到 3 人；所用宰相 12 人，出身科举者只 1 人。太宗在位 23 年，由科举入仕者凡 224 人，每年平均不过 10 人；所用宰相 29 人，出身科举者亦不过 3 人。考试制度不够健全，“不贡举”的情况时有发生。科目也少得可怜，制举偶尔举行，常举也只有秀才、进士、明经。

后来，由于高宗和武则天的重视，科举制有了较大发展。在唐高宗君临天下的 34 年中，通过科举入仕者约 630 人；所用宰相 47 人，出身科举者 11 人。而且，科目也有所变化，“秀才”被取消，“进士”的地位有所上升。但是，制度仍不够完善，有时“不贡举”，有时科目少。在及第人数方面，有时也表现出忽多忽少的现象。如永徽五年，进士及第 1 人；六年，43 人；七年（即显庆元年）3 人[①]。这对于搜罗各种人才是不利的。

针对这种状况，武则天采取有力措施，对科举制进行改革。

首先，使“常举”制度化，坚持每年开科取士，不以任何借口停止贡举。

其次，调整取士科目。重点发展进士科，适当发展诸科，降低明经科的地位。如分神都、京师两处举进士；增加明法科及第人数，垂拱四年至 30 人[②]。

再者，扩大制举。表现在缩短制举间隔：以前数年一次，自此基

---

①（清）徐松编：《登科记考》卷 2，中华书局，1984，第 45 页。

②《登科记考》卷 3，第 86 页。

本每年一次；扩大录取人数：以前每次只 1 至 2 人，自此大有突破；增加制举科目：以前每次不过 1 至 2 科，自此，增至 7 至 8 科。

这些改革无疑具有进步意义。因为它是以发掘人才为出发点的。这一点从发展进士科和扩大制举二项中就可以清楚地看出。

进士科与明经科不同，不以背典帖经为要，而以属文写策为主，因而易于招徕关心时政、思维敏锐、富有远见的匡世之才。“及其临事设施，奋其事业，隐然为国名臣者不可胜数。遂使时君笃意，以谓莫此之尚。”

制科亦为搜罗英俊的重要途径之一，“宏材伟论非常之人亦时出于其间，不为无得也”[①]。

通过这些改革，科举制度进一步完善，对人才的吸引力也越来越大。时人张文成曾说：“乾封以前，选人每年不越数千；垂拱以后，每岁常至五万。”[②]

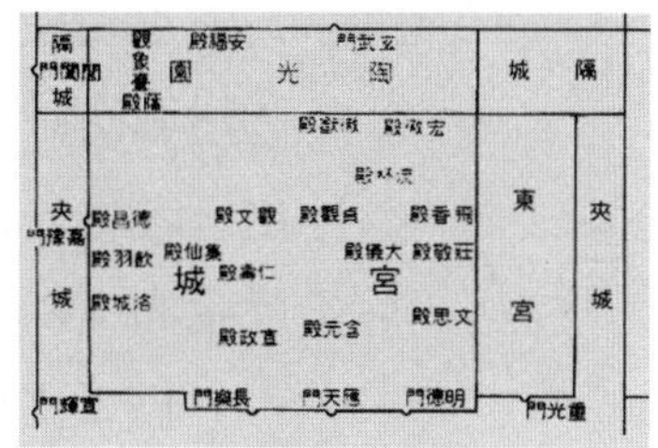

洛阳宫城图

由于考生大量增加，挑选余地也扩大了。因而，一方面吸引了一批血气方刚的支持者；另一方面，也确实得到了一些“真才实贤”。后来大名鼎鼎的张柬之、张说、裴耀卿等人，就是此时及第的。

二 创立殿试

为了进一步搜罗人才，武则天在改革、健全科举制度的基础上又创立了殿试。

①《新唐书》卷 44《选举志》，第 1170 页。

②《朝野佥载》卷 1，第 6 页。

所谓殿试，就是皇帝在殿廷上向贡士亲发策问的考试。载初元年（690）“二月，辛酉（14日），太后策贡士于洛城殿。贡士殿试自此始”[①]。

殿试的创立，是科举史上的一件大事。但某些史家出于对武则天的偏见，对此次殿试的情况或避而不谈，或记载甚简。不过，详查一下有关资料，基本情况还是清楚的。

《唐会要》卷76《贡举·制科举》条载：“载初元年二月十四日，试贡举人于洛城殿前，数日方毕。”《册府元龟》卷639《贡举部·条制一》亦载：“则天载初元年二月十四日，试贡举人于洛城殿前，数日毕。”卷643《贡举考试》条所载略同。

这些资料与上述《通鉴》所载相辅相成，给我们至少提供了三方面的信息：

一　此次殿试开始于二月十四日。

二　考试持续进行，“数日方了”。

三　考试地点在神都洛城殿。

洛城殿位于洛阳宫城西南，东为集贤殿所在，西为丽景夹城，南为洛城南门，北为饮羽殿，是一座高大雄伟的宫殿。在这样一座宫殿里，考试进行了数日，而且皇帝亲自临试，这是前所未闻的壮举。由此我们可以想见，此次殿试的规模是相当惊人的。事实也是如此。

据《文苑英华》卷482载，为了求贤进善、准备殿试，永昌元年（689）六月，武则天曾下了一道诏书。诏书中说：“鸾台：上之临下，道莫贵于求贤；臣之事君，功岂逾于进善。所以允凝庶绩，式静群方，成大厦之凌云，济巨川之沃日。故周称多士，著美风谣；汉号得人，垂芳竹素。历观前代，罔不由兹。朕虽霄分辍寝，日旰忘食，勉思政术，不惮劬劳，而九域之至广，岂一人之独化？必伫材能，共成羽翼。虽复群龙在位，振鹭充庭，仍恐屠钓或违，迈轴尚隐，未殚岩穴之美，

① 《资治通鉴》卷204，载初元年二月条，第6463页。

或委邱园之秀。所以屡回旌帛，频遣搜扬。推荐之道相寻，而虚伫之怀未惬。永言于此，寤寐以之。宜令文武官五品以上，各举所知。其有抱梁栋之材，可以丹青神化；蕴韬钤之略，可以振耀天威；资道德之方，可以奖训风俗；践孝友之行，可以劝率生灵；抱儒素之业，可以师范国胄；蓄文藻之思，可以方驾词人；守贞亮之节，可以直言无隐；履清白之操，可以守职不渝；凡此八科，实该三道。取人以器，求才务适。所司仍具为限程，副朕意焉。主者施行。”

武则天既令文武五品以上分八科各举所知，又不限人数之多寡，荐举出来的贡士一定不在少数。有人估计，“应制者向万人”[①]，当不是夸大之辞。正因为考生上万，科目又多，考试才得以持续数日。由此可以想见当时仕子云集京师赶考的情景。

关于此次殿试的内容，没有留下任何记载。但从上述令文武五品以上荐士诏书分析，考试至少分“蓄文藻之思”“抱儒素之业”等八科举行。每科按照惯例策问二至三道，各科内容不尽相同，但所问当皆与时政密切相关。这并不是臆说，殿试前的策问都是如此。

例如，嗣圣元年（684），武则天临朝，欲稳定局势，将大展宏图，乃针对时弊，策词标文苑科问：“朕闯北辰端康，贮众彦以经邦；南面居尊，俟群材而纬俗。是知九官分职，薰风之诛载敷；八元匡朝，就日之规方远。历选列辟，遐考前修，并建明扬之躅，式广旁求之义。故康衢扣角，授相越于齐班；海上牧羊，封侯超于汉秩。洎乎淳风陵替，雅道湮沈，仕必因基，官非材进。官虽备职，位匪得人。遂使七辅之材，销声于岩穴；六佐之彦，晦迹于邱园。寤寐以之，载劳虚伫。今欲革因遁之弊，蹑稽古之踪，此志虽勤，其途未遂。为是旌贲爽于前代，英雄寡于今晨。伫尔昌言，朕将亲览。”[②]

永昌元年（689），“革命惟新”正在积极准备之中，策贤良方

①《大唐新语》卷 8，第 127 页。

②《文苑英华》卷 481《词标文苑科策》，第 2458 页。

正科问，第一道即云："朕闻体国经野，取则于天文；设官分职，用力于人纪。名实相逼，自古称难；则哲之方，深所不易。朕以薄德，谬荷昌图，思欲追逸轨于上皇，拯群生于季俗，澄源正本，式启维新。俾用才委能，靡失其序，以事效力，各得其长。至于考课之方，犹迷于去取；黜陟之义，尚惑于古今。未知何帝之法制可遵，何代之沿革可衷？此虽戋戋束帛，每责于邱园；翘翘错薪，未获于英楚；并何方启塞，以致于兹？伫尔深谋，朕将亲览。"①

可见，所问皆与当时的政治活动密切相关。载初元年二月殿试时，正值"革命"前夜，则所策问，无疑是侧重于"革命"问题的。

总之，武则天在打击政敌的同时，继续搜罗英俊。通过完善科举，创立殿试等一系列有力措施，得到了地主官吏各阶层，尤其是分布在全国各地的中小地主——主要是庶族地主的支持。对武则天来说，这是走向皇帝宝座的重要一步。

第四节 拜洛受图

随着铲除政敌和搜罗英俊两项活动的展开，武则天一步步地走向女皇宝座。为了证明她这样做是符合"天意"的，在神都洛阳举行了一场空前绝后的拜洛受图活动。

一 拜洛受图的仪式

史载，垂拱四年（688）十二月初，武则天亲撰《大享拜洛乐》14章；命侍臣筑拜洛坛于"圣图泉"北，承福坊南；令有司详定拜洛受图仪注。20多天后，准备工作就绪。

十二月二十五日，雪后天晴，神都洛阳，显得非常热闹。拜洛坛

① 《文苑英华》卷482《贤良方正策》，第2459页。

前，摆满了珍禽异兽和珠宝文物。洛河两岸，挤满了从四面八方赶来观看的百姓。圣母神皇备大驾卤簿，率皇嗣、太子、文武百官、蛮夷酋长向拜洛坛进发。

走在最前头的是洛阳令、河南尹、太常卿、御史大夫及兵部尚书的仪仗队。

接下来是二杆清游队金旗。后随金吾折冲 2 人，各领 40 骑戎。金吾大将军 2 人，果毅 2 人，领虞侯骑 40 人，分左右单行，引黄麾杖。外铁甲像飞 24 骑，引步甲队。朱雀旗，一骑引，二骑夹。金吾折冲都尉 1 人，领 40 人，执横刀。龙旗 12，各一人执，二人引，二人护。指南车、记里鼓车、白露车、鸾旗车、避邪车、皮轩车，各 14 人，驾 4 马。

接下来是 12 重引驾、鼓吹令 2 人，木阙鼓 12 面，金钲 12 面，大鼓 120 面，长鸣 120 具，铙鼓 12 面，歌箫、笳各 24，大横吹 120 具，节鼓 2 面，笛、箫、笳、桃等各 24，木阙鼓 12 面，金钲 12 面，小鼓 120 面，中鸣 120 具，羽葆鼓吹 12 面，歌箫、笳各 24。

再下来是殿中侍御史 2 人。黄麾，一人执，二骑夹。太史令一人。相风舆一具，舆士 8 人。木阙鼓金钲各一。司辰 1 人，典事 1 人，刻漏生 4 人。锻戟前队，左右武卫果毅各一人。五色绣幡一；金节 12，罕毕各一。朱雀幡一，青龙幢一，白虎幢一，导盖一。锻戟 140 人，分左右执。左右卫将军各一人，御马 24 匹，通事舍人，御史、拾遗补阙等紧随其后。

再下来是左右卫将军各 1 人，班剑仪刀 12 行，侍其左右。左右卫郎将等各领甲士。其后即神皇玉辂。辂后有千牛将军、御马、监门校尉等。左右骁卫翊卫各 3 队，每队 35 人，各备旗帜兵革。再往后有大伞 2，孔雀扇左右各 4；腰舆 1，小团扇 4，方扇 12，花盖 2……后部鼓吹羽葆，鼓 12 面，歌箫笳 24，饶鼓 12，小横吹 102，笛、箫、筚、集、笳各 24……金辂一，象辂一，革辂一，驾士各 30 人。

其后又有五副车，耕根车、安车、望车、羊车、黄钺车、豹尾车等。

左右威卫折冲都尉各一人，领甲士200，执戟箭；前后左右厢步甲48队，……诸卫马队，左右厢各24队，每队各备旗帜；金吾折冲1人，领50骑分执鞘弩……[①]真可谓威武雄壮，惊天动地，浩浩荡荡。

因路程不远，所以很快就到达了目的地。武则天至拜洛坛下，文武百官，大驾仪仗各“依方位而立”[②]。

这时丝竹声起，太常音声歌唱《大享拜洛乐》的前三章。其词曰：“九玄眷命，三圣基隆。奉承先旨，明台毕功。宗祀殿敬，冀表深衷。永昌帝业，式播淳风。神功不测兮运阴阳，包藏万宇兮孕八荒。天符既出兮帝业昌，愿临明礼兮降祯祥。坎泽祠容备举，坤坛祭典爰申。灵眷遥行秘躅，嘉贶荐季殊珍。肃祀恭柽载展，翅襟邈志逾殷……”

第三章歌词一落句，武则天离开御位，缓步向拜洛坛走去。太常歌曰：“祇荷坤德，钦若乾灵。惭惕罔宾，兴居匪宁。恭崇礼制，肃奉仪形。惟恁展敬，敢荐非馨。”

在歌声中，武则天登上拜洛坛。极目四望，嵩山、北邙，银装素裹，隐约可见。洛河如带，自西向东从脚下缓缓流去。拜洛台下，旌旗招展，人山人海。她来不及抒发感慨，便伴随着乐章拜祭起来。

首先“拜洛”，就是朝拜洛水。太常歌曰：“菲躬承睿顾，薄德忝坤仪。乾乾遵俊命，翼翼奉先规。抚俗勤虽切，还淳化尚亏。未能弘至道，何以契明祇？”

接着进行受图仪式。受图就是接受武承嗣等人伪造的“圣图”。太常歌曰：“顾德有惭虚菲，明祇屡降祯符。汜水初呈秘象，温洛荐表昌图。玄泽流恩载洽，丹襟荷渥增愉。”

然后进行“登歌”“迎俎”“酌献”“文舞”“武舞”“撤俎”“辞神”“送神”，太常依次歌曰：

---

① 当时的大驾卤簿如何，史无明文记载。此据开元礼。从有关资料分析，可能与当时的实际情况不尽一致，但大体相当。

②《旧唐书》卷24《礼仪志》，第925页。

舒云致养，合大资生。德以恒固，功由永贞。升歌荐序，垂恪翅诚。虹开玉照，凤引金声。

兰俎既升，苹羞可荐。金石载设，成英已变。林泽斯总，山川是遍。敢用敷诚，实惟忘倦。

沈潜演贶分三极，广大凝祯总万方。既荐羽旌文化启，还呈干戚武威扬。

夕惕司龙契，晨兢当凤康。崇儒习旧规，偃伯循先旨。绝壤飞冠盖，遐区丽山水。幸承三圣余，忻属千年始。

百礼崇容，千官肃事。灵隆无兆，神凝有粹。奠享成周，威仪毕备。奏夏登列，歌雍彻肆。

皇皇灵倦，穆穆神心。暂动凝质，还归积阴。功玄枢纽，理寂高深。衔恩佩德，耸志翅襟。

言旋云洞兮蹑烟途，永宁中宇兮安下都。仓涵动植兮顺荣枯，长贻宝贶兮赞璇图。

至此，礼仪方告完毕。太常歌曰："调云阕兮神座兴，骖云驾兮俨将升。腾绛霄兮垂景祐，翅丹恳兮荷休徵。"[①]音乐声中，武则天降自拜坛，率众还宫。

时人李峤诗云："七萃銮舆动，千年瑞检开。文如龟负出，图似凤衔来。殷荐三神亨，明禋万国陪。周旗黄鸟集，汉幄紫云回。日暮钩陈转，清歌上帝台。"[②]

苏味道诗云："绿绮膺河检，清坛俯洛滨。天旋俄制跸，孝亨属严禋。陟配光三祖，怀柔洎百神。雾开中道日，雪敛属车尘。预奉咸英奏，长歌忆万春。"[③]

由此亦可见当时场面之一斑。真所谓"文物卤簿之盛，唐兴以来

①（清）彭定求编：《全唐诗》卷5，《唐大飨拜洛乐章》，中华书局，1960，第57页。

②《全唐诗》卷61，《奉和拜洛应制》，第723页。

③《全唐诗》卷65，《奉和受图温洛应制》，第754页。

未之有也”[1]。

二 拜洛受图的目的

武则天为什么要拜洛受图，而且搞得这样隆重？如果单从《拜洛乐章》来看，是因为洛出天符，昭告世人：“圣母临人，永昌帝业。”

但问题并不这么简单。如前所述，所谓“圣图”，只不过是武承嗣等人伪造的一块瑞石而已，并不是什么天符。事实上也根本不存在什么天符。既然如此，武则天为什么还要冒着严寒，拜洛受图，毕恭毕敬，感谢神灵呢？要弄清这个问题，还得从“河图洛书”说起。

我国上古时代有一个传说：伏羲氏继天而王，有龙马负图出于黄河，乃据其文字，以画八卦，谓之河图；大禹治水有功，神龟负书出于洛水，乃因而第之，以成九畴，谓之洛书[2]。

龙马负图寺

周人以为，龙马负图，神龟负书，乃是圣人出现的标志。自从汉武帝罢黜百家、独尊儒术之后，“天人感应”和谶纬神学逐渐占据了思想界。直到宋代，“天人感应”学说仍很盛行。正因为如此，见诸史册的唐代符瑞不胜枚举。

试以太宗皇帝为例。史载，太宗即位之日，宋、秦、定、利等州景云现；巂、莒等州凤凰现。

①《资治通鉴》卷 204，垂拱四年十二月条，第 6454 页。

②后人对河图洛书的解释颇不一致，有“古河图”“古洛书”；“河图图”……“洛书图”。

贞观元年闰三月，甘露降于长安县；五月，豫州白狼现；十月，和州鸾现。二年三月，宜州白狼现；六月，长安县献嘉禾；九月，甘州献朱鬃白马；十月，安州驺虞现……

据不完全统计，太宗在位23年，景云现74次，凤凰现3次，赤雀现3次，白雀2次，驺虞8次，玄圭1次，白雉1次，三足乌1次，白狐2次，玄狐2次，麒麟4次，白狼9次，鸾鸟2次，毛龟2次，老人星2次，独角兽1次，瑞石2次，嘉禾3次，连理木5次，白鹿9次，青龙16次，白龙8次，芝草4次，礼泉涌4次，甘露9次，河水变清5次，野蚕成茧4次。

事实上，野蚕成茧，树木连理，完全是自然现象。白狼毛龟的出现，也与政治毫不相干。至于青龙甘露，完全是统治者想象出来的东西。但是，按照天人感应学说，这些都是天人感应的结果：统治者替天行道，政治清明，天降符瑞以赞其德。

由于天人感应学说数百年来一直占据统治地位，结果，许多人往往信以为真，以为统治者的行为符合天意而俯首听命。显然，天人感应学说是有利于统治者愚弄人民的。

武则天“通文史”，对这一点并不陌生。因此，她在临朝称制之后，也同历代帝王一样提倡符瑞。特别是当她产生长期临朝的念头之后，对符瑞更加重视。

武则天知道，一般的符瑞如嘉禾白狼只能说明她的行为符合天意，并不能成为她长期临朝的有力根据。只有河图洛书这样的大祥大瑞出现，才能证明自己以女主临朝，是老天爷同意的。

然而，自从龙马负图，神龟负书之后，黄河再也没有出过图，洛水也再没有出过书。怎样才能使这一传说中的事物变为现实而为自己服务呢？

武则天不可能不想起她所耳闻目睹的一些事情：殷朝末年，周武王渡孟津，有白鱼跃入舟中，目下赤纹成字，言纣可伐……

武德九年九月，太宗刚刚即位，林州献祯石，白质黑字，篆隶相参，曰："圣主某大吉子孙五千岁。"

贞观十七年八月，凉州言昌松县鸿池谷有石，青质而白章，文曰："……太平天子李世民王千年。"

贞观二十年十一月，陕州奏曰，有青石纹理成"李君王"三字。

石头怎么会自然成文？无非鱼腹丹书之类。既然前人能妄造瑞石祥符以言天命，自己为什么不能假制河图洛书以示"天意"呢？

就这样，武则天产生了假造符瑞的思想。由于谶纬经典认为："河以道乾出天苞，洛以流坤吐地符。"因此，武则天感到造河图不大合适，再说也没有全部伪造的必要。所以授意武承嗣，制造了一部耸人听闻的"洛书"。

武则天相信，前代帝王能够乞灵于伪造的符瑞，自己也能够玩一玩"洛书"这把戏。果不其然，唐同泰将"洛书"一献，颂声遂起："陛下圣烈丰懿，应期首出，珍符炳铄，旷代罕闻。"也就是说，伪造洛书已获得成功。

既然洛出"宝图"，说是"圣母临人，永昌帝业"，那么"圣母神皇"怎能违背天意呢？既然天意如此，推卸不得，那么圣母神皇又怎能不去拜洛受图呢？

对于这一活动，当时的许多大臣是支持的。李峤曾代右仆射韦待价作《贺拜洛表》，最后一段说："制有司，陈法驾，用狸紫之典，采沈璧之仪，然后负黼扆而朝百神，垂衣裳而会万国，不亦休哉！不亦盛哉！"[①]类似表章，尚不在少数。

但是反对者亦大有人在，李唐宗室诸王即其代表。这是很自然的，一点也不奇怪。垂拱四年冬，越王父子发动了武装叛乱，可是弹指间灰飞烟灭，宣告失败。如果说，"天授圣图"反映了"天"的旨意，那么，越王父子的惨败便是"天"意难违的又一证明。越王父子被镇

①《全唐文》卷243《为韦右相贺拜洛表》，第2461页。

压以后，反对者仍蠢蠢欲动。拜洛受图仪式正是在这种背景下进行的。

如果我们把上述情况和拜洛受图的场面结合起来，就不难看出，武则天之所以大张旗鼓，拜洛受图，实际上并不真是天降符瑞，受命予彼，而是利用天人感应学说，打着“天”的招牌，为自己长期掌握政权大造舆论。

史载，武则天拜洛还宫以后，“神都父老勒碑于拜洛坛前，号曰‘天授圣图之表’”[①]。可见他们对武则天此举并无异议。如果把这与朝臣热情洋溢的贺表和拜洛图的热闹场面联系起来考察，显而易见，朝野上下，多数人对武则天的政绩是满意的，对她的长期临朝是支持的。

拜洛受图的活动，是一次很好的民意测验。武则天的目的达到了。既然她已稳步走向皇帝宝座，那么正式戴上皇冠，改朝换代的时刻，就要来临了。

---

①《旧唐书》卷 24《礼仪志》，第 925 页。

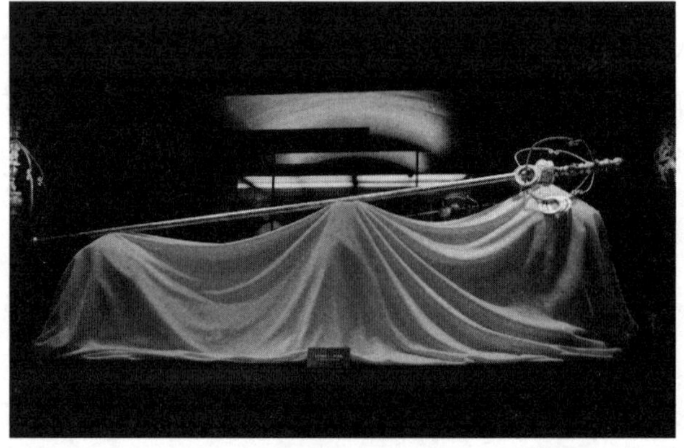

法门寺锡杖

第十章

【改朝换代】

在武则天之前，中国的帝王都是男性，没有女性。现在武则天在走向皇位，这是前无古人的创举，因而必须做好充分的准备。对此，武则天是非常清楚的。为了改朝换代，她还采取了一些重要举措。

第一节 入主明堂

垂拱四年（688）十二月二十七日，也就是拜洛受图后的第二天，薛怀义主持修建的明堂宣告竣工。武则天当即决定大享明堂，布政维新。

一 大享明堂

据《资治通鉴》《旧唐书》及《唐会要》等史籍记载，明堂“高二百九十四尺，方三百尺”[①]，由上、中、下三层组成。下层“法四时”，四门八窗。中层“法十二辰”，外为圆盘，九龙捧之。上层“法二十四气”，有圆盖，上置铁凤，以“黄金饰之”，势若飞翥。堂中有巨木，粗十围，贯穿上下，以铁索固“木而、柏、梓棍”于其上。外置铁渠，以为排水之道……近看明堂，雕梁画栋，犹如地上天堂。远眺明堂，金碧辉煌，恰似仙山琼阁。其气势之宏伟，工艺之高超，是古来罕见的。

① 唐尺有大小二种。据研究，小尺合今 25 厘米，大尺合今 31 厘米。土木工程用大尺。据此，则可知此堂高 91.14 米，地面周长 93 米。

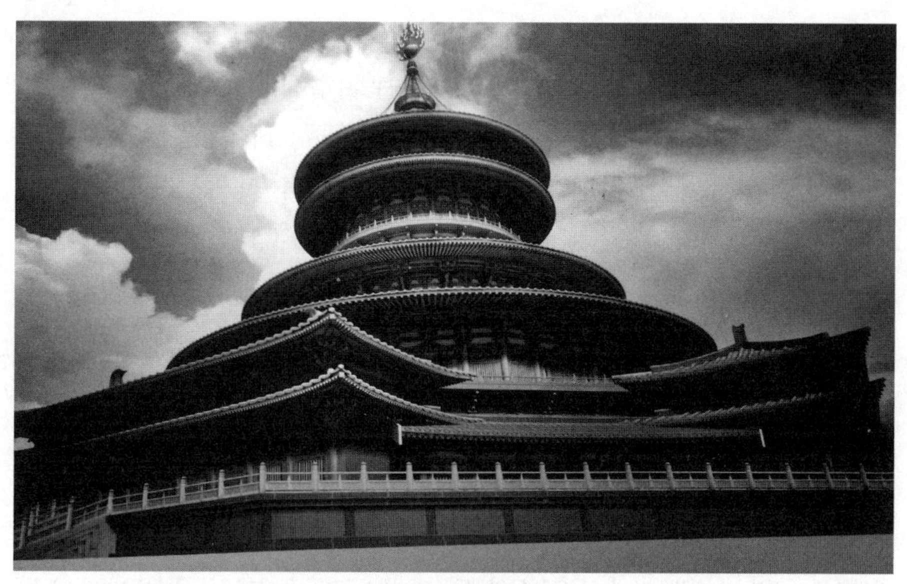

明堂复原图

对于这座富丽堂皇的建筑，不少士人啧啧咂嘴，认为这是圣母神皇的一大奇功。他们说，明堂“顺春秋之左右，法天地之圆方。成八风而统刑德，观四序而候炎凉。跨东西而作甸，掩二七以疏疆。下临星雨，傍控烟霜。翔[illegible]坠于层极，宛虹拖于游梁。昆山之玉楼偃蹇，何曾仿佛；沧海之银宫焕烂，安足翱翔！”[①] 如此宏大之工程，“非至圣之精诚，孰能克勤乎此功！”[②]

但也有个别“礼官鸿儒”表示异议。他们说，“古之明堂，茅茨不翦，采椽不斫。今者饰以珠玉，涂以丹青，铁鹭入云，金龙隐雾，昔殷辛琼台，夏癸瑶室，无以加也。”[③] 在他们看来，武则天此举奢侈过度，

①（清）董诰编:《全唐文》卷 164，刘允济《明堂赋》，中华书局，1983，第 1677 页。

②《全唐文》卷 164，刘允济《万象明堂赋》，第 1679 页。

③（宋）司马光编：《资治通鉴》卷 204，垂拱四年十二月条，中华书局，1965，第 6455 页。

劳民伤财，与夏桀、殷纣无异。

不管群臣的议论如何，武则天对这座明堂的建筑是十分满意的。

首先，明堂的建成实现了她多年来的夙愿。自古帝王，皆以明堂布政为美。然而营建明堂，却并非易事。所以有人说：“登封泰山，七十四主；明堂布政，无三数君。”[①]就连大名鼎鼎的唐太宗，也没有获得“明堂布政”之美。武则天自参与朝政以来，每以前朝圣帝明王为比，常热衷于发挥古代盛事。她不仅是唐高宗封禅的倡导者之一，而且，还曾上表积极赞助高宗兴修明堂[②]。高宗多次集礼官议论明堂制度，设明堂县，改元总章，但终未能兴工营建。如今明堂建成，实现了高宗的遗志，了却了自己的一桩心事。

其次，明堂的建成，彰显了她自己的权威和唐王朝的国力。以往帝王之所以鲜居明堂，原因固然很多，但索其要害，无非两端：一则不明制度，无从下手；一则国家贫困，力不从心。武则天修建的这座明堂，当然也需要有明确的制度，严密的组织和雄厚的财富。但“经始启兴，成之匪日”[③]，“工以奔竞，人皆乐康”[④]。这无疑显示了武则天的高明之处和唐朝国力的强大。

再者，明堂的建成，为今后处理朝政提供了一个良好的环境。武则天看到明堂时说：“夫明堂者，天子宗祀之堂，朝诸侯之位也。开乾坤之奥策，法气象之运行，故能使灾害不生，祸乱不作。眷言盛烈，岂不美欤！”[⑤]这话虽然夸大了明堂的作用，但说明明堂确实是一个很重要的政治活动中心。这个中心修建得好，使用得当，无疑会加强行政管理。此外，明堂的建成，正值拜洛受图之后，恰好可以“恭承

①《全唐文》卷 209，陈子昂《为程处弼庆拜洛表》，第 2115 页。

②《全唐文》卷 96，武后《令礼官详定享明堂仪礼诏》，第 988 页。

③《全唐文》卷 96，武后《令礼官详定享明堂仪礼诏》，第 989 页。

④《全唐文》卷 164，刘允济《明堂赋》，第 1677 页。

⑤（后晋）刘昫等撰：《旧唐书》卷 22《礼仪志》，中华书局，1975，第 863 页。

天命”。

所以，武则天特别高兴，她没有去理会那些“礼官学士”的诽谤，也没有去回味纷至沓来的贺表颂章，立即下令宴赐群臣，大赦天下，改河南县为合宫县，以志纪念，并且亲自给明堂起了一个高雅的名儿，叫“万象神宫”。

接着，开放明堂，“纵东都妇人及诸州父老入观”。前来参观的人络绎不绝，无不交口称赞。“吐蕃及诸夷以明堂成，亦各遣使来贺。”[①]“礼官鸿儒”的诽谤被嘹亮的颂歌淹没了。

于是，武则天下诏说：“时既沿革，莫或相遵，自我作古，用适于事。今以上堂为严配之所，下堂为布政之居。光敷礼训，式展诚敬。来年正月一日，可于明堂宗祀三圣，以配上帝。宜令礼官、博士、学士、内外明礼者，详定仪礼，务从典要，速以奏闻。”阐明了“自我作古，用适于事”的思想，将大享明堂提到了议事日程之上。

永昌元年（689）正月一日，“大享明堂”活动如期举行。

《资治通鉴》卷204载：春，正月，乙卯朔，大飨万象神宫。太后（武则天）服衮冕，搢大圭，执镇圭为初献，皇帝（睿宗）为亚献，太子（李成器）为终献。先诣昊天上帝座，次高祖、太宗、高宗，次魏国先王（武士彟），次五方帝座……御则天门（洛阳宫南面中门），赦天下，改元（由垂拱改为永昌）。[②]

陈子昂为程处弼所上贺表云：“元正启祚，品物惟新。陛下郊祭雩天，总受群瑞，神灵庆戴，万福攸宜。斯实旷古莫闻，于今始见。喙飞蠕动，莫不欢心……”[③]

左史刘允济所上《明堂赋》亦云：“衣冠肃于虔诚，礼乐崇于景令。三阳再馨，百辟来朝。云熏雾集，旌旗云摇……罗九宾之玉帛，

---

①《旧唐书》卷22《礼仪志》，第864页。

②《资治通鉴》卷204，则天后永昌元年正月乙卯，第6456页。

③《全唐文》卷209，陈子昂《为程处弼庆拜洛表》，第2115页。

舞六代之成昭。泽被翔泳，庆溢烟霄。穆穆焉，皇皇焉。粤自开辟，未有若斯之壮观者矣！……盛矣美矣！皇哉唐哉！”[①] 由此可见，此次大享活动，是多么隆重庄严。

从表面上来看，武则天大享明堂，完全是出于对神祇的崇拜。实质上，这种活动带有极为明显的政治色彩。古来帝王，莫不敬仰神祇，祭天祀地，三叩九拜。武则天生当神学未衰之时，当然也不例外。

但是只要我们揭去迷信外衣，就可以清楚地看到，这些祭祀活动，大都与政治有关。武则天的躬祀先蚕，从驾封禅、拜洛受图便是如此。而明堂乃是替天行事的最理想的地方。由于明堂既是宗祀之所，又是布政之居，加之接受天命理应告祭神灵，因此，大享明堂既是拜洛受图的继续，又是“替天行道”，开始于“明堂布政”的标志。

显然，大享明堂是一项政治活动。这一点，还可以由改元的情况看出。武则天祭毕神灵后，当日即改元“永昌”，是取永昌帝业之意。可见此次大享明堂确实是具有政治目的的。这是武则天登基的前奏曲。

二 布政维新

武则天懂得利用谶纬迷信为自己的统治服务。但是，她深知大享明堂仅仅是一种辅助手段，不可能从根本上解决问题。所以，她在大享明堂之后，立即布政明堂，开始了一系列“维新活动”。

其一，加强对官僚的控制。史载，永昌元年正月一日，武则天大享明堂，三日，受群臣朝贺，四日，即“布政于明堂，颁九条以训百官”[②]。九条的内容如何？可惜“文多不载”[③]。但从种种迹象来看，当与《臣轨》和《百僚新诫》相类似。推其要旨，应是要求群臣顺从

①《全唐文》卷164，刘允济《明堂赋》，第1677—1678页。

②《资治通鉴》卷204，永昌元年正月乙卯条，第6456页。

③《旧唐书》卷22《礼仪志》，第864页。

天命，忠君爱国，各称其职，共昌帝业。

其二，进一步提高武氏地位。这一点表现在两个方面：一则追尊武氏先祖。永昌元年二月十四日，尊魏忠孝王武士彟为周忠孝太皇，妣杨氏为忠孝太后，文水陵为章德陵，咸阳陵为明义陵。十五日，尊五世祖鲁国公克己为太原靖王，高祖北平王居常为赵肃恭王，曾祖金城王俭为魏义康王，祖太原王华为周安成王。一则起用武氏家族成员。三月二十日，以天官尚书武承嗣为纳言，成为武氏外戚中第一个宰相。

其三，改羽林军百骑为千骑，牢固控制禁军。永昌元年十一月一日，武则天下令改元载初，颁《改元载初赦》，进一步“维新”：

（1）改正朔。以永昌元年十一月为载初元年正月，十二月为腊月，来年正月为一月。

（2）优待阵亡战士家属。特赠战亡人勋两转，回授其期亲；若其子孤茕，州县给粮安养。征镇人家口，令州县存恤，劝课殷富之家助其营种，使之不受外人侵欺。

（3）整饬风俗。令富商大贾节俭，不得衣服过制，丧葬奢侈，损废生业；州县长官，督天下百姓嫁娶以时，勿使外有旷夫，内有寡女。

（4）刊正礼乐、文书。令有司刊正礼乐，删定律令格式，其不便于时者，内外五品以上官各举所知。九经文字，集学士详正，革其讹舛。

（5）自以“曌”为名。为避太后名，改诏曰制。

（6）改革文字。自制𠑺（天）、埊（地）、𤯔（人）、𠦚（年）、𠥱（月）、𡆠（日）、𠺞（君）、𢘑（臣）等12字。

（7）以周汉之后为二王，封舜禹成汤之裔为三恪。

在以上诸项中，第二项旨在保护府兵制，第三项为改善社会风气，第四项为促进政治文化事业的发展，这是至为明显的。对于其他内容，武则天做了解释，她说：

“仲尼曰：其或继周者，虽百代可知。盖以文质相因，法度相改故矣。是以伏羲、高阳、有周皆以建子之月为正，神农、少昊、陶唐、

天	地	日	月	星
君	照	人	臣	正
载	初	证	圣	年

武周新字

有殷皆以建丑之月为正，轩辕、高辛、夏后、汉氏皆以建寅之月为正。后虽百代，可知者以此。虽遭遇不同，步骤殊致，未有不表明轨物，以章灵命之符者也。”

“我国家创业，尝有意改正朔矣。所未改者，盖有由焉：高祖草创百度，因循隋氏；太宗纬地经天，日不暇给；高宗嗣历，将宏丕训，改作之事，屡发圣谟。言犹在耳，永怀无及……朕所以式尊礼经，奉成先志。今推三统之次，国家得天统，当以建子月为正。”

“人必有名者，所以吐情自纪，尊事天人。是故以甲以乙，成汤为子孙之制；有类有象，申需明德义之由。朕令怀柔百神，对扬上帝，三灵春祜，万国来庭，宜膺正名之典，式敷行政之方。朕宜以曌为名。”

“……魏晋以降，代乏名儒，穿凿多门，形声转缪；结造新字，附会其情，古今讹舛，稍益繁布。画规无端平之体，鲁鸟曾奔放之客，转相仿效，日滋日甚。遂使后生学徒，罔知所据，先王载籍，从此湮沈。言今浇漓，情深悯悼。思返上皇之化，伫移季叶之风。但习俗多时，良难顿改。特创制一十二字，率先百辟。上有依于古体，下有改于新文，庶保可久之基，方表还淳之意。”①

武则天这些话的意思是说，改正朔是“三统”发展的必然要求，是高祖、太宗、高宗的遗志；以“曌”为名，是为了与她“怀柔百神，对扬上帝，三灵春桔，万国来庭”的情况相应对；改革文字，是为了

① 《全唐文》卷 96，《改元载初赦文》，第 996–998 页。

纠正“古今讹舛”，以期返朴还淳。其实，这些都只不过是些冠冕堂皇的掩饰之词，与加强对官吏的控制，提高武氏地位一样，都是为改朝换代做准备的。

第二节 推崇佛教

武则天与佛教有不解之缘。她小的时候在母亲的影响下受过沙弥尼戒，长大后在感业寺当过尼姑。在改朝换代的过程中，又得到了佛教的支持，因而采取了提高佛教地位的措施。

一 提高佛教地位

在武则天之前，中国历史上没有女人要真正实现改朝换代，所以她还得进一步拿出充分的理由。因为“天授宝”当皇帝的先例。武则天要想当皇帝，总得给自己找点理论根据。如果没有充分的“根据”，贸然改朝换代，必然是“名不正，言不顺”，势必会被人视为窃国大盗。

那么，怎样才能证明女子称帝、圣母代唐是合理的呢？

当时亚洲有些国家都曾发生过女主掌权的事。在唐帝国的西边，所谓“女国”就是如此。“女国在葱岭之西，以女为王。每居层楼，侍女数百，五日一听政。”[①]在南面，林邑国也是如此。林邑王范头利卒，几经内乱，国人“立头利之女为王”[②]。在东部，“新罗王真平卒，无嗣，国人立其女善德为王”[③]。但这只是附属小国的情况。

永徽四年（653），睦州女子陈硕真率众起义，自称“文佳皇帝”，不久即被当作盗贼镇压了。虽然有人认为陈硕真是中国历史上第一个

---

①（宋）王溥：《唐会要》卷99《女国》，中华书局，1955，第1771页。

②《资治通鉴》卷199，高宗永徽四年条，第6281页。

③《资治通鉴》卷193，太宗贞观五年条，第6092页。

女皇帝，但至今得不到公认，因为她毕竟没有统治过一个王朝。由于没有先例可供比附，武则天只能从最原始的经典中去寻找根据。

中国的原始经典，主要有儒家的《诗》《书》《礼》《易》《春秋》和道家的《道德经》。儒家经典重男轻女，主张男尊女卑，其中根本没有女子可以称帝的条文，相反，却有妇女不许参与政治的戒律。如《尚书·牧誓》云："牝鸡无晨。牝鸡之晨，惟家之索。"《诗·大雅·瞻卬》云："妇无公事，休其蚕织。"显然，儒家经典所具有的这些条文，不是武则天改朝换代所需要的东西。

道家经典虽与儒经不同，但其中也同样没有女子可以君临天下的说法。不仅如此，唐室每以老子后裔自居，常行奉祀尊崇之事。如贞观十一年正月，太宗曾说："朕之本系，出自柱下。鼎祚克昌，既凭上德之庆，天下大定，亦赖无为之功。"①诏令讲论之时，道士列僧侣之前。因此，道教经典也是不能引用的。

但是，佛教经典中却有女子可以为王的说法。《大方等无想大云经》说："尔时众中，有一天女，名曰净光……佛告净光天女言：汝于彼佛暂一闻大涅槃经。以是因缘，今得天身。值我出世，复闻深义。舍是天形，即以女身当王国土，得转轮王所统领处四方之一……汝于尔时，实为菩萨。为化众生，现受女身。"②"是（净光）天女者……为众生故，现受女身……尔时诸臣即奉此女以继王嗣。女既承正，威伏天下。阎浮提中所有国土悉来奉承，无拒违者。……如是女王，未来之世……当得作佛。"③

自汉明帝夜梦金人，竺法兰白马驮经，佛教传入中国之后，士大夫或起塔供像，或出家读经，至魏晋南北朝时成风。梁武帝锐意释氏，

①（宋）宋敏求编：《唐大诏令集》卷113，商务印书馆，1959，第587页。

②《中华大藏经》编辑局编：《中华大藏经》，《大方等无想经》卷4，1986，第18册，第36–38页。

③《中华大藏经》，《大方等无想经》卷6，第18册，第55页。

舍身法佛，倾府库以给僧祇，殚人力以供塔庙；隋高祖醉心佛典，任听出家，计口出钱以造经像，官写诸经以散赐寺庙，“天下之人从而风靡，竞相景慕”[①]。

唐初高祖太宗二帝尊崇老子，信奉道教，对佛教亦采取了宽容的态度。因此“缙绅门里，翻受秃丁邪戒，儒士学中，倒说胡妖浪语”[②]。诚如唐太宗所言，“在外百姓，大似信佛”[③]。既然从士大夫到百姓普遍信佛，那么，用佛教经典中的关于女子称王的说法来证明改朝换代的合理性，自然是再好不过的了。

武则天母杨氏是一个虔诚的佛教徒。《大周无上孝明高皇后碑》说她“思欲托三乘之妙果，凭五演之玄宗。永奉严亲，长栖雅志”。武则天当上皇后以后，杨氏多次参与崇佛活动。她恢复了被北周武帝毁掉的太平寺，又建塔于嵩山少林寺，一度成了佛教界的代表人物。在龙朔二年（662）讨论僧尼是否应该孝敬父母问题时，不少名僧都曾上书杨氏，请求她维护佛教利益。可见，杨氏是一贯信佛的。

在杨氏的影响下，武则天从小就受到了佛教思想的熏陶，她本人曾经不止一次提及此事：“朕爰自幼龄，归心彼岸”[④]，“朕幼从释教，夙慕归依”[⑤]。武则天还在感业寺里当过几年尼姑。虽然她厌倦了感业寺的青灯黄卷生活，但对佛教的学说依然是比较相信的。这可以从她的生活中找到根据。

显庆元年，太子弘病危，武则天和唐高宗祈求如来大慈大悲，保佑太子。太子病愈后，即令于延康坊西南隅建寺。

---

①（唐）魏徵：《隋书》卷35《经籍志》，中华书局，1973，第1099页。

②（唐）道宣撰：《广弘明集》卷11《上废省佛僧表》，上海古籍出版社，1991，第166页。

③《唐会要》卷47《议释教上》，第836页。

④《全唐文》卷97《方广大庄严经序》，第1001页。

⑤《全唐文》卷97《三藏圣教序》，第1003页。

少林寺塔林

同年十一月，第三子李显将生，难产，武则天和唐高宗向玄奘许愿，说如能保祐平安，所生是男，即令随玄奘出家；李显出生后，便成了玄奘的弟子。玄奘给他起名叫“佛光王”，而李显“受三归依”，“被袈裟服”[①]。

龙朔二年六月一日，四子李旦生于蓬莱宫之含凉殿，“则天乃于

① (日) 高楠顺次郎编：《大正新修大藏经》，财团法人佛陀教育基金会出版社部，1990，第 271 页。

殿内造佛事，有玉像焉”[①]。

咸亨元年，其母去世，即请以休祥坊旧宅为僧寺，度僧以追冥福。二年九月，复立太原寺于休祥坊杨恭仁旧宅[②]。

咸亨二年，捐出自己的脂粉钱两万贯，在龙门奉先寺雕凿大卢舍那佛像，成为龙门石窟中佛教造像艺术的上品。

永淳二年正月，从驾少林寺，其母薰修之所，犹未毕功，“一见悲惊，万感兼集”；乃遣武三思带金绢等物，前行督建[③]。

垂拱元年，又亲为大德及地婆诃罗等所译《方广大庄严经》作序。垂拱四年，明堂始成，“又于明堂北起天堂五级以贮大像”[④]。

这说明，武则天与佛教的关系，不能全看成是虚伪的利用，武则天也算得上是半个佛教徒。由于她信佛，知识渊博，因而对佛经中关于女子为王的说法是十分清楚的，所以，在没有先例可援，又从儒家、道家经典中找不到改朝换代的理由的情况下，便利用佛教来为她的改朝换代制造舆论。

二 宣传《大云经》

《大云经》中有女子可以为王的说法，所以武则天在众多的佛教经典中，最看重《大云经》，并进行了一系列的宣传活动。

史载，“怀义与法明等造《大云经》，陈符命，言则天是弥勒下生，作阎浮提主，唐氏合微”[⑤]。“东魏国寺僧法明等撰《大云经》四卷，表上之，言太后乃弥勒佛下生，当代唐为阎浮提主”[⑥]。

---

①《册府元龟》卷 21，第 227 页。

②《唐会要》卷 48，第 846 页。

③《全唐文》卷 97《赐少林寺僧书》，第 1000 页。

④《资治通鉴》卷 204，垂拱四年条，第 6455 页。

⑤《旧唐书》卷 183《薛怀义传》，第 4742 页。

⑥《资治通鉴》卷 204，则天后天授元年，第 6466 页。

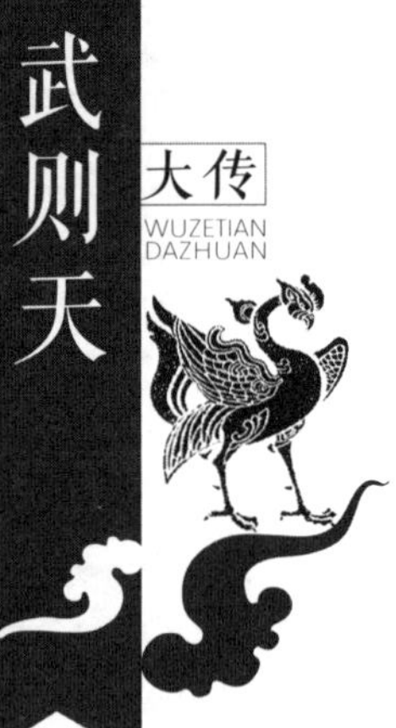

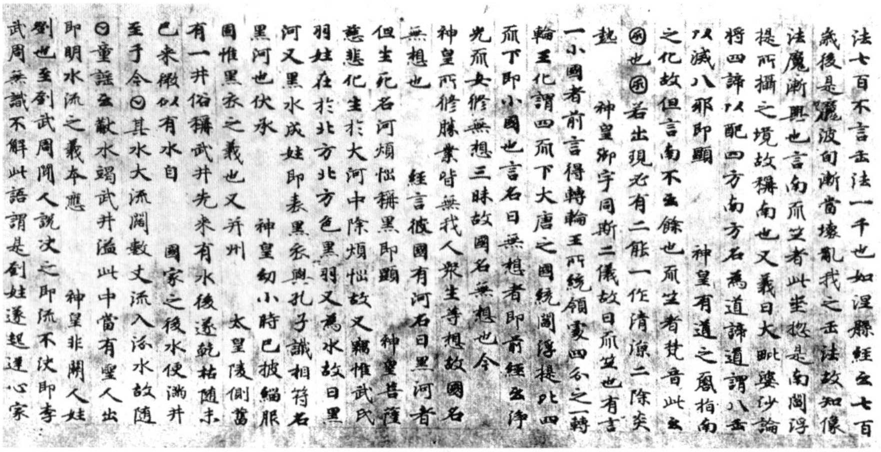

法七百不言正法一千也如涅槃經云七百
歲後是魔波旬漸當壞亂我之正法故知像
法魔漸興也言南面坐者此坐抄是南閻浮
提所攝之境故稱南也又義曰大毗婆沙論
將四諦以配四方南方名爲道諦道謂八正
以滅八邪即顯 神皇有道之君指南
之化故但言南不言餘也面坐者梵音此云
國也國若出現必有二能一作清涼二除炎
熱 神皇御宇同斯二儀故曰面坐也有言
一小國者前言得轉輪王所統領處四分之一轉
輪王化謂四面下大唐之國統閻浮提北四
面下即小國也言名曰無想者即前經云淨
光面女修無想三昧故國名無想也今
神皇所修勝業皆無我人衆生壽想故國名
無想也 經言彼國有河名曰黑河者
但生死名河煩惱稱黑即顯 神皇菩薩
慈悲化生於大河中除煩惱故又觀惟武氏
羽姓在於北方北方色黑羽又爲水故曰黑
河又黑水成姓即表黑衣興孔子讖相符若
黑河也伏承 神皇幼小時已披緇服
國惟黑衣之義也又并州 太皇陵側當
有一井俗稱武井先來有水後遂乾枯隨未
已來微似有水自 國家之後水便滿井
至于今日其水大流闊數丈流入汾水故隨
日童謠云歡水竭武井溢此中當有聖人出
即明水流之義本應 神皇非關人姓
劉也至劉武周聞人說此之即流不此即李
武周無識不解此語謂是劉姓遂起逆心家

敦煌莫高窟《大云经疏》残卷

这些史料说薛怀义和法明等伪造《大云经》，这是与事实不相符合的。早在宋代，《高僧传》的作者赞宁就曾指出：“此经晋朝已译，旧本便云女王，于是岂有天后耶？盖因重译，故有厚诬。加以薛怀义在其间，致招讥诮也。”①

正如赞宁所说，《大云经》早有译本，并不是薛怀义等人伪造的。唐高宗时，名僧道宣编《大唐内典录》，其中就著录了两个本子。一为后秦沙门竺佛念所译，有 5 卷、4 卷两种。一为北凉沙门昙无谶所译，凡 6 卷。

但是，赞宁又认为法明等所上为“重译”本，这也不是事实。晚清时期敦煌石室发现了《大云经疏》残卷。王国维对该残卷进行了认真研究。在所作跋中略云：“卷中所引经曰及经记云云，均见后凉昙无谶所译大方等无想经。此经又有竺法念译本，名大云无想经。……案《旧唐书·则天皇后本纪》……皆以此经为武后时伪造。然后凉译

①《大正新修大藏经》第 2126 页；《大宋僧史略》卷下《赐僧紫衣》，第 54 卷，第 284 页。

本之末，固详说黑河女主之事，故赞宁《僧史略》……颇以唐书之说为非。志磐《佛祖纪》从之，故于武后载初元年书‘敕沙门法朗九人重译《大云经》，不云伪造’。今观此卷所引经文，皆与凉译无甚差池。岂符命之说皆在疏中，经文但稍加缘饰，不尽伪托欤？又此疏之成，盖与伪经同颁天下。故敦煌寺中，尚藏此残卷。”①

陈寅恪先生在王国维研究的基础上进一步探讨，说：“观昙无谶译《大方等大云经》之原文，则知不独史籍如《旧唐书》等之伪造说为诬枉，即僧徒如志监辈之重译说亦非事实。今取敦煌残本，即当时颁行天下以为受命符谶之原本，与今佛藏传本参校，几全部符合。间有一二字句差池之处，而意义亦无不同。此古来书册传写所习见者，殊不能据此以为有歧异之二译本也。又因此可知薛怀义等当时即取旧译之本，附以新疏，巧为传会，其与昙本原文，则全部袭用，绝无改易。既不伪造，亦非重译。然则王跋以为‘经文但稍加缘饰，不尽伪托。’又云：‘此疏之成，盖与伪经同颁天下。’则尚有未谛也。盖武曌政治上特殊之地位，既不能与儒家经典中得到合理证明，自不得不转求之于佛教经典。而此佛教经典若为新译或伪造，则必假托译主，或别撰经文。其事既不易作，其书更难取信于人，仍不如即取前代旧译之原本，曲为比附，较之伪造或重译者，犹为事半而功倍。”②

遗憾的是，陈寅恪的研究中仍有不足之处。他认为薛怀义等所上即昙无谶译本。固然昙无谶所译与敦煌藏本经疏所引经文无甚差池，但《通鉴》云，薛怀义等所上《大云经》是 4 卷，而昙无谶所译为 6 卷③。如果说怀义所上为昙无谶译本，这种情况是不好解释的。后秦沙门竺佛念所译有 4 卷者。

① 王国维著：《王国维遗书》，《观堂集林》卷 21，上海书店出版社，1983，第 434–435 页。

② 陈寅恪著：《武曌与佛教》，《金明馆丛稿二编》，三联书店，2009，第 167–168 页。

③ 参阅隋费长房撰《历代三宝记》及萧梁慧皎所撰《高僧传》等。

武则天在《三藏圣教序》中说："自夜掩周星，霄通汉梦。玉毫流彩，式彰东渐之风；金口传芳，遂睹后秦之译。"[①] 据此，则薛怀义等所上，当是竺佛念所译旧本。

虽然陈氏所论，有些微瑕，然瑕不掩瑜，观其要旨，率皆精辟宏瞻。如谓薛怀义"取旧译之本，附以新疏，巧为传会"，"既非伪造，亦非重译"，即是如此。这一点还可以从史书中得到进一步印证。

《资治通鉴》卷204载："东魏国寺僧法明等撰《大云经》四卷，表上之。"同年十月，武则天"敕两京诸州各置大云寺一区，藏《大云经》，使僧升高座讲解，其撰疏僧云宣等九人皆赐爵县公，仍赐紫袈裟，银龟袋"[②]。细加比较，可知当时所上有经有疏。经为旧本，疏为新撰。不然，若经疏均系新撰，则"其撰疏僧"云云，是无法解释的，岂有不赏撰经人而独赏撰疏人之理！再说当时佛教流行，凡诸内典，佛徒学士，谁人不知，哪个不晓？临时杜撰，欲瞒天过海，那怎么会成功！

总之，两《唐书》与《通鉴》所说《大云经》系伪造品，是与事实不相符合的。《大云经》早已有之。值得注意的是，为《大云经》作疏的人是薛怀义和僧法明。这两个人在宣传《大云经》方面发挥了重要作用。

薛怀义本姓冯，名小保，是酷吏索元礼的干儿子。"伟形神，有膂力"，经千金公主推荐，得到武则天的赏识。据说"则天欲隐其迹，便于出入禁中，乃度为僧"。令随洛阳大德僧法明等于内道场念诵经文。又以怀义出身寒微，乃令与太平公主之婿薛绍合族，"人间呼为薛师"[③]。

垂拱元年，武则天修故白马寺，以怀义为寺主。垂拱四年，充使

---

①《全唐文》卷97《三藏圣教序》，第1003页。

②《资治通鉴》卷204，则天后天授元年十月壬申条，第6469页。

③《旧唐书》卷183《薛怀义传》，第4741页。

洛阳白马寺

督作明堂、天堂，表现出非凡的组织才能。以功拜左威卫大将军，封梁国公。永昌元年，突厥犯边，为清平道大总管，至单于台，刻石纪功而还，加辅国大将军，进右卫大将军，改封鄂国公。

法明亦是当时内道场有名的高僧，只是文献记载较少而已。

薛怀义等沙门所上，是竺佛念所译旧本及自撰新疏。至于新疏的内容，则诚如《旧唐书·则天本纪》所言，是“盛言神皇受命之事”的。

敦煌所藏《大云经疏》残卷中有这样的话语：“经曰：‘即以女身，当王国土’……者，今神皇王南阎浮提一天下也。”“经曰：‘女既承正，威伏天下，所有国土，悉来承奉，无违拒者。’此明当今大臣及百姓等，尽忠赤者，即得子孙昌炽……皆悉安乐……如有背叛作逆者，纵使国家不诛，上天降罚并自灭。”

也就是说，至高无上的“佛”已经授命于圣母神皇，让她来改朝换代，统治东方世界，“佛”意如此，万不能违；“佛”法无边，违必丧灭。由此可见，薛怀义所作经疏，完全是取旧经文而附以新说，目的无疑是为武则天代唐制造舆论。

由于薛怀义等人巧妙地将佛教旧经与现实生活联系了起来，所撰

经疏突出了神皇受命于天的主题，因而武则天看后十分满意，立即颁行天下，令诸州各置大云寺，总度僧上千人。

于是，《大云经》和《大云经疏》便像雪片一样，从神都洛阳，飞向四面八方。一时间，东起渤海，西止葱岭，南抵交趾，北迄大漠，所到之处，圣母受命无不是人们谈论的主要话题。

第三节 登基称帝

人们常说，要成就一番大事，天时、地利、人和缺一不可。通过拜洛受图、大享明堂、推崇佛教等活动，天时、地利已基本具备，唯独人和方面还差一点。就在这时，社会上出现了请愿运动，从而使武则天将改朝换代提上了议事日程。

一 请愿活动

载初元年（690）九月，秋高气爽，大唐帝国一派升平景象。通过学习《大云经疏》，全国到处是一片对武则天的颂扬之声，她的支持者又掀起了一场声势浩大的请愿活动。

关于请愿的情况，《新唐书·则天皇后武氏传》载："御史傅游艺率关内父老请命，改帝氏为武。又胁群臣固请，妄言风集上阳宫，赤雀见朝堂。天子不自安，亦请氏武，示一尊。"①

从这一记载来看，似乎则天是一个孤家寡人，只有傅游艺等少数几个支持者；请愿活动是由傅游艺一手导演，胁迫群臣搞出的。其实，傅游艺只不过是一介御史，并无多大本领，岂能胁迫数万百姓大臣去干他们不愿意干的事情！

《资治通鉴》的作者司马光说：九月，"丙子（三日）。侍御史

①《新唐书》卷 76《则天皇后武氏传》，第 3481 页。

汲人傅游艺率关中百姓九百余人诣阙上表，请改国号曰周，赐皇帝姓武氏。太后不许；擢游艺为给事中。由是百官及帝室宗亲，远近百姓、四夷酋长、沙门、道士合六万余人，俱上表如游艺所请，皇帝亦上表自请赐姓武氏”。

九月戊寅（五日），群臣上言：“有凤凰自明堂飞上阳宫，还集左台梧桐之上，久之，飞东南去；及赤雀数万集朝堂。”①

九月乙卯（八日），神都耆老，遐荒夷貊，缁衣黄冠等万有二千余人云趋诣阙，请曰：“臣等闻王者受命，必有锡氏。轩辕黄帝二十五子，班为十二姓；高阳氏才子二八，命为十六族。《书》云：祇台德先，不拒朕行。然则圣人起则命历昌，必有锡氏之规。臣等伏惟陛下受天之符，为人圣母；皇帝仁孝，肃恭神明。可以纂武承家，以克永代。陛下崇锡类，垂宪章，不易日月。天人交际，斯亦万代之一时。臣等固陋，不达大道，敢冒死上闻。神皇穆然，方御珍图，谦而未许也。”

九月丙辰（九日），文武百僚又与耆老夷貊道俗等五万余人，守阙固请曰：“盖臣闻圣人则天以王，顺人以昌。今天命陛下以主，人以陛下为母。天之丕律，元命也；人之大猷，定姓也。陛下不应天，不顺人，独高谦让之道，无所宪法，臣等何所仰则？陛下若遂辞之，是推天而绝人，将何以训！”②

从上述记载来看，这些请愿活动根本没有什么“胁迫”之举，而是有组织的自发的行动。说有组织，是考虑可能有人往来联系；说自发是因没有人强迫，请愿者大都是由衷之举。

请愿活动凡三次：

---

①《资治通鉴》卷 204，则天后天授元年九月丙子条，第 6467 页。

②《全唐文》卷 209 陈子昂《上大周受命颂表》，第 2113 页。陈子昂所言，比《资治通鉴》所载更详细。唯子昂所言干支与史册不同。子昂谓九月戊申朔，按史则是甲戌朔，案当时所行历法，九月甲戌朔，故陈子昂所言日期有误。

第一次是关中耆老数百人自发前往洛阳，谒阙。正在值班的左肃政台御史傅游艺早有劝进之心，乃率之上表，说“天无二日，土无二王”，请求降睿宗为皇嗣。对于关中耆老的请求，武则天没有答应。这并不是武则天不想代唐立主，只是请愿的人太少，还没到火候上，所以，她只是升了傅游艺的官，而没有答应登基。

第二次是“神都耆老、遐荒夷貊、缁衣黄冠等”1.2万余人诣阙请愿，请求武则天登基正位，以睿宗为皇嗣，赐姓武氏。对于一万余人的请愿，武则天还是“谦而未许”。

第三次请愿的规模比第二次更大。前来请愿的不仅有“远近百姓、四夷酋长、沙门道士”，而且还有文武百官、帝室宗亲乃至睿宗皇帝，人数多达5万以上。这次采取的方式是“守阙固请”，大有不允群情决不罢休的劲头。在言词上也比以前更加激烈：“臣闻圣人则天以王，顺人以昌。今天命陛下以主，人以陛下为母。天之丕律，元命也；人之大猷，定姓也。陛下不应天，不顺人，独高谦让之道，无所宪法，臣等何所仰则？”“天意如彼，人诚如此，陛下曷可辞之！……陛下若遂辞之，是推天而绝人，将何以训！”

由此可见，武则天为改朝换代所采取的措施是很成功的。对于她的改朝换代，各个阶层都有不少的支持者。武则天所希望的改朝换代，如今已到“不改不行”的地步。既然“天意如彼，民诚如此”，武则天又怎能“不应天，不顺人”呢？

于是，武则天批准了皇帝李旦及群臣的请求，兴奋地说：“愈哉！此亦天授也。”[①]随即命令有司“正皇典”，“恢帝纲”，准备改朝仪礼。

二 登基大典

九月九日，佳节重阳。洛阳宫阙，焕然一新。颂歌声中，武则天

①《全唐文》卷209，《大周受命序》，第2113页。

健步登上则天楼，宣布改唐为周，以洛阳为都城，改元天授；赐酺七日，“在宥天下，咸与惟新”。五天以后，群臣上尊号曰“圣神皇帝”[①]。乃降皇帝（李旦）为皇嗣，赐姓武氏，“令依旧名轮，徙居东宫，其具仪一比皇太子”[②]。至此，“武周”取代了“李唐”。武则天戴皇冠，穿龙袍，成了中国历史上独一无二的女皇帝，把别人想都不敢想的事变成了可能的事。

武则天不仅是中国历史上唯一的女皇帝，也是即位时年龄最大的皇帝。当时，她已经67岁，创造了中国历代帝王即位年龄之最。

武则天之所以改唐为“周”，主要有两个原因。

其一，是为了显姓氏，崇本根。史云，“武氏出自姬姓。周平王少子生而有文在手曰‘武’，遂以为氏”[③]。武则天亦以周氏苗裔自居[④]。显庆初，高宗曾封其父士彟为周国公。所以以“周”为国号，显然有表明“来历”的意思。

其二，是表示要效法古代盛世，创造新的奇迹。中国古代的所谓“治世”，在唐人看来唯周、汉而已。“唐尊汉法，太宗之制也。”[⑤]可是，武则天颇不以为然。

垂拱四年十二月制举考试时，武则天曾出了这样一道问答题：“帝王之道奚是？王霸之理奚非？”张说回答说：“圣人御历，上淳而下信；帝者膺期，君明而臣哲。周用王道，教化一而人从；汉杂霸道，刑政严而俗伪。故亲誉优于畏侮，文、景劣于成、康。”[⑥]由此受到武则天赏识。

---

①《资治通鉴》卷204，则天后天授元年九月乙酉条，第6467页。

②《旧唐书》卷7《睿宗纪》，第152页。

③《新唐书》卷74《宰相世系表》，第3136页。

④《全唐文》卷97《升仙太子碑》，第1007页。

⑤《大唐新语》卷7《识量》，第119页。

⑥《文苑英华》卷474《词标文苑策科》，第2434-2435页。

洛阳周公庙

后来武则天在《改元载初敕文》中，又从“五行终始”学说的角度，论证唐应承周的观点，进而采用了“周正”[①]。毫无疑问，武则天以“大周”为号，亦是为了表明自己的政治抱负。

至于以洛阳为都的原因，封建史学家说是武则天怕王皇后、萧淑妃披发沥血的灵魂，不敢回长安[②]。唐史专家岑仲勉曾说“无非为其害在长安出家，避洛以纵情荒淫起见”[③]。事实上，这些说法都缺乏

①《全唐文》卷 96，《改元载初赦文》，第 996 页。

②《资治通鉴》卷 200 永徽六年条云：“武后数见王萧为祟，披发沥血如死时状。后徙居蓬莱宫，复见之，故多在洛阳，终身不归长安。”事实上，武则天于长安元年曾返长安，且住了两年。第 6294–6295 页。

③ 此说见《隋唐史》上册，中华书局，1982，第 148 页。案，武则天出家，人所共知；洛阳是唐王朝的东都，与长安联系最为密切。难道武则天到了洛阳就刷掉了出家的事实？既不能洗刷，则纵情淫乐长安亦可，何必洛阳？

事实根据，是与当时的实际情况不相符的。

武则天之所以以洛阳为首都，主要是由于洛阳具有作为都城的条件，而且已被经营为有利于武周统治的政治、经济、军事、文化中心。关中古称天府之国，被山带河，金城千里，故西周、西汉、西魏、隋、唐等王朝皆定都于长安，但是，这不等于说，除了长安，别的地方就不能建都。

洛阳左据成皋，右阻渑池，前临嵩山，后界大河，是所谓“天心地胆之中，阴阳风气之会，四通八达之所，声名文物之区”[①]。

唐人陈子昂说，洛阳地区“北有太行之险，南有宛叶之饶；东压江淮，食湖海之利；西驰崤渑，据关河之宝”[②]。

陈建《建都论》云：古今天下都会有四，然论时宜地势，尽善全美则皆不如洛阳。夫建都之要，一形胜险固，二漕运便利，三居中而应四方。惟洛阳三善咸备。

隋炀帝幸洛阳诏亦云：“洛邑自古之都，王畿之内，天地之所合，阴阳之所和，控以三河，固以四塞，水陆通贡赋等。故……自古帝王，何尝不留意。”[③]

且自东周洎乎有唐，已有好几个王朝曾建都于此。也就是说，洛阳也可以作为都城。

本来，长安是唐王朝的政治、军事、经济、文化中心。但这里也是“元从功臣”和世家大族的聚居之地。血气方刚的唐高宗欲纳志同道合的武则天为皇后，遭到他们的反对；欲施展自己的政治抱负，也往往受到他们的控制。后虽打击了个别人士，但生活在长安，总觉得不太自由。正好此时东方战事频繁，高宗便下诏改洛阳为东都，修葺

---

①陈心博：《请蠲税疏》，见（清）陈梦雷等编：《古今图书集成·方舆汇编·职方典》卷427《河南府部汇考》。

②《全唐文》卷212《谏灵驾人京书》，第2148页。

③《隋书》卷3《炀帝纪》，第61页。

宫殿携武则天往来于长安和洛阳之间。而驻跸洛阳的时间，累计达十余年。

在此期间，武则天一直参与朝政，已培养了相当的势力。高宗死后，武则天临朝称制，大权独揽，对洛阳更加苦心经营。如光宅元年九月，改东都为神都。垂拱二年铸太仪，立于北阙。垂拱四年，毁乾元殿，作明堂。

到易唐为周前夕，洛阳已成为号令所出的政治中心，租赋所集的经济中心，精兵所卫的军事中心和文人所趋、符瑞所出的文化思想中心。因此，对武则天来说，以洛阳为都城是最恰当的。

显然，武则天改朝换代的每一步，都是经过深思熟虑的，就连定国名，选都城这样的问题也是如此。正因为武则天足智多谋，审时度势，采取了一系列得力措施，赢得了大多数人的支持，慑服了少数反对派，才使改朝换代得以顺利进行。

以女子登皇位，“不出宫闱”而易社稷，并且保持了社会的安定，这是前所未闻的奇迹，再一次显示了武则天的超人本领。陈子昂所谓“伏惟圣神皇帝陛下阐元极，升紫图，光有唐基，以启周室。不改旧物，天下惟新，皇王以来未尝睹也”[①]。并非夸饰之语。

载初元年腊月一日陈平墓志

登基大典结束后，在群臣的一片讴歌声中，武则天举行了尊崇武氏的活动：

首先，立武氏七庙于神都。追尊周文王曰始祖文皇帝，姒氏曰文定皇后；平王少子武曰睿祖康皇帝，

① 《全唐文》卷209《上大周受命颂表》，第2113页。

顺陵残碑拓片（局部）

顺陵近景

妣姜氏曰康睿皇后[1]；太原靖王曰严祖成皇帝，妣曰成庄皇后；赵肃恭王曰肃祖章敬皇帝，魏义康王曰烈祖昭安皇帝，周安成王曰显祖文穆皇帝，忠考太皇曰太祖考明高皇帝，妣皆如考谥，称皇后。立武承嗣为魏王，三思为梁王，攸宁为建昌王。士彟兄孙攸归、重规、载德、攸暨、懿宗、嗣宗、攸宜、攸望、攸绪、攸止皆为郡王，诸姑姊皆为长公主。

其次，提拔奖赏了改朝换代时涌现出来的有功之臣，以司宾卿史务滋为纳言，以凤阁侍郎宗秦阁检校内史，给事中傅游艺为鸾台侍郎、同平章事。

再者，“改置社稷于神都”[2]。“社稷”本指帝王祭祀的土神和谷神，后成为国家的标志，历代帝王都极为重视。唐王朝的“社稷”设在长安含光门内西侧，与安上门内东侧的“宗庙”遥遥相对。武则天在神都置武氏“太庙”后，即改置社稷于与太庙相应的地位，以为“大周”

①《新唐书》卷 76《则天顺圣皇后武氏传》。同书卷 4《则天纪》均作“康惠”，疑《资治通鉴》有误。第 3481 页。

②《资治通鉴》卷 204，则天后天授元年九月丙戌条，第 6467 页。

的象征。

此外，还改左右羽林军为左右羽卫[1]，加强神都的军事力量。据估计，京城诸军人数在 30 万左右，形成居中御外的形势，以拱卫神都的安全和局势的稳定。

“革命”成功了，庆功宴也摆过了，多年的夙愿实现了。武则天确实是异常兴奋，踌躇满志的。虽然这一年她已 67 岁，但她并没有衰老之感，她的女皇生活才刚刚开始。她将在群臣的协助下，用如椽的彩笔、绚烂的业绩，谱写“大周”的历史。

①《唐会要》卷 72《京城诸军》，第 1291 页。

第十一章

【治理大周】

武则天经过千难万险，在男尊女卑的社会里终于突出重围，成为最高统治者。很难想象她为此经历了怎样的心路历程，付出了多少艰苦的劳动。对武则天来说，改唐为周很不容易，治理大周更不容易。

第一节 巩固政权

“大周”政权的建立，打破了千百年来男子专政的格局，同时也使人们的思想发生了激烈的动荡。不少士大夫冲破传统观念的羁绊，拥护武周政权。但还有许多士族官僚依然抱残守缺，对武周政权不满。为了巩固这个政权，武则天继续大刀阔斧地进行改革。

一 改变宗室

在唐高祖、唐太宗和唐高宗统治时期，以李氏为宗室。武则天当皇后及皇太后时，其娘家武氏为外戚。武则天称帝后，李家所享有的皇位，拥有的“宗室”“太庙”和“陵寝”，都要由武氏代替。这就需要用儒家的“正名”学说改变宗室、外戚的地位。

1. 皇位

皇位是皇帝所拥有的地位。天授元年九月九日“革命”以前，睿宗居于皇位。“革命”后，武则天称“圣神皇帝”，降睿宗为皇嗣，赐姓武氏。降皇太子成器为皇孙。

起初，武则天对皇嗣颇为放心，让他居住东宫，按皇太子对待，也就是把他当作接班人，而且允许他参与朝政，与公卿果毅薛大信和监门卫大将军相见。

长寿二年（693）一月二十四日，前尚方监裴匪躬、左卫大将军阿史那元庆、白涧府范云仙私谒皇嗣。则天恐有异谋，令斩裴匪躬等人于市，禁止皇嗣与大臣会晤。“自是公卿以下皆不得见”[①]，地位大大降低。

2. 宗室

宗室属于皇帝的宗族。“革命”前，宗室是李渊一系。“革命”后，天授元年冬，武则天“封建”亲戚，广树“宗枝”：

追封伯父武士让为楚僖王，士逸为蜀节王；追封异母兄元庆为梁宪王，元爽为魏德王。

封元爽子文昌左相，同凤阁鸾台三品武承嗣为魏王，元庆子夏官尚书武三思为梁王。

封从父兄子纳言武攸宁为建昌王，太子通事舍人武攸归为九江王，司礼卿武重规为高平王，左卫宗府中郎将武载德为颍川王，右卫将军武攸暨为千乘王，司农卿武懿宗为河内王，左千牛中郎将武嗣宗为临川王，右卫勋二府中郎将武攸宜为建安王，尚乘直长武攸望为会稽王，太子通事舍人武攸绪为安平王，武攸止为恒安王。

又封承嗣子延基为南阳王，延秀为淮阳王，三思子崇训为高阳王，崇烈为新安王，承业子延晖为嗣陈王，延祚为咸安王。还封诸姑姊为长公主，堂姊妹为郡主。大凡诸侄，皆封为王；个别侄孙，亦得爵号[②]。

此外，还“改并州文水县为武兴县。依汉丰、沛例、百姓子孙相

---

①（宋）司马光：《资治通鉴》卷 204，则天后长寿元年条，中华书局，1965，第 6469 页。

②《资治通鉴》卷 204，则天后天授二年，第 6473 页。《旧唐书》卷 183《外戚传》、《新唐书》卷 206《外戚传》所载略同。

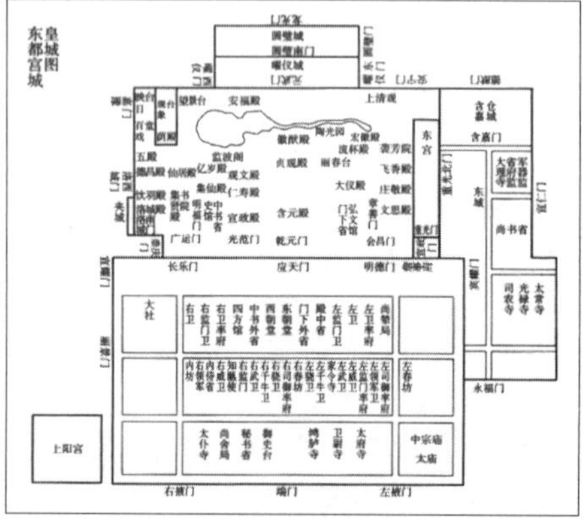

洛阳宫城图

承给复”[1]；一度“制天下武氏咸蠲课役”[2]。

对于李氏诸王，起初保留封号。至长寿二年（693）腊月初七，始降皇孙成器为寿春郡王，恒王成义为衡阳郡王，楚王隆基为临淄郡王，衡王隆范为巴陵郡王，赵王隆业为彭城郡王，与章怀太子之子丰王光顺、嗣雍王守礼、永安王守义一起招入阁中，“不出门庭者十余年”[3]。

3. 太庙

太庙是帝王祭祖之处。“革命”前，李氏有太庙、陵寝，“革命”后，天授元年（690）九月十三日，武则天下令立武氏七庙于神都。

长寿二年九月十四日，又追尊三世祖，以烈祖昭安皇帝为浑元昭安皇帝，妣曰浑元昭安皇后；显祖文穆皇帝为立极文穆皇帝，妣曰立极文穆皇后；太祖孝明高皇帝为无上孝明高皇帝，妣曰无上孝明高皇后。

4. 陵寝

陵寝本指帝王的陵墓。武则天在追尊祖先时，诸帝后的陵墓称谓和地位也作了相应的变动。天授元年（690）冬，尊始祖墓曰德陵，睿祖墓曰乔陵，严祖墓曰节陵，肃祖墓曰简陵，烈祖墓曰靖陵，显祖墓曰永陵。改章德

昊陵石狮

①（后晋）刘昫等撰：《旧唐书》卷 6《则天本纪》，中华书局，1975，第 121 页。

②《资治通鉴》卷 204，则天后天授元年，第 6469 页。

③《资治通鉴》卷 205，则天后天授二年，第 6473 页。

顺陵石狮

陵为昊陵，显义陵为顺陵[①]，予以扩建，设置署令守户，以奉祭祀。与此同时，降李唐改唐太庙为享德庙，四时仅祀高祖、太宗、高宗三室，宣帝（熙）、元帝（天赐）、光帝（虎）、景帝（昺）四室，皆闭而不享。

为了彰显其父母的崇高地位，武则天还为其父母树碑立传。在昊陵树立“高五丈，阔九尺，厚三尺”，比华岳碑还要高大的“大周无上孝明高皇帝碑”，即所谓“攀龙台碑”；在顺陵树立宏伟巨大的“大周无上孝明高皇后碑”[②]，分别令李峤、武三思撰文，以歌颂武士彟和杨氏等人的懿德伟绩。

① 两《唐书·则天纪》不载。《新唐书·则天顺圣皇后武氏传》载之于“革命”之后，无具体年月。《资治通鉴》作天授二年二月甲子。案，《攀龙台碑》及《大周无上孝明高皇后碑》皆云天授元年改。暂从后者。

② 此碑毁于嘉靖三十四年地震。不久，渭河涨水，被砌于岸。后从岸中崩出数断。今存七块，藏于咸阳市博物馆（参朱枫《雍州金石记》卷 4 等）。

另一方面，废唐兴宁等陵署官[①]，唯量署守户而已。又“罢举人习《老子》”[②]，以此减少李氏所崇拜的偶像，逐渐缩小其政治影响。

二 制礼作乐

天洛仿建天堂

儒家重视礼乐制度，认为“上好礼，则民易使也”[③]，“国家无礼则不宁”[④]。《礼记·乐记》说：“礼以道其志，乐以和其声，政以一其行，刑以防其奸。礼乐刑政。其极一也，所以同民心而出治道也。”把礼乐放到了比政刑更重要的地位。因此，秦汉以降，历代帝王莫不提倡礼乐：“六经之道同归，而礼乐之用为急。”[⑤]

“礼”，本指“吉”“凶”“军”“宾”“嘉”五礼；“乐”本指《云门》《咸池》《大磬》《大夏》《大濩》《大武》六舞。但是由于每个帝王的修养和文化水平不同，对礼乐的推行情况也有差异，一般都与儒家所推崇的楷模有较大距离。如有关明堂、封禅等等就是如此。

武则天在“正名”的同时，认为提倡儒家的

---

①唐制：陵有署令一人，府二人，史四人，主衣四人，主药四人，典事三人，掌固二人，令一人，丞一人。

②《资治通鉴》卷205，则天后天授二年，第6490页。

③《论语集释》卷30《宪问下》，第1040页。

④（清）王先谦撰，沈啸寰、王星贤点校：《荀子集解》卷一《修身篇》，中华书局，1988，第23页。

⑤（东汉）班固撰：《汉书》卷22《礼乐志》，中华书局，1962，第1027页。

礼乐很有必要，因而开展了许多制礼作乐的活动。

1. 享明堂

“明堂”既是布政之宫，也是敬神之所。“大享明堂”，乃是最隆重的祭神活动。“革命”后，武则天每年都要进行一次这样的活动。如史籍所载，天授二年（691）正月，三年（692）正月，长寿二年（693）春一月，三年（694）春一月，武则天都亲享明堂。

证圣元年（695）正月十六日夜，“天堂”失火，延及明堂[①]，至天亮，二堂全被烧毁。对此，武则天十分难过，欲避正殿自责，经宰相姚琦谏诤才照如常临朝，仍下诏令文武九品以上各上封事，“极言无有所隐”[②]。随即又下令薛怀义监作，以姚琦为督作使，重造明堂。

天册万岁二年（696）三月，新明堂竣工。凡高294尺，东西南北广300尺。上施宝凤，后代以火珠。下环铁渠，以象辟雍。武则天命名为“通天宫”。四月一日，又亲行大享之礼。

大享明堂如此频繁，这在以前是没有过的。所以当时人认为这是填补了“前王之阙典”。

除了大享明堂，武则天有时还亲享南郊，合祭天地。从所撰《享昊天乐章》12首来看，其礼仪之隆，也不亚于大享明堂[③]。

2. 置“七宝”

“七宝”本来是佛教的七种宝物。具体有四种说法：

《法华经》作金、银、琉璃、砗磲、玛瑙、珍珠、玫瑰；

《无量寿经》作金、银、琉璃、玻璃、珊瑚、玛瑙、砗磲；

---

①《资治通鉴》卷205则天后天册万岁元年正月条载：“乙未（15日）作无遮会于明堂。……丙申（16日），张像于天津桥南，设斋。时御医沈南璆亦得幸于太后，怀义心愠，是夕，密烧天堂，延及明堂。……太后耻而讳之，但云内作工徒误烧麻主，遂涉明堂。”（第6498–6499页）。

②《旧唐书》卷22《礼仪志》二，第865页。

③（清）彭定求等编：《全唐诗》卷5《享昊天乐章》，中华书局，1960，第87页。

《阿弥陀经》作赤金、银、琉璃、玻璃、砗磲、珠、玛瑙；

《般若经》作金、银、琉璃、砗磲、玛瑙、琥珀、珊瑚，

这七种宝物本来与帝王没有多大关系。唐制，天子有八玺，即神玺、受命玺、皇帝行玺、皇帝之玺、皇帝信玺、天子行玺、天子之玺、天子信玺。“神玺以镇中国，藏而不用。受命玺以封禅礼神，皇帝行玺以报王公书，皇帝之玺以劳王公，皇帝信玺以召王公，天子行玺以报四夷，天子之玺以劳四夷，天子信玺以召兵四夷，皆封泥。”[①]

武则天即位后，“改诸玺皆为宝”。长寿二年（693）九月称“金轮圣神皇帝”。又作不同于佛教七宝、但与佛教相联系的七种宝绶，即金轮宝、白象宝、女宝、马宝、珠宝、主兵臣宝和主藏臣宝。“每朝会，陈之殿庭”[②]，以象征自己超迈古昔的权力。

七宝台造像

3. 封“神岳”

封禅历来被认为是帝王盛典。乾封元年（666），武则天曾与唐高宗封祀泰山，并充当了亚献。其后她又劝高宗封嵩山。高宗三次准备，但因突厥反叛，吐蕃入侵和疾病缠身，终未成行。因而有人编歌谣说：“嵩山凡几层，不畏登不得，只畏不得登，三度征兵马，傍道打腾腾。”[③]

①（宋）欧阳修、宋祁撰：《新唐书》卷24《车服志》，中华书局，1975，第524页。

②《资治通鉴》卷205，则天后长寿二年，第6492页。

③（唐）张鷟撰，赵守俨点校：《朝野佥载》卷1，中华书局，1979，第9页。

武则天称帝后，决心登封嵩山，但她并不着急，群臣请她封禅时，总予以推辞。天册万岁元年（695），武周政权业已稳固，王公百僚、四夷酋长再次奏请封禅，她便说了声“俞哉！”随即诏定登封日期，任命姚琦等“包含艺文，考练风俗，采儒术，征礼官，窥五岁之典章，核四朝之制度”[1]，撰定仪注，做准备工作。

天册万岁二年（696）腊月二日，天寒地冻，北风刺骨。武则天“辟丹掖，开紫微，抚元虬，按黄道”，率文武百官，千军万马向嵩山进发，旌旗招展，好不威风。

嵩山亦名中岳，由三部分组成，中曰峻极峰，东曰太室，西曰少室。太室最高，海拔1440米。故《诗经》上有“嵩高维岳，峻极于天”之说[2]。

要登上这座险峻的大山举行封禅大典，对年逾古稀的武则天来说，具有极大的困难。但是，武则天一点也不畏惧。到达嵩阳以后，即按仪注“幸斋寝，披仟幄，靡薜荔之席，陟蟺蜎之台”，进行斋戒。

九日，“柴燎”祀昊天上帝于岳南之万羊冈，以显祖立极文穆皇帝、太祖无上孝明高皇帝侑神作主，则天“戴圆冕，披大裘，登三垓，植

中岳庙

大周封祀坛遗址

①（清）董诰等编：《全唐文》卷248，李峤《大周降禅碑》，中华书局，1983，第2505页。

②《毛诗注疏》卷18，《大雅·嵩高》。见《十三经注疏》，第565页。

四邸”。时“高炎四施，广乐六变”，可谓极其庄严。

十一日，武则天“御金跸、登玉舆，环拱百神，导从群后”，登上中岳之巅。“羽节高挥，上干乌星之次；龟坛下映，俯瞰鹏云之色。琼文秘检，络之以银绳；宝算休期，探之于金策。”“然后徜徉烟霄，怊怅古昔，凝神于九天之上，游目于八纮之表。”太室二十四峰尽收眼底，少室三十六峰相映成辉；黄河似带，神都如烟；吊古凭今，心潮澎湃。“眷触石之雷雨，爰覃作解之恩；仰斗杓之运行，仍布维新之令。”是日大赦，改元万岁登封。

九鼎示意图

十四日，禅祭后土于少室下趾东南。以显祖妣立极文穆皇后，太祖妣无上孝明高皇后侑神作主。“戈矛山立，玉帛星陈。”“威秩众灵，遍祀群望。”至此，大礼方毕。乃御朝觐台，受“万国”朝贺。

宴罢，复追封嵩岳神祇，以天中王为神岳天中皇帝，灵妃为天中皇后，夏后启为齐圣皇帝，启母为玉京太后，少室阿姨神为金阙夫人。又封王子晋为升仙太子，别为立庙以祀之。

武则天还自制《升中述志碑》，立于封祀坛之丙地。又令李峤作《大周降禅碑》，崔融作《朝觐坛碑》，以记封禅之事[①]。

4. 铸“九鼎”

“九鼎”是古代象征国家政权的传国之宝。相传禹铸九鼎，以象九州。夏德衰，鼎迁商邑。商德衰，

①《全唐文》卷248，李峤《大周降禅碑》；《旧唐书》卷23《礼仪志》；《史记》卷28《封禅书》。

复迁洛邑。及周室灭亡，秦欲取之，一鼎沉于泗水，其余下落不明。一说皆没于泗水彭城[①]。

因为九鼎是传国之宝，故历代帝王都想得到它。如汉文帝时，新垣平上诈言，说“周鼎亡在泗水中，今河溢通泗。臣望东北汾阴直有金宝气”，文帝便令治庙于汾阴南，“临河，欲祠出周鼎”[②]。

武则天知周鼎难求，遂征铜56万余斤，以司农卿宗晋卿为九鼎使，重新铸之。其神都鼎名永昌，高一丈八尺，容1800石。冀州鼎名武兴，雍州鼎名长安，兖州鼎名日观，青州鼎名少阳，徐州鼎名东原，扬州鼎名江都，荆州鼎名江陵，梁州鼎名成都，皆高一丈四尺，容1200石。令书法家贾膺福，薛昌容，李元振，钟绍京分题鼎额，又令画家曹元廊图写各州山川物产之像于鼎上。

神功元年（697）四月，鼎成。武则天令宰相、诸王率南北牙宿卫兵10余万人及仗内大牛、白象自玄武门外作坊曳入宫城，“置于明堂之庭，各依方位列焉”[③]。

曳鼎之时，场面极为宏大。武则天自制《曳鼎歌》，令众人唱和。其词曰：羲农首出，轩昊膺期。唐虞继踵，汤禹乘时。天下光宅，海内雍熙。上玄降鉴，方建隆基[④]。

在铸九鼎的同时，又铸十二生肖，以为十二神，“皆高一丈，各置其方”[⑤]。

大享明堂、登封神岳、置宝铸鼎，都是武则天举行的朝廷大礼。自古以来，礼与乐是密切相关的。武则天所举行的大礼，无不以乐相随。除了《享明堂乐》《享昊天乐》等乐章之外，武则天还自制了《神

①（西汉）司马迁撰：《史记》卷28《封禅书》，中华书局，1963，第1383页。

②（东汉）班固撰：《汉书》卷25《郊祀志》，中华书局，1962，第1214页。

③（宋）王溥撰：《唐会要》卷11《明堂制度》，中华书局，1955，第279页。

④《全唐诗》卷5，武则天《曳鼎歌》，第51页。

⑤《资治通鉴》卷205，天册万岁元年，第6499页。

广元皇泽寺武则天真容

宫大乐》《长寿乐》《天授乐》《鸟歌万岁乐》等等[①]。每大宴会，必奏乐于庭。制礼作乐，向来被认为是帝王能事。

武则天享明堂、置七宝、封神岳、铸九鼎、作大乐，表现得颇为突出。她之所以乐此不疲，一方面是因为她是有神论者，相信神灵的存在，并且能给人以吉凶祸福。另一方面，也是为了宣扬天人感应，搞自我崇拜，要人们相信她当女皇，建立大周王朝，都是上天的意志，借以统一人们的思想。

当然，武则天搞自我崇拜，最突出的表现还要数接受尊号。众所周知，武则天接受尊号不始于“周”，早在辅佐高宗时，就称为“天

①《旧唐书》卷28《音乐志》一、卷29《音乐志》二，第287页。

后”。“革命”后，群臣屡请，乃多有改称。

天授元年（690）九月改唐为周后不久，即批准群臣所请，称“圣神皇帝”。意思是说，她和以前的封建帝王不同，不是一般的平庸之辈，而是具有圣明和神威的皇帝。

长寿二年（693）九月九日，称“金轮圣神皇帝”。借佛教“金轮王”之义，说自己就是像金轮王一样的圣神皇帝。

三年（694）五月十一日，称“越古金轮圣神皇帝”，说自己是超迈古今的金轮圣神皇帝。

证圣元年（695）正月初一，称“慈氏越古金轮圣神皇帝”。

九月九日，又称“天册金轮大圣皇帝”。

从“圣神皇帝”到“天册金轮大圣皇帝”，称号的内涵越来越大，地位愈来愈崇高。

此外，还有树立天枢的活动。延载元年（694），景教徒阿罗憾联合邻国国王及少数民族首领，献钱请立天枢于端门（洛阳皇城正南门）之外[①]，以记载武则天的功业。

天枢示意图

武则天析洛阳、永昌二县，置来庭县廨于神都从善坊，以领四方蕃客[②]；以姚琦为督作使，征买天下铜50万斤，铁330万斤，令工人毛婆罗造模，

①《新唐书》卷76《则天顺圣皇后武氏传》，第3483页。

②《新唐书·则天顺圣皇后武氏传》、《资治通鉴》卷205、《旧唐书·则天纪》皆载造天枢是由武三思策划，但参照《两京城坊考》，知此事与诸酋长关系极大，他们才是这一活动的主体。

铸八棱铜柱，以为天枢。

天枢高一百零五尺，径一丈二尺[①]。下置铁山，绕以铜龙、狮子、麒麟。上施云盖，置四蛟以捧火珠。珠高一丈，围三丈，金彩荧煌，光侔日月。

证圣元年（695）四月一日，天枢成，武则天自书其榜曰“大周万国颂德天枢”。武三思制颂文，纪则天功德，以黜唐颂周。“悉镂群臣、蕃酋名氏其上。”

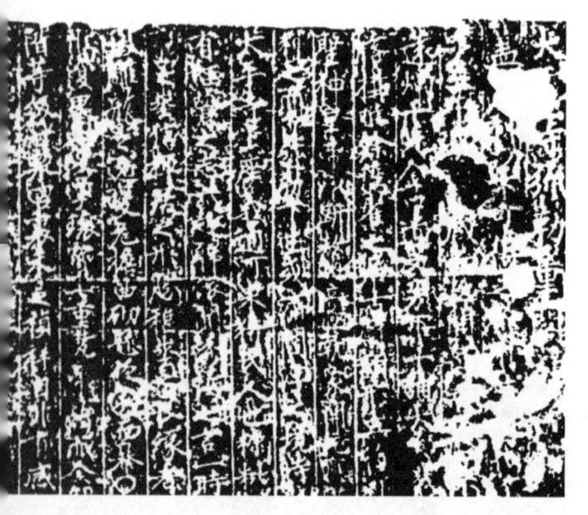

大云寺重阁碑拓片（局部）

“天枢”是象征国际友好和民族团结的大型纪念碑，造型独特，蔚为壮观。当时朝士献诗者不可胜纪。李峤所作最为高雅，冠绝一时，其诗曰：辙迹光西峤，勋名纪北燕。何如万国会，讽德九门前。灼灼临黄道，迢迢入紫烟。仙盘正下露，高柱欲承天。山类从云起，珠疑大火悬。声流尘作劫，业固海成田。圣泽倾尧酒，熏风入舜弦。欣逢下生日，还偶上皇年。[②]

天枢立，“万国”会，群臣赋诗，皇帝临观，可谓盛况空前。这实际上也是统一思想的一种手段。

三 推崇佛道

宗教是自然力量和社会力量在人们头脑中歪

① 关于铜铁之数，据《大唐新语》卷 8。《新唐书·则天顺圣皇后武氏传》云：“无虑用钢铁二百万斤。”天枢高度，《大唐新语》作九十尺。此据《新唐书·则天传》及《资治通鉴》卷 205。

②（唐）刘肃撰：《大唐新语》卷 8，中华书局，1984，第 126 页。

曲的、虚幻的反映。在阶级社会里，宗教往往为统治者所利用。

武则天不仅仅是一位精通“法理”的佛教徒，而且是一位目光敏锐的政治家。她深知当时教徒之多，更懂得宗教的社会作用。所以，她即位之后，在利用儒家礼仪和神学迷信的同时，也极力利用宗教。

在当时流行的宗教中，武则天最重视佛教。这主要是武则天称帝得到佛教支持的缘故。武则天推崇佛教，主要表现在以下几个方面：

首先，提高佛教地位。

唐高祖、唐太宗尊崇道教，因而对佛教有所压抑。武则天即位以后，则大力提倡佛教。天授二年（691）四月，诏释教在道法之上，缁服处黄冠之前[①]。把佛道二教的位置打了个颠倒。

其次，整修和保护寺院。

天授元年（690）敕两京、诸州各置大云寺一区，长寿元年（691）置长寿寺，证圣元年（695）又置崇先寺[②]。慈恩寺、敬爱寺、福先寺等也得到修缮。

久视、大足年间（700 ~ 701），李峤上书说：“殿堂佛宇，处处皆有。”[③]狄仁杰上书说：“今之伽蓝，制逾宫阙。”[④]说明经她的允许州县寺院广为创建和修饰。

此外，延载元年（694）还曾下令：“盗佛殿内物，同乘御物。”[⑤]对寺院严加保护。

第三，翻译经典和筑雕塔像。

长寿二年（692），武则天以白马寺大德沙门薛怀义为监译，令南印度达摩流支宣释梵文《宝雨经》。

---

①《全唐文》卷 95《释教在道教之上制》，第 986 页。

②《唐会要》卷 48《寺》，第 848 页。

③《唐会要》卷 49《像》，第 857 页。

④《唐会要》卷 49《像》，第 857 页。

⑤《唐会要》卷 41《杂记》，第 746 页。

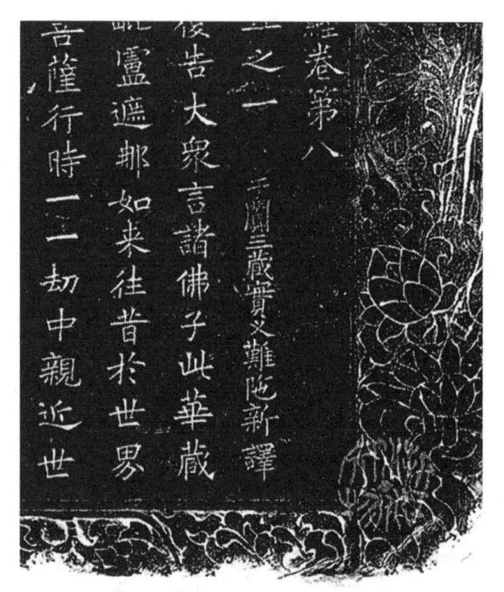

晋祠博物馆藏华严经拓片

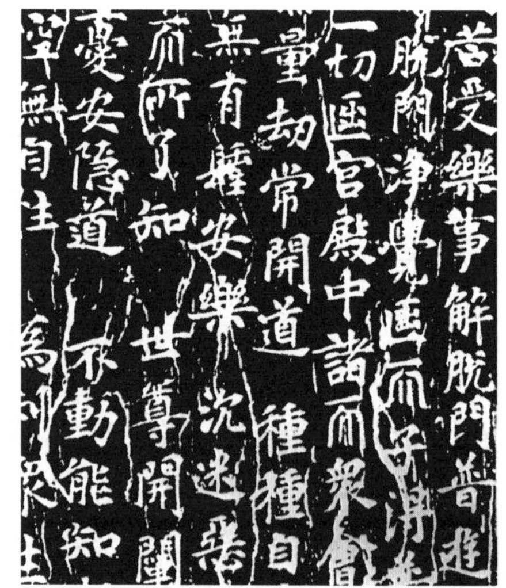

武周新译《华严经》拓片

证圣元年（695），武则天派人自于阗“迎”回《大方广佛华严经》，并“于大编空寺亲授笔削，敬译斯经”。经高僧实叉难陀、菩提流志、义净等人的努力，圣历二年（699）抄写完功，武则天亲自作序以广其义①。

久视元年（700），令三藏法师义净等重译《大云经》，自作《三藏圣教序》。

同年又令三藏沙门于阗国僧实叉难陀、大德及大福先寺僧复礼等译《大乘入楞伽经》。长安四年（704）译毕，仍不顾年迈，为之作序②。

在译经的同时，武则天“欲令像教兼行，睹相生善”③，又提倡

①《全唐文》卷 97《大周新译〈大方广佛华严经〉序》，第 1002 页。

②《全唐文》卷 97《新译〈大乘入楞伽经〉序》，第 1004 页。

③《旧唐书》卷 89《狄仁杰传》，第 2893 页。

建塔造像，以“壮其塔庙、广其尊容”[①]。登基之初，即令僧怀义作夹贮大像，“其小指中犹容数十人”[②]，且构“天堂”以贮之。

证圣元年（695），令扩建敦煌莫高窟，在今96窟主壁之西塑成一尊高达33米的趺坐弥勒佛。久视元年（700）以后，又欲于白司马坂造像。影响所及，造像者有增无已。

第四，重视僧侣。

在为新译佛经所写的序言中，武则天对一些高僧作过很高的评价，如在《三藏圣教序》中，说义净等人“并缁俗之纲维，绀坊之龙像，德包初地，道辅弥天”[③]。在《新译〈大乘入楞伽经〉序》中，说实叉难陀、复礼等人“并名追安远，德契腾兰”[④]。

对华严宗的创始人法藏和禅宗首领神秀、慧能还进行过特殊的表彰。

法藏曾参加过《华严经》的翻译，知识颇为渊博。据说他宣讲《华严世界品》十分得体，武则天下敕褒美，令载入史册[⑤]。神秀和慧能分别是禅宗北南二派的代表。

当时，神秀年逾90，威望极高。“则天闻其名，

高僧法藏像

①《全唐文》卷269《谏白司马坂营大像表》，第2735页。

②《资治通鉴》卷205，则天后天册万岁元年条，第6496页。

③《全唐文》卷97，武则天《三藏圣教序》，第1003页。

④《全唐文》卷97《新译〈大乘入楞伽经〉序》，第1004页。

⑤（宋）赞宁撰：《宋高僧传》卷5《周洛京佛授记寺法藏传》，中华书局，1987，第90页。

追赴都，肩舆上殿，亲加跪礼，敕当阳山置度门寺以旌其德”[①]，尊崇为“国师”。

武则天对慧能的佛学修养，也很欣赏，派人请他入京。慧能固辞，则天索取木棉袈裟，赐“摩纳袈裟一领及绢五百匹”予以奖赏[②]。

第五，支持佛教节日活动。

佛教一年中的重大节日有二。一是四月初八佛诞日，一是七月十五自恣日。按照传统习惯，佛诞日要举行“浴佛法会”，以为佛诞纪念；自恣日要举行“盂兰盆会”，以超度历代祖先。武则天对这两个节日，尤其是对后者大力支持。

武则天为佛指舍利制作的宝函

如意元年（692）七月十五日，“宫中出盂兰盆，分送佛寺”。且于洛城南门外设盂兰盆会，“冠通天，佩玉玺，冕旒垂目，统纩塞耳”，“穆穆然南面以观”[③]。

此外，还常在神都举行“无遮大会”。所谓“无遮大会”就是佛教布施僧俗的斋会，不论僧俗、贵贱，也不论男女，都可以参加。据《资治通鉴》记载，则天“每作无遮会，用钱万缗；士女云集，又散钱十车，使之争拾”[④]。这些都说明武则天对佛教是很器重的。

---

①《旧唐书》卷191《神秀传》，第5110页。

②《历代法宝记》卷1，〔日〕高楠顺次郎编：《大正藏》第51册，NO.2075，台北财团法人佛陀教育基金会出版部，1990，第184页。

③《全唐文》卷190，杨炯《盂兰盆赋》，第1920页。

④《资治通鉴》卷205，则天后天册万岁元年条，第6496页。

由于武则天在提倡佛教方面十分卖力，又下诏令僧尼处道士之上，因而人们往往以为武则天是压制道教的。事实上，正如武则天在废唐太庙之后仍享祭高祖等人一样，她对道教的压制是极其有限的。

道教因李氏的推崇而升级，但它并不因为唐朝的建立而产生，它有自己的一套理论体系，对于维护统治本身有一定的作用。

鉴于当时的道教徒较多，道教比较流行，武则天采取了一些措施，引导道教发展，使与佛教相制约，为武周政权服务。这主要表现在：

其一，调和佛道矛盾。

圣历元年（689）正月，颁《禁僧道殿谤制》（即《条流佛道二教制》）：“佛道二教，同归于善，无为究竟，皆是一宗。比有浅见之徒，竞生物我，或因怼怒，各出丑言；僧既排斥老君，道士乃诽谤佛法，更相疵毁，备在加诸。人而无知，一至于此。且出家之人，须崇业行，非圣犯义，岂是法门！自今僧及道士敢毁谤佛道者，先决杖，即令还俗。”①

其后，又颁《僧道并重敕》：“道能方便设教，佛本因道而生。老释既自元同，道佛亦合齐重。自今后，僧入观不礼拜天尊，道士入寺不瞻仰佛像，各勒还俗，乃科违敕之罪。”②

其二，让道士作“功德”。

天授二年（691）二月十日敕以大周革命，令金台观主中岳先生马元贞率弟子往五岳四渎投龙作功德，造元始天尊像。

万岁通天二年（697）四月，敕东明观三洞道士孙文携将侍者诣岱岳观祈请行道，造天尊像。

圣历元年（689）腊月二日，敕大历道观主桓道彦弟子晁自揣于东岳观设金箓宝斋、河图大醮，造等身老尊像。

---

①《全唐文》卷 95《禁僧道毁谤制》，第 984 页。

②《全唐文》卷 96《僧道并重敕》，第 991 页。

大足元年（701）正月二日，令神都青元观主麻慈力亲承圣旨，纳赍龙璧，御词，缯帛及香等物，诣此观中斋醮。十一月七日，又敕道士赵敬同等于泰山岱岳观灵坛修金箓宝斋[①]。

此外，武则天对道士也是比较尊崇的，还组织搜集、整理过一些道家经典。

武则天金简

武则天利用儒、佛、道，都是出于一个目的，那就是宣传武周地位的正统性和有利于武周统治的社会意识与道德规范，安定社会秩序，以便于巩固自己的统治。

当然，光凭社会舆论来统一思想是不够的，有些人根本不理这一套。他们或从传统的观念着眼，或从个人的思想出发，反对武则天称帝，反对武周政权。对这些人，特别是对有“谋反”嫌疑的人，武则天采取了强硬手段，即怂恿酷吏予以镇压。

史载，长寿二年（693）一月，当有人上封事告岭南流人谋反时，武则天便遣右台监察御史万国俊前往推案，并赋以“得实即论决”的特权。万国俊是编造《罗织经》的酷吏之一，“至广州，尽召流人，矫诏赐自尽”，流人号哭不服，国俊驱就水曲，“一日戮三百余人”[②]。

万国俊回来后又“诬奏流人怨望，请悉除之”[③]。于是，武则天便派刘光业、王德寿、鲍思恭、王大贞、屈贞筠等官吏，皆摄监察御史，分往剑南、黔中、安南等六道审察。结果，光业杀 900 人，德寿杀 700 人，其

①《金石萃编》卷 53，第 678 页。

②《新唐书》卷 76《后妃上》，第 3482 页。

③《新唐书》卷 76《后妃上》，第 3482 页。

余所杀亦不下百人。

“流人”多系垂拱（685 ~ 688）以来“谋反”者的亲友或家属。这些人原来都生活在上流社会，享受着荣华富贵，一朝因罪流徙，或被亲友牵连，投鼠边壤，远离京国，地位一落千丈，其愤怒和不满是可想而知的。故“谋反者”或有其人，但绝无如此众多。酷吏大肆杀戮，显然是滥用刑罚。武则天颇知其滥，制“六道流人未死者并家属听任还乡里”[①]。

万岁通天二年（697）正月，箕州刺史刘思礼跟术士张景藏学相面术。张景藏说刘思礼有富贵之相，当位至太师。刘思礼喜悦异常，认为太师位极人臣，非佐命无以致之，“乃与洛州录事参军綦连耀谋反，阴结朝士，托相术，许人富贵，俟其意悦，因说以‘綦连耀有天命，公必因之以得富贵’”[②]。故意制造混乱，企图颠覆武周政权。

明堂尉吉顼把这件事告诉了武则天，武则天即付武懿宗与吉顼对讯。“懿宗与顼诱思礼，令广引朝士，必全其命。思礼乃引凤阁侍郎李元素、夏官侍郎孙元通、天官侍郎刘奇石抱忠、凤阁舍人王处来庭、主簿柳璆、给事中周潘、泾州刺史王勔、监察御史王助、司议郎路敬淳、司门员外郎刘慎之、右司员外郎宇文全志等三十六家，微有忤意者，必构之，楚毒百端，以成其狱。”[③]

据说这 36 家，“皆海内名士”，武则天尽诛之，“亲故连累窜逐者千余人”[④]。固然，被杀者中确有“名士”，李元素、孙元亨还是宰相，但他们大都与刘思礼等有一定联系，而刘思礼等正在谋反，武则天杀掉他们，是维护统治所必需的。

---

①《资治通鉴》卷 205，则天后长寿二年条，第 3482 页。

②《资治通鉴》卷 206，则天后神功元年条，第 6512-6513 页。

③《旧唐书》卷 186《吉顼传》，第 4849 页。

④《资治通鉴》卷 206，则天后神功元年条，第 6513 页。

总之，武则天在制礼作乐的同时，并没有放弃专政手段。其目的同样是为了巩固武周政权，开创新的局面，促成“盛世”的出现。

第二节 任贤纳谏

武则天深知人才的重要性。在她看来，君臣是荣辱与共的一个整体，治理国家必须君臣同心。帝王要躬亲庶政，任贤纳谏，“政由己出，明察善断”①，才能有所作为。

一 躬亲庶政

改唐为周时，武则天已年近古稀，但她仍保持着蓬勃向上的锐气。史载，“太后春秋虽高，善自涂泽，虽左右不觉其衰”②。长寿元年（692）九月，“齿落更生”。圣历二年（699）正月，生八字重眉。

这些都说明，她精力比较充沛。因为有比较充沛的精力和极强的事业心，“革命”后的前十年，武则天几乎每天都在处理朝政。“临御天下，忧劳兆庶。宵衣伫旦，望调东户之风；旰食忘眠，希缉南薰之化。”③

为了使各项政令有益于时，武则天十分注意了解民情。顺应民情，因势利导，是武则天的一贯思想。早在参与朝政之前，她就认识到上下蒙蔽的坏处。

临朝称制期间，在所修《臣轨》一书中，规定臣下应体察民情，做君主的手足耳目。设置铜匦的主要目的，也是为了征询群僚意见，了解人间真伪。

---

①（宋）袁枢撰：《通鉴纪事本末》卷30《武韦之祸》，中华书局，1964，第275页。

②《资治通鉴》卷205，则天后长寿元年，第6487页。

③《全唐文》卷96《搜访贤良诏》，第989页。

改朝换代之后，“忧劳天下百姓，恐不得所”[①]，更加注意了解民情。除继续利用铜匭等手段外，还常常派遣使节“察吏人善恶，观风俗得失”[②]，甚至亲自过问民间“细事”。

明代所绘武则天像

圣历元年（698），则天曾问群臣：“比在外有何好事？”[③]久视元年（700），又问鸾台侍郎同平章事陆元方以“外事”，元方回答说：“人间细事，不足烦圣听”，则天不悦，免去了元方的宰相职务[④]。

根据了解到的情况，充分听取大臣意见，采取相应的政策，是武则天的一贯做法。凡是有关巩固政权及国计民生的事，她都要广泛听取大臣意见，经过反复考虑，使做出的决定尽量符合实际，然后“布政于有司”。

为了及时处理各种问题，武则天除每日早朝以外，还特令宰相轮流宿值[⑤]。就这一点来讲，她和唐太宗有相似之处。若就对朝政的重视、勤奋程度而言，她并不比太宗逊色。

武则天深知权柄的重要，因而总是紧握权柄，“政由己出”，防止大权旁落。所谓“宵分辍寝，日旰忘食，勉思政术，不惮劬劳”[⑥]，居内慑外，以保证国家机器的正常运行。

---

①《全唐文》卷211《上军国利害疏》，第2137页。

②《全唐文》卷247《论巡察风俗疏》，第2496页。

③《旧唐书》卷186《郭霸传》，第4848页。

④《资治通鉴》卷206，则天后久视元年，第6545页。

⑤《唐会要》卷82《当直》，第1516页。

⑥《全唐文》卷96，武则天《求访贤良诏》，第990页。

二 打击酷吏

史学界有一种比较流行的观点，说武周时期是酷吏、外戚和男宠的天下。的确，武则天曾给酷吏、外戚、男宠以一定的特权。但是，武则天只是把他们当作自己登基和巩固统治的特殊工具；一旦这个目的达到了，便加以剪除或限制。

从大量材料来看，酷吏并没有掌握朝廷要职。当时最有名的酷吏是索元礼、周兴和来俊臣。索元礼官止游击将军（从五品上），周兴止尚书左丞（正四品上），来俊臣止殿中丞（从五品上）、司仆少卿（从四品上）。此三人皆未至宰辅。

酷吏中当上宰相的只有二人。一个是傅游艺，一个是吉顼。傅游艺天授元年（690）九月同凤阁鸾台平章事，二年（691）九月下狱自杀，一年之间，有两个“建树”：一是“诬族皇枝”，说李氏宗室谋反，要求“大义灭亲”；一是奏流人怨望，请发六道使杀之。吉顼严格地说并不是酷吏，《新唐书》就没有把他列入《酷吏传》，尤其是为相不足一年，即因与武懿宗争功失职，没有发挥多大作用。

可见，酷吏虽然有时使“朝官侧目”，但根本不能左右国家政治。从本质上讲，酷吏只是武则天打击政敌，诛锄异己，建立和巩固武周政权的工具。

三 制约男宠

史载，武则天的男宠，前有薛怀义、沈南璆，后有张易之、张昌宗。这些男宠，也不过是武则天的面首、卫士和监视贵戚、大臣的工具。

薛怀义在“革命”前颇得则天信任，“出入乘厩马，中官侍从，诸武朝贵，匍匐礼谒，人间呼为薛师”[①]。曾护修白马寺，督作明堂，

①《旧唐书》卷 183《外戚・武承嗣附薛怀义传》，第 4741 页。

为清平道行军大总管击突厥，与僧法明等撰《大云经疏》言武氏符命。可以说对武周政权的建立有汗马之劳。

“革命”后，怀义日益骄横，“厌入宫中，多居白马寺，刺血画大像，选有膂力白丁度为僧，数满千人”[①]。侍御史周矩弹劾他，武则天替他辩护说：“此道人风病，不可苦问，所度僧任卿勘当。”周矩“穷其状以闻”，于是，“诸僧悉配远州”。

证圣元年（695），明堂失火，怀义负有管理不善的责任，受到武则天的责备，然犹令充使重作。其后薛怀义更加跋扈，言多不顺。于是武则天“密选宫人有力者百余人以防之”，“执之于瑶光殿前树下，使建昌王武攸宁帅壮士殴杀之。送尸白马寺，焚之以造塔”[②]。

当薛怀义厌入宫中之后，御医沈南璆得幸。他不过是个给武则天看病的医生，未见其有政治活动。

至于二张，是初唐宰相张行成的族孙，家世较显赫。易之初以门荫入仕，累迁尚乘奉御，年20余，“白皙美姿容，善音律歌词”。昌宗与易之颇为相似，而容貌过之。万岁通天二年（697），经太平公主推荐，张昌宗入侍禁中，昌宗又推荐了易之。“由是兄弟俱侍宫中，皆傅粉施朱，衣锦绣服，俱承辟阳之宠。”[③]

对于二张，武则天颇为倚重。以昌宗为云麾将军，行左千牛中郎将，易之为司卫少卿，赐第一区，物五百段及奴婢驼马等。因此，不到一个月，弟兄俩贵震天下。诸武氏登门拜访，看其颜色行事，称易之为“五郎”，昌宗为“六郎”。甚至有的大臣也前来阿谀奉承。如杨再思说：“人言六郎面似莲花，再思以为莲花似六郎，非六郎似莲花也。”[④]

---

①《旧唐书》卷183《外戚·武承嗣附薛怀义传》，第4742页。

②《资治通鉴》卷205，则天后天册万岁元年条，第6502页。

③《旧唐书》卷78《张行成传附二张传》，第2706页。

④《旧唐书》卷90《杨再思传》，第2919页。

崔融乃咏诗以为绝唱："昔遇浮丘伯，今同丁令威。中郎才貌是，藏史姓名非。"①

圣历二年（699），武则天置控鹤府官，任命张易之为控鹤监，正三品。久视元年（700）以控鹤监为天骥府，又改奉宸府，罢监为令，以左右控鹤为奉宸大夫，易之复为令。武则天曾"命易之、昌宗与文学士李峤等修《三教珠英》于内殿"②。

从上述情况来看，男宠确曾受到过武则天的宠爱。也正因为如此，武则天落了个"淫荡之君"的丑名。事实上，千百年来攻击武则天"淫荡"的人大都是处于"男尊女卑"的偏见，并没有多少事实根据。

自秦汉以来，按照"礼仪"，帝王应有内职，所谓三宫六院七十二妃。实际上历代帝王莫不充实宫掖，荡情帷幄。就拿最有贤名的唐太宗来说，后宫也是妃嫔如云。武则天南面而立，按"礼"应当有一定数量的妃嫔。但她是一个女子，只是宠爱了几个"面首"，这与其他帝王相比，本来是微不足道的。

值得注意的是，薛怀义受宠之时，武则天已60余岁。二张入宫之日，武则天已年逾古稀。何况薛怀义不久即"厌入宫中"居白马寺。二张也不住在宫中，而有自己的"甲第"。直到武则天病重时，二张才整日侍疾身边，组成"看守内阁"。因此，要说武则天"淫荡"实在是很牵强的。

武则天之宠幸"面首"，主要有两个原因：一是这些人本身有一定才能，如薛怀义精明强干，沈南璆通晓医术，二张善歌舞音律，可供宫中驱使。二是为了保护自己，监视大臣，牵制外戚。

本来，"男宠"的角色可由宦官顶替。但由于其一，武则天通文史，懂得东汉宦官专权的教训；其二，武则天是女皇帝，认为自己用男宠是理所当然的。因此，她没有重用宦官，而选择了男宠。

---

①《旧唐书》卷78《张行成传附二张传》，第2706页。

②《资治通鉴》卷206，则天后久视元年条，第6546页。

虽然武则天对男宠比较信任，但并不让他们执掌朝廷大权。这一点，从男宠所担任的职务中便可以清楚地看出。

史载："苏良嗣遇僧怀义于朝堂，怀义偃蹇不为礼；良嗣大怒，命左右捽曳，批其颊数十。怀义诉于太后，太后曰：'阿师当于北门出入，南牙宰相所往来，勿犯也。'"[①] 这件事也说明，武则天是不许男宠染指相权的。

武则天对男宠的态度也不是一成不变的。薛怀义被杀就是很好的证明，所以说武周是男宠的天下也是站不住脚的。

四 限制外戚

武周"革命"之际，外戚势力得到大发展，封王者达十二人之多。然而，与东汉的外戚相比，他们不免大为逊色。不但经济上如此，政治上也是如此。终则天之世，外戚至宰辅者三人，即武承嗣、武攸宁、武三思[②]。

武承嗣是外戚中的骨干分子，先后四度为相，历时四年有余。在这段时间，其主要活动有二：一是劝武则天"尽诛皇室诸王及公卿中不附己者"，一是固求皇储之位。前者则天依计施行，后者"则天竟不忤"[③]。

武攸宁三度为相，历时三年。武三思二次执政，前后不过两载。此二人对政治皆未产生重大影响[④]。

外戚主要是用来监视大臣的。但在很多情况下，武则天相信宰相胜于相信外戚。

如《旧唐书》卷 89《狄仁杰传》载，则天知仁杰之狱有冤，特

---

①《资治通鉴》卷 203，则天后垂拱二年条，第 6441 页。

② 拙作《武周宰相数目考》，刊《唐史论丛》第五辑。

③《旧唐书》卷 183《武承嗣传》，第 4729 页。

④《新唐书》卷 60《宰相表》；同书卷 206《武攸宁传》。

免其死。武承嗣屡请诛之，则天说：“朕好生恶杀，志在恤刑。涣汗已行，不可更返。”

又如同书卷 87《李昭德传》载：“时则天以武承嗣为文昌左相，昭德密奏曰：‘承嗣陛下之侄，又是亲王，不宜更在机权，以惑众庶。且自古帝王，父子之间，犹相篡夺，况在姑侄，岂得委权与之？脱若乘便，宝位宁可安乎？’则天矍然曰：‘我未之思也。’承嗣亦尝返谮昭德，则天曰：‘自我任昭德，每获高卧，是代我劳苦，非汝所及也。’承嗣俄转太子少保，罢知政事。”[①]

五 选贤任能

事实上，武则天最器重的人不是酷吏，不是外戚，也不是男宠，而是有经邦济国之才的贤良。她让贤才居要职，任宰相，掌中枢，协助她治理大周天下。这主要表现在以下几个方面。

1. 求贤若渴

武则天深知自己深居皇宫，虽宵衣旰食，终不能独理天下，遍览神州。只有依靠众多的“时贤”，才能共康天下。她说：“济时之道，求贤是务”[②]，“上之临下，道莫贵于求贤”[③]。因而特别注意人才的擢拔。

早在即位前，她就多次颁发《求贤制》，大力搜求才学之士。登基后，在这方面做得更加突出。

其一，进一步发展科举制，注意通过常举和制举选拔人才。

科举是当时选拔人才的重要途径之一。武则天令贡举人停习无补于世的《道德经》，学习所撰《臣轨》一书，更新了考试内容。

---

①《旧唐书》卷 87《李昭德传》，第 2854 页。

②《全唐文》卷 96《改元光宅赦文》，第 995 页。

③《全唐文》卷 96《求访贤良诏》，第 990 页。

唐制，士人经科举考试合格后，须经吏部铨选方可任官。“武太后又以吏部选人多不实，乃令试日自糊其名，暗考以定等第。糊名自此始也。”[1]经过一段实践，在她看来，糊名考判，“非委任之方”[2]，罢而不用。

由于武则天“大开举尔之科，广陈训迪之典”[3]，“大搜遗逸，四方之士应制者向万人”[4]。天授二年（691）以后，每年通过科举入仕的人数，都有增加的趋势。

其二，经常要求臣下自荐并推荐人才。

天授二年十月，“制官人者咸令自举”[5]。此外，确有才能，愿意仕进者平时亦可投匦自荐。

鉴于许多名士不愿自荐的情况，武则天特别强调推荐，把荐举人才作为官僚的一项任务，“屡回旌帛，频遣搜扬”[6]。

她在证圣元年（695）诏书中说：“其长才广度，沈迹下僚，据德依仁，韬声幽闭，怀辅佐之器，乏知己之容，宜令京官职事五品以下，及制史、上佐、县令，量各准状荐举。”[7]

其后武则天又下诏说：“或英谋冠代，雄略过人，总韩白以先驱，掩孙吴而得隽；或力能拔距，勇绝蒙轮，冒白刃其如归，抢苍璧而不顾；或迹隐廛肆，身讬村闾，行虽犯于流俗，器乃堪于拯难，或捷如迅电、走若追风，弯弧则七札洞开，奔陈则重围自溃；并有思于制命，俱未遇于时须。可令文武内外官五品及七品已上清官及外官刺史都督等，

①（唐）杜佑：《通典》卷15《选举三》，中华书局，1988，第364页。

②《新唐书》卷45《选举志》，第1175页。

③《全唐文》卷374，张倚《对长才广度沉迹下僚策》，第3803页。

④（唐）刘肃：《大唐新语》卷8《文章》，中华书局，1984，第127页。

⑤《旧唐书》卷6《本纪六·则天皇后》，第122页。

⑥《全唐文》卷96，武则天《求访贤良诏》，第990页。

⑦《全唐文》卷96，武则天《明堂灾手诏》，第989页。

于当管部内，即令具举。且十室之邑，忠信尚存；三人同行，我师犹在。会须搜访，不得称无。”①

武则天有时还特别要求某些大臣荐举有关人才。如圣历元年（698），令宰相各举尚书郎一人。长安（701 ~ 704）初，令雍州长史薛季昶择僚吏堪任御史者②。长安四年（704），令宰相各举堪为员外郎者。

当然，武则天是要求推荐真贤的，“务取得贤之实，无贻滥吹之讥”③。对于“非举其士”的人，予以贬责；对于“荐若不虚”的人，则予以褒奖。范履冰尝举犯逆者，因而被杀。狄仁杰荐其子光嗣为地官员外郎，很称职，武则天高兴地夸奖说：“举善不避仇亲，卿是继祁奚矣。”

狄仁杰像

在这种情况下，人以荐贤为忠，有才者多被荐于中央。《朝野佥载》载：并州人毛俊子年 4 岁，千字文皆能默写，则天召见试字。《唐诗纪事》卷 78 载：如意中（692），有女子年 9 岁，能吟诗，则天试之，皆应声而就。由此可知当时荐才范围之广。

当时，出现了一些以荐才而著名的官吏。如朱敬则。“敬则知政事时，每以用人为先。桂州蛮叛，荐裴怀古；凤阁舍人缺，荐魏知古；右史缺，荐张思敬。则天以为知人。”④又如狄仁杰。“仁

①《全唐文》卷 96，武则天《求访贤良诏》，第 990 页。
②《旧唐书》卷 81《卢承庆传》，第 2749 页。
③《全唐文》卷 96，武则天《改元光宅诏》，第 995 页。
④《旧唐书》卷 90《朱敬则传》，第 2917 页。

杰常以举贤为意，其所引拔桓彦范、敬晖、窦怀贞、姚崇等，至公卿者数十人”[①]。再如卢承泰。承泰字齐卿，为雍州录事参军，“时则天令雍州长史薛季昶择僚吏堪为御史者，季昶以闻齐卿，荐长安尉卢怀慎李休光、万年尉李乂崔湜、咸阳丞倪若水、周至尉田崇辟、新丰尉崔日用，后皆至大官”[②]。

由于武则天通过各种渠道，命令、鼓励荐举人才，又不限门第高下、富贵贫贱，也不限种落族属、离京远近，甚至下制“缘逆人亲属，有能公勤清白者，自当随才擢用，不以为瑕”[③]。“君子盈朝，求之恒如不及。”[④]因而，选司空前忙碌，以至出现了“多士如林，扬己露才，干时求进”的局面[⑤]。

对此，封建史家颇多异议，今人亦多谓之太滥。其实，这正是武则天超越其他帝王的地方。她敢于冲破以往狭窄的选官范围，不拘一格选拔人才，因而谋臣猛将和文苑俊杰大批涌现，这不仅是治理大周所必需的，而且也为后来开元盛世的出现准备了一个重要条件。

2. 赏善罚恶

武则天深明用人之道，因而坚持对众多的官员，进行认真地筛选，赏善罚恶，进贤才，退不肖。对于从各地搜求来的人才，武则天皆予厚待，“量才授职”[⑥]。

天授二年（691）创立试官制度，也就是让他们担任一定职务而锻炼他们的政治才干。试官规模相当庞大，仅长寿元年（692）一月一次就擢试百余人。武则天“引见存抚使所举人，无问贤愚，悉加擢

①《旧唐书》卷89《狄仁杰传》，第2894页。

②《旧唐书》卷81《卢承庆附卢承业传》，第2749页。

③《全唐文》卷213，李峤《为百僚贺恩制表》，第2402页。

④（宋）李昉等编:《文苑英华》卷618《百僚贺恩制》，中华书局，1996，第3293页。

⑤《全唐文》卷273，崔沔《应封神岳举对贤良方正策第一道》，第2773页。

⑥《全唐文》卷95，武则天《定伎术官进转制》，第983页。

用，高者试凤阁舍人、给事中，次试员外郎、侍御史、补阙、拾遗、校书郎”[①]。

有人对她这种做法进行攻击，她也满不在乎。《朝野佥载》卷4载：“则天革命，举人不试皆与官，起家至御史、评事、拾遗、补阙者，不可胜数。张鷟为谣曰：‘补阙连车载，拾遗平斗量。杷推侍御史，椀脱校书郎。’时有沈全交者，傲诞自纵，露才扬己，高巾子，长布衫。南院吟之，续四句曰：‘评事不读律，博士不寻章。面糊存抚使，眯目圣神皇。’遂被杷推御史纪先知捉向左台，对仗弹劾，以为谤朝政，败国风，请于朝堂决杖，然后付法。则天笑曰：‘但使卿等不滥，何虑天下人语？不须与罪，即宜放却。’”[②]

如果我们把这件事与她读骆宾王《为徐敬业传檄天下文》时的情形联系起来，足见她的心胸宽广。

为了使试官和现任官能发挥出他们的政治才能，武则天向他们提出了较高的要求。在他们赴任时，往往赐袍训诫。

天授二年（691）二月，“朝集使、刺史赐绣袍，各于背上绣成八字铭”[③]。

天授三年（692）正月二十二日，“内出绣袍，赐新除都督、刺史。其袍皆刺绣作山形，绕山勒回文铭曰：‘德政惟明，职令思平，清慎忠勤，荣进躬亲。’”此后每新除都督刺史，都以这种绣袍赐之[④]。

长寿三年（694）四月，又“敕赐岳牧（即都督刺史）金字、银字铭袍”[⑤]。五月二十二日，“出绣袍以赐文武官三品已上。其袍文仍各有训诫。诸王则饰以盘龙及鹿，宰相饰以凤池，尚书饰以对雁，

①《资治通鉴》卷205，则天后长寿元年条，第6477页。

②《朝野佥载》卷4，第89页。

③《旧唐书》卷45《舆服志》，第1953页。

④《唐会要》卷32《异文袍》，第582页。

⑤《旧唐书》卷45《舆服志》，第1953页。

左右卫将军饰以对麒麟……文铭皆各为八字回文。其辞曰：‘忠贞正直，崇庆荣职。文昌翊政，勋彰庆陟。懿冲顺彰，义忠慎光。廉正奉公，谦感忠勇。’”①

不仅如此，武则天还加强了左右肃政台的力量，常常派使者对官吏进行督促检查。检查的项目很多，达30余项，全面衡量，以确定升降。若政有殊绩，试官亦得正授超迁；若无所作为，或有恶迹，正员亦加贬责。对情况比较突出的，武则天皆亲自予以处理。

史载，她的堂姐的儿子宗秦客兄弟居官贪浊，“奸赃事发”，武则天毫不留情，将他们“配流岭外”②。

陆余庆虽然长得挺漂亮，又能言善辩，但无真才实学，受命草诏，至晚尚未写成，则天不悦，“责授左司郎中”③。

尹思贞累转明堂令，以善政闻。契丹侵扰，河朔不安，思贞善于绥抚，境内遂安，“则天降玺书褒美之”④。

杨元琰“号为善政”，累迁安南副都护，历任蕲、蒲、晋、魏、宣、许六州刺史，凉、梁二州都督，荆州长史，“前后九度清白升进”，则天“累降玺书褒美”⑤。

韦安石性持重，为政清严，当并州司马，十分称职。则天手制慰劳说：“闻卿在彼，庶事存心，善政表于能官，仁明彰于镇抚。如此称职，深慰朕怀。”⑥

王方庆任广州都督，保护工商，禁止贪暴，境内清肃，“当时议者以为有唐以来，治广州者无出方庆之右”，则天下制褒奖说：“朕

---

①《唐会要》卷32《异文袍》，第582页。

②《旧唐书》卷92《宗楚客传》，第2971页。

③《旧唐书》卷88《陆元方传附陆余庆传》，第2877页。

④《旧唐书》卷100《尹思贞传》，第3109页。

⑤《旧唐书》卷185《杨元琰传》，第4810页。

⑥《全唐文》卷95，武则天《劳韦安石手制》，第981页。

以卿历职著称，故授此官，既美化远闻，实副朝寄。今赐卿杂彩六十段并瑞锦等物，以彰善政也。”[①]

姚𪻺降任益州大都督府长史，“蜀中官吏多贪暴，𪻺屡有发擿，奸无所容”[②]。则天降玺书嘉勉说：“夫严霜之下，识贞松之擅奇；疾风之前，知劲草之为贵。物既有此，人亦宜哉。卿早荷朝恩，委任斯重。居中作相，弘益已多；防边训兵，心力俱尽。岁寒无改，始终不渝……果能揽辔澄清，下车整肃。吏不敢犯，奸无所容，前后纠擿，盖非一绪。”[③]并对侍臣说：“凡为长官，能清自身者甚易，清得僚吏者甚难。至于姚𪻺，可谓兼之矣。”[④]

对于智能之士，武则天尤其珍爱，往往破格提拔。

殷仲容精通书法，知名当时，则天爱其才，官至申州刺史[⑤]。李迥秀雅有文才，当时称为风流之士，“则天雅爱其材，甚宠待之，掌举数年，迁凤阁舍人”[⑥]。

韦承庆才思敏捷，学识渊博，“虽军国大事，下笔辄成，未尝起草”，自天授（690 ~ 691）以后，三掌天官选事，给授平允，海内称之。则天寻拜为凤阁侍郎，同凤阁鸾台平章事，仍依旧兼修国史[⑦]。

韦承庆的弟弟韦嗣立补任县令，政绩显著，承庆自凤阁舍人因病去职，则天召嗣立说：“卿父往日尝谓朕曰：‘臣有两男忠孝，堪事陛下。’自卿兄弟效职，如卿父言。今授卿凤阁舍人，令卿兄弟自相

①《旧唐书》卷 89《王方庆传》，第 2897 页。

②《旧唐书》卷 89《姚𪻺传》，第 2903 页。

③《旧唐书》卷 89《姚𪻺传》，第 2903−2904 页。

④《旧唐书》卷 89《姚𪻺传》，第 2904 页。

⑤《旧唐书》卷 58《殷峤传》，第 2312 页。

⑥《旧唐书》卷 62《李大亮附李迥秀传》，第 2309 页。

⑦《旧唐书》卷 88《韦思谦附韦承庆传》，第 2865 页。

替代。”立迁凤阁舍人[①]。

王及善退休在家闲居，值契丹侵扰，授滑州刺史。将行，则天问以朝廷得失，及善备陈治乱之宜十余道。则天说：“彼末事也，此为本也。卿不可行”，认为让王及善任地方官是大材小用了，乃留拜内史[②]。

唐休璟谙练边事，自碣石西逾四镇，绵亘万里，山川要害，皆能熟记。长安年间（701 ~ 705）西突厥乌质勒与诸蕃不和，举兵相持，安西道绝。则天令休璟与宰相商议对策。休璟草奏，诏依施行。结果程期一如休璟所言。则天对休璟说：“恨用卿晚！”遂迁为夏官尚书、同凤阁鸾台三品[③]。

李峤善文章，少时与骆宾王、刘光业齐名，又颇有政术。武则天甚为器重，“朝廷每有大手笔，皆令峤为之”[④]。诸如此类，俯拾即是，不胜枚举。

后来促成“开元盛世”的许多著名大臣，都经受过武则天的赏识和提拔。姚崇、宋璟、张说就是如此。

姚崇“少倜傥，尚气节，长乃好学”[⑤]，应下笔成章举，迁夏官郎中。当时契丹扰河北，兵机填委，姚崇“剖析若流，皆有条贯”，“则天甚奇之，超迁夏官侍郎，又寻同凤阁鸾台平章事”，位至宰相[⑥]。

宋璟“少耿介有大节，博学，工于文翰”。举进士中第，累转凤阁舍人。“居官鲠正”，“武后高其才”[⑦]，“甚重之”[⑧]。

---

①《旧唐书》卷 88《韦思谦附韦嗣立传》，第 2865-2866 页。

②《旧唐书》卷 90《王及善传》，第 2910 页。

③《旧唐书》卷 93《唐休璟传》，第 2979 页。

④《旧唐书》卷 94《李峤传》，第 2993 页。

⑤《新唐书》卷 124《姚崇传》，第 4381 页。

⑥《旧唐书》卷 96《姚崇传》，第 3021 页。

⑦《新唐书》卷 124《宋璟传》，第 4389 页。

⑧《旧唐书》卷 96《宋璟传》，第 3030 页。

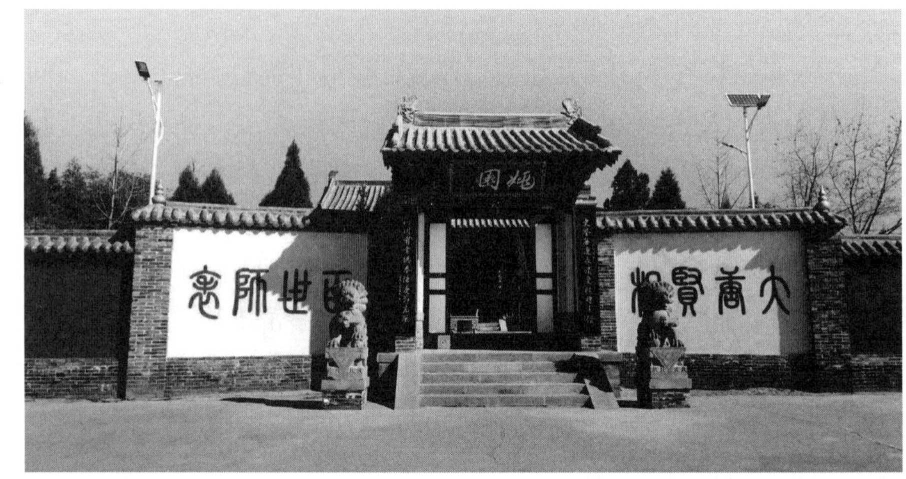

姚崇墓园

张说“为文俊丽，用思精密”，“尤长于碑文、墓志”，与苏颋齐名，有“大手笔”之称[①]。《大唐新语》卷 8 载：“则天初革命，大搜遗逸四方之士，……御雄阳城南门，亲自临试。张说对为天下第一。……拜太子校书，仍令写策本于尚书省，颁示朝集（使）及蕃客等，以光大国得贤之美。”可见张说亦是由于武则天的擢拔才脱颖而出的。

此外，萧至忠、郭元振、张嘉贞等人也是如此。

萧至忠长于击断，誉重当时。迁监察御史，劾凤阁侍郎苏味道贪赃事。则天重之，“超拜吏部员外郎”[②]。

郭元振“少有大志”，“任侠使气，拨去小节”[③]，曾盗铸及掠卖部中人口千余，百姓厌苦。则天闻之，使籍其家，唯有书籍数百卷，资财皆济人[④]。武则天召之，将责问，“既与语，奇之，索所为文章，

①《旧唐书》卷 97《张说传》，第 3057 页。

②《新唐书》卷 123《萧至忠传》，第 4371 页。

③《大唐新语》卷 8《文章》，第 127 页。

④（唐）刘悚：《隋唐嘉话》卷下，中华书局，1979，第 48 页。

上《宝剑篇》，后览嘉叹，诏示学士李峤等，即授右武卫司铠曹参军，进奉宸监丞”[①]。

张嘉贞弱冠应五经举，拜平乡尉，坐事免归乡里[②]。后来张循宪以御史身份出巡，在蒲州驿遇到疑难问题，经人推荐，与张嘉贞相见，嘉贞迅速帮助循宪解决疑难，并代为草表。回朝后，则天问及表奏，循宪以实对，因请以己官让之。则天说：“卿能举贤美矣，朕岂可无一官自进贤耶！”乃召见嘉贞，次日，拜监察御史[③]。

武则天奖拔人才还有一个特点，那就是没有成见，主要看其是否称职。被贬降的人，若有殊政，照样褒奖提升，反复使用。

这一点，王孝杰的履历便是明证。王孝杰为武威军总管，长寿元年（692），率军收复安西四镇，则天大悦，拜左卫大将军，不久出将入相。证圣初为朔方道总管，出讨吐蕃，败绩，被削职为民。万岁通天元年（696），复诏以白衣领清边道大总管，统兵18万以讨契丹，战死，诏赠夏官尚书，封耿国公[④]。

犯人的后代，亦许做官。史载，“太后命宰相各举堪为员外郎者，韦嗣立荐广武令岑羲曰：‘但恨其伯父长倩为累。’太后曰：‘苟或有才，此何所累！’遂拜天官员外郎。”[⑤]

因此，中唐名相陆贽评论说：“往者则天太后践祚临朝，欲收人心，尤务拔擢，弘委任之意，开汲引之门，进用不疑，求访无倦，非但人得荐士，亦许自举其才。所荐必行，所举辄试，其于选士之道，岂不伤于容易哉！而课责既严，进退皆速，不肖者旋黜，才能者骤升，是以当代谓知人之明，累朝赖多士之用。此乃近于求才贵广，考课贵

①《新唐书》卷122《郭元振传》，第4361页。

②《旧唐书》卷99《张嘉贞传》，第3090页。

③《大唐新语》卷6《举贤第十三》，第97页。

④《旧唐书》卷93《王孝杰传》，第2886页。

⑤《资治通鉴》卷207，则天后长安四年条，第6574页。

精之效也。”①

北宋史学家司马光也说：“太后虽滥以禄位收天下人心，然不称职者，寻亦黜之，或加刑诛。挟刑赏之柄以驾驭天下，政由己出，明察善断，故当时英贤亦竞为之用。”②

这些评论是比较符合实际的。其中“求才贵广，考课贵精”，“不称职者，寻亦黜之”等评语，也是中肯的。

须知，一个官吏的贤愚，不能凭主观的想象，需要依据事实才能作出判断。皇帝考察大臣是要有一个过程的。既然武则天一旦发现官吏不称职，便加以贬黜，就不能说她滥用官吏。

上官婉儿像

应该承认，无论是在求贤的迫切、选贤的严格上，还是在得贤的人数和质量上，武则天都是封建帝王中首屈一指的。

还应该指出，武则天选拔贤才，考核官吏，是既重德，又重才的。

其一，武则天十分爱惜人才，即使是敌人、政敌的后代，只要有真才实学，她都能改变政治态度，尽量擢为己用。

史载，上官仪被杀后，其孙女上官婉儿自幼没入宫中，长大后天性韶警，才华横溢，为女中骄子。武则天爱惜其才，自万岁通天以后，令掌诏命，曾忤旨当诛，则天又惜其才，“止黥而不

① 《旧唐书》卷139《陆贽传》，第3803页。

② 《资治通鉴》卷205，则天后长寿元年条，第6478页。

杀也”[①]，“百司表奏，多令参决”[②]。

术士尚献辅精于历算，召拜太史令。献辅自以山野之人，不能屈事长官，请求归山。则天惜其才，特敕太史局为浑天监，自为职局以留之[③]。

契丹将领李楷固善用绢素，百无一失，马上使弓刀，尤如飞仙，曾擒官军将领麻仁节、张玄遇等人，后力屈被俘。则天“惜其材不杀，用以为将”[④]。

其二，特别尊重并注意保护直臣，就是那些对武周政权忠心耿耿，敢于讲真话，办实事的贤臣。

宰相周允元死，“则天为七言诗以伤之，又自缮写，时以为荣”[⑤]。

陆元方在官清谨，再为宰相，“则天将有迁除，每先以访之”[⑥]。

王方庆家多书籍，则天访王羲之遗墨，方庆献十卷。“则天御武成殿示群臣，仍令中书舍人崔融为《宝章集》以叙其事，复赐方庆，当时甚以为荣”[⑦]。

崔玄日韦为天官侍郎，公正自守，杜绝请谒，不走后门。及转文昌左丞，月余，则天召曰：“自卿改职以来，选司大有罪过，或闻令史乃设斋自庆，此欲盛为贪污耳。今要卿复旧任。”又除天官侍郎，赐杂彩七十段[⑧]。

武则天尊重大臣，从对狄仁杰的态度可以看得更加清楚。狄仁杰

---

①《新唐书》卷76《上官昭容传》，第3488页。

②《旧唐书》卷51《上官昭容传》，第2175页。

③《旧唐书》卷36《天文志》，第1335页。

④《朝野佥载》卷6，第139页。

⑤《旧唐书》卷90《周允元传》，第2924页。

⑥《旧唐书》卷88《陆元方传》，第2875页。

⑦《旧唐书》卷89《王方庆传》，第2899页。

⑧《册府元龟》卷461《台省部·宠异》，第5494页。

“出移节传，播良守之风；入践台阁，得名臣之体”[①]。“太后信重内史梁文惠公狄仁杰，群臣莫及。常谓之国老而不名。仁杰好面引廷争，太后每屈意从之。尝从太后游幸，遇风吹仁杰巾坠，而马惊不能止，太后命太子追执其鞚而系之。仁杰屡以老疾乞骸骨，太后不许。入见，常止其拜，曰：‘每见公拜，朕亦身痛。’仍免其宿直，戒其同僚曰：‘自非军国大事，勿以烦公。’”[②]且制字袍赐仁杰：“敷政术，守清勤。升显位，励相臣。”[③]

当耿直大臣被人陷害时，武则天总是尽力予以营救。除“大赦”外，还常常亲自出面“保驾”。如狄仁杰在汝南任职时，“甚有善政”，但有人上表说仁杰的坏话。武则天不为所惑，更以仁杰为宰相。后来酷吏来俊臣诬告仁杰谋反，武承嗣亦屡请诛之。则天既知其枉，坚决不许，说“朕好生恶杀，志在恤刑。涣汗已行，不可更返”[④]。

陆元方为凤阁舍人，判侍郎事时，为酷吏所陷，“则天手敕特赦之”[⑤]。

苏良嗣当宰相时，与地官尚书韦方质有隙。方质坐事当诛，诬引良嗣。“则天特保明之”[⑥]。

武承嗣潜毁李昭德，武则天说：“自我任昭德，每获高卧，是代我劳苦，非汝所及也。”[⑦]

则天令诸相各述书传中善言。周允元说：“耻其君不如尧、舜。”武三思以为语有指斥，纠而驳之。则天曰“闻此言足为诫，岂特将为

---

①《全唐文》卷 95，武则天《授狄仁杰内史制》，第 984 页。

②《资治通鉴》卷 207，则天后久视元年条，第 6550-6551 页。

③《全唐诗》卷 5，武则天《制袍字赐狄仁杰》，第 59 页。

④《旧唐书》卷 89《狄仁杰传》，第 2889 页。

⑤《旧唐书》卷 88《陆元方传》，第 2875 页。

⑥《旧唐书》卷 75《苏世长附苏良嗣传》，第 2630 页。

⑦《旧唐书》卷 87《李昭德传》，第 2854 页。

过耶”[①]。

宋璟为官刚正不阿，亦经常遭到酷吏、男宠们的攻击，张易之等常想陷害他，但“则天察其情，竟以获免”[②]。

所有这些，都充分说明，由于武则天的保护，狄仁杰等大臣才能位居中枢，参与国家决策，发挥其应有的作用。

有人指责武则天的用人，说所用宰相绝无才能、绝无表现者居多，并举杨再思、苏味道等人为例。其实，这只是没有深入研究而得出的偏见。

固然，在武则天所用宰相中，有极个别人缺乏才能，但那大都有特殊原因，而且很快都被罢免了。凡是武则天重信的宰相，都有相当高的才能，也决非绝无表现。

就拿苏味道和杨再思来说。苏味道年轻时与李峤齐名，学识渊博，文辞冠代，“才学识度，物望攸归”[③]；“善敷奏，多识台阁故事”[④]。且克己奉公，弟弟走后门，也不开绿灯。只因初入相时，为人所质，一时不能答对，横手于“床棱”。遂被抓为口实，称“横棱手”。而史家借题发挥，说味道尝谓人曰：“处事不宜明白。”[⑤]

杨再思也有一定的学识，尤其重于公事。“恭慎畏忌，未尝忤物。”“能得人主微旨，主意所不欲，必因而毁之，主意所欲，必因而誉之。”[⑥]

因此，说苏味道和杨再思屈事男宠未尝不可，但要说全是草包则与事实不符。天下一统，要求每个人在政治上都有重大建树是不可能

①《旧唐书》卷90《周允元传》，第2924页。

②《旧唐书》卷96《宋璟传》，第3013页。

③《朝野佥载》卷4，第87页。

④《旧唐书》卷94《苏味道传》，第2991页。

⑤《资治通鉴》卷206，则天后圣历元年条，第6535页。

⑥《旧唐书》卷90《杨再思传》，第2918页。

的。且武则天高瞻远瞩，励精图治，既需要一批出谋划策、面引廷争的“智囊”“诤臣”，也需要一批奉旨办事，勤勤恳恳的忠臣。

像苏味道这样有才学，善敷奏，多识台阁故事，又有较高威信的人，留在中枢机构并没有什么坏处。至于像杨再思这样“能得人主微旨”的人在当时的中枢机构中也是不可缺少的。

六 虚心纳谏

武则天广集人才，赏善罚恶，用贤不疑，确实表现得极为突出。不仅如此，她还能虚心纳谏，充分发挥诸贤的集体智慧。

在《臣轨》一书中，武则天就提出，臣子应外扬君之善，内匡君之恶。所谓“匡君之恶”，就是要群僚犯颜进谏，纠正她的过错。

改朝换代之初，武则天继续使用酷吏，万机独断，似乎不能纳谏。史载，天授二年（691）正月，御史中丞知大夫事李嗣真以酷吏纵横，上疏进谏：“今告事纷纭，虚多实少，恐有凶慝阴谋离间陛下君臣。古者狱成，公卿参听，王必三宥，然后行刑。比日狱官单车奉使，推鞫既定，法家依断，不令重推；或临时专决，不复闻奏。如此，则权由臣下，非审慎之法，倘有冤滥，何由可知！况以九品之官专命推覆，操杀生之柄，窃人主之威，……国之利器，轻以假人，恐为社稷之祸”，结果“太后不听”。[①]但是，这并不是由于武则天拒谏饰非，而是由于李嗣真所谏，脱离了当时实际。

当时武周政权刚刚建立，人心未定，潜在的反对派仍有相当的实力，需要继续用酷吏来防乱制乱，稳定局势。在这种情况下要求杜告密之门，断酷吏之手，显然是不合适的，因此武则天不听是必然的。

待政局逐渐稳定之后，当右补阙朱敬则、侍御史周矩等人进谏，要求诛杀酷吏，缓刑省法时，“太后善之，赐帛三百段”，“颇采其言”[②]。

①《资治通鉴》卷204，则天后天授二年条，第6471页。

②《资治通鉴》卷205，则天后长寿元年条，第6486页。

这也说明，武则天不纳李嗣真之言，并不是拒谏，而是比他站得高，看得远。

值得注意的是，武则天虽然没有采纳李嗣真等人的意见，但为了防止酷吏继续制造冤案，故意安插了一些用法平允的法官，如徐有功、杜景俭、李日知等。

徐有功名弘敏，以字行。“为政宽仁，不行杖罚”[①]，“卓然守法，虽死不移。”[②]则天令与来俊臣、周兴一起推案制狱。有功“常于殿论奏曲直”，“前后济活数十百家”[③]。

杜景俭“性严正”，“用法宽平”。则天用为司刑丞，令与徐有功、来俊臣、侯思止专知诏狱。时称“遇徐、杜者必生，遇来、侯者必死”[④]。

李日知用法“平宽无文致”。天授年间任司刑丞。曾为一死囚与司刑少卿胡元礼发生争执。元礼说：“吾不去曹，囚无生理。”日知说：“仆不去曹，囚无死法。”以至两状齐上，“而武后用日知议”[⑤]。

事实上，武则天用这些法官防止重用酷吏可能造成的冤假错案，也是纳谏的一种表现。

政权稳固后，武则天一方面打击酷吏，另一方面，健全谏官制度，多置拾遗、补阙，扩大谏官队伍。重用贤臣，鼓励进谏，从谏如流，越到后来越为突出。她常下诏求谏：

天册万岁元年(695)一月，“遣内外文武百官九品以上，各上封事，极言正议，无有所隐”[⑥]。万岁登封元年（696）四月，“命文武官九品以上极言时政得失”[⑦]。

---

①《旧唐书》卷 85《徐有功传》，第 2818-2819 页。

②《旧唐书》卷 85《徐有功传》，第 2818 页。

③《旧唐书》卷 85《徐有功传》，第 2818 页。

④《旧唐书》卷 90《杜景俭传》，第 2911-2912 页。

⑤《新唐书》卷 116《李日知传》，第 4241 页。

⑥《全唐文》卷 96，武则天《明堂灾手诏》，第 989 页。

⑦《旧唐书》卷 6《则天皇后本纪》，第 125 页。

有时还特诏大臣言天下利害及为政之要。就连陈子昂那样的“拾遗”，也得以多次上书。对于臣下的批评意见，她也能虚心接受。

延载元年(694)九月，武则天出梨花一枝以示宰相，宰相皆以为瑞，杜景俭独以为不然。则天曰：“卿真宰相也。”[①]

天册万岁元年（695），获嘉主簿彭城刘知几表陈四事：

其一，“今六合清晏而赦令不息，近则一年再降，远则每岁无遗……望陛下而今而后，颇节于赦，使黎氓知禁，奸宄肃清”。

其二，“海内具僚九品以上，每岁逢赦，必赐阶勋……臣望自今以后，稍息私恩，使有善者逾效忠勤，无才者咸知勉励”。

其三，“陛下临朝践极，取士太广……若遂不加沙汰，臣恐有秽皇风”。

其四，“今之牧伯迁代太速……望自今刺史非三岁以上不可迁官，仍明察功过，尤甄赏罚”。疏奏，则天“颇嘉之”[②]。

圣历年间（698 ~ 700）武则天欲冬季讲武，延入孟春。王方庆上疏切谏，认为妨害农时。则天手制回答说：“循览所陈，深合典礼，若违此请，乃月令虚行。伫启直言，用依来表。”[③]

久视元年（700）四月，则天幸三阳宫避暑。有胡僧请观葬舍利，则天许之。狄仁杰认为不可。则天中道而起，说:“以成吾直臣之气。”[④]

七月，则天欲造大佛像，令天下僧尼日出一钱以助其功。狄仁杰以为有损百姓，不利于国，上书极谏。则天说：“公教朕为善，何得相违！”[⑤]遂罢其役。

十一月，宫中饮宴，张易之引蜀商宋霸子等数人，韦安石上奏：

①《资治通鉴》卷205，则天后延载元年条，第6497页。

②《资治通鉴》卷205，则天后天册万岁元年条，第6500—6501页。

③《旧唐书》卷89《王方庆传》，第2900页。

④《资治通鉴》卷206，则天后久视元年条，第6546页。

⑤《资治通鉴》卷206，则天后久视元年条，第6500页。

“商贾贱类，不应得预此会。”令左右逐出，在座同僚无不失惊。则天“以其言直，劳勉之”[①]。

十二月，凤阁舍人崔融认为禁屠无益，上书进谏。则天于是“复开屠禁”[②]。诸如此类实在难以备述。

中国历史上一些有作为的皇帝，统治前期颇能任贤纳谏，晚年却往往刚愎自用，如秦始皇、汉武帝、隋文帝、唐太宗，这里可拿武则天与最享纳谏盛誉的唐太宗相比较。

唐太宗贞观初中期素以纳谏著称，但到了暮年，“虑人致谏”或“杜谏者之口”[③]；而武则天则不然，她与太宗一样能够虚怀求谏，所不同的是晚年愈能纳谏，而无拒谏之意，这是武则天在位的又一特点。

总观武则天治理大周，审时度势，在意识形态领域利用儒、佛、道，宣传天命，制造舆论，统一人们思想，励精图治，躬亲庶政，独掌大权，又通过各种手段，选拔有用之才，健全中枢机构，发挥他们的积极作用。她所任用的宰相，绝大部分都有相当的才能[④]。因而，武周时期在政治上是很有起色的，不仅下情得以上达，而且朝廷政令也能够雷厉风行，直达边陲。

这一点，史书中有许多材料，也可以从《敦煌资料》和《吐鲁番出土文书》中找到证明。虽然中央和地方曾出现过个别贪残之徒，但天下之大，这样的事情即使在贞观时期亦难避免。因此，可以说，武周时期的政治是颇为清明的。

---

①《资治通鉴》卷207，则天后久视元年条，第6553页。

②《资治通鉴》卷207，则天后久视元年条，第6554页。

③《全唐文》卷140，魏徵《谏太宗十思疏》，第1419页。

④ 详见拙作《武则天与宰相》，收入《武则天与乾陵》一书，三秦出版社，1986。

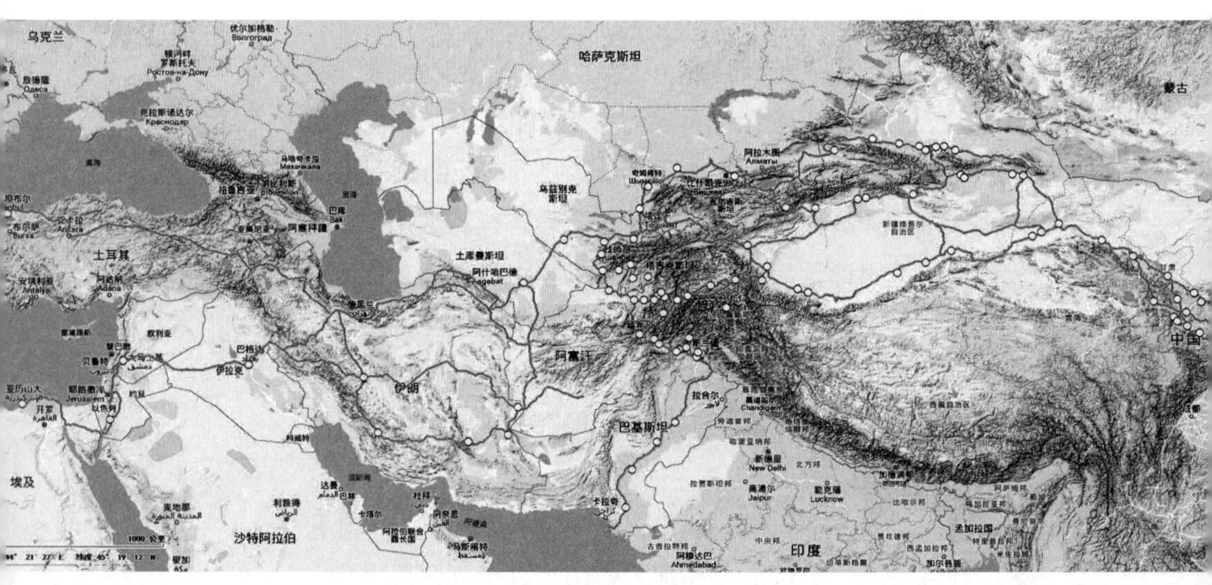

丝绸之路

第十二章

【发展经济】

作为大周王朝的创建者，武则天对社会经济非常重视。她在辅佐高宗、临朝称制时期即注意发展经济，当皇帝后，又采取了一些发展经济的措施，从而使武周时期的社会呈现出继续发展的态势。

第一节 发展经济的措施

为了发展社会经济，武则天在当政期间采取了劝课农桑、释放奴婢、屯田营田、兴修水利等措施。这些措施对以农业为主的社会生产起到了一定的推动作用。

一 劝课农桑

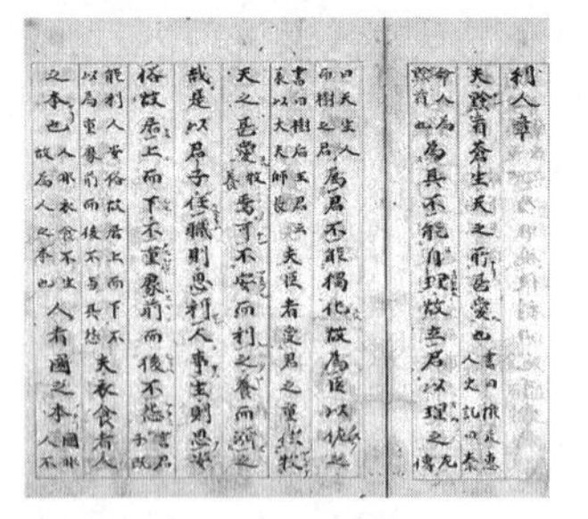
利人章

武则天《臣轨》利人章书影

早在当皇后时，武则天就曾向高宗建言十二事，其中第一条就是“劝农桑，薄徭赋”[①]。她亲自执政以后，在《臣轨》一书中又说：“然俱王天下者，必国富而粟多，粟生于农，故先王贵之……田垦则粟多，粟多则人富。”她懂得“建国之本，必在于农”，“家足人足，则国自安焉”。

垂拱二年（686）四月，武则天将所撰农书《兆人

①（宋）欧阳修、宋祁等：《新唐书》卷76《后妃·高宗顺圣皇后武则天传》，中华书局，1975，第3477页。

本业记》发给诸州来京的朝集使，颁行天下。以后唐朝历代皇帝都推崇武则天的这部农书，“每年二月一日，以农务方兴，令百僚具则天大圣皇后所删定《兆人本业记》进奉”[①]，成为定制，足见其影响是很大的。

为发展农业生产，武则天以境内农田状况作为奖惩官吏的标准。临朝称制伊始，即规定州县境内，如果“田畴垦辟，家有余粮”，就对该州县长官予以升官的奖励；如果“为政苛滥，户口流移”，那么一定对该州县长官予以惩处，“轻者年终贬考，甚者非时解替”[②]。

二 释放奴婢

奴婢部曲制度，是秦汉以来残留的落后制度。隋唐之际，这种制度渐趋衰落，但唐初仍有大量奴婢存在，且多为宗室贵族所占有。唐高宗显庆二年十二月敕：“放还奴婢为良及部曲客女者听之。”但是收效甚微，宗室贵族依然占有许多奴婢，如越王贞的家童奴婢能打仗的就有 1000 余人。

武则天认为这种情况有百害而无一利，“于是制王公以下奴婢有数”[③]，即只准许王公以下按照身份占有一定数量的奴婢、部曲，其余一概放免。对于所占奴婢、部曲、客女，也要登记年龄、姓名，造为帐册[④]。不许随意杀害奴婢、部曲、客女。奴婢死了，还要向官府报告。

吐鲁番阿斯塔那 35 号墓出土的文书中，有一份武周证圣元年（695）申报奴婢死亡的事牒。该牒内容不多，兹抄录如下：

---

①（唐）吕温：《吕衡州集》卷 4《代文武百僚进农书表》，商务印书馆，1935。

②（宋）宋敏求撰：《唐大诏令集》卷 110《诫励风俗敕》，中华书局，2008，第 570 页。

③（宋）王溥撰：《唐会要》卷 86《奴婢》，中华书局，1955，第 1569 页。

④ 国家文物局古文献研究室等编：《吐鲁番出土文书》第 7 册，《武周先漏新附部曲客女奴婢名籍》，文物出版社，1980，第 455-463 页。

启主李康师婢杏女

右件婢今月中旬死

牒件状如前谨牒

鏊壂（证圣）元年闰二

此外，“革命”前后，允许奴婢告主[1]。万岁通天元年(696)九月，“士庶家童仆，有骁勇者，官酬主直，并令讨击契丹”[2]。从上述情况来看，武周时期奴婢的数量减少了，身份也有所提高。这对于农业生产的发展是一个有利的因素。

三 屯田营田

屯田营田是在边疆地区实行的农业政策。武周时期，娄师德、郭元振等人在西部屯田营田，成绩相当显著。

娄师德，出身庶族，20岁进士及第。上元初（674），任监察御史，后因从军讨吐蕃有功，升殿中侍御史，兼河源军（在今青海省西宁市）司马，并且掌管营田事务。天授初（690），累授左金吾将军，兼检校丰州（治所在今内蒙古五原）都督，仍依旧掌管营田事务。他“率士屯田，积谷数百万，兵以饶给，无转饷和籴之费”[3]。

武则天对此非常满意，降书慰劳说：“自卿受委北陲，总司军任，往返灵（灵州，治所在今宁夏灵武）、夏（夏州，治所在今陕西靖边北），检校屯田，收率既多，京坻遽积。不烦和籴之费，无复转输之艰，两军及北镇兵数年咸得支给。”

以前靠和籴，即征购粮食供应军需，转运艰苦，劳民伤财，现在靠屯田积谷即可支军粮数年。因此武则天甚为高兴，不久任娄师德为宰相。她对娄师德说：“王师外镇，必藉边境营田”，让他兼任河源、

---

①（唐）刘肃撰：《大唐新语》卷4，中华书局，1984，第57页。

②《唐会要》卷86《奴婢》，第1569页。

③《新唐书》卷108《娄师德传》，第4092页。

积石、怀远等军及河、兰、鄯、廓等州检校营田大使。神功元年（697），又让娄师德充任陇右诸军州大使，仍检校河西营田事[①]。

在武则天的信任和支持下，娄师德对河源军等地农牧业的发展，起了很大的促进作用。

郭元振也是进士出身，才兼文武。大足元年（701）武则天任郭元振为凉州都督、陇右诸军大使。在此之前，凉州（治所在今甘肃武威）封界南北不过400余里，突厥、吐蕃经常侵扰至城下，百姓深受其害。元振开始在南境硖石设置和戎城，北界碛中又设置白亭军，控制其交通要道，开拓州境1500里。从此突厥、吐蕃不敢深入侵扰。

郭元振在凉州五年，军威大振，生产发展，“牛羊被野，路不拾遗”[②]，因此史家称誉“唐兴以来，善为凉州者，郭居其最”[③]。

郭元振命令甘州（治所在今甘肃张掖）刺史李汉通“开置屯田，尽其水陆之利”。之前凉州粟麦每斛贵至数千文，自从李汉通开垦屯田，连续几年获得丰收之后，粮价下跌，乃至一匹绢能买粟麦数十斛，积军粮可供数十年。

四 兴修水利

为发展农业生产，武则天还注意兴修水利。在她统治时期，地方水利建设蓬勃发展，仅《新唐书·地理志》记载，就有以下19项水利工程：

文明元年（684），陵州（治所仁寿，在今四川仁寿县）籍县令陈充复置汉阴堰，引汉水溉田200顷。

光宅元年（684），朗州刺史胡处立在武陵县（今湖南常德市）北开凿永泰渠，以通漕运。

---

①《旧唐书》卷93《娄师德传》，第2975–2976页。

②《旧唐书》卷97《郭元振传》，第3042–3044页。

③《唐语林》卷2，第107页。

垂拱初（685），关中虢县（今陕西宝鸡县）西北原有升原渠，引册水至咸阳。此时又引岐、陇水入京城长安。

垂拱四年（688），绵州巴西县（在今四川绵阳市东）长史樊思孝、县令夏侯爽在故渠基础上开广济陂，引渠溉田百余顷。同年，在泗州涟水（今属江苏）开成新漕渠，南连淮水，以通海、沂、密等州。

载初元年（689），在汴州开封县（今河南开封市）开凿湛渠，引汴水注入白沟，漕运曹、兖二州赋租。

载初中（689 ~ 690），冀州衡水（在今河北衡水之西）县令羊元圭引漳水北流，贯注护城壕，名羊令渠。

如意元年（692），在关中虢县东北10里开凿高泉渠，引水入县城。

长寿元年（692），桂州临桂县（在今广西桂林市西南）修筑相思埭，分相思水使东西流。

延载元年（694），冀州南宫县（在今河北南宫县西北）开通利渠，以便于灌溉农田。

证圣中（695），在楚州（治所山阳，在今江苏淮安市）宝应县西南80里，开白水塘、羡塘，设置屯田。

万岁登封元年（696），杭州富阳（今浙江富阳）县令李睿，在县城北14里的阳陂湖南修堤，“东自海，西至于苋浦，以捍水患”。

圣历初（698），朗州武陵县令崔嗣业于县北开津石陂，灌溉农田数百顷。崔嗣业又于县东修槎陂，用来灌溉农田。

大足元年（701）六月，在东都立德坊南，开洛漕新潭，安置诸州租船。

长安元年（701）十月以后，在彭州导江县（今四川灌县）修小堰，用以灌溉农田。

长安中（701 ~ 705），青州北海县令窦琰于故营丘城（今山东昌乐县东南）东北修渠，引白浪水曲折30里以灌溉农田，号窦公渠。

还有一项水利工程，开凿年代不详。史载，武后时，长安刘易从在彭州九陇县、唐昌县（今四川彭县及其西南一带）决唐昌县沲江，

“凿川派流，合堋口、埌岐水溉九陇、唐昌田，民为立祠”。

水利建设是农业发展的命脉。武则天时期，地方水利事业如此兴旺，必然促进农业生产的发展。

五 推行均田制度

均田制是适应当时生产力发展的一种土地制度。武则天统治时期，继续推行均田制。《周大足元年（701）沙州敦煌县效谷乡籍》中，有邯寿寿一户：

户主邯寿寿年伍拾陆岁白丁课户见输
女娘子年拾叁岁小女
亡弟妻孙年叁拾陆岁寡
计布二丈五尺
计麻三斤
计租二石
肆拾肆亩已授廿亩永业廿三亩口分
一亩居住园宅
合应授田壹顷叁拾壹亩
八十七亩未受同

籍中还有张玄均户：

户主张玄均年叁拾肆岁上柱国子课户见不输
母年陆拾贰岁寡
弟思寂年贰拾肆岁上柱国子
合应受田贰顷叁拾壹亩柒拾伍亩已受
卌（四十）亩永业卅五亩口分
一顷五十六亩未受[1]

①〔日〕池田温：《中国古代籍帐研究·录文》，中华书局，2007，第167-169页。

唐制："凡男女始生为黄，四岁为小，十六为中，二十有一为丁，六十为老"，"丁男中男以一顷（原注：中男年十八以上者，亦依丁男给），老男笃废疾以四十亩，寡妻妾以三十亩，若为户者，则减丁之半。凡田分为二等，一曰永业、一曰口分。丁之田二为永业，八为口分"[①]，这是均田制的主要内容。

与均田制相对应的是租庸调制，规定凡受田的丁男每年向国家交纳粟二石，称作租；交纳绢二丈、绵三两或布二丈五尺、麻三斤，称作调；每丁每年服徭役 20 天，如不服役，每天输绢三尺或布三尺七寸五分。

邯寿寿一户共一丁一寡，应受田一顷三十亩，另有一亩园宅地，因此所记"合应受田壹顷叁拾壹亩"，正与唐制符合。

至于已受田仅 44 亩，尚有 87 亩未受，实受数不足应受数之半，这在唐朝也是普遍存在的。许多地区所耕之田，一户不过 10 亩、5 亩。唐太宗曾亲自察看狭乡灵口（今陕西临潼东）均田制实施情况，每丁受田才 30 亩[②]，不足法定的三分之一。

唐代沙州敦煌县属人稠地少的狭乡，在武则天时每丁受田只达到法定的三分之一，这是很正常的。当然，百姓不论受田多少，每丁必须按规定向唐王朝承担租庸调。敦煌属产布之县，邯寿寿一户有一丁，交纳布二丈五尺、麻三斤、租二石，完全符合唐制。

张玄均一户共二丁一寡，应受田二顷三十亩，另有一亩园宅地，因此所记"合应受田贰顷叁拾壹亩"，亦正符合唐朝田令。其中 40 亩永业田已受足，口分田欠一顷五十五亩，未受一亩园宅地，因此"一顷五十六亩未受"，也完全属实。由于户主与其弟皆为上柱国子，所以虽为应课户但暂时可以不输纳，这也是唐朝所明文规定的。

---

①（唐）李林甫等撰：《唐六典》卷 3《尚书户部》，中华书局，1992，第 13、74 页。

②《册府元龟》卷 105《惠民》，第 1257 页。

从以上两户受田者的记载可知：武则天在西部边陲沙州敦煌县确曾推行过均田制，而且严格按照唐代田令办事，在户籍中有详细记载。那么不言而喻，武则天在内地推行过均田制。有人认为武则天破坏了均田制，缺乏应有的事实根据。

第二节 经济发展状况

由于武则天采取了发展经济的措施，因而武周时期的社会经济得到了发展。这在农业、手工业和商业方面都有充分的表现。

一 农业的发展

正因为武则天重视农业生产，又采取了奖励垦辟，广开屯田，兴修水利，推行均田制等措施，农业生产发展情况较好。

其一，户口显著增加。

永徽三年（652）唐朝共有户口 385 万，至神龙元年（705）武则天死时，有户口 615.6141 万[①]，有人口 3714 万[②]。50 多年间，人口几乎翻了一番。

武则天统治时幅员辽阔，人口已经较前增加。武则天还采取人口增殖的措施，令“天下百姓，皆须嫁娶以时，勿使外有旷夫，内有寡女”[③]。如果政府没有足够的粮食储备，武则天会这样做吗？

其二，粮食储备丰富。

首先，国家仓库里储满了粮食。

陈子昂说：“太原蓄钜万之仓，洛口积天下之粟，国家之宝，斯

①《唐会要》卷 84《户口数》，第 1550—1551 页。

②《资治通鉴》卷 208，中宗神龙元年条，第 697 页。

③《全唐文》卷 96，武则天《改元载初赦文》，第 997 页。

为大矣。”[①] 杨齐哲说：“神都帑藏储粟，积年充实，淮海漕运，日夕流衍。”[②] 张说亦曾说，神都帑藏储粟，积年充实[③]。陈子昂还说，仅江、淮南诸州租船就有数千艘，载粮百余万斛[④]。他们都是当时人谈当代事，应属可信。

1971 年考古工作者在洛阳发掘隋唐含嘉仓时，仅一窖中发现的一大堆炭化谷子，估计存放时就有 25 万公斤。根据从窖中发现的许多刻有“天授”“长寿”“万岁通天”“圣历”等年号的砖铭推断，这堆谷子绝大部分是武则天时期储藏的[⑤]。这就足以证明，当时国家的仓库里确实装满了粮食。

含嘉仓砖铭

其次，地方州县储粮也很多。

唐代常平仓多用和籴粟储存，以备急需。而武则天登基后不久，便于证圣元年（695）三月二十一日敕令“州县军司府官等，不得辄取和籴物，亦不得遣人替名代取”[⑥]，使州县和籴粟受到国家保护。当时正是和籴制度

①（唐）陈子昂著，徐鹏校：《陈子昂集》卷 94《谏灵驾入京书》，中华书局，1960，第 200 页。
②《唐会要》卷 27《行幸》，第 518 页。
③《全唐文》卷 223，张说《谏避暑三阳宫疏》，第 2256 页。
④《全唐文》卷 211，陈子昂《上军国机要事》，第 2136 页。
⑤《洛阳隋唐含嘉仓的发掘》，刊《文物》1972 年第 3 期。
⑥《唐会要》卷 90《和籴》，第 1636 页。

更加全面推广的时期，并且起了一定的积极作用[①]。

唐代义仓粟始于贞观二年，太宗采纳戴胄的建议，每亩纳粟二升，交于州县以备凶年。其后至“高宗、武太后数十年间义仓不许杂用”[②]，严格遵守储粮备荒的原则。

酷吏来俊臣滥用御史中丞的职权，欲用蓝田县义仓米数千石偿还私债，因受到县令薛讷的抵制未能得逞[③]。这说明当时义仓粟是不许私人侵吞或挪为他用的，也说明当时州县确实储藏有大量的义仓粟。

由此可见，武则天统治时期，不仅神都、太原等地官仓储粮丰富，而且存放在州县的和籴粟、义仓粟亦堆满了仓库。在人口不断增加的情况下，还有这么多的粮食储备，这只能说明农业生产发展不错。

二 手工业的进步

农业的发展促进了手工业的发展。唐代掌管手工业的中央机构主要是少府监、将作监等。武则天光宅元年（684）改少府监为尚方监，分中尚、左尚、织染、掌治等五署；改将作监为营缮监，掌营构宫室房屋，制作砖瓦等[④]。

武周时期采矿业很发达。除国家开采外，允许私人经营。规定“凡天下诸州出铜监。铁之所，听人私采，官收其税”[⑤]。

当时称颂武周德政，立天枢，铸九鼎，耗费大量铜铁。立天枢，用铜50万斤（约合今29.8万公斤），费铁330余万斤（约合196.9

① 详见赵文润：《唐代和籴制度的渊源》，刊《陕西师大学报》1986年第2期；《唐代和籴制度的性质及作用》，刊《唐史论丛》第5辑。

②《旧唐书》卷49《食货下》，第2123页。

③《旧唐书》卷93《薛讷传》，第2983页。

④《通典》卷27《职官九》，第160页；《唐会要》卷66《少府监》《将作》，第1155—1156页。

⑤《唐六典》卷22《少府监》，第577页。

万公斤）；铸九鼎，共用铜 56.07 万余斤（约合今 33.4 万公斤）。足见铜铁产量之巨大。与此相关的铸造业也很发达。

天册万岁元年（695）四月，天枢铸成，“高一百五尺，径十二尺，八面，各径五尺。下为铁山，周百七十尺，以铜为蟠龙麒麟萦绕之；上为腾云承露盘，径三丈，四龙人立捧火珠，高一丈。工人毛婆罗造模，武三思为文，刻百官及四夷酋长名，太后自书其榜曰‘大周万国颂德天枢’”[①]。

法门寺出土舍利金棺

神功元年（697）四月，九鼎铸成，神都洛阳的豫州鼎高丈八尺，余州高丈四尺，“各图山川物产于其上”[②]。

1971 年发掘乾陵陪葬墓之一章怀太子墓，出土文物 600 多件，其中有铜镜一面，光泽如新，镜上有麒麟、龙凤等图案和铭文，文字是：“鉴若止水，光如电耀，仙客来磨，灵妃往照，鸾翔凤舞，龙腾麟跳，写态微神，凝兹巧笑。”这正是铜镜图案的写照[③]。这些都说明当时冶金和铸造技术已十分精湛。

另外，1964 年 12 月在甘肃泾川县发现武周延载元年的遗物泾州大云寺舍利石函、金棺等[④]，亦反映

①《资治通鉴》卷 205，则天后天册万岁元年夏四月条，第 6502–6503 页。

②《资治通鉴》卷 206，则天后神功元年夏四月条，第 6517 页。

③ 杨正兴：《乾陵》，见《武则天与乾陵》，三秦出版社，1986，第 137 页。

④ 甘肃省文物工作队：《甘肃省泾川县出土的唐代舍利石函》，见《文物》1966 年第 3 期。

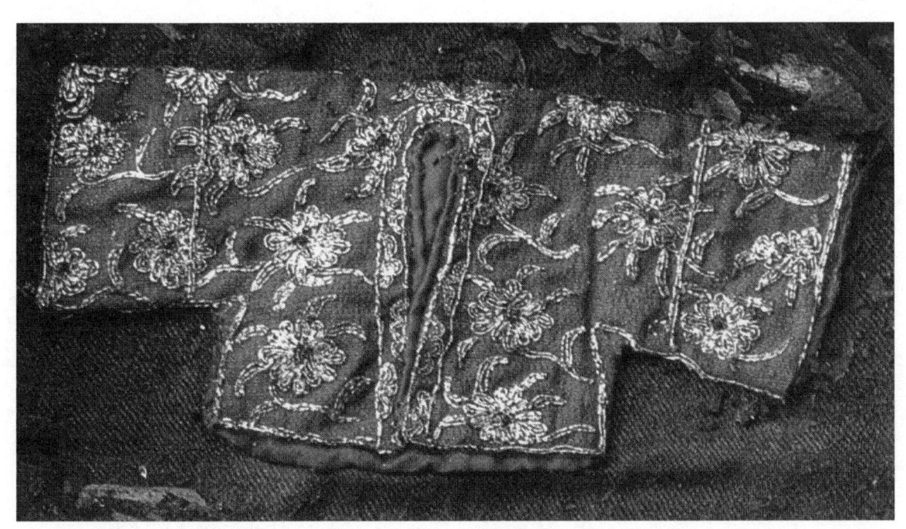

法门寺出土丝织半臂

出当时金银器物制造的工艺水平确实很高。

武周时期虽一度限制民间织锦[①]，但纺织业特别是丝织业仍有一定程度的发展，主要由官府经营。

据《唐六典》卷7《尚书工部》记载，唐代少府监工匠1.985万人。垂拱元年（685）的尚方监，有“短蕃匠五千二十九人，绫锦坊巧儿三百六十五人，内作使绫匠八十三人，掖庭绫匠百五十人，内作巧儿四十二人，配京都诸司使杂匠百二十五人”[②]，共5794人，显然不是尚方监的全部，但其中纯属纺织工匠者有598人，占工匠的十分之一多，可见武周政权对纺织业的重视。

尚方监所辖织染署，是专管纺织和染练的，主要供织染皇家冠冕、贵族衣物，匠作内部分工细密，工序繁多，制造出来的丝织品质地精良，花色艳丽，久享盛誉。

---

①《资治通鉴》卷205，第6477—6516页。

②《新唐书》卷48《百官志》，第1269页。

1987年5月从陕西扶风法门寺地宫中发现的一批珍贵文物中，除举世瞩目的四枚佛指舍利以外，尚有唐代的金、银、玉、瓷、铁、石、漆、丝、玻璃等手工业制品400多件，其中还有一件武则天的裙子。这充分说明丝织等手工业的发达。

当时纺织业发达，其特点之一是生产区域相当普遍。不仅内地，而且西部边陲的纺织业亦很发达。20世纪以来在吐鲁番的阿斯塔那、哈拉和卓两墓地，以及敦煌莫高窟，都曾发现了大批唐代丝织品。属于武则天亲政前的，有阿斯塔那出土的永徽四年（653）的随葬物——联珠对马纹绵、联珠对孔雀纹绵、联珠戴胜鸾鸟纹绵、龟背"王"字纹绵等，永淳二年（683）的随葬物——用果绿、墨绿、黄、棕、白五色丝线织成的宝相花、白色联珠带、黄色晕涧、四件锦条等[①]，反映出武则天统治时期丝织品花色的繁多和技术的高超。

其特点之二是发展程度高。不仅官营作坊分工细密，工匠众多，而且出现了较大规模的私人作坊，如定州的何明远，"资财巨万，家有绫机五百张"[②]，已明显有雇工劳动的现象。

武周时期的建筑业亦很发达，土木结构的建筑已达到成熟的阶段。当时，长安、洛阳、太原、扬州、益州、荆州等都市都得到了不同程度的维修或扩建，特别是长安和洛阳，出现了一些标志性的建筑。

长安城自高宗、武则天修筑含元殿和外郭城后基本定型。至武周时虽失去了政治、经济、军事中心的地位，但仍在发展之中，宫室宏伟，坊街整齐，市场繁荣，人口增长。

长安城中的大雁塔，始建于永徽三年（652），在大慈恩寺内，是高僧玄奘为安置由印度带回的佛经、佛像而亲自设计创建的。塔高

---

①《吐鲁番县阿斯塔那——哈拉和卓古墓群清理简报》，《文物》1972第1期，第8–29页。

②《朝野佥载》卷3，第75页。

大雁塔

最初只有五层，砖表土心，到了武则天长安年间（701 ~ 704）塔身倒塌，又精工重修，高 10 层、30 丈，全部用砖砌成。后留七层，迄今已近 1300 年之久。它雄伟壮丽，高耸入云，是我国楼阁式砖塔的典型，古城西安的象征。

洛阳是当时全国的政治、经济、文化、军事中心，其繁荣状况，可与长安媲美。

武则天时期加大了对洛阳的城市建设的力度，完善了洛阳的宫室、百司、市里和郛郭。实测该城以洛河为界，分为南北两个部分。洛河以南有南北向街道 12 条，东西街 6 条。洛河以北，有南北向街 4 条，东西向街 3 条。呈现出南宽北窄的特征①。宫城位于外郭城的西北部，以宫城应天门、皇城端门和郭城定鼎门为南北轴线②。外郭城

① 中国科学院考古研究所洛阳发掘队：《隋唐东都城址的勘查和发掘》，《考古》1961 年第 3 期。

② 朱世伟：《隋唐洛阳城布局与地理环境》，《洛阳大学学报》2003 年第 3 期；王维坤、张小丽：《论隋唐洛阳城的设计思想与影响》，《西北大学学报》2004 年第 4 期。

东墙长 7312 米，南墙长 7290 米，北墙长 6138 米，西墙长 6776 米。周长 27.52 公里，面积 47 平方公里。

为了使洛阳城能够符合天象，武则天在她当政时期在洛兴建了一系列大型的土木工程，铸大仪、作明堂、铸九鼎、立天枢、修天津桥，在很大程度上改变了洛阳的城市面貌。

三 商业的繁荣

武周时期的商业亦较前繁荣。其原因一是农业、手工业的发展，为商业的发展奠定了基础。二是唐太宗以来推行的各民族融合、经济开放政策，以及驿传制度的完备、交通便利、国力强盛等因素，促进了商业的发展。三是武则天本人的出身及采取的措施，对商业的发展都产生了积极的影响。

商业繁荣的主要表现是“市”的增加和城市贸易的发达。唐初京城长安有东西二市，是商业集中场所，东市“市内货财二百二十行，四面立邸，四方珍奇，皆所积集”[①]；西市“市内店肆如东市之制”[②]。东都洛阳有南、北二市，南市有“一百二十行，三千余肆”[③]。就是说，仅南市就有 120 种行业，3000 余家店肆。

由于人口增多，生产发展，旧市已不能满足商业交易的需要，便增加新市场或扩大规模。天授三年（692），在神都洛阳增置西市[④]。长寿二年（693），武则天令宰相李昭德增筑罗郭城（即外郭城），“城内纵横各十街，凡坊一百十三，市三”[⑤]。

---

①《唐两京城坊考》卷 3，第 124 页。

②《唐两京城坊考》卷 4，第 208 页。

③《唐两京城坊考》卷 5，第 315 页。

④《册府元龟》卷 504《邦计部・关市》，第 6408 页。

⑤《唐两京城坊考》卷 5，第 262 页。另据《唐会要》卷 86《城郭》条载，神都外郭城是长寿元年九月开始修筑的。

扬州是长江下游经济发达的城市。长安年间（701 ~ 705），苏瓌任扬州大都督府长史，当时“扬州地当冲要，多富商大贾，珠翠珍怪之产”[①]。

广州是岭南地区的经济都会。武周时，王綝（字方庆）曾任广州都督。当时广州的海外贸易很发达，“南海岁有昆仑舶市外区琛琲，前都督路元睿冒取其货，舶酋不胜忿，杀之。方庆至，秋毫无所索”[②]。

四 交通运输

“市”的增多和城市贸易的繁盛，又促进了交通事业的发展。武周时驿站制度很完备，以神都洛阳与西京长安为中心通向全国各地。

武周疆域辽阔，东至大海，南达林邑，西尽波斯，北迄大漠，重要敕书日行 500 里[③]，武则天自制的新字在敦煌、吐鲁番等地都得到了认真推行[④]。这不仅说明武周政权的强盛，亦可证明当时交通确实发达，武则天的军政诏令才能如此畅通无阻。

长安三年（703），凤阁舍人崔融在给武则天上疏中，描述说：“天下诸津，舟航所聚，旁通巴、汉，前指闽、越，七泽十薮，三江五湖，控引河洛，兼包淮海。弘舸巨舰，千轴万艘，交贸往还，昧旦永日。”[⑤]由此可见，当时的水陆交通相当发达。

---

①《旧唐书》卷 88《苏瓌传》，第 2878 页。

②《新唐书》卷 116《王綝传》，第 4223 页。

③《全唐文》卷 96，武则天《改元载初赦文》，第 996—998 页。

④〔法〕戴仁：《敦煌和吐鲁番写本中的武则天时代的新字》，见《中国敦煌和吐鲁番学会研究通讯》1986 年第 4 期。

⑤《旧唐书》卷 94《崔融传》，第 2998 页。

鎏金银杯

第十三章

【巩固边防】

武周时期国家统一，疆域辽阔。在武周的外围和周边地区，存在着新罗、日本、天竺、波斯、吐蕃、突厥、回纥、契丹等许多国家和少数民族政权。这些国家和民族，曾经与唐王朝发生过密切的联系，必然也要与武周政权发生各种关系。因此，如何处理国际关系和民族关系，如何巩固边防，是武则天当政时期必须面对的又一个重要问题。

第一节　重视国际关系和民族关系

武则天对国际关系和民族关系是极为重视的。有关国际关系和民族关系的事，大都亲自予以处理。不仅如此，而且以抚慰和怀柔的准则，对承认武周地位，向往中原文化的国家和少数民族政权，皆予以支持、保护和优待。

一　对“番属”的睦邻友好

史载，武则天规定：“东至高丽国（朝鲜），南至真腊国（柬埔寨），西至波斯（伊朗）、吐蕃及坚昆都督府（今中亚叶尼塞河上游一带），北至契丹、突厥、靺鞨，并为入番，以外为绝域。”[①]

所谓“入番”，就是离武周神都较近的，应该来入贡的“藩属”；所谓“绝域”，就是不受武周管辖的、遥远的国度。

①（宋）王溥撰：《唐会要》卷100《杂录》，中华书局，1955，第1798页。

突
厥
契
丹
北庭都护府
龟兹
(新疆库车)
焉耆
(焉耆)
敦煌
(敦煌)
单于都护府
(和林格尔)
安东都护府
(平壤)
新
罗布泊
于阗
(和田)
幽州
(涿州)
南宫县
武
周
大非川
(青海共和县)
金城
(兰州)
青州北海县
汴州开丰县
泗州涟水
吐
蕃
(西安)
(洛阳市)
彭州导江县
彭州九陇县
彭州唐昌县
陵州
(成都)
逻些
(拉萨)
富阳
杭州
(杭州)
东
武陵县
交趾
(交趾)
大理
(大理)
临桂县
广州
(广州)
流求
竺
海南岛

武周时期疆域图

章怀太子墓礼宾图

对于藩属政权，武则天采取了睦邻友好的政策。如果这些国家的国王死了，武则天都予以册封。如垂拱年间（685 ~ 688），武则天以高丽已故国王高藏之孙宝元为朝鲜郡王。圣历初（698），进左鹰扬卫大将军，更封忠诚国王，使统安东旧部，未成行。次年，又以藏子德武为安东都督[①]。长寿二年（693）二月，新罗王金政明卒，武则

①（宋）欧阳修、宋祁撰：《新唐书》卷 220《高丽传》，中华书局，1975，第 6198 页。

天遣使立其子理洪为王，令袭为辅国大将军、左豹韬卫大将军、鸡林州都督。后来，理洪卒，复册其弟崇基为王，袭兄爵如故[①]。万岁通天元年（696），封康国大首领笃婆钵提为王。钵提卒，又册立其子泥涅师师[②]。

如果这些国家派使者来，武则天皆令予以厚待，甚至亲自接见。为了确保使者返途顺利，武则天除赏赐大量珍品作为回礼以外，还按路程远近，拨给粮料。南天竺、北天竺、波斯、大食等国使者，给6个月粮；尸利佛誓、真腊、诃陵等国使者，给5个月粮；林邑国使者，给3个月粮[③]。

史载，新罗王法敏死，子政明袭王，遣使者来朝，请要唐礼及其他文辞以学习中国汉文化，“武后赐《吉凶礼》并文词五十篇”[④]。

天授三年（692），东天竺王摩罗枝摩、西天竺王尸罗逸多、南天竺王遮逻婆、北天竺王娄其那那、中天竺王地婆西那并遣使朝贡[⑤]。则天喜，慰而遣之。

长安三年（703），日本遣大臣粟田朝臣真人来华贡献方物。《旧唐书》卷199《东夷·日本国传》载：“朝臣真人者，犹中国户部尚书，冠进德冠，其顶为花，分而四散，身服紫袍，以帛为腰带。真人好读经史，解属文，容止温雅。则天宴之于麟德殿，授司膳卿，放还本国。”

对于“绝域”，武则天也采取了友好的态度。其做法与唐太宗时代基本是一致的。

---

①《唐会要》卷95《新罗》，第1712页。

②《唐会要》卷99《康国》，第1774页。

③《唐会要》卷100《杂录》，1798页。

④《新唐书》卷220《新罗传》，第6420页。

⑤见《唐会要·天竺国》。《旧唐书·天竺国传》作二年。案，《旧唐书·则天本纪》亦作三年。又《会要》等皆作五天竺王并来朝献，然旧纪作遣使。因五王同来不大可能，暂从后者。

二 对边疆民族的怀柔抚慰

对于边疆少数民族政权，武则天的要求比对“藩属”要严。所谓严，并不是要求他们在经济上能对中央有多大帮助，而是要求他们在政治上绝对服从中央，各安其土，固守边疆。为了达到这一目的，武则天对这些少数民族政权实行了明显的抚慰政策。

一是广泛吸收少数民族成员参与武周政治。《朝野佥载》卷 4 载：“周则天朝，蕃人上封事，多加官赏。”这便是武则天吸引蕃人参政的明证之一。由于吸引蕃人做官，因而当时少数民族成员任文职，尤其是任武职者很多。如铁勒人契苾明为左鹰扬卫大将军兼贺兰都督，百济人沙吒忠义为右武卫将军，靺鞨人李多祚为右羽林大将军。

二是允许少数民族酋长改过、和亲。突厥默啜反叛，侵扰灵州（治所回乐，在今宁夏灵武县西南），杀掠居人。则天遣薛怀义为代北道行军大总管，率 18 将军前去讨伐，不遇而还。默啜遣使入朝，“则天大悦，册授左卫大将军，封归国公，赐物五千段”。翌年，加授“迁善可汗”[①]。后默啜请以女和亲，凤阁舍人张柬之以为不可，上书称：“自古未有中国亲王娶夷狄女者。”则天不以为然，“命淮阳王武延秀入突厥，纳默啜女为妃”[②]。

三是帮助少数民族政权发展经济。最明显的例子就是神功元年（697）给突厥谷种四万斛，杂彩五万段，农器三千件、铁器万斤[③]。这些种子、农具等等，对边疆少数民族地区的发展，无疑会产生积极的影响。

四是妥善安置降户。如意元年二月，吐蕃党项部万余人内附，五

①（后晋）刘昫等撰：《旧唐书》卷 194《突厥传》，中华书局，1975，第 5168 页。

②（宋）司马光撰：《资治通鉴》卷 206，则天后圣历元年条，中华书局，1965，第 6530 页。

③《资治通鉴》卷 206，则天后神功元年条，第 6516 页。

乾陵六十五蕃臣像

月，吐蕃 8000 内附；延载元年六月，永昌蛮 20 万户内附；神功元年，昆明内附；圣历二年七月，吐谷浑 1400 帐内附。对这些内附者，武则天皆予以存抚，并为其划定生活区域。

正因为武则天与唐太宗一样，在很大程度上排除了民族偏见，对少数民族采取了怀柔、抚慰政策，因而，她也与唐太宗一样，赢得了不少“蕃夷酋长”的支持和爱戴。天授元年九月，来到洛阳的“蕃夷酋长”与文武百官一起，上书赞成“革命”，请求武则天登基称帝，改唐为周。延载元年，“四夷酋长”又捐资请修“天枢”，以颂则天之德。

第二节 加强边防的各项措施

当然，对边疆少数民族的怀柔抚慰政策不是在什么情况下都能奏

效的。有时在执行怀柔政策时存在着一些问题，尤其是有些少数民族贵族受传统游牧生活方式的影响较深，不以安居为意，常欲掳掠纵欲。这不仅严重扰乱了内地人民的正常生活，妨害了社会经济的发展，而且削弱了国防力量，影响了帝国的安全。因此，武则天在实行怀柔政策的同时，对少数民族贵族的入侵深恶痛绝，予以坚决反击。同时，武则天还主动采取了许多巩固边防的措施。

一 收复安西四镇

“安西四镇”是唐王朝设在西域的四个军事重镇，初为龟兹（今新疆库车）、于阗（在今新疆和田南）、焉耆（在今新疆焉耆县西南）、疏勒，后以碎叶（在今中亚吉尔吉斯北部托克马克附近）代替焉耆，为龟兹、于阗、疏勒、碎叶。

安西四镇统辖天山以南的广大地区，对于畅通“丝绸之路”和巩固西北边防具有重要意义。高宗以后，由于突厥的再起和吐蕃的强大，安西四镇陷于吐蕃，朝廷几次废置[①]，西域局势动荡。武则天临朝之初，安西四镇仍为吐蕃所有。

当时高宗新崩，国有大故，不能西征。永昌元年（689），形势有所好转，武则天即命文昌右相韦待价为安息道大总管，安西大都护阎温古为副总管，讨伐吐蕃。

韦待价等至寅识迦河，逗留不进，败于吐蕃，加之遇上大雪，“士卒冻馁，死亡甚众”[②]。则天闻知大怒，“待价坐流绣州（治所常林，在今广西桂平县南），温古处斩”[③]。翌年，更以文昌右相岑长倩为

① 关于安西四镇的弃置情况，学术界有三种说法，即：三置三弃、四置四弃、五置五弃。

②《资治通鉴》卷 204，则天后永昌元年，第 6459 页。

③《旧唐书》卷 196《吐蕃传》，第 5225 页。

武威道行军大总管征讨吐蕃。但因武则天即将称帝，军队没有出发。

武周政权建立后，西州都督唐休璟“上表请复取四镇”[①]。武则天鉴于前几次军事上的失利，在统帅人选上特别慎重。

有一个将领叫王孝杰，京兆新丰（今属陕西临潼）人，高宗时随军征讨吐蕃，大非川战败被俘。吐蕃赞普（国王）看其貌像他父亲，厚加礼遇。久在吐蕃中，知其虚实，后放归。

武则天看到休璟表奏后，立即任命王孝杰为武威军总管，唐休璟和左武卫大将军阿史那忠节为副总管，率军直逼西域。长寿元年（692）十月，经过激烈的战斗，终于驱逐了吐蕃入侵者，“克复龟兹、于阗、疏勒、碎叶四镇而还”。

捷报传到神都，武则天极为高兴，对侍臣说：“昔贞观（627 ~ 649）中具竣得此蕃城，其后西陲不守，并陷吐蕃。今既尽复于旧，边境自然无事。孝杰建斯功效，竭此款诚，遂能裹足徒行，身与士卒齐力。如此忠恳，深是可嘉。”[②]遂拜王孝杰为左卫大将军。明年，迁夏官尚书、同凤阁鸾台三品，荣任宰相。新疆吐鲁番阿斯塔那 100 号墓出土《汜德达轻车都尉告身》，告身上是这样写的：

准垂拱二埀（年）十一匨（月）敕，金牙军拔于阗、安□、□勒、碎叶等四镇，每镇酬勋一转，破都历岭等阵，共酬勋叁转，总柒转。

西州汜德达高昌县

□□可轻车都尉

鸾台□□都□尉张贵卿等壹佰肆拾肆𠆤，并武艺可称，戎班早预，东逾兔堞，北指龙庭，既著美于摧凶，俾覃恩于赐勔，可依前件，□□□行。

延𢧌（载）元埀九匨廿九㊐（日）

① 《旧唐书》卷 93《唐休璟传》，第 2978 页。

② 《旧唐书》卷 93《王孝杰传》，第 2977 页。

（以下 25 行略）[1]

资料显示，武则天对收复安西四镇有功的一百四十四名士兵也进行了奖励。

二 派兵驻守边疆

“边疆”本是与“内地”相对而言的。没有“边疆”，也就无所谓内地。但是一些著名的大臣，往往看不到这一点，而认为“边疆”是无补于国家的不毛之地。太宗时的名相魏征就持有这种观点。武则天的大臣持此说者也不止一人。武则天虽十分注意纳谏，但对于这种言论，则一概弃而不用。

王孝杰收复安西四镇以后，鸾台侍郎狄仁杰请罢而不守。他上书说：“臣闻天生四夷，皆在先王封域之外。故东距沧海，西隔流沙，北横大漠，南阻五岭，此天所以限夷狄而隔中外也。自典籍所记，声教所及，三代不能致者，国家兼之矣。……陛下今日之土宇，过于周汉前朝远矣。若使越荒外以为限，竭资财以骋欲，非但不爱人力，亦所以失天心也。近者，国家频岁出师，所费滋广。西戍四镇，东戍安东，……费用不支，有损无益。……如臣所见，请捐四镇以肥中国，罢安东以实辽西。况绥抚夷狄，盖防其越逸。苟无侵侮之患则可矣，何必窥其窟穴，与蝼蚁计较长短哉！伏愿陛下弃之度外，无以绝域未平为念。但当敕边兵谨守，以待其自败，然后击之。”[2]

虽然狄仁杰是一位很有作为的政治家，但他在这份奏章中，仅仅看到了守四镇的艰难，而没有看到弃四镇的危害；仅仅提出敕边兵谨守，而没有看到四镇对“守边”的作用。因而“请捐四镇以肥中国”

---

① 国家文物局古文献研究室等编：《吐鲁番出土文书》第 7 册，文物出版社，1980，第 224–226 页。

② 《唐会要》卷 73《安西都护府》，第 1326 页。

的建议显然是错误的。

狄仁杰的建议一提出，右史崔融立即上书表示反对。他在回顾了唐虞（尧舜）以来“北狄”与中原王朝的关系之后说：“至国家，太宗方事外讨，复修孝武旧迹，并南山至于葱岭，尽为府镇，烟火相望焉。其在高宗，励精为政，不欲广地，务其安人。徭戍繁数，周度减耗，复命有司拔四镇。其后吐蕃果骄，大入西域，焉耆以西，所在城堡，无不降下，遂长驱东向，逾高昌壁，历车师庭，侵常乐县界，断莫贺延碛，以临我敦煌。伏赖主上神鉴通幽，冲机测远，下严霜之令，兴时雨之兵，乃命右相韦待价为安息道行军大总管、安西都护阎温古为副问罪焉。……至王孝杰而四镇复焉。今若拨之，是弃已成之功，忘久安之策。”[①]显然，崔融在这个问题上的见解比狄仁杰高明得多。

如果轻率地将安西四镇废弃，确实是“弃已成之功，忘久安之策”，不仅会丧失数千里江山，而且吐蕃等得寸进尺，将会带来更多的麻烦，甚至会使边疆地区为“绝域”所占，其后果是不堪设想的。因此，武则天毅然采纳了崔融的意见，保留了安西四镇，并将安西都护府移治于龟兹，“用汉兵三万人以镇之”[②]。

无独有偶。神功二年（698），蜀州刺史张柬之，请罢姚州都督府。姚州都督府始置于麟德元年，治昆明之弄栋川（今云南姚安）。每年由四川派兵500人戍守，指挥云南部落联合抗击吐蕃。天授中，武则天遣监察御史裴怀古安抚西南各民族。延载元年（694）六月，洱海地区首领董其率部落20余万户内附。接着，武则天又在姚州增设七镇，派兵驻守。

张柬之上疏要求罢掉姚州都督府和云南的一切军事设施，认为保留姚州都督府是空竭府库而受役蛮夷，建议“省罢姚府，使隶嶲府，

①《唐会要》卷73《安西都护府》，第1328页。

②《旧唐书》卷198《龟兹国》，第5304页。

岁时朝觐，同之蕃国。泸南（金沙江以南）诸镇，亦皆悉废，于泸北置关，百姓自非奉使入蕃，不许交通往来”[①]。武则天断然拒绝了这种错误主张，从而维持了武周政权对“南中”的统治。

三 建立第二道边防线

为了防止边疆少数民族贵族侵扰内地，造成边疆危机，武则天注意在与少数民族政权接近的地区设置第二道“边防线”。

首先，继续发挥各都护府的作用。

“革命”之初，安东、单于、安北、安西等都护府依然存在，只是安东治所由平壤迁至辽东地区，各府辖境稍有变化而已。圣历二年（699），合并安北、单于二都护府为安北都护府。长安二年（702），分安西都护府北境，置北庭都护府于庭州（今新疆吉木萨尔北破城子）。各都护府仍然设都护、副都护之职，以抚慰诸蕃，缉宁外敌。

其次，选用良将，镇守边陲。

要想保卫边疆，克敌制胜，没有良将是不行的。武则天很早就认识到了这一点。在《臣轨》一书中，武则天就曾列《良将》一章，提出良将要有五材四艺。所谓“五材”，指“智而不乱，明不可蔽，信不可欺，廉不可货，直不可曲”。所谓“四艺”，即“受命之日，忘家；出家之日，忘亲；张军鼓宿，忘主；援枪合战，忘身”。此外，还要懂御众之术、攻守之法，有先见之明。

武则天登基称帝以后，在其所招揽的人才中，就有不少文武兼备之士。为了选出良将，武则天还曾专门令文武七品以上荐举。对于那些英谋冠代、走若追风的人才，都要予以搜拔。

为了选拔能征善战之士，长安二年正月，武则天还创设了武举[②]。武举考试内容有七：

---

①《旧唐书》卷 91《张柬之传》，第 2941 页。

②《新唐书》卷 44《选举志》，第 1170 页。

一是射长垛。试射长垛三十发，不出第三院为第，入中院为上。入次院为次上，入外院为次。

二是骑射。发而并中为上，或中或不中为次上，不中为次。

三是马枪。中三板四板为上，二板为次上，一板及不中为次。

四是步射。射草人中者为次上，虽中而不符合射击要求或虽符合要求而不中，皆为次。

五是材貌，身长六尺以上者为次上，以下为次。

六是言语。有神采堪为统领者为次上，其余为次。

七是举重，亦称翘关。以能举五次者为上第[①]。

长安三年，武则天又令天下诸州教人武艺。每年准明经进士申奏[②]，从而使武举成为科举制度的一个重要组成部分。

通过这些办法。武则天选拔培养了不少军事人才。其中守边最有名的大将当数娄师德、唐休璟、张仁愿、郭元振等人。

史载，娄师德任大将在河陇，"前后四十年，恭勤不怠，民夷安之"[③]。

唐休璟熟知边事，"自碣石西逾四镇，绵亘万里，山川要害，皆有记之"[④]。

张仁愿先后任幽州都督、并州都督府长史，善用兵，"号令严，将吏信伏、按边抚师，赏罚必直功罪"[⑤]。

郭元振"善于抚御，在凉州五年，夷夏畏慕，令行禁止，牛羊被野，路不拾遗"[⑥]。

---

①（唐）李林甫等撰：《唐六典》卷5《尚书兵部》，中华书局，1992，第151页。

②《旧唐书》卷24《礼仪志》，第935页。

③《资治通鉴》卷206，则天后圣历二年条，第6541页。

④《旧唐书》卷93《唐休璟传》，第2979页。

⑤《新唐书》卷111《张仁愿传》，第4153页。

⑥《旧唐书》卷97《郭元振传》，第3044页。

此外，解琬、薛讷等人也比较突出。

解琬熟习边事，安抚乌质勒及十姓部落，以功擢御史中丞、兼北庭都护、西域安抚使，“多为长利，华虏安之”[①]。

薛讷是已故左武卫大将军薛仁贵的儿子，前后摄左武威卫将军、安东经略、幽州都督兼安东都护、并州大都督府长史等职，“久当边镇之任，累有战功”[②]。

再者，优待军属，广置屯田。

设置第二道防线，必然需要重兵。能否照顾军属利益，对于边防能否巩固是十分重要的。武则天采取不向军属征收租调的政策。这一点虽不见于史书，但在《敦煌资料》和《吐鲁番出土文书》中却有直接的记载。不仅不征租庸，而且命令州县“劝课股有之家，助其营种，勿使外人侵欺”，时时“加意抚存”[③]。

为了减轻内地人民的军费负担，减少转运之劳，特别是保障边兵的供给，武则天还鼓励边将广开屯田。娄师德在丰州、河源等地，郭元振在凉州等处，垦荒种粮，积谷甚丰，对经济的发展，对西北边防的巩固，起到了积极的作用。

武则天还在沿边地区建立了民兵组织。万岁登封元年（696）令山东近边诸州置武骑团兵。圣历元年（698）复令大河南北置武骑团。所谓武骑团兵，就是不脱产的武装骑兵，敌来即上马拒战，敌退则解甲耕田。

总的看来，武则天所建立的第二道防线是比较完整的。当然，各地的情况不尽一致。西北地区防备力量较为强大，而东北地区则相对较为薄弱。这主要是因为要集重兵于西北，以防御强大的吐蕃和突厥的缘故。

---

①《新唐书》卷 130《解琬传》，第 4500 页。

②《旧唐书》卷 93《薛讷传》，第 2983 页。

③《全唐文》卷 96《明堂灾手诏》，第 989 页。

四 坚决打击侵扰者

武则天虽然刻意设置第二防线，但仍不能完全消弭某些少数民族贵族的侵扰，吐蕃、突厥、契丹等少数民族仍常常入侵。对于这些侵扰者，武则天毫不留情，坚决打击。

1. 反击吐蕃入侵

吐蕃自论钦陵兄弟统帅兵马以来，自恃强大，威震诸蕃。长寿元年（692）王孝杰率军收复安西四镇以后，吐蕃怀恨在心，伺机报复。

延载元年（694）春，吐蕃首领勃论赞勾结突厥伪可汗阿史那俀子入侵冷泉、大岭，为武威道行军总管王孝杰所破，死伤6万余人，狼狈而退。碎叶镇守使韩思忠趁机攻破泥熟没斯城。

证圣元年（695）七月，吐蕃寇临洮。武则天立即任命王孝杰为肃边道行军大总管以讨之。次年一月，复遣娄师德为副总管以助讨。三月，双方大战于洮州素罗汗山。官军失利，损失惨重。孝杰被免为庶人，师德被贬为原州员外司马。吐蕃论钦陵遣使请和，以撤去安西四镇守兵，索取十姓之地（即西突厥故地）为条件。武则天闻听大怒，断然拒绝所提苛刻条件。

圣历二年（699），论钦陵兄弟及其党羽为赞普器弩悉弄所杀。赞婆率所部千余人来降。武则天遣羽林飞骑迎接，授赞婆为特进、辅国大将军、归德郡王，令率所部镇守河源。

久视元年（700），吐蕃麹莽布支攻凉州，围昌松县城，武则天命左肃政台御史大夫魏元忠为陇右诸军大总管，率陇右诸军大使唐休璟出击。唐休璟与麹莽布支战于洪源谷，“被甲先陷阵，六战皆捷，吐蕃大奔，斩首二千五百级”。

长安二年（702），吐蕃赞普亲自出马，入侵悉州（四川茂汶羌族自治县西北）。悉州都督陈大慈沉着应战，“四战皆克”[①]。至此，

①《新唐书》卷216《吐蕃传》，第6080页。

吐蕃终于无力再战。“于是吐蕃遣使论弥萨等入朝请和。”①

2. 打击契丹反叛

契丹是东北地区的少数民族之一。居于辽河上游，“东与高丽邻，西与奚国接，南至营州（辽宁朝阳），北至室韦”②。唐初以来，时叛时降。武周初期，其酋长李尽忠任松漠都督，其内兄孙万荣任归城州刺史。孙万荣曾“以侍子入朝，知中国险易”③。李尽忠则颇有政治野心。

万岁登封元年（695），二人以受营州都督赵文翙侮辱为口实，举兵攻陷营州，杀赵文翙，公然发动叛乱。李尽忠自称无上可汗，以万荣为将，纵兵南下，进逼檀州（北京密云一带）。武则天怒其叛乱，下诏改尽忠为尽灭，万荣为万斩，遣曹仁师、张玄遇、李多祚、麻仁节等 28 将率军讨伐。

接着，武则天又以春官尚书武三思为榆关道安抚大使，姚琦为副使以防契丹西进。八月，李尽忠等闻官军将至，施展毒计，释放攻破营州时所获官兵数百名，诈言契丹兵少食尽，官军至即降，引诱官军上当。由于缺乏统一指挥，诸将贪功冒进，结果中途遭到契丹伏兵截击，伤亡惨重。

败讯传来，武则天乃以右武卫大将军武攸宜为清边道大总管，募天下士庶家奴等随军以击契丹；同时诏山东近边诸州设置武骑团兵，以防契丹南下。

九月下旬，突厥默啜请为则天之子，归还河西降户，然后率部以讨契丹。则天令阎知微、田归道册授默啜为左卫大将军、迁善可汗。

十月，李尽忠死，孙万荣代领其众。默啜乘官军吸引契丹主力之

① 《旧唐书》卷 196《吐蕃传》，第 5226 页。

② 《旧唐书》卷 199《北狄传》，第 5349 页。

③ 《新唐书》卷 219《北狄传》，6168 页。

机，袭破松漠都督府，俘李尽忠、孙万荣妻子而归。

孙万荣收拾余众，军势复兴，遣别将骆务整、何阿小攻陷冀州（河北冀县），进逼瀛州（河北河间县一带），河北震动[①]。于是，武则天起用王孝杰为清边道总管，与羽林卫将军苏宏晖率兵 17 万以讨之[②]。

史载，“孝杰军至东峡石谷遇贼，道隘，虏甚众。孝杰率精锐之士为先锋，且战且前，及出谷，布方阵以捍贼。后军总管苏宏晖畏贼众，弃甲而遁。孝杰既无后继，为贼所乘，营中溃乱，孝杰坠谷而死，兵士为贼所杀及奔践而死殆尽”[③]。

王孝杰跳崖自尽后，孙万荣更加猖狂，攻入幽州（今北京市西南部），杀人放火。武攸宜遣将救城，不克。武则天又命右金吾卫大将军武懿宗为神兵道大总管，右肃政台御史大夫娄师德为清边道大总管，右武威卫大将军沙吒忠义为清边中道前军总管，将兵 20 万以赴之。

当时孙万荣兵锋“甚锐”，鼓行而南，“残瀛州属县，恣肆无所惮”[④]。另一方面，河北地区的地方州县也有奋起抵抗者。如叛军进攻河北文安县时，县令王德表“励声抗节，誓志坚守”[⑤]；进攻枣强时，县官裴同“率疲弊之卒，当勇锐之师，悬门以拒攻”[⑥]。这说明叛军的种种暴行，已激起了河北军民的强烈反抗。

---

①《资治通鉴》卷 205，则天后万岁通天元年条，第 6510 页。

②《新唐书》卷 219《北狄传》、《资治通鉴》卷 206 作 17 万；两《唐书·王孝杰传》作 18 万；《旧唐书》卷 199《北狄传》作 7 万。

③《旧唐书》卷 93《王孝杰传》，第 2977 页。

④《新唐书》卷 219《北狄传》，第 6169 页。

⑤洛阳市新安县千唐志斋管理所编：《千唐志斋藏志》之《王德表墓志》，中国旅游出版社，1984，第 462 页。

⑥《千唐志斋藏志》之《唐故冀州枣强县令赠隋州刺史裴公（同）墓志铭并序》，第 731 页。

官军在屡败之后，发愤雪耻，形成强大的攻势：大总管武攸宜出镇蓟门，切断孙氏归路；总管沙吒忠义、王伯礼、安道买兵出易水，御史大夫娄师德、总管高再牟、薛思行出于中山，长史唐奉一出洛魏，前军总管杨元基等出契丹之东北，总管李宏颜等略其西南，将契丹叛军团团围住。

经过激烈的决战，前后九阵，打败契丹，斩获何阿小、马行尉、杨奉节等“魁首巨蠹三百余人”[①]，又俘虏骁将李楷固、骆务整，缴获大批军用物资。

孙万荣率千余名骑兵败逃，契丹军大溃。前军总管张九节设伏兵拦截，万荣无计可施，与家奴逃至潞河东，在树下休息时，被其奴斩首。“九节传之东都，余众溃”[②]。时在万岁通天二年六月三十日。

孙万荣死后，契丹不能自立，东北复定。

3. 打击突厥入侵者

突厥在则天“革命”之后，仍分为东西两部。

西突厥衰微，武则天对其积极帮扶。史载，“则天临朝，（西突厥）十姓（即五咄陆和五弩失毕）无主数年，部落多散失”。垂拱初，遂擢授阿史那弥射之子左豹韬卫翊府中郎将阿史那元庆为左玉钤卫将军兼昆陵都护，令袭封为兴昔亡可汗，押五咄陆部落；授阿史那步真之子阿史那斛瑟罗为右玉钤卫将军兼蒙池都护继往绝可汗，押五弩失毕部落[③]。后为东突厥所逼，继往绝可汗收其余众人居内地，则天封其为“竭忠事主可汗”[④]。

东突厥当时被称为北突厥或后突厥，自恃强大，时叛时降。延载

---

①（清）董诰等编：《全唐文》卷225《为河内郡王武懿宗平冀州贼等露布》，中华书局，1983，第2266页。

②《新唐书》卷219《北狄传》，第6169页。

③《旧唐书》卷194《突厥传》，第5190页。

④《唐会要》卷94《西突厥》，第1695页。

元年（694），骨笃禄死，诸子年幼，其弟默啜自立为可汗。此人颇具智算，狡诈异常，“负胜轻中国，有骄志，大抵兵与颉利时略等，地纵广万里”[①]。

默啜率军突入灵州，“杀掠人吏”[②]。武则天以薛怀义为朔方道行军大总管，内史李昭德为行军长史，同凤阁鸾台平章事苏味道为司马，率朔方道总管契苾明、雁门道总管王孝杰、威化道总管李多祚、丰安道总管陈令英、瀚海道总管田扬名等18将军讨之，不遇敌而还。后慑于官军兵势，默啜不得不暂时收敛其野心。

天册万岁元年（695）十月，默啜遣使请降。武则天不咎既往，“册授左卫大将军、归国公”[③]，且多方予以帮助。而默啜阳奉阴违，并无诚意。

圣历元年（698）三月，默啜遣使为其女求婚。六月，武则天命淮阳王武延秀入突厥，纳默啜女为妃，遣豹韬卫大将军阎知微等送之。

八月，武延秀一行至黑沙南庭，默啜拘之别所，以“与我蒸谷种，种之不生”（武周所赠送的粮食种子经过有意破坏而不能生长）；“金银器皆行滥，非真物”；“武氏小姓，门户不敌，罔冒为昏（婚）”（武氏是小姓，不能与其门当户对）为借口，立阎知微为南面可汗，自率10万骑兵南向击静难、平狄、清夷等军，围困妫、檀二州。

武则天以司属卿武重规为天兵中道大总管，左武卫将军沙吒忠义为天兵西道总管，幽州都督张仁愿为天兵东道总管，率兵30万以击之。又命左羽林卫大将军阎敬容为天兵西道后军总管，将兵15万以为后援。当时，默啜已破飞狐、定州，进围赵州（河北赵县）。

九月，武则天又命太子李显为河北道元帅以讨突厥。百姓“闻太子为元帅，应募者云集，未几，数盈五万”。武则天又以狄仁杰为河

---

①《新唐书》卷215《突厥传》，第6046页。

②《旧唐书》卷194《突厥传》，第5168页。

③《资治通鉴》卷205，则天后万岁通天元年条，第6510页。

北道行军副元帅，知元帅事，并亲自为之送行。

武则天是下决心要击败东突厥。但狡猾的默啜闻听狄仁杰率大军将至，“尽杀所掠赵、定等州男女万余人，自五回道去”[①]，沙吒忠义等引兵蹑其后，不敢进逼。狄仁杰统10万兵追之。

默啜还漠北后，拥兵40万，“甚有轻中国之心”，复立咄悉匐为左察，默矩为右察，各统兵2万，又立子匐俱为“拓西可汗”，自典大军，伺机南下。

武则天“乃高选魏元忠检校并州长史，为天兵军大总管，娄师德副之，按屯以待”[②]。默啜见东部壁垒森严，乃剽掠陇右牧马万匹而去。则天诏魏元忠为灵武道大总管以备之。

次年，默啜复侵盐、夏等州，掠夺羊马10万。则天再次调兵遣将，“以雍州长史薛季昶为持节山东防御大使，节度沧、瀛、幽、易、恒、定、妫、檀、平等九州之军。以瀛州都督张仁亶统诸州及清夷、障塞军之兵，与季昶犄角，又以相王（李旦）为安北道行军元帅，监诸将”[③]。

默啜见官军大集，无机可乘，乃退。长安三年（703）六月，遣使复请和亲，终则天之世，不复入侵。

五 严明赏罚

为确保国家边疆的安全，有效抵抗少数民族贵族的侵扰，提高军队的战斗力，武则天在建立第二防线、坚决打击侵扰者的同时，特别注意培养将士的忠君爱国思想。这主要表现在对投敌者严惩不贷，对立功者则予以奖赏。

武则天对投敌者的惩罚是无情的。对阎知微的处理就是如此。

---

①《资治通鉴》卷206，则天后圣历元年条，第6535页。

②《新唐书》卷215《突厥传》，第6046页。

③《新唐书》卷215《突厥传》，第6047页。

阎知微是唐初建筑家阎立德的孙子。圣历元年（698）六月，武则天令其以豹韬卫大将军摄春官尚书的身份护送武延秀往突厥纳默啜之女为妃。默啜拘延秀，知微即屈膝投降，接受其伪南面可汗之号。

默啜侵恒、定，围赵州，阎知微随军为之招降。当时将军陈令英等守赵州城西面，知微引诱说："陈将军何不早降下？可汗兵到然后降者，剪土无遗。"甚至无耻地在城下与侵扰者携手唱什么《万岁乐》。

陈令英谴责说："尚书，国家八座，受委非轻，翻为贼踏歌，无惭也？"知微仍唱道："万岁乐，万岁年，不自由，万岁乐。"[①]

后来阎知微被默啜抛弃，乃还。对于这样一个卑鄙无耻、丧失国家尊严和民族气节的败类，武则天怒不可遏，"命磔于天津桥南，使百官共射之，既乃剐其肉，坐其骨，夷其三族"[②]。

对赵州长史唐般若的处理也是如此。

圣历元年（698）九月，默啜围赵州，长史唐般若不整军拒守，反而与默啜暗中勾结，"翻城应之"[③]。

敌退，则天族诛之，且下《诛唐般若制》云："故赵州刺史高睿，狂贼既至，死节不降；长史唐般若，不能固城，相率归贼。高睿已加褒赠，船若等身死破家。赏罚既行，须敦惩劝。宜颁示天下，咸使知闻。"[④]

对于在巩固边疆过程中涌现出来的英雄人物，武则天则予以重赏和表彰。如王孝杰收复安西四镇，武则天对其作了高度评价，她说："贞观中，西境在四镇，其后不善守，弃之吐蕃。今故土尽复，孝杰功也。"并且迁孝杰为左卫大将军，复擢夏官尚书，同凤阁鸾台三品，封清源县男[⑤]。孝杰跳崖牺牲后，武则天又追赠孝杰夏官尚书，封耿

---

①《朝野佥载》卷4，第95页。

②《资治通鉴》卷206，则天后圣历元年条，第6537页。

③《资治通鉴》卷206，则天后圣历元年条，第6534页。

④《全唐文》卷95，《诛唐般若制》，第984页。

⑤《新唐书》卷110《王孝杰传》，第4148页。

国公，拜其子为朝散大夫。

唐休璟镇守西陲，屡有战功，则天擢为右武威、金吾二卫大将军，对他说："恨用卿晚"，进拜夏官尚书、同凤阁鸾台三品[①]。

对于那些有功劳烈绩的妇女，武则天同样予以了封赏。如突厥南侵时，平州刺史邹保英妻奚氏，助夫作战，"率家僮及城内女丁相助固守"抵抗叛将李尽忠的围攻。武则天闻讯，优制封她为诚节夫人[②]。

古元应妻高氏助夫守飞狐县城，功绩卓著，则天下制书褒奖说："顷属默啜攻城，咸忧陷没。丈夫固守，犹不能坚；夫人怀忠，不惮流矢。由兹感激，危城重安。如不褒升，何以奖劝，古元应妻可封为徇忠县君。"[③]

对于那些表现出民族气节的忠烈之士，亦大加褒扬。如契丹寇河北定州，义丰、北平二县坚守不降。则天改义丰为立节，改北平为徇忠[④]。监察御史裴怀古随阎知微入突厥，默啜欲授以伪官，怀古不受，遂为所囚。此后他寻机逃离魔掌，历尽千辛万苦，返回洛阳。则天引见，迁祠部员外郎。田归道使突厥，面对默啜威胁，"辞色不挠"，归来后则天重之，擢为夏官侍郎"甚见亲委"。

在与孙万荣作战时，龙山军讨击副使许钦寂兵败被俘，叛军将围安东城，令钦寂劝说守城者投降。时安东都护裴玄珪在城中，钦寂高喊："狂贼天殃，灭在朝夕，公但谨守励兵，以全忠节。"慷慨激昂，遂为叛军所害。则天下制褒美，赠蕲州刺史，谥曰忠。

严惩叛徒，厚奖烈士，无疑是在提倡忠君爱国思想。而在当时历史条件下，这样赏罚分明，对于鼓舞士气、巩固边防是有积极作用的。

---

①《新唐书》卷 110《唐休璟传》，第 4150 页。

②《旧唐书》卷 193《邹保英妻奚氏传》，第 5146 页。

③《全唐文》卷 96《封古元应妻为徇忠县君诏》，第 989 页。

④《旧唐书》卷 39《地理志》，第 1151 页。

武则天是一个女子，但她目光远大，有胆有识。她重视处理国际关系和民族关系，继续推行唐太宗的民族亲近政策和“降则抚之，叛则讨之”的策略，坚决反对各民族之间的侵扰，并为此进行了长期艰苦的斗争。

由于历史条件的变化，吐蕃、突厥、契丹数十来年迅速发展，士马精强，而中原“久属太平，多历年载，人皆废战，并悉学文”，军队作战能力下降，因此似乎没有取得像唐太宗时期那样威震四海的赫赫战功。但是，由于她采取了上述一系列有力措施，保卫了国家的辽阔版图，甚至使帝国的影响比唐初还要有所扩大。

就此而言，武则天在军事外交方面也是颇有作为的。在她统治期间，国力是很强盛的。

第十四章

【振兴文化】

文化与政治、经济等密切相关，是社会生活的重要组成部分。武则天在发展经济、巩固边防的同时，还采取了一系列振兴文化的措施。由于广开仕途，取人以才，养成了读书学艺的风气，加之武则天对文化的重视，武周时期的文化呈现出一派绚丽多姿、繁荣兴旺的景象。

第一节 大兴文教

武则天本人“通文史”，是学识渊博的知识女性。她从参与朝政开始，就注重文化建设。称帝之后，大兴文教，不遗余力。因而武周时期的各种文化因子都得到发展。

一 经学、史学与文学

1. 经学

《旧唐书·儒学传》载，经学“可以正君臣，明贵贱，养教化，移风俗”[①]，作用甚大。尽管儒家重男轻女，但其仁政学说和入世思想对维护统治是有利的。因此，武则天当政后，对儒学依然采取了扶持态度。

载初元年（690），则天诏大儒邢文伟讲解《孝经》。“后问：‘天与帝异称云何？’文伟曰：‘天、帝一也。’制曰：‘郊后稷以配天，

①（后晋）刘昫等撰：《旧唐书》卷189上《儒学传》，中华书局，1975，第4939页。

祀文王于明堂以配上帝，奈何而一？’对曰：‘先儒执论不同，昊天及五方总六天帝。’后曰：‘帝有六，则天不同称，固矣。’文伟不得对。”[①] 这说明武则天本人对经学也有相当的造诣。

武则天还举行过拜洛受图、大享明堂、登封中岳、祭郊祀天的仪式，而这些都与经学有关，都是对经学所追求的理想境界的实践。武则天重科举，而科举制的重要内容之一，就是对经学有所了解。武则天还重视儒生和礼官。王绍宗以精通儒学著称，当时朝廷官吏，都很敬慕他，武则天便擢他为春官侍郎。

武周时期，出现了一些研究儒家经典的学术著作。《旧唐书·儒学传》载：王元感以儒学见称，武则天祭南郊、享明堂、封嵩岳，元感皆受诏同诸儒撰定仪注。凡所立仪，诸儒皆赞成，转任四门博士。长安三年（703），上其所撰《尚书纠谬》10 卷、《春秋振滞》20 卷、《礼记绳愆》30 卷。

武则天令弘文、崇贤两馆学士及成均博士对王元感的著作进行评审。学士祝钦明、郭山恽、李宪等“皆专守先儒章句，深讥元感”。而凤阁舍人魏知古、司封郎中徐坚、左史刘知几、右史张思敬等都联合上表推荐。于是武则天下诏称赞王元感，“是为儒宗，不可多得”，命为太子司议郎，兼崇贤馆学士。魏知古曾称其所撰书是“五经之指南”。[②]

《尚书纠谬》《春秋振滞》《礼记绳愆》等书，对经书采取了分析的态度，不是墨守前人章句，而是“掎前达之失，究先圣之理”。这种敢于创新的精神，受到学者魏知古、徐坚、刘知几和武则天的高度评价，同时也标志着经学发展到了一个新的水平。

---

①（宋）欧阳修、宋祁撰：《新唐书》卷 106《邢文伟传》，中华书局，1975，第 4057 页。

②《旧唐书》卷 189 下《儒学传》，第 4963 页。

2. 史学

中国史学自司马迁作《史记》、班固著《汉书》之后，纪传体通史、断代史著作层出不穷。到了唐初，又先后完成了北周和隋、梁、陈、齐《五代史》及南、北史，重修了《晋书》，使史苑出现了新的繁荣。著名的"二十四史"中有八部史书是这个时期撰写的。唐初的统治者之所以重视史学，是因为人们认识到了史学的重要性。

武则天通文史，知道"以古为镜，可以知兴替"。对史学的重要性也有足够的认识。早在辅佐高宗的日子里，就特别注意历史研究。在她所主持修纂的千余卷书籍中，《列女传》《孝女传》《古今内范》等等，都属于史书。临朝称制后，她加强了图书管理。文明元年十月敕："两京四库书，每年正月，据旧书闻奏。每三年，比部勾覆具官典，及摄官替代之日，据数交领，如有欠少，即征后人。"[①]

登基称帝之后，武则天依然重视修史。当时史馆体制与贞观时期基本相同。由于前代史大都完成，所以武则天首先组织文人学士，修成多达 100 卷的《高宗实录》。

长安三年（703）正月，武则天令特进武三思、纳言李峤、正谏大夫朱敬则、司农少卿徐彦伯、凤阁舍人魏知古、崔融、司封郎中徐坚、左史刘知几、直史馆吴兢等人修唐史，"采四方之志，成一家之言，长悬楷则，以贻劝诫"[②]。可惜事未竟而则天崩。但《长安四年十道图》已经完工。

当时的私家撰述十分丰富。据《旧唐书·经籍志》和《新唐书·艺文志》记载，仅王方庆一人所著，就有《文贞公故事》1 卷、《南宫故事》12 卷、《宫卿旧事》1 卷、《尚书考功簿》5 卷、《尚书考功状续簿》10 卷、《尚书科配簿》5 卷、《五省迁除》20 卷、《友悌录》15 卷、

① （宋）王溥撰：《唐会要》卷 35《经籍》，中华书局，1955，第 643–644 页。

② （宋）王钦若等编：《册府元龟》卷 554《国史部·选任》，中华书局，1960，第 1552 页。

《王氏尚书传》5 卷、《王氏列传》15 卷、《王氏训诫》5 卷、《魏文贞故事》10 卷、《王氏女记》10 卷、《王氏王嫔传》5 卷、《续姤嵝记》5 卷、《三品官付庙礼》2 卷、《王氏家牒》5 卷、《家谱》20 卷，《王氏著录》10 卷、《九嵕山志》10 卷。

特别是，当时已经开始撰写第一部专记军国机密大事的《时政记》和第一部史学理论专著《史通》。

长寿二年（693），姚琦迁文昌左丞、同凤阁鸾台平章事。“自永徽以后，左、右史虽得对仗承旨，仗下后谋议，皆不预闻。琦以为帝王谟训，不可暂无纪述，若不宣自宰相，史官无从得书。乃表请仗下所言军国政要，宰相一人专知撰录，号为时政记，每月封送史馆。宰相之撰时政记，自琦始也。”①

《时政记》的编修，对于保存第一手资料和历史研究，无疑具有重要意义。

《史通》完成于唐中宗景龙四年（710），但此书的准备则在武周时期。作者刘知几，“长安中累迁左史、兼修国史。擢拜凤阁舍人，修史如故”②。在此期间，他阅读了史馆丰富的历史典籍，并对这些典籍进行了深入细致的研究，开始着手撰写《史通》。

《史通》凡 20 卷，分为内篇、外篇。内篇论述史家的治史态度、经验教训和史书的源流、体制、编撰方法等等；外篇论述史官的建置沿革和史书的得失优劣等等。刘知几指出：“良史以实录直书为贵”，应“不虚美，不隐恶”；历史学家必须具备才、学、识“三长”，不能盲目崇古，轻信鬼神；史评应“考兹胜负，互为得失”；史书应“文约而事丰”③。

---

①《旧唐书》卷 89《姚璹传》，第 2902 页。

②《旧唐书》卷 102《刘子玄传》，第 3168 页。

③ 赵文润：《刘知几的治史态度和史学思想》，见《隋唐人物述评》，陕西师范大学出版社，1988，第 360–370 页。

这些见解都是极为深刻的，对后世有很大的影响。因而《史通》具有很高的价值，被誉为我国第一部系统的史学评论专著。

此外，当时还出现了一部巨大的类书，即《三教珠英》。圣历（698 ~ 700）中，武则天认为唐所撰《御览》及《文思博要》等书“聚事多未周备”[①]，遂令麟台监张昌宗召集李峤、阎朝隐、徐彦伯、薛曜、员半千、魏知古、于季子、王无竞、沈佺期、王适、徐坚、尹元凯、张说、马吉甫、元希声、李处正、高备、刘知几、房元阳、宋之问、崔湜、常元旦、杨齐哲、富嘉謩、蒋凤等 26 人修撰《三教珠英》，而以徐彦伯、李峤为主编。

史载“武后撰《三教珠英》，取文辞士，皆天下选，而彦伯、李峤居最”[②]。“三教”，指儒、佛、道。实际内容类似今天的百科全书。大足元年（701）十一月二日，书成，凡 1300 卷。

此书鸿篇巨制，资料丰富，对唐代文化的发展曾发挥过重要作用，可惜没有流传下来。

3. 文学

唐初以来，文学渐盛，但受六朝影响很深，成就并不显著。高宗以后，随着社会经济的发展和意识形态的变化，文学逐渐冲破六朝藩篱。武则天是中国历史上少有的女文学家，“以文学、书法、著述而论，才调之高，古今更罕有其匹”[③]。她提倡诗赋，科举以文才取士，遂使武周时期的文学界面貌焕然一新，呈现出空前的繁荣景象。

诗歌在当时的发展最为迅速。这首先表现在朝野上下许多人都会作诗。史载，武则天本人颇善吟咏，其诗有《大享天乐章》12 首，《享明堂乐》12 首，《大享拜洛乐章》15 首等等，流传至今者尚有

---

①《唐会要》卷 36《修撰》，第 657 页。

②《新唐书》卷 114《徐彦伯传》，第 4202 页。

③（清）陆继辂：《崇百药斋文集》卷 8，嘉庆二十五年合肥学舍刻本。

46首[①]，其中一些诗篇具有较高的水平。除前述《如意娘》外，《游九龙潭》也算得上佳作。

玉女潭

山窗游玉女，涧户对琼峰。
岩顶翔双凤，潭心倒九龙。
酒中浮竹叶，杯上写芙蓉。
故验家山赏，惟有风入松。[②]

武则天不仅自己吟诗作赋，而且常常要求臣僚奉和。久视元年（700）五月十九日，则天游石淙，自制《石淙》诗一篇：

三山十洞光玄箓，玉峤金峦镇紫微。
均露均霜标胜壤，交风交雨列皇畿。
万仞高岩藏日色，千寻幽涧浴云衣。
且驻欢筵赏仁智，雕鞍薄晚杂尘飞。[③]

皇太子李显、相王李旦、梁王武三思、内史狄仁杰、奉宸令张易之、麟台监张昌宗、鸾台侍郎李峤、凤阁侍郎苏味道、夏官侍郎姚元崇、给事中阎朝隐、凤阁舍人崔融、奉宸大夫薛曜、守给事中徐彦伯、右玉钤卫郎将左奉宸内供奉杨敬述、司封员外郎于季子、通事舍人沈佺期等16人奉旨应制，各赋七言一首。

有时还开展一些诗歌竞赛。“龙门夺袍”就是著名的一次。史载：“则天幸洛阳龙门，令从官赋诗，左史东方虬诗先成，则天以锦袍赐之。

①《全唐诗》卷5，第53–59页。

②《全唐诗》卷5，武则天《游九龙潭》，第57页。

③《全唐诗》卷5，武则天《石淙》，第58页。

石淙遗址

及（宋）之问诗成，则天称其词愈高，夺虬锦袍以赏之。”[①]

由于武则天规定进士科以诗赋取士，本人又带头吟诗，因此诗歌进一步普及，上自朝廷大吏，下至五尺孩童，都有会作诗的。

史称武则天“君临天下二十余年，当时公卿百辟，无不以文章达，因循遐久，寖以成风”[②]。

天授二年（691），武则天发十道存抚使，以抚慰天下，临行，令百官赋诗送行。这些诗后来被辑为《存抚集》而行于世，达10卷之多，足见赋诗者之众。

百官如此，仕子也多以习诗为务，甚至八九岁的少女也会作诗。

①《旧唐书》卷190《文苑传》，第5025页。

②《通典》卷15《选举三·历代制下》，第357−358页。

《唐诗纪事》卷78载，如意（692）年间，有一位9岁少女，善作诗，则天诏而试之，皆应声而就。其兄将归故乡，则天令赋诗送之，即作诗云：

别路云初起，离亭叶正稀。
所嗟人异雁，不作一行飞。

此诗意境颇高，感情逼真。九岁的小姑娘能写出这样的诗，实在令人佩服。

当时，一些著名的诗人发展了诗歌理论，为唐诗的鼎盛开辟了广阔的道路。唐初诗歌虽为数不少，但大都没有摆脱宫体诗的窠臼。武周时期，涌现出了李峤、苏味道、崔融、杜审言、沈佺期、宋之问、杨炯、卢照邻、陈子昂等著名诗人。

沈佺期“善属文，尤长七言之作”。宋之问“弱冠知名，尤善五言诗”[①]。二人写了不少优秀的诗篇，使诗歌的格律渐趋完备。因此“学者宗之，号为沈宋”[②]。由于沈、宋在诗律声韵方面做出了较大贡献，因而极为历代文艺批评家所推崇[③]。

杨炯与王勃、卢照邻、骆宾王俱以文辞齐名。他们开始突破宫体诗的范围，扩大诗歌的题材，充实诗歌的内容，写出了一些声律与风骨兼备的佳作。大诗人杜甫称赞说：“王杨卢骆当时体”，“不废江河万古流”[④]。

陈子昂学识渊博，“经史百家，罔不该览。尤善属文，雅有相如

---

①《旧唐书》卷190《文苑传》，第5202页。

②《新唐书》卷202《文苑传》，第5751页。

③ 胡震亨《唐音癸签》云：“音韵之学，至齐梁寖备，沈约撰切韵之书，名四声谱。后隋仁寿中，陆法言尝加纂次。唐仪凤后，郭知玄又附益之，号《切韵》。”沈宋注重声律，当与《切韵》影响有关。

④《全唐诗》卷227，第2452页。

子云之风骨”[①]。他提倡诗歌革新，主张诗歌要有“兴寄”和“风骨”，批评“齐、梁间诗，彩丽竞繁，而兴寄都绝”，竭力推崇“汉魏风骨”[②]。在诗歌创新的理论和实践上都做出了重要贡献。杜甫称赞他：“有才继骚雅”，“名与日月悬”[③]。

由于武周时期形成了吟诗风气，沈宋杨陈等人又开创了一代诗风，因此可以说，武周时期是诗歌发展史上的重要里程碑。《旧唐书》说“高宗、天后，尤重详延，天子赋横汾之诗，臣下继柏梁之奏，巍巍济济，辉烁古今”。这并非虚美之辞。

散文写作在当时也有了新的起色。一方面，文章的各种体裁趋于完备：赋颂杂咏、公私文牍、碑铭墓表，应有尽有。另一方面，出现了许多著名的作家。

杜审言、李峤、崔融、苏味道为“文章四友”，世称“崔李苏杜”。杜审言虽文不如诗，但清越可爱。李峤文思泉涌，久掌诏制。崔融为文典雅，冠绝一时。苏味道9岁能属文，被称为一代文宗。

其后崔融、李峤、张说俱重四杰之文。崔融说：“王勃文章宏逸，有绝尘之迹，固非常流所及。炯与照邻可以企之，盈川之言信矣。”张说评价说：“杨盈川文思如悬河注水，酌之不竭，既优于卢，亦不减王。耻居王后，信矣；愧在卢前，谦矣。”[④]

此外，韦承庆、王勃、刘允济、陈子昂、卢藏用、富嘉謩、员半千、张鷟等也以文章著称。

韦承庆“辞藻之美，擅于一时”，“属文迅捷，虽军国大事，下笔辄成，未尝起草”[⑤]。

---

①《全唐文》卷238，卢藏用《陈子昂别传》，第2412页。

②《全唐诗》卷83《修竹篇序》，第895页。

③《全唐诗》卷220，第2316页。

④《旧唐书》卷190《文苑传》，第5003-5004页。

⑤《旧唐书》卷88《韦思谦传》，第2863-2865页。

王勃构思无滞，词情英迈。长寿中为凤阁舍人，“时寿春王成器、衡阳王成义等五王初出阁，同日授册。有司撰仪注，忘载册文。及百僚在列，方知阙礼……勮立召书吏五人，各令执笔，口占分写，一时俱毕，词理典赡，人皆叹服”①。

张鷟的文章，亦较杰出。员半千对人说：“张子之文，如青铜钱，万选万中，未闻退时。”由此，张鷟被称为“青钱学士”，天下知名，“无贤不肖，皆记诵其文”，邻国“每遣使入朝，必重出金贝以购其文。其才名远播如此”②。

至于陈子昂，力扫六朝陈旧文风，“卓立千古，横制颓波，天下翕然，质文一变”③，尤为后代学者所重。

上官婉儿“天性韶警，善文章。年十四，武后召见，有所制作，若素构”④。由于武则天的重用，她得以施展才华，内掌草制多年，临宴赋诗，代中宗、韦后操笔，词采艳丽。后来虽为玄宗所诛，但玄宗却命朝臣搜集她的诗文，编成文集 20 卷，并命张说作序。序文称她“开卷海纳，宛若前闻；摇笔云飞，咸同宿构”⑤，对其文才极为推崇。

这些作者大都有自己的文集。如《刘允济集》20 卷，《乔知之集》20 卷，《崔融集》60 卷，《李峤集》50 卷，《韦承庆集》60 卷……武则天的文章后来也被编为《垂拱集》100 卷，《金轮集》20 卷。这两个文集曾经流传于社会，后来还传到了日本，可惜今已失传。

此外，小说也开始成熟，除盛行于佛教寺院的“经变”小说外，还出现了一部结构完整、构思奇特、情节细腻的传奇小说——《游仙

①《旧唐书》卷 190《文苑传》，第 5005 页。

②《旧唐书》卷 149《张荐传》，第 4023 页。

③《全唐文》卷 238《右拾遗陈子昂文集序》，第 2402 页。

④《新唐书》卷 76《上官昭容传》，第 3488 页。

⑤《全唐文》卷 225《唐昭容上官氏文集序》，第 2275 页。

窟》。《游仙窟》是“青钱学士”张鹫的作品，描写作者夜游“仙窟”，与仙女赋诗猜谜、嬉戏狎乐的故事。这篇小说对中唐传奇文学的兴起，具有开创之功，只是目前尚未受到应有的重视。

二 数学、医学、天文学

1. 数学

武周时期，数学得到了很好的传播。唐初国子监设算学馆，明算被列为科举制中的一科。唐政府规定，算学馆诸生和参加明算考试的人要学习“算经十书”。

算经十书即《周髀算经》《九章算术》《孙子算经》《五曹算经》《夏侯阳算经》《张丘建算经》《海岛算经》《五经算术》《缀术》和《缉古算经》。由于明算科时废时兴，加之这些“算经”比较深奥，学生不易掌握，因而传播不广。高宗时，太史令李淳风与算学博士梁永及太学助教王真儒等给“算经十书”作了注。

武周时国子监坚持设置算学馆，科举之科有明算，以李淳风等所注“算经十书”为教材，从而扩大了数学的传播。此外，数学也被广泛地应用于社会生活之中。前述筑明堂、铸九鼎、立天枢等工程都要求有很高的精度，在这种情况下，设计者若无深邃的数学知识，根本是无法完成的。而明堂、九鼎、天枢等工程毕竟是竣工了，这就充分说明，当时建筑家已掌握了丰富的数学知识。

2. 医学

唐代医学在高宗时有了较大发展。鉴于前代陶弘景所撰本草“事多舛误”，显庆四年（659），高宗组织人力，撰写国家药典。监撰人为英国公李勣、太尉长孙无忌、兼侍中辛茂将，参加修撰的有太子宾客弘文馆学士许敬宗，礼部郎中兼太子洗马弘文馆大学士孔志约，尚药奉御许孝崇、胡子象、蒋季璋，尚药局直长蔺复珪、许弘直，侍御医巢孝俭，太子药藏监蒋季瑜、吴嗣宗，丞蒋义方，太医令蒋季琬、许弘，丞蒋茂昌，太常丞吕才、贾文通，太史令李淳风，潞王府参军

铜川药王山

吴师哲，礼部主事颜仁楚，右监门府长史苏敬等人[①]。书成，凡54卷，文图并茂，“大行于代”[②]。

在此前后，“药王”孙思邈也相继完成了医学巨著《千金方》30卷、《千金髓方》20卷、《千金翼方》30卷，广辑前代各家方书及民间验方，在妇、儿、内、外诸科疾病的诊断、治疗和预防方面提出了一套比较完整的理论。

武周时期，最有名的医学家是张文仲。文仲初为侍御医，后任尚药奉御，“论风与气尤精”[③]，“尤善疗风疾”。据他研究，“风有一百二十四种，气有八十种”[④]。武则天召王方庆集诸医与文仲著书，

①《新唐书》卷59《艺文志》，第1569-1570页。

②《旧唐书》卷79《吕才传》，第2726-2727页。

③《新唐书》卷204《张文仲传》，第5800页。

④《旧唐书》卷191《张文仲传》，第5100页。

撰成《新本草》41卷、《药性要诀》5卷、《袖中备急要方》3卷、《岭南急要方》2卷、《针灸服药禁忌》5卷、《随身备急方》3卷及《四时轻重术》等，凡18种①。

长寿二年（693）一月，有人诬告皇嗣谋反，则天让酷吏来俊臣审讯，皇嗣身边的人不胜楚毒，皆欲自诬。太常工人安金藏大呼一声，对来俊臣说："公既不信金藏之言，请剖心以明皇嗣不反。"即引佩刀自剖其胸，五藏皆出，流血满地。

武则天听说后，令抬入宫中，使医内五藏，以桑皮线缝之，傅以药，并亲临视之，令俊臣停推，睿宗由是得免②。

史载，安金藏"景云时，迁右武卫中郎将。玄宗属其事于史官，擢右骁卫将军"③。能使"五藏皆出"的人恢复健康，且担任武职，可见当时的外科医术已相当高明。

3. 天文学

武则天颇重天文学家。尚献甫，精于天文历算，初出家为道士，则天召见，拜太史令，尚说"不能屈事官长"，则天乃改太史局为浑仪监，不隶秘书省，以献甫为浑仪监，可见武则天对他的器重。则天"数顾问灾异，事皆符验"④。

严善思，"尤善天文历数及卜相之术"，则天时为监察御史，兼右拾遗、内供奉。"数上表陈时政得失，多见纳用。"⑤

史载，武周时期日食凡13次："垂拱二年二月辛未朔、四年六月丁亥朔、天授二年四月壬寅朔、如意元年四月丙申朔、长寿元年九月丁亥朔、三年九月壬午朔、延载元年九月壬午朔、证圣元年二月己

①《新唐书》卷59《艺文志》，第1571—1573页。

②《资治通鉴》卷205，第6490页。

③《新唐书》卷191《忠义上》，第5506页。

④《旧唐书》卷191《方伎·尚献甫传》，第5100页。

⑤《旧唐书》卷191《方伎·严善思传》，第5102页。

酉朔、圣历三年五月乙酉朔、久视元年五月己酉朔、长安二年九月乙丑朔、三年三月壬戌朔、九月庚寅朔。”[①]

月食19次：“文明元年二月丁巳望、八月甲午望、垂拱二年七月癸丑望、三年十月乙巳望、四年六月辛巳望、永昌元年十月甲子望、载初元年四月辛酉望、天授二年十月乙酉望、长寿二年二月乙亥望、证圣元年七月辛酉望、通天二年六月乙酉望，圣历二年正月辛未望、三年正月丙寅望、九月辛卯望、大足元年九月乙酉望、长安二年九月庚辰望、三年八月癸酉望、四年正月壬寅望、九月辛卯望。”[②]

这些系统的资料，至少说明当时对天象的观测活动一直没有停止，对天文学的研究没有放松。还有，“则天如意中，海州进一匠，造十二辰车。回辕正南则午门开，马头人出。四方回转，不爽毫厘”[③]。可见，当时的一些工匠，对天文学也有深刻的研究。

三 雕塑、书画与音乐舞蹈

1. 雕刻塑像

武周时期的雕塑艺术有很大起色。当时雕石塑像，寖成风气。敦煌、龙门等地石窟及佛教寺院成为雕塑中心。

据考古工作者统计，敦煌地区武周时期开凿的佛窟多于武德、贞观、上元各时期的总和[④]，各窟几乎都有雕塑的佛像。其中延载二年（695）彩塑的善跏座“北大佛”，高达33米，被视为彩塑艺术中的珍品[⑤]。

在龙门，开凿的洞窟也不在少数，计有摩崖三佛龛、极南洞、八

①《唐会要》卷42《日蚀》，第759页。

②《唐会要》卷42《日蚀》，第763页。

③（唐）张鷟：《朝野佥载》卷6，中华书局，1979，第142页。

④敦煌文物研究所编：《敦煌莫高窟内容总录》，文物出版社，1982，第180页。

⑤参阅刘永增《敦煌彩塑》一书，华东师范大学出版社，2010，第108页。

龙门石窟

作司洞、擂鼓台中洞等等。其中万佛洞最负盛名。该洞西壁中央，塑有阿弥陀佛趺坐像，高 4 米，波浪高髻，脸庞丰润，静穆安详。两边四力士，刚健雄武。南北壁 1.5 万尊小坐佛，各呈其趣。飞天、菩萨、乐伎也都栩栩如生，十分动人[①]。

闻名世界的乾陵，主要是在武周时期修建的。矗立在南司马道两旁的雕群像，共 113 件，长达 1 公里，堪称一座古代的石雕艺术长廊，充分显示出当时雕刻技术的精湛。

① 宫大中：《龙门石窟艺术》，上海人民出版社，1981，第 311 页。

2. 书法绘画

书画是我国一门古老的艺术。隋末唐初，曾出现过欧阳询、虞世南、褚遂良、阎立德、阎立本等著名书画家。唐太宗本人也是一位书法爱好者。唐高宗时，习书学画者亦不乏其人。

武周时，书画艺术仍在继承和发展之中。武则天本人擅长书法，尤精于飞白和行书。

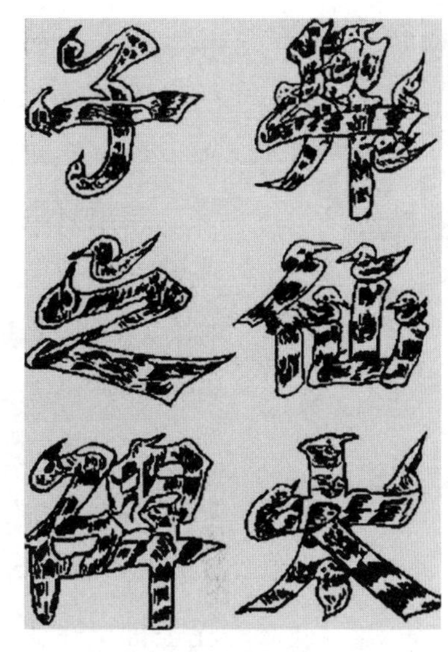
武则天飞白书升仙太子碑额

所谓“飞白”，是指一种笔画中丝丝露白的具有特殊风格的书法，写作难度极大，但看上去十分高雅。据现存资料，武则天曾为荐福寺、崇福寺飞白书额[①]，还曾飞白书写大臣姓名以赐之。

对于武则天的飞白书成就，当时人有口皆碑。有的大臣上表说：“蒙恩作飞白书，题臣等名字垂赐。跪承宝贶，仰戴琼文，如披七曜之图，似发五神之检。……冠六文而首出，掩八体而孤骞。眇乎若游雾之拂春林，霭乎似轻云之上秋汉。……固已工逾悬帐，妙尽刻符。钟繇竭力而难比，伯英绝筋而不逮。则知乃神乃圣，包众智而同归；多艺多才，总群方而兼善。”[②]此表虽属颂歌，但多少反映出武则天在飞白书方面具有较深的造诣。

“行书”是介于草书和正楷之间的一种字体，遒劲潇洒。武则天模二王行书，又有自己的特点。

---

①（唐）张彦远:《历代名画记》卷3《记两京外州寺观画壁》，人民美术出版社，2004，第49页。

②《全唐文》卷246，李峤《为纳言姚璹等谢敕赐飞白书表》，第2490页。

这一点亦可从当时人的言谈中得到证实。

有大臣上表说："臣于梁王三思处，见御书杂文尺牍，凡九十卷，跪发珍藏，肃承瑶检。天文景烁，璧合而珠连；圣理云回，鸾惊而凤集。究黄轩鸟迹之巧，殚紫府结空之势。偃波垂露，会宝意而咸新；半魄全曦，象天形而得妙。固已奇踪绝俗，美态入神，掩八体而擅规模，冠千龄而垂楷法。……实可谓天下之妙迹，域中之奇观者焉。"[①] 此表亦有溢美之处，但确也道出了武则天行书的功力和特点。

《宣和书谱》的作者对武则天横加指责，但也不得不承认，"其行书浸浸稍能，有丈夫胜气"。武则天的书法赖碑刻保存下来。武则天的碑刻在嵩山附近较多。其中《升仙太子庙碑》，题"大周天册金轮圣神皇帝御制御书"，至今尚在河南偃师县缑山，武则天所书碑文公认为书法艺术中的珍品。

武则天还注意对古代书画的整理和保存。神功元年（697），则天询问王方庆对其祖先王羲之等人墨迹的保存情况，方庆进其十一代祖王导以下 28 人书法作品 10 卷。[②]"则天御武成殿示群臣，仍令中书舍人崔融为《宝章集》，以叙其事，复赐方庆。当时甚以为荣。"[③]

此后，武则天还批准张易之的请示，召天下书画家整理内库书画，"锐意模写，仍旧装背，一毫不差"[④]。

"上有所好，下必甚焉。"由于武则天爱好书法，善书又被列为入仕的重要条件，当时出现了不少书法家。如陆柬之、贺知章、孙过庭、李邕、王知敬、薛曜、贾膺福、韩景阳、徐峤之、王绍宗、钟绍京等。相王李旦亦颇善书。

---

①《全唐文》卷 243，李峤《为何舍人贺御书杂文表》，第 2460 页。

②《唐会要》卷 35《书法》，第 647 页。

③《旧唐书》卷 89《王方庆传》，第 2899 页。

④《历代名画记》卷 1《叙画之兴废》，第 7 页。

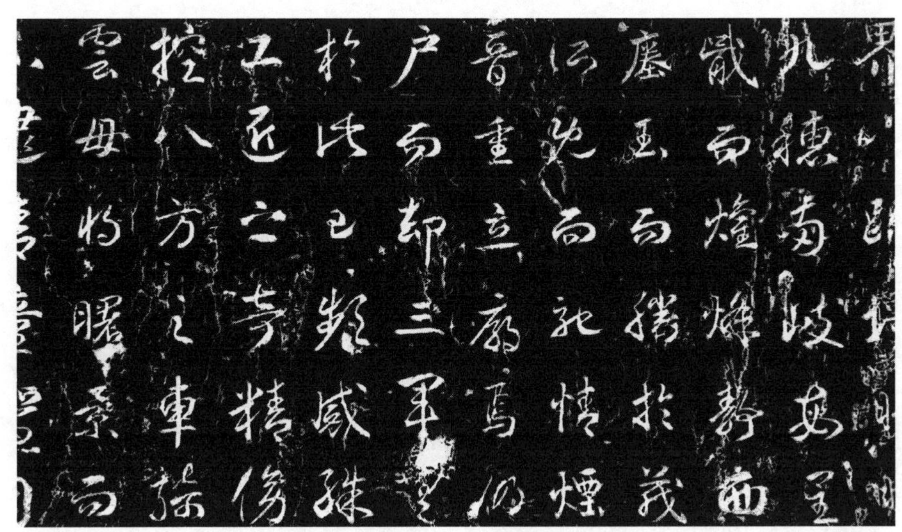

武则天行书升仙太子碑（局部）

陆柬之是书法家虞世南的外甥，初学虞体，后“擅出蓝之誉”①。贺知章善草书，“当世称重”，人争求其墨迹，常于燕闲游息之所，“具笔砚佳纸候之”②。

李邕“精于翰墨，行草之名尤著”，“初变右军（王羲之）行法，顿锉起伏，既得其妙，复乃摆脱旧习，笔力一新”③。

孙过庭作草书，“咄咄逼羲、献，尤妙于用笔”，往往能以假乱真④。与此同时，一些关于书法的专著也应运而生。

王方庆著《王氏八体书范》4卷、《王氏工书状》15卷，孙过庭著《书谱》1卷。其中《书谱》论正草诸体书法，是一部见解精辟的书法理论作品，历来为书法家所重视。

---

①《宣和书谱》卷8，湖南美术出版社，1999，第68页。

②《宣和书谱》卷18，第138页。

③《宣和书谱》卷8，第68–69页。

④《宣和书谱》卷18，第140页。

武周时期在绘画方面也有许多成就。武则天喜爱并提倡绘画。张易之、张昌宗曾命画工图写武三思及纳言李峤等 18 人形象，号为“高士图”[①]。当时的大画家薛稷、殷仲容、曹元廊、李思训、吴道子、李嗣真等人，都有一些绝妙的作品。

薛稷“善花鸟人物杂画，而犹长于鹤”[②]。所画《啄苔鹤图》和《顾步鹤图》天顶项之浅深、氅之璧淡，啄之长短，胫之细大，膝之高下，皆极其妙，故有“鹤必称稷”之说。

殷仲容“善书画，工写貌及花鸟，妙得其真。或用黑色，如兼五彩”，曹元廓“工骑猎人马山水，善于布置”。所画九鼎山川物产，“时称绝妙”[③]。《后周北齐梁陈隋武德贞观永徽等朝臣图》《高祖太宗诸子图》《秦府学士图》《凌烟图》亦名噪一时。

李思训“画技超绝，工山石林泉，笔格遒劲，得湍濑潺缓烟霞缥缈难写之状”。其子李昭道亦为绘画名家，父子二个开创了“金碧山水”画风。

吴道子后来居上，更是大名鼎鼎，“其变态纵横，与造物相上下，则僧繇疑不能及也”[④]，时人誉为“画圣”。

在唐代古墓和敦煌石窟之中，至今仍残留着一些武周时期的壁画。这些壁画，多非名家手笔，但观者莫不啧啧咂嘴。

武周时期绘画艺术的发展，固然与绘画艺术自身的承继和作家的勤奋努力有关，但与武则天的提倡也不无关系。她令书画家整理内库书画，就是一个很好的证明。正因为唐初以来绘画艺术有较大发展，加以社会的安定及武则天的提倡和画家的用功，武周时期的绘画艺术

---

①《旧唐书》卷 90《朱敬则传》，第 2915 页。

②《宣和画谱》卷 15，第 315 页。

③《历代名画记》卷 9，第 182 页。

④《宣和画谱》卷 2，第 40 页。

同书法艺术一样，继承了前代的成果，发展到了一个较高的水平。

懿德墓侍女图

3. 音乐舞蹈

贞观永徽之后，朝廷乐舞渐备。据祖孝孙、张文收所定，有雅乐、燕乐、散乐等等。

“雅乐”，是指皇帝祭天、祀祖、朝觐、宴享时使用的乐曲“中正和平”、歌词“典雅纯正”的乐舞。有十二和，即：“豫和”“顺和”“永和”“肃和”“雍和”“寿和”“太和”“舒和”“昭和”“休和”“正和”“承和”，又有“七德”“九功”“上元”等乐舞。其中“七德”“九功”最为著名，主要歌颂唐太宗的文治武功。

“燕乐”是宫廷中日常饮宴、娱乐时演奏的乐舞。主要有十部，即：“燕乐”“清商”“西凉”“扶南”“高丽”“龟兹”“安国”“疏勒”“康国”“高昌”。还有《英雄乐曲》《景云河清歌》《白雪歌》《一戎大定》《六合还淳》等等。分别由坐部伎和立部伎演奏。

“散乐”即所谓“百戏”，有“跳铃”“掷剑”“戏绳”“缘竿”“巨象行乳”“神龟负岳”等。武则天喜爱音乐，擅长文艺，登基之后，音乐舞蹈又有所发展。

一方面，朝廷乐舞有所调整，燕乐大大增加。改《十二和》内容，废《七德》《九功》之舞，而代之以《大享明堂乐章》及《祀昊天上帝乐章》。作《圣寿乐》等舞，属立部伎；作《长寿乐》《天授乐》《鸟歌万岁乐》等，属坐部伎。

《圣寿乐》“舞者百四十人，金铜冠，五色

画衣”[①]，舞时分裂“圣超千古，道泰百王，皇帝万年，宝祚弥昌”十六个字[②]，难度极高，规模宏大，别具一格。

《长寿乐》，系长寿年间所制，舞者12人，穿画衣，戴画冠，是祝武则天长寿的乐舞。

《天授乐》，天授年间所制，舞者4人，皆穿五彩画衣，歌颂武则天当女皇。

《鸟歌万岁乐》，系3人舞蹈，“绯大袖，并画鸜鹆，冠作鸟像”[③]。据说当时宫中所养吉了鸟能说话，曾称万岁，“故为乐以像之”[④]。

此外，长寿二年（693）正月初一，武则天还在明堂导演了《神宫乐》，舞蹈演员多达900人[⑤]。

至于“散乐”，也有一些绝技。张楚金《楼下观绳伎赋》说：有“掖庭美女，和欢丽人，身轻体弱，绝代殊伦。……其缲练也，横亘百尺，高悬数丈，下曲如钩，中平似掌。初绰约而斜进，竟盘姗而直上。或徐或疾，乍府乍仰。近而察之，若春林含耀吐阳葩；远而望之，若晴空回照散流霞。……还回不恒，踊跃无数，惊骇疑落，安然以住。”而且“节应钟鼓，心谐律吕”。

懿德太子墓彩绘骑马乐俑

《透撞童儿赋》云：“云竿百尺，绳直规圆，惟有力者，树之君前。傅傅就日，亭亭柱天。鬼魅不

①《旧唐书》卷29《音乐志》，第1060页。

②《唐会要》卷33《燕乐》，第609页。

③《旧唐书》卷29《音乐志》，第1060页。

④《唐会要》卷33《燕乐》，第609页。

⑤《资治通鉴》卷205，第6488页。

敢傍其影，鹓鸾不敢翔其颠。此儿于是跂双足，戟两臂，踊身而直上，若有其翅；尽竿而平立，若余其地。……倒轻躯，坠高竿，如更嬴之雁下空里，似蒲且之鸧落云间。……屹然中驻，余勇不尽。”①

可见，某些“散乐”已达到了很高的水平。

当时还有所谓“四夷乐”，如高丽乐25曲②。宰相杨再思即善跳高丽舞。前朝古代的许多古典名乐多已失传，当时亦曾尽力发掘，所得计有《白雪》《巴渝》《明君》《子夜》《团扇》《春江花月夜》等63曲③。

另一方面，加强对音乐理论的研究。久视元年（701）前后，武则天组织人力，写成《乐书要录》10卷。

这是一部系统的音乐理论专著。惜国内久已失传，日本仅存第5、第6、第7三卷。第5卷论述乐律，第6卷论述律吕，第7卷论述宫调。

从现存3卷的情况来看，比较注重实践。如在第5、第7章中，批驳“变徵、变宫出自周武”的陈旧观点，指出七声“出于自然”，认为“变声之赞五音，亦犹晕色之挥五彩”；乐律度数可以口授文载，“然不如耳决之明”等④。

这说明，当时对音乐理论的研究，较前有所深入。

第二节 移风易俗

武则天以女主君临天下，“移风易俗”⑤，使社会生活领域发生很大变化，不仅“万物维新”，风俗习惯展现出新的姿态，而且提高

---

①《全唐文》卷234，第2363页。

②《唐会要》卷33《四夷乐》，第619页。

③《旧唐书》卷29《音乐志》，第1064–1067页。

④《乐书要录》，见〔日〕林衡辑：《佚存丛书》，江苏广陵古籍刻印社，1992。

⑤《新唐书》卷106《邢文伟传》，第4057页。

了妇女在社会上的地位。

一 提倡淳风良俗

武周地域广大，各地风俗不一，实难备述。这里仅略谈中原婚丧服饰节日活动概况。

1. 婚丧

当时在婚姻方面与唐初所不同的是严格要求按时嫁娶，禁止“别宅夫人”，力图使“内无寡女，外无旷夫”。至于婚礼，则与唐初并无多大差异。

在丧葬方面的变化是，严禁“富族豪家”丧葬逾礼，铺张浪费[①]。坟墓形制趋于规整，随葬明器与唐初变化较大，镇墓兽日渐高大凶猛，“唐三彩”大量出现。

2. 服饰

武周时期百官服饰略同上元、文明之制，稍有改作。即文武三品以上服紫，金玉带；四品服深绯，五品服浅绯，并金带；六品服深绿，七品服浅绿，并银带；八品九品服碧，并石带。文武京官五品以上及七品清官，每入朝，常服裤褶。都督刺史及京官五品以上皆佩龟袋。其袋三品以上饰金，四品银，五品铜。

“天授二年（692）二月，朝集使刺史赐绣袍，各于背上绣成八字铭。长寿三年四月，敕赐岳牧金字银字铭袍。延载元年（694）五月，则天内出绯紫单罗铭襟背衫，赐文武三品以上。”

另外，“则天朝，贵臣内赐高头巾子，呼为武家诸王样”[②]。至于百姓之服饰，除以上百官朝服外，皆随其所欲。唯一度“禁天下锦”，官吏百姓皆不得私存。

---

①《全唐文》卷95《禁丧葬逾礼制》，第983页。

②《旧唐书》卷45《舆服志》，第1953-1954页。

3. 节日

当时的节日活动颇为丰富。“元日”（正月初一），祭祀迎神，鸣放鞭炮，丰食痛饮。“人日”（正月初七），作七菜羹，剪綵为人，贴于屏风或其他醒目之处。“十五”（正月十五）祭门神。“月晦”（正月三十），临水会饮。“寒食”，禁火，斗鸡，打毬，踏青，荡秋千。“上巳”（三月三），郊游，作流杯之饮。“端午”（五月五），作粽，悬艾，竞渡，踏青。“伏日”，进汤饼。“七月七”，妇人穿针乞巧。“七月十五”（浴佛节），进盂兰盆，浴佛行善。“九月九日”（重阳）作野餐，佩茱萸，饮酒。“岁除”，击鼓驱鬼，守岁迎新。

4. 时尚

时人喜欢养花。则天曾作《腊月宣诏幸上苑》诗：

明朝游上苑，火速报春知。
花须连夜发，莫待晓风吹[①]。

据说果真百花齐放，群臣惊叹不已。当时是否已经采用温室养花，不得而知；腊月花开是否可靠，姑置勿论。但武则天喜欢赏花则是完全可信的。有关洛阳牡丹的动人传说，恐怕多少也是有些根据的。

二 提高妇女的社会地位

妇女在社会中的地位如何，是社会生产力解放程度的反映，也是文化是否发达的标尺之一。在封建时代，妇女的社会地位历来都是比较低下的。夫权观念是禁锢人们思想的四条绳索之一。《唐律疏议》就竭力保护男尊女卑、一夫多妻的“秩序”。武则天为提高妇女地位做了不少努力。

首先，她特别强调妇女在社会生活中的作用。在辅佐高宗的日子里，她就为“父在，为母服止一朞”的现象打抱不平。她上书说：“窃

①《全唐诗》卷5，第58页。

谓子之与母，慈爱特深。非母不生，非母不育。推燥居湿，咽苦吐甘。生养劳瘁，恩斯极矣。所以禽兽之情，犹知其母。三年在怀，理宜崇报。”[①]要求父母同样看待，并且争得了父在为母服丧三年法规的颁布。

其次，她还组织“北门学士”，为妇女树碑立传，歌功颂德，撰《列女传》100卷，《古今内范》100卷，《内范要略》10卷，《保傅乳母传》1卷[②]。这在以往都是罕见的。

乾陵陪葬墓三彩女立俑

再者，对于原来限制妇女社交活动的种种清规戒律，也予以放宽。例如，凡大朝会，允许命妇与百官杂处等[③]。

在妇女的服饰问题上，也作了很大改革，规定妇人出行，不必著羃䍦，戴帷帽即可[④]。还允许妇女参加有益的社会活动。如明堂初成，令东都妇女自由参观，“久之乃罢”[⑤]。

当时妇女骑马、射箭、打毬、穿男人服装，也是常见的事。神功元年（697），突厥入侵，古元应的妻子助夫守城，颇有功绩。武则天下制褒奖：封“古元应妻可封为徇忠县君。”[⑥]万岁通天元年（696）以后，使上官婉儿“内掌诏命，……

①《全唐文》卷97《请父在为母终三年服表》，第1000页。
②《旧唐书》卷46《经籍志》，第2006页。
③《旧唐书》卷149《于休烈传》，第4009页。
④《旧唐书》卷45《舆服志》，第1957页。
⑤《旧唐书》卷22《礼仪志》，第864页。
⑥《全唐文》卷96《封古元应妻为徇忠县君诏》，第989页。

永泰公主墓侍女图

群臣奏议及天下事皆与之”[①]，成为活跃宫中的女强人。

所有这些，都在一定程度上改变了妇女的面貌。现在一些学者喜欢谈唐代女子的相对自由解放，唐代婚姻的开放风气等等。而这种风气的形成，是与武则天提高妇女地位的努力分不开的。

以上史实充分说明，武周时期在文化方面也是颇有成就的，在唐代辉煌灿烂的文化史册中，占有极其重要的一页。武则天为振兴文化所做出的贡献，是不可磨灭的。

综观武则天在独掌政权的 21 年内，不仅充分利用了贞观以来唐王朝在政治、经济、军事、文化诸方面所取得的成就，而且进一步采取了一系列有利于社会发展的措施。她任贤纳谏，励精图治，不仅维

①《新唐书》卷 76《上官昭容传》，第 3488 页。

护了帝国的尊严和强大，而且在一定程度上开创了新的局面，为后来的开元盛世奠定了坚实的基础。

第十五章

【退出政坛】

武则天当了15年的皇帝，权变多智，老谋深算，在政治舞台上出尽了风头。但作为中国历史上唯一的女皇帝，她无法克服政治体制所存在的缺陷。她在自己的晚年不止一次地想象过自己的结局。但她怎么也没想到，她的结局竟然是一个悲剧。

第一节 棘手的皇位继承问题

皇位继承问题是关系到皇朝前途和命运的重要问题。因此，历代帝王莫不慎之又慎。皇位继承问题对男皇帝来说是比较容易解决的，而对女皇帝武则天来说，却是一个十分棘手的难题。

一 谁来继承皇位

“大周”建立之初，武则天就认识到皇位继承问题的严重：如果以儿子为皇位继承人，则自己“千秋万岁”之后，“大周”政权便不能维持下去；如果以侄儿为皇位继承人，“大周”国号倒是可以维持下去，但侄不如子亲，将来自己的儿孙定会沉沦。

不过，当时她还健康，还没有认真考虑过这个问题。她在“正名”的过程中，封诸侄为王，享有特权，而以第四子睿宗李旦为“皇嗣”，令徙居东宫，“其具仪一比皇太子”①。一方面，提高武氏“宗室”

① （后晋）刘昫等撰：《旧唐书》卷7《睿宗纪》，中华书局，1975，第152页。

的政治地位，另一方面给李姓儿子以“接班候选人”的空名。

从表面上来看，皇位继承人已经确定。实际上，问题仍然悬在空中。武则天这种临时性的安排，显然是为了稳定政局，集中精力巩固政权，开创局面。同时，也是为了控制子侄，以便将来比较权衡，正式安排。

由于李氏在改朝换代的过程中遭受重大损失，元气大伤，一蹶不振，加之武氏诸侄在武则天称帝后取得了“宗室”的地位，势力急剧增长，因而，历史的天平开始向武氏方面倾斜。

天授二年（691），魏王武承嗣自以为“大周革命”自己有很大功绩，又在“宗室”中年龄最大，曾袭封周国公，与天子最为亲近，应当代皇嗣李旦而为皇太子，故“密谕后党凤阁舍人张嘉福，使洛州人上书请立己为皇太子，以观后意”[①]。

《大唐新语》卷9记载说：洛阳人王庆之希旨，率浮伪千余人诣阙，请废皇嗣而立武承嗣为太子。召见，两泪交下，则天曰：“皇嗣我子，奈何废之？”庆之曰：“神不享非类，今日谁国，而李氏为嗣也！”则天固谕之令去，庆之终不去，面覆地，以死请。则天务遣之，乃以内印印纸，谓之曰：“持去矣。须见我，以示门者，当闻也。”庆之持纸，去来自若。此后屡见，则天亦烦而怒之，命李昭德赐杖。[②]

从这段记载来看，武则天并无立武承嗣为皇太子之意。

长寿二年（693）一月，发生了前尚方监裴匪躬及内常侍范云仙等人“私谒皇嗣”的事件。这一事件对武则天震动极大，使她对皇嗣的信任有所削弱，甚至对皇嗣是否忠诚产生了怀疑。她杀死裴匪躬、范云仙，禁止公卿大臣与皇嗣相见，降低皇孙以下李氏诸王爵位。有人诬告皇嗣阴有异谋，即令酷吏来俊臣审讯他身边的人，直到太常工

①（宋）欧阳修、宋祁撰：《新唐书》卷206《武承嗣传》，中华书局，1975，第5838页。

②（唐）刘肃撰：《大唐新语》卷9《谀佞第二十一》，中华书局，1984，第142页。

人安金藏剖腹明志，才命来俊臣停止推鞫[①]。

虽然武则天打消了皇嗣谋反的疑虑，但对他仍不放心，对其软禁。这时武承嗣、武三思之徒营求皇太子的活动又频繁起来。武则天深知武承嗣亦无统御之才，对他也不大放心。从此，她在皇位继承问题上陷于举棋不定的状态。

二 宰臣们的政治倾向

在这种情况下，武则天的大臣们也都在考虑储君问题，他们的政治倾向是举足轻重的。

武则天手下的将相大臣，绝大多数都是武则天的支持者。但是，他们支持武则天，只是支持由太宗开创、由她继承并且发展的事业。他们认为，武氏诸王，非天下属意，并不希望形成武氏子侄继位的政治格局。所以，当武则天在传子还是传侄的问题上举棋不定的时候，他们相继上书，反对传位武氏，要求以李氏为皇太子。

最先出来劝说武则天的是宰相李昭德。天授二年（691）十月，王庆之再次固请立武承嗣为太子，武则天大怒。李昭德杖杀了王庆之，并对武则天说："天皇，陛下之夫；皇嗣，陛下之子。陛下身有天下，当传之子孙，为万代业，岂得以侄为嗣乎！自古未闻侄为天子而为姑立庙者也！且陛下受天皇顾托，若以天下与承嗣，则天皇不血食矣！"[②]

听完李昭德这段话，武则天也感到讲得有道理，认识到了立侄为皇太子的不利因素。长寿元年（692）六月，李昭德又向武则天密奏："魏王承嗣权太重。"武则天亦有所警觉[③]。

①《资治通鉴》卷 205，则天后长寿二年一月甲寅，第 6490 页。

②《资治通鉴》卷 204，则天后天授二年十月，第 6476 页。《旧唐书》卷 87《李昭德传》亦载，昭德这段话讲于延载（694）初，杖杀庆之以后，而杖杀庆之据《资治通鉴》载当在天授二年十月，今从《资治通鉴》。

③《资治通鉴》卷 205，则天后长寿元年六月，第 6483 页。

立子，不妥；立侄，亦不妥！怎么办才好呢？武则天苦思冥想，找不到妥善的办法。于是，又将这一棘手的问题搁置起来。

圣历元年（698）春，武承嗣、武三思又有营求皇太子之举，多次派人对武则天说："自古天子未有以异姓为嗣者"，请求由武氏接班。但宰相狄仁杰等表示反对。

《通鉴》卷206载：狄仁杰每从容言于太后曰："文皇帝栉风沐雨，亲冒锋镝，以定天下，传之子孙。大帝以二子托陛下。陛下今乃欲移之他族，无乃非天意乎！且姑侄之与母子孰亲？陛下立子，则千秋万岁后，配食太庙，承继无穷；立侄，则未闻侄为天子而祔姑于庙者也。"太后曰："此朕家事，卿勿预知。"仁杰曰："王者以四海为家，四海之内，孰非臣妾，何者不为陛下家事！君为元首，臣为股肱，义同一体，况臣备位宰相，岂得不预知乎！"又劝太后召还庐陵王。

王方庆、王及善亦劝武则天立自己的儿子。有一天，武则天对狄仁杰说："朕梦大鹦鹉两翼皆折，何也？"对曰："武者，陛下之姓，两翼，二子也。陛下起二子，则两翼振矣。"武则天"由是无立承嗣、三思之意"。[①]

此后，宰相吉顼及张易之、张昌宗兄弟亦请以李氏为储。上书同卷载：吉顼与张易之、昌宗皆为控鹤监供奉，易之兄弟亲狎之。顼从容说二人曰："公兄弟贵宠如此，非以德业取之也，天下侧目切齿多矣。不有大功于天下，何以自全？窃为公忧之！"

二张惧，流涕问计。吉顼曰："天下士庶未忘唐德，咸复思庐陵王。主上春秋高，大业须有所付；武氏诸王非所属意。公何不从容劝上立庐陵王以系苍生之望！如此，非徒免祸，亦可以长保富贵矣。"二人以为然，承间屡为太后言之。太后知谋出于顼，乃召问之。顼复

---

①《资治通鉴》卷206，则天后圣历元年二月，第6526页。

为太后具陈利害，太后意乃定。[①]

李昭德、狄仁杰、王方庆、王及善、吉顼都是武则天的亲信大臣，二张也是武则天的心腹。他们从封建宗法、伦理观念出发，详细分析了立子立侄的利与弊，反对立侄，主张立子。

武则天由此进一步认识到武氏诸王不得人心，立侄弊多利少，不仅身后有陵庙无享祭、子孙被陵夷的可能，而且眼下就会造成与臣僚的隔阂，有丧失人心的危险。因此，她打消了立侄的念头，决意立子。

三 复立李显为皇太子

圣历元年（698）三月九日，武则天借口庐陵王李显有病，遣职方员外郎徐彦伯赴房州召李显回都治病。

皇嗣李旦在都，本来即可立为太子，何以又要召回李显？对此，史书没有明文记载。从当时的情况分析，武则天召还庐陵王，决非一时头脑发热，而有其深刻的政治用心。

一方面，要传位于子，就必须逐渐扩大李氏的势力。而要扩大李氏的势力，召还庐陵王便是首要的问题。因此，当大臣要求召回庐陵王时，她毫不犹豫地做出决策，这样有利于形势的发展。

另一方面，要以李氏为太子，必须在皇嗣李旦和庐陵王李显之间作出选择。而要作出这个选择，并不是一件容易的事。武则天权衡利弊，最终选择了李显。

李旦本来可以依靠“皇嗣”地位充当皇太子，但由于接受大臣私谒，降低了武则天对他的信任，武则天禁止臣僚谒见李旦，并杀掉了他的妃子刘氏和窦氏[②]，母子二人在感情上壁障较多，因而对李旦不大放心。

李显的情况虽与李旦有相似之处，但毕竟是不相同的。他不是无

---

①《资治通鉴》卷 206，则天后圣历元年二月，第 6526–6527 页。

②《资治通鉴》卷 205，则天后长寿二年正月癸巳，第 6488 页。

辜被幽，而是以罪被废的。被废之后，先居均州，后徙房州，多少年来，一直在生活上享受亲王待遇，并没有受到多少冲击。虽然对武则天的改朝换代十分不满，但与李旦相比，母子之间的隔阂还不是那么深刻。

按照封建时代的惯例，皇太子被废，不是被诛杀，就是永远被贬为庶人，很少有人能够东山再起。李显被废后，虽然仍旧保有“庐陵王”之号，但已失去了太子地位，按照常规，不可能再恢复帝位，因而对重新进东宫、登皇位连想也是不敢多想的。在这种情况下，若将他召回神都，使其摆脱困境，重继大统，他必然会感恩戴德，释前嫌而尽孝理。

再说，“立嫡以长”，李显长于李旦，召回李显而立为太子，从宗法观念上来说，也不是讲不通的。若召回李显，而以李旦为太子，则将来皇位之争，也可能重演。若以李显为太子，这种可能性就会大大缩减。因此，可以推断，武则天召回庐陵王的目的，是为了顺应大臣的请求、百姓的愿望，扩大李氏势力，付以太子之位。

庐陵王李显还都以后，武则天并没有马上册封他为皇太子，只是让他尽情地欣赏神都的繁华景象，适应一下武周王朝的崭新环境。

半年以后，皇嗣李旦揣到了武则天的意思，几天不吃饭，“数称疾不朝”[①]，用绝食的办法坚决请求“逊位于庐陵王”[②]。

武则天见时机已到，便顺水推舟答应了李旦的请求，降皇嗣为相王，而以李显为皇太子[③]。至此，棘手的皇位继承问题才算初步解决。

第二节 消弭李武矛盾的措施

武则天最后的安排，是要让她的儿子当皇帝，侄子当辅臣，形成

---

①《旧唐书》卷7《睿宗纪》，第152页。

②《资治通鉴》卷206，则天后圣历元年九月，第6534页。

③《新唐书》卷4《中宗纪》，第106页。

"李武政权"。从当时的情况来看，这个安排是比较合理的。但是，自武则天临朝称制以来，她的侄子在政治生活中充当了比儿子更为重要的角色，二者之间已经形成较多的矛盾。为了消弭儿子和侄子之间的矛盾，使二者联成一体，武则采取了明堂立誓、李武联姻等措施。

一 明堂立誓

皇位继承问题初步解决，并没有消除李氏子孙与武氏诸王之间的矛盾。由于武则天先是举棋不定，后来倾向于李氏，遂使李氏势力大增；武氏诸王很不得志，魏王武承嗣"以不得立为皇太子，怏怏而卒"[①]。武承嗣虽死，其他诸王尚在。

为了使李氏继位得以顺利实现，也使武氏免除灭顶之灾，武则天煞费苦心，采取了一系列措施，企图消弭太子兄弟与武氏诸王之间的矛盾。其中一条，就是令子、侄立誓明堂，永言和好。

史载，圣历二年（699）四月壬寅（18日），武则天"命太子、相王、太平公主与武攸暨等为誓文，告天地于明堂，铭之铁券，藏于史馆"[②]。

参加发誓的有太子李显、相王李旦、太平公主、梁王武三思、千乘王武攸暨等。宣誓地点在明堂，也就是"通天宫"。誓文曾铸于铁券，藏于史馆，可惜未流传下来，但其中心意思肯定是向天神地灵保证他们永远和好，决不争斗。

此举可谓用心良苦，对于矛盾的双方来说，无疑是一种约束。

二 李武联姻

婚姻关系是两性的结合，本来不具有政治目的。但在阶级社会里，特别是在统治阶级的上层中，婚姻关系却常常带有明显的政治色彩。

---

①《旧唐书》卷183《武承嗣传》，第4729页。

②《资治通鉴》卷206，则天后圣历二年四月壬寅，第6540页。

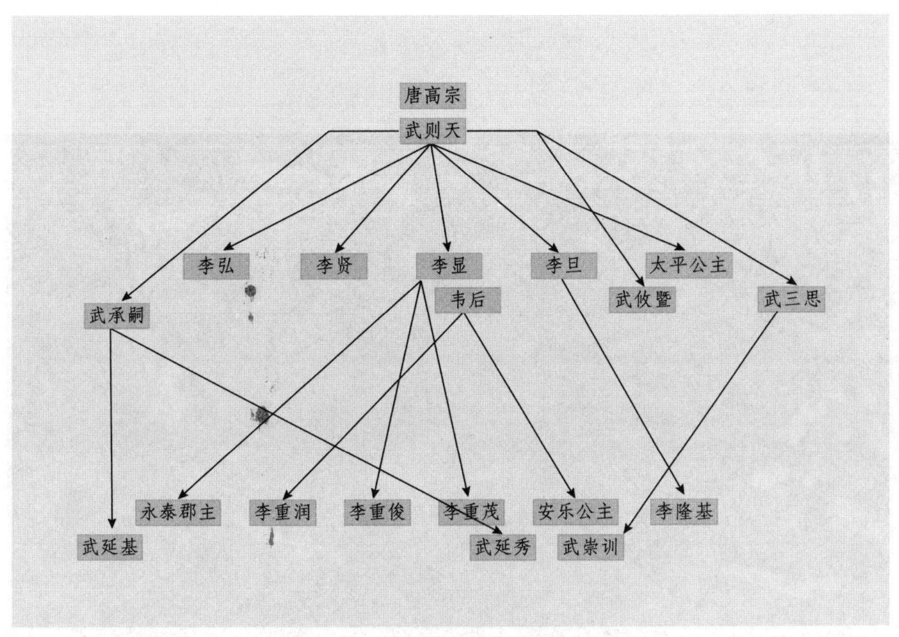

李氏武氏韦氏关系图

西汉以来与少数民族政权之间的所谓“和亲”，绝大多数都是出于政治的需要，即通过婚姻关系融洽感情，达到缓和矛盾的目的。而且，这种方法在历史上有时也确实收到了良好的效果。

唐初，高祖给武士彟做媒，后来太宗又纳士彟的女儿为“才人”，都具有君主关照功臣的政治因素。武则天对此当然非常熟悉。为了从感情上改善李武关系，武则天亲自出面，促使李氏与武氏通婚。除先前以武攸暨尚太平公主以外，又以皇太子之女新都郡主嫁武承业之子陈王武延晖，永泰郡主嫁武承嗣之子南阳王武延基，安乐郡主嫁武三思之子高阳王武崇训[①]。

这种姑表婚姻，不仅对调节缓和李武矛盾起了一定的作用，而且

①《唐会要》卷 6《公主》，第 64 页；《新唐书》卷 83《诸帝公主传》，第 3652-3654 页。

永泰公主墓志

由此结合、繁衍出李武婚姻政治集团。

三 严禁李武磨擦

立誓和通婚对李武两氏虽有约束，但并不能保证不发生磨擦。魏王武延基与邵王李重润及永泰郡主之间发生的严重争执，便是证明。

关于武延基与李重润等人的矛盾，诸书记载颇有分歧。《通鉴》卷207载：李重润等窃议太后委政张易之兄弟，易之诉于太后。

《新唐书》卷81《三宗诸子传》只言窃议，不言易之上诉之事。卷83《诸帝公主传》说：忤张易之。卷104《张行成传》仅言窃议。卷206《外戚传》说私语张易之兄弟事，后愤争，语闻。

《旧唐书》卷6《则天本纪》说为张易之谗构。卷86《中宗诸子传》说为人所构。卷78《张行成传》说窃言二张专政，易之诉于则天。卷183《外戚传》说“话及张易之兄弟出入宫中，恐有不利，后忿争不协，泄之，则天闻而大怒，咸令自杀”[①]。

1960年出土的《大唐故永泰公主墓志铭》则说永泰系怀妊得病。

如果把这些材料加以剖析，去伪存真，大体可以看出事件的真相：大足元年（701）秋季某日，皇太子的长子邵王李重润到妹妹永泰郡主家作客，妹夫武延基正好在家。当他们谈到武则天的男宠张易之兄弟时，意见分歧，发生争执。三人皆血气方刚，不能克制自己，旧怨重提，愤争不已，惊动四邻。武则天闻而大怒，认为他们违背了明堂誓约，有伤于李武和气，简直不成体统，令皇太子予以处罚。皇太子怕动摇自己的地位，遂“大义灭亲”，皆令自缢，将事情了结。

武延基等不是武则天下令杀死的，但他们的死却与武则天有直接的关系。这件事说明武则天是严禁李武磨擦的，不然，皇太子是绝不会轻易令子女自杀的。

---

①《旧唐书》卷183《外戚传》，第4730页。

四 提倡忠孝谦让

采取强硬手段，禁止李武磨擦，固然能起到一些作用，但不能从根本上解决问题。要从根本上解决问题，还必须从思想上进行教化。为此，武则天晚年特别提倡忠孝谦让和友爱。

圣历二年（699）六月，也就是令子侄立誓明堂以后的两个月，武则天亲自撰写并书写了《升仙太子庙碑》。

对此，后人多有非议，以为是吹捧张昌宗之作。然此碑犹存[①]，细读碑文，可知事实并非如此。

“升仙太子”字子乔，本是周灵王的太子，传说才高德隆，但不贪于宝位，主动让贤，漫游于伊洛之间。喜欢吹笙，作风鸣之声，被道士浮丘公接上嵩山，又尝遇桓良于缑山。某年七月七日，乘白鹤立于山巅，举手谢时人而升仙。

武则天在令子、侄立誓后为升仙太子修庙立碑，显然是教育子侄不要争权夺利。

大足元年（701）五月，武则天又撰写了《许由庙碑》[②]。许由传说是陶唐时期的隐士，字武仲，为人正直，“邪席不坐，邪膳不食”。尧让天下于他，他拒不接受，偷偷逃走，耕于颍水之阳，箕山之下，“终身无经天下色”[③]。

显然，武则天撰写《许由庙碑》与撰书《升仙太子庙碑》具有相同的政治目的。

大约与此同时，武则天还颁发了《停杨素子孙京官侍卫制》。制

---

① 碑文又见《全唐文》卷 98，武则天《升仙太子庙碑》，第 1007–1009 页；《金石萃编》卷 63 等处。

② （宋）陈思编：《宝刻类编》卷 1《周许由庙碑》，《历代碑志丛书》，江苏古籍出版社，1998，第 688 页。

③ （晋）皇甫谧撰：《高士传》卷上《许由》，《四部备要》第 46 册，中华书局，1989，第 5–6 页。转引自《说嵩》卷 16。

文说隋尚书令杨素，“惑乱君上，离间骨肉”，“生为不忠之人，死为不义之鬼，身虽幸免，子竟族诛”，“其杨素及兄弟子孙以下，并不得令任京官及侍卫”[①]。

武则天为什么要在这个时间节点上，贬黜杨素子孙？说穿了，就是要提倡忠义，敬告王公百僚，不许在李武之间煽风点火，挑拨离间。

五 西返长安

自决意以李氏为太子后，武则天便开始注意从感情上与之接近。召回李显，立为太子，以诸子为王，诸女为郡主，并以其第三女下嫁武氏；以李旦为相王，解除对他的软禁，授太子右卫率，复拜司徒、右羽林大将军[②]，复令其诸子出阁。每游宴，皆以太子、相王等相随，吟诗作赋，谈天说地。大足元年（701）十月，武则天又率太子、相王及其诸子西返长安[③]。

自永淳元年（682）以后，武则天一直驻跸神都，何以20年后，以78岁高龄而率子孙西幸长安？

在这20年内，武则天从未忘记长安，因为那里是她的出生地，有她童年甜蜜的梦幻，有她当皇后的惬意，当然还有那感业寺里的辛酸。特别是，那里有李氏的宗庙和高宗的陵寝。那宏伟庄严的长安宫殿，就是李唐江山的象征。

当然，从当时情况来看，武则天选择此时西返长安，主要是进一步从感情上缩短与李氏的距离，融洽与李显、李旦之间的关系。

史载，西返途中，适逢大雪，天寒地冻，太子曾亲为则天暖脚。至同州（今陕西大荔）刺史苏瑰进《圣主还京乐舞》。则天与太子等

---

①《全唐文》卷95，武则天《停杨素子孙京官侍卫制》，第985页。

②《旧唐书》卷7《睿宗纪》，第152页。

③《册府元龟》卷27《帝王部·孝德》，第297页。

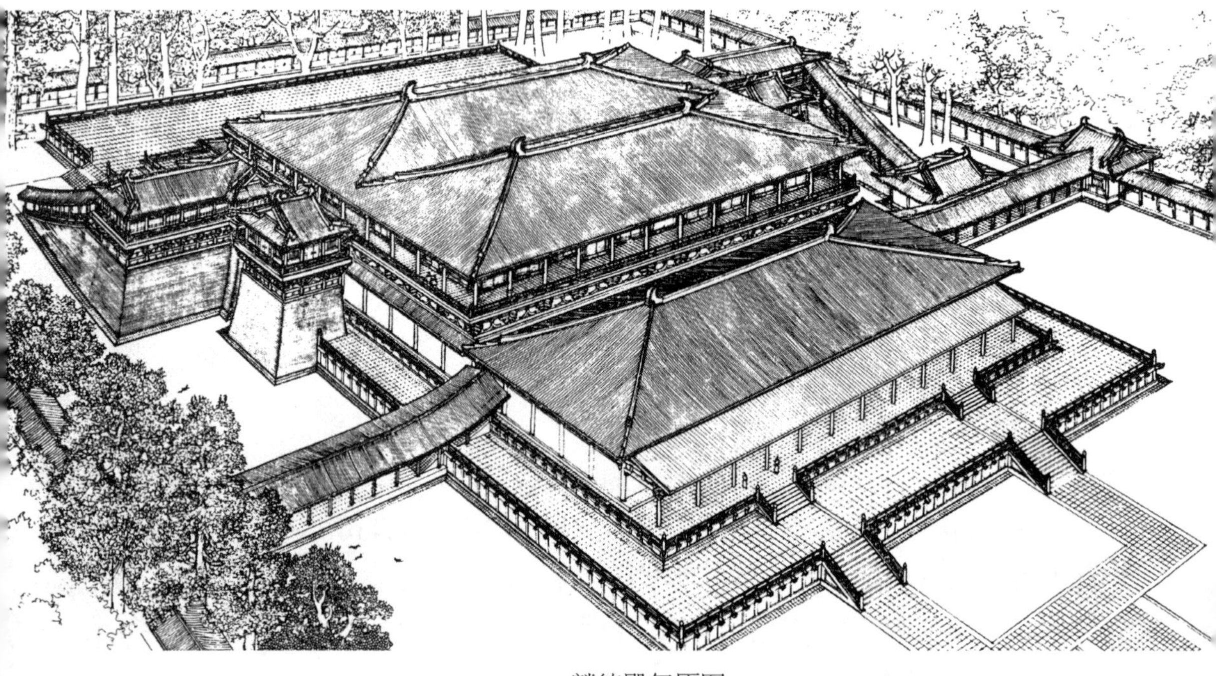

麟德殿复原图

御行宫观看，母子都很快乐。至京，长安令富嘉谟等上《驾幸长安起居志》，长安城一下子改变了原来的气象。

武则天到达京师后，即大赦天下，改元长安。武则天在京师整整住了两年。这两年，她是在繁忙中度过的。

长安元年（701）十一月，她下令改含元宫为大明宫，恢复该宫原来的名称，任命郭元振为凉州（今甘肃武威）都督、陇右诸军大使，以保障河西地区的安定。

长安二年（702）正月，她在长安创设武举。接着又调兵遣将，防御突厥。九月，她在大明宫麟德殿设宴招待吐蕃使臣论弥萨，准其求和[1]。十月，她又在麟德殿宴请日本国朝臣真人粟田，任命他为司

①《资治通鉴》卷 207，则天后长安二年九月癸未条，第 6560 页。

膳卿[①]。十一月，她准监察御史魏靖所奏，命苏颋复查来俊臣等所定旧狱，昭雪冤案。十二月，又作出在庭州设北庭都护府的决策[②]。

长安三年（703）八月，京师遭受冰雹和暴雨袭击[③]，神都留守李峤上表，请求武则天回驾神都[④]。十月，武则天离开长安，抵达洛阳。

长安四年（704），武则天又曾以吐蕃和亲为由，欲二返长安。洛阳县尉杨齐哲等上书进谏，说："陛下今幸长安也，乃是背逸就劳，破益为损。"[⑤]结果没有成行。

武则天之所以不顾年高体迈，亟亟于长安之行，从当时的情况来看并不是为了游玩，也不是由于西部边境吃紧，最主要的原因还是想解除李武之间的隔阂，缓和李武之间的矛盾。

六 坚持既定方针

为了确保身后子侄和睦，江山永固，武则天以张昌宗等人为助手，在晚年托着病体，继续处理朝政。她努力克制自己：一方面，抬高子孙的声望和地位。另一方面，不许有贬欺侄辈的行为。

圣历二年（699），天官侍郎同平章事吉顼曾在朝堂上与武懿宗争功，声气陵厉。则天很不高兴，说："顼在朕前，犹卑我诸武，况异时讵可倚邪！"

有一次，吉顼奏事，援古引今，则天恼怒地说："卿所言，朕饫闻之，无多言！"然后用她当才人时，在太宗跟前夸口能驯服西域烈马"狮子骢"的故事，训斥吉顼："今日卿岂足污朕匕首邪！"吓得

①《新唐书》卷220《东夷传·日本》，第6209页。粟田来长安年月据《旧唐书》卷6《则天纪》，第131页。日本朝臣真人相当于唐朝的户部尚书之职。

②《资治通鉴》卷207，则天后长安二年十二月戊申，第6561页。

③《新唐书》卷36《五行志三》，第944页。

④《全唐文》卷245，李峤《请车驾还洛表》，第2483页。

⑤《全唐文》卷260，杨齐哲《谏幸西京疏》，第2636页。

吉顼连忙叩头请罪。

后来吉顼因其弟冒官被贬。临行时，武则天召见吉顼。吉顼流泪说："臣今远离阙庭，永无再见之期，愿陈一言。"武则天让他坐下，问是什么事情。顼曰："合水土为泥，有争乎？"武则天说："无之。"又曰："分半为佛，半为天尊，有争乎？"曰："有争矣。"顼顿首曰："宗室、外戚各当其分，则天下安。今太子已立而外戚犹为王，此陛下驱之使他日必争，两不得安也。"武则天说："朕亦知之，然业已如是，不可何如。"①

此后武则天一直自掌大权，企图在李武之间搞平衡，欲在有生之年，进一步和睦子侄之间的关系。

她认为，目前四海无事，天下升平，公卿用命，百姓乐业，只要自己再进一步改善子侄关系，将来子为天子，侄为贵臣，各安其分，社稷还是可以永固的。

因此，即使在重病缠身的时候，仍然致力于此，念念不忘。

第三节　张柬之政变

随着上述措施的实行，李武之间的关系逐渐有了好转，武则天本人与子孙之间的感情壁障也越来越小了。在武则天看来，这样发展下去，在她百年之后，完全可以实现政权的和平过渡。但她万万没有想到，在她生病期间，宰相张柬之发动了宫廷政变。

一　意想不到的宫廷政变

武则天的身体状况本来是很好的。如意元年（692）齿落更生，圣历二年（699）生八字重眉。但时光不饶人，积劳必成疾。八字重

①《资治通鉴》卷206，则天后圣历二年正月条，第6544-6545页。

眉出现不久，武则天便身染沉疴，“太后老且病”[①]。

长安四年（704）秋冬，天气阴晦，雨雪相仍，一百余日，不见曦月[②]。武则天病卧长生院，不让子侄、宰相供奉，只让张易之、张昌宗兄弟侍侧。因此“屡有人为飞书及牓其书通衢，云‘易之兄弟谋反’”。

神龙元年（705）正月，武则天病情加剧。宰相张柬之等密谋发动政变。史载，“太后疾甚，麟台监张易之、春官侍郎张昌宗居中用事，张柬之、崔玄暐与中台右丞敬晖、司刑少卿桓彦范、相王府司马袁恕己谋诛之。”

张柬之首先找到右羽林卫大将军李多祚，并对他说：“将军今日富贵，谁所致也？”多祚泣曰：“大帝也。”柬之曰：“今大帝之子为二竖所危，将军不思报大帝之德乎！多诈……因指天地以自誓。遂与定谋。”

张柬之又引杨元琰为右羽林将军，以桓彦范、敬晖及右散骑侍郎李湛为左、右羽林将军，委以禁兵。

不久，“姚元之自灵武至，柬之、彦范相谓曰：‘事济矣！’遂以其谋告之。……时太子于北门起居，彦范、晖谒见，密陈其策，太子许之。”[③]

从上述记载来看，张柬之等人迅速掌握了神都禁军的指挥权，并得到太子李显的批准。此外，张柬之等人还争得了太子弟相王李旦、妹太平公主及洛州长史薛季昶的支持。

政变者日夜谋划，而武则天卧病长生院，二张不出宫苑，加以缺乏警惕，竟一无所知！

---

①《新唐书》卷4《中宗纪》，第106页。

②《旧唐书》卷37《五行志》，第1363页。

③《资治通鉴》卷207，中宗神龙元年正月条，第6578-6579页。

神龙元年（705）正月二十二日，神都洛阳依然笼罩在阴寒之中。张柬之等认为时机已到，便调兵遣将，以二张谋反为借口发动了政变。政变是按照计划进行的：

一方面，由张柬之、崔玄暐率检校左羽林卫将军桓彦范、左羽林卫将军李湛、李多祚、薛思行、赵承恩、右羽林卫将军敬晖、杨元琰、左威卫将军薛思行、职方郎中崔泰之、司刑评事冀仲甫、检校司农少卿兼知总监翟世言、内直郎王同皎及左右羽林兵500余人拥太子李显直逼禁苑。

另一方面，由相王李旦、司刑少卿袁恕己统南牙兵、薛季昶统洛州（洛阳一带）兵马“以备非常”[①]。

袁恕己派兵包围政事堂（宰相集体议事的地方），逮捕值日宰相韦承庆、房融和司礼卿崔神庆，切断了皇城与宫城的联系。张柬之等勒兵向玄武门（洛阳城北门）进发，遣李多祚、李湛和王同皎前往东宫迎接太子。

当时殿中监田归道为玄武门镇守使，敬晖派人要他交出“千骑”皇帝卫队，归道“拒而不与”[②]。张柬之等至玄武门，为归道所阻；及太子至，归道不敢抵抗。张柬之命所部“斩关而入，兵士大噪”[③]，直扑武则天所居之迎仙宫。

张柬之等率军入宫后，二张正在宫中，毫无准备，仓促之间，未及躲避，即被斩于殿庑之下。

二张被杀后，张柬之等立即包围了武则天养病的住所。这时，武则天才得到了兵变的消息。

由于出乎意料，她感到十分吃惊，一骨碌从床上爬起来问道：“乱者谁邪？”

---

①《新唐书》卷120《袁恕己传》，第4324页。

②《资治通鉴》卷207，中宗神龙元年正月条，第6582页。

③《旧唐书》卷91《桓彦范传》，第2929页。

张柬之、李湛、崔玄暐等戎装而入，回答说："张易之、昌宗谋反，臣等奉太子令诛之，恐有漏泄，故不敢以闻。称兵宫禁，罪当万死。"

武则天看到李湛，很不高兴地说："汝亦为诛易之将军邪？我于汝父子不薄，乃有今日！"李湛是李义府的儿子，听到这话"惭不能对"。

武则天问崔玄暐："他人皆因人以进，惟卿朕所自擢，亦在此邪？"崔玄暐回答说："此乃所以报陛下之大德。"

这时太子李显进见，武则天十分伤心，强忍着悲痛与愤怒说道："乃汝邪？小子既诛，可还东宫！"

话音未落，桓彦范上前一步喊道："太子安得更归！昔天皇以爱子托陛下，今年齿已长，久居东宫，天意人心，久思李氏。群臣不忘太宗、天皇之德，故奉太子诛贼臣。愿陛下传位太子，以顺天人之望！"[①]口气十分强硬。

听了这话，武则天返回病榻，卧而不语[②]。

于是，张柬之留部分人马监视则天，派人分途缉拿二张的亲信，斩张昌期、张同休、张昌仪等，与二张一起枭首于天津桥南。

薛季昶建议乘胜扩大战果，"因兵势诛武三思之属"[③]。由于天色已晚，特别是由于武氏诸王握有一定的兵权，具有较大的势力，而自身力量有限，张柬之、敬晖、桓彦范等未予采纳。但实行戒严，禁止政变者以外的任何人与武则天相见。

二十三日上午，张柬之等人再次逼武则天传位。武则天思前想后，无可奈何。她深知在这种情况下，要反悔初衷，另立侄辈，显然是不可能。因此，她作出了同意李显监国的决定。

于是，张柬之以她的口气，颁发了《则天太后命皇太子监国制》：

鸾台：

---

①《资治通鉴》卷 207，中宗神龙元年正月条，第 6580–6581 页。

②《大唐新语》卷 1《匡赞第一》，第 8 页。

③《旧唐书》卷 91《敬晖传》，第 2933 页。

多难兴王，殷忧启圣，萧墙之祸，自古有之。

朕以虚寡，宿承先顾，社稷宗庙，寄在朕躬，亲理万机，年逾二纪，幸得九玄垂祐，四海乂安。何尝不日昃忘食，夜分辍寝，战战而临宝位，虔虔而握圣图，忧百姓之不宁，惧一物之失所。但以久亲庶政，勤倦成劳，顷日以来，微加风疾。

逆竖张易之、昌宗兄弟，比缘薄解调炼，久在园苑驱驰，锡以殊恩，加其显秩，不谓豺狼之性，潜起枭獍之心，积日包藏，一朝发露。

皇太子显，元良守器，纯孝奉亲，知此衅萌，奔卫宸极，与北军诸将，戮力齐心，剿扑凶渠，咸就枭斩。乃天地之大德，而幽明之所赞叶者乎？岂惟朕躬之幸，抑亦兆庶之福。

朕方资药饵，冀保痊和，机务既繁，有妨摄理，监临之寄，属在元良。宜令皇太子显监国，百官总已以听。朕当养闲高枕，庶获延龄。

可大赦天下[①]。

张柬之等人并不以太子监国为满足，而是要求武则天传位。二十四日，武则天最终传位于皇太子。二十五日，太子李显复位于通天宫。至此，政变才告结束。

二 张谏之政变的前因后果

从上述情况来看，政变的发起人是张柬之。故《旧唐书·张柬之传》说：“及诛张易之兄弟，柬之首谋其事。”除了张柬之以外，政变的主谋还有桓彦范、敬晖、崔玄暐和袁恕已 4 人[②]。参与谋议的还有杨元琰、李多祚、相王李旦及太平公主等人。

张柬之字孟将，襄州襄阳（今湖北襄樊市）人，“少补太学生，

---

①（宋）宋敏求编：《唐大诏令集》卷 30《皇太子·监国》，商务印书馆，1959，第 111-112 页。

② 有人称这次政变为“五王政变”。这种说法不妥，因为张柬之等五人发动政变在前，封王在后。

涉猎经史”，永昌元年（698），制举第一，历任监察御史、凤阁舍人、荆州大都督府长史、秋官侍郎等职。长安年间，则天向宰相求贤，狄仁杰、姚元之推荐了他。那时他年已 80，则天“登时召见，以为同凤阁鸾台平章事”①。不久，“迁凤阁侍郎，仍知政事”②。

敬晖，绛州太平人（山西侯马市西北）。“弱冠举明经”，历任卫、泰等州刺史。大足元年（701），迁洛州长史。则天西返长安时，任命他为神都副留守。“在职以清干著闻，玺书劳勉，赐物百段”。长安三年（703），复拜中台右丞，加银青光禄大夫③。

崔玄暐“少以学行称”④。举明经，历任库部员外郎、天官郎中、凤阁舍人等职。“长安元年（701），超拜天官侍郎，每介然自守，杜绝请谒，颇为执政者所忌，转文昌左丞。”经月余，则天对他说：“自卿改职以来，选司大有罪过。或闻令史乃设斋自庆，此欲盛为贪恶耳。今要卿复旧任。”又除天官侍郎，赐杂采 70 段。三年，拜鸾台侍郎、同凤阁鸾台平章事，兼太子左庶子。四年，迁凤阁侍郎，加银青光禄大夫，仍依旧知政事⑤。

李多祚，本靺鞨后裔，“骁勇善射，以军功累迁右鹰扬大将军”，预讨孙万荣之叛，“以劳改右羽林大将军，遂领北门卫兵”⑥。

太平公主，系则天之女，“方额广颐，多权略”⑦，“则天爱其类己”⑧，每预谋议。

---

①《大唐新语》卷 6《举贤第十三》，第 95 页。

②《旧唐书》卷 91《张柬之传》，第 2941 页。

③《旧唐书》卷 91《敬晖传》，第 2932 页。

④《新唐书》卷 120《崔玄暐传》，第 4316 页。

⑤《旧唐书》卷 91《崔玄暐传》，第 2935 页。

⑥《新唐书》卷 110《李多祚传》，第 4124—4125 页。

⑦《旧唐书》卷 183《太平公主传》，第 4738 页。

⑧《大唐新语》卷 9《谀佞第二十一》，第 144 页。

从上述情况来看，这些人都是武则天擢拔起来的，都在不同程度上受到武则天的器重，有的还是武则天的亲信、亲骨肉。既然如此，他们为什么要乘武则天病重之机，发动政变，兵临禁苑，血染寝殿?

《旧唐书》卷 6《则天纪》说：“麟台监张易之与弟司仆卿昌宗谋反，皇太子率左右羽林将军桓彦范、敬晖等，以羽林兵入禁中诛之。”同书卷 91《桓彦范传》说：“则天不豫（有病），张易之与弟昌宗入阁侍疾，潜图逆乱。凤阁侍郎张柬之与桓彦范及中台右丞敬晖等密谋诛之。柬之遽引彦范及晖并为左右羽林将军，委以禁兵，共图其事。”

《资治通鉴》卷 207 也有“太后寝疾，居长生院，宰相不得见者累月，惟张易之、昌宗侍侧”，“易之、昌宗见太后疾笃（病重），恐祸及己，引用党援，阴为之备，屡有人为飞书及牓其书于通衢，云‘易之兄弟谋反’”[①] 的记载。

古往今来，不少史学家即据此论事，认为张柬之等人之所以发动政变，是因为张易之兄弟谋反。但是，如果我们认真分析一下有关史料，就会发现里面存在着一些问题。

其一，武则天卧病，“宰相不得见者累月，惟张易之、昌宗侍侧”的说法并不完全可靠。这一点我们可以从两方面的材料中看出。

史载，长安四年（704）八月，则天卧疾[②]，仍然在坚持处理国政：

九月，大雨雪，则天令开仓赈恤；以宰相姚元之为录武道安抚大使。

十月二十二日，以秋官侍郎张柬之同凤阁鸾台平章事。

二十三日，以宰相韦嗣立检校魏州刺史。

三十日，以怀州长史房融为正谏大夫、同平章事。又命宰相荐举能够担任员外郎的人。

十一月五日，以天官侍郎韦承庆为凤阁侍郎、同平章事。

---

①《资治通鉴》卷 207，则天后长安四年十二月条，第 6575 页。

②《唐会要》卷 51《识量上》，第 890 页。

二十五日，命宰相崔玄暐检校太子右庶子。

十二月三日，敕大足（701）以来新置官并停。

五日，罢韦嗣立为成均祭酒。

二十日，许州人杨元嗣告张昌宗召术士占相，武则天命韦承庆等审问[①]。

这说明即使在卧病期间，武则天仍在坚持处理朝政，并非与宰相累月不见。

另外，《新唐书》卷120《崔玄暐传》载：及则天疾病稍有好转，宰相崔玄暐奏言："皇太子、相王皆仁明孝友，宜侍医药，不宜引异姓出入禁闼。"[②]则天慰而纳之。

《旧唐书》卷91《桓彦范传》载，政变前，"皇太子每于北门起居"[③]。

这说明，武则天虽一度专以二张侍疾，但后来接受了崔玄暐的建议，准许皇太子时常进谒。

其二，"张易之与弟昌宗入阁侍疾，潜图逆乱"的观点也不完全可信。

二张入宫以后，作为武则天的男宠、侍卫和牵制外戚、大臣的工具，的确成了红极一时的显贵，以至长安二年（702）八月，太子、相王、太平公主有上表请封昌宗为王之举。

但是，二张也曾受到过几次较大的冲击。长安四年（704）七月，其兄张昌仪、张同休等坐赃下狱，御史台弹劾他们作威作福，亦被同鞫。十二月，有人写飞书贴于大街，说他们谋反，杨元嗣告昌宗召术士占相，二张再次被鞫。

---

①《资治通鉴》卷207，则天后长安四年条，第6575页。

②《新唐书》卷120《崔玄暐传》，第4317页。

③《旧唐书》卷91《桓彦范传》，第2928页。

二张第一次被鞫时，御史大夫李承嘉等奏请免除张昌宗之官。昌宗不服，说他“有功于国，所犯不至免官”。则天问宰相昌宗是否有功，杨再思回答道：“昌宗合神丹，圣躬服之有验，此莫大之功。”则天乃舍其罪复其官。后来当有人飞书言二张谋反时，武则天“皆不问”[①]，这在《通鉴》卷207中可以找到依据。

二张第二次被鞫时，宋璟、崔玄暐等请求逮捕，处以死刑。武则天又为其辩护，赦其无罪。说二张在这种情况下要潜图谋逆，从情理上是讲不通的。

再者要说二张潜图谋逆，须有可靠的证据。而史书所载的证据只有一个，那就是长安四年（704）十二月中旬，张昌宗曾召术士李弘泰为自己占相；李弘泰说昌宗有天子相。

在封建时代，私自召人看相虽有时为法律所限，但乃是极普遍的事。不过，术士妄言天命，被相者信以为真，想入非非，轻举妄动，都会被看作“谋反”而予以诛夷。张昌宗听了术士的话，可能也有一阵惊喜。但他很快便害怕起来，把李弘泰的话告诉了武则天。

仅凭这一点，很难说他们是“潜图谋反”。

其三，二张一直为武则天所宠信。

当武则天卧病之时，皆常入宫侍疾，假若他们真有不臣之心，要谋逆造反，暗害武则天还不简单？

但事实上，从长安四年八月则天卧病，到神龙元年正月政变以前，武则天并没有受到二张的威胁。假如二张果真潜图叛逆，当会留下种种蛛丝马迹，至少自身应当有所准备。

除了前述占相以外，史书上没有二张叛乱的任何材料，相反，史书上明确记载他们是在毫无准备的情况下被杀于长生院的。因此，对于二张谋反之说，我们是不敢苟同的。

---

①《资治通鉴》卷207，则天后长安四年七月乙巳条，第6572页。

那么，张柬之等人发动政变的原因和目的究竟是什么呢？我们认为，要弄清这个问题，还得从当时最高统治集团内部的矛盾开始分析。

如前所述，武则天晚年最高统治集团内部的矛盾，主要是由皇位继承问题引起的子、侄之间的冲突。武则天曾采取了一系列有效的措施使子侄之间的隔阂逐渐减少，李武二家趋于融合。但由于李武之间的矛盾根深蒂固，直接牵涉到各自的命运和前途，是难于完全调和的。

为了确保身后李武之间不发生流血冲突，形成子为天子、侄作贵亲的政治格局，武则天在年迈多病的情况下引用二张，助理朝政，企图进一步调和子侄矛盾。这样就形成了李氏诸子、武氏诸王和宠臣二张之间的三角关系。

朝臣见武则天年老，也根据自己的恩怨排列组合，相互比附，以为身后之谋，从而形成拥武派、拥李派和附张派。

拥武派（这里指拥护武氏诸王者），尤其是武氏诸王与拥李派之间存在着一定的矛盾。对武则天不以武氏为太子而以李氏为继承人的做法也很不满意。而李显之所以被立皇太子，二张实有大功，故武氏诸王对二张的态度也发生了变化，由鼓吹变为不满。

拥李派即拥护皇太子李显兄弟者，这部分人可分为二种。一种是曾受武则天打击，反对女人专政，谋复李氏社稷者。另一种是曾经受到武则天的提拔和重用，但与武氏诸王和二张有矛盾者。

附张派亦可分为二种。一种是势利小人，见二张贵盛，趋而附之，冀图升官发财。另一种是朝廷重臣，深受武则天信任，与二张关系密切。

在以上三派中，二张派势力最盛。一则他们时常在武则天身边，多为武则天所宠爱；二则他们有劝立太子、解决皇位继承问题之大功，将来一旦武则天去世，他们必然会像吉顼所说的那样，受“茅土之封”。这就引起了“拥武派”和“拥李派”的仇视和眼红。

“拥李派”与二张矛盾较深，他们担心将来二张派得到拥立之功，害怕二张派得势以后，自身利益受到严重的损害。因此，他们必然要铤而走险，与二张进行殊死的搏斗，抢夺拥立之功，以改变自己受排

济的不利处境，获得更多的富贵功名。张柬之等人，正是“拥李派”的代表。

史载，张柬之“沈厚有谋，能断大事”[①]，颇有政治头脑和手腕。然而久在下位，制举及第时，年已70，可以说是不得志的。到80岁时，才当上宰相，必然要设法尽快施展其政治才能。当时则天年老多病，二张得宠，他虽为宰相，总觉得没有用武之地。

因此，他必然不满现实，而要另寻出路。由于他“涉猎经史，尤好三礼”[②]，喜欢抱残守缺，不满女人参政，久以李唐为意。因此，当他看到不少士人亦思唐德，即以发动宫廷政变为己任，入相不久，便开始了密谋活动。

当时宰相桓彦范、崔玄暐、姚元之等人皆与二张不合。桓彦范、崔玄暐还多次上疏，要求罢免二张之官，将他们统统处斩[③]。若二张得势，他们的结局将不堪设想。另外，二张得宠，则天立太子而无禅位之意，也引起了皇太子兄弟的疑虑。在这种情形下，张柬之正好可以利用崔玄暐、姚元之及其他大臣与二张之间的矛盾，组织力量，联络太子，以诛二张为名而发动政变。于是，政变便一步步变成事实。

应当强调的是，张柬之政变的目的不只是为了诛二张，更重要的是要废黜武则天，抢夺拥立之功。这一点从张柬之等人的言论和行动中都表现得十分明显。

史载，“张柬之将诛二张，以（李）多祚素感概，可动以义，乃从容谓曰：‘……将军击钟鼎食，贵重当世，非大帝恩乎？’多祚泣数行下，曰：‘死且不忘！’柬之曰：‘……今在东宫乃大帝子，而嬖竖擅朝，危逼宗社。国家废兴在将军，将军诚有意乎？舍今日尚何

①《新唐书》卷120《张柬之传》，第4323页。

②《旧唐书》卷91《张柬之传》，第2936页。

③《资治通鉴》卷207，则天后长安四年条，第6576-6577页。

在？’”[①]

在张柬之入相以前，“柬之与荆府长史闅乡杨元琰相代，同泛江，至中流，语及太后革命事，元琰慨然有匡复之志。及柬之为相，引元琰为右羽林将军，谓曰：‘君颇记江中之言乎？今日非轻授也。’”

政变开始时，张柬之遣李多祚、王同皎等赴东宫迎太子，“太子疑，不出。同皎曰：‘先帝以神器付殿下，横遭幽废，人神同愤，二十三年矣。今天诱其衷，北门、南牙，同心协力，以诛凶竖，复李氏社稷，愿殿下暂至玄武门以副众望。’”

及二张被杀，则天令太子返回东宫，桓彦范等又逼武则天“传位太子，以顺天人之望”[②]。

可见，张柬之政变的目的，是要武则天立即退位，以夺拥立之功。这与姚元之（即姚崇）等人是不同的，姚与二张有矛盾，只欲杀二张，并不想对武则天实行“兵谏”。

由于张柬之等人巧妙地利用了最高统治集团内部的各种矛盾，掌握了禁军，进行了严密地组织；由于武则天及附张派缺乏警惕，毫无准备；由于太子李显、相王李旦及太平公主皆参与了政变；加之武氏诸王与二张有一定矛盾，按兵不动，政变得以顺利进行。

张柬之政变的直接后果是：二张被杀，武则天被废，中宗复位，张柬之等人成为显赫一时的权贵。它宣告了“大周”政权的覆亡，同时也宣告了武则天政治生涯的终结，其影响是极为深远的。

---

①《新唐书》卷 110《李多祚传》，第 4125 页。

②《资治通鉴》卷 207，中宗神龙元年条，第 6579-6581 页。

第十六章

【凄凉的晚年】

张柬之政变之后，武则天还活了300天。这300天是武则天生命的最后时期，也是她有生以来最痛苦的时期。可以说，她这300天是在回忆、反思、痛苦和绝望中度过的。

第一节 幽闭深宫

中宗复辟，武则天失去了皇位。她被迫离开生活了多年的长生殿，幽居于上阳宫中。

一 徙居上阳

神龙元年（705）正月二十五日，中宗复位。二十六日，武则天即被押送上阳宫。

上阳宫在洛阳皇城之西，南临洛水，西距瀔水，北连禁苑，有观凤、仙居、甘露、麟趾、丽春等殿，又有浴日楼、七宝阁及双曜、神和、芙蓉等亭，本来是一个景色宜人的好地方。但现在却变成了幽禁武则天的“文明监狱”。武则天被安置在观凤殿[①]，由左羽林将军李湛看管。

武则天晚年积劳成疾，加上病重之际，又遇宫廷政变，身遭软禁，健康状况急剧恶化。史载，“太后善自粉饰，虽子孙在侧，不觉其衰老。及在上阳宫，不复栉颒，形容羸悴”[②]。“不复栉颒”，即不再梳头洗面，

① （清）徐松撰，张穆校注，方言点校：《唐两京城坊考》卷5《东京·上阳宫》，中华书局，1985，第142页。

② （宋）司马光等撰：《资治通鉴》卷208引《统纪》，中华书局，1956，第6591页。

洛阳上阳宫景区

说明她的心情是很坏的。“形容羸悴”，当然不只是不再梳洗的结果，还说明政变对她在精神上的打击是何等之深。

正月二十七日中宗曾率百官到上阳宫，尊武则天为“则天大圣皇帝”，但是，这对武则天来说，这是没有任何实际意义的。每当她想起正月二十二日那屈辱的时刻，心里总不是滋味。而最使她伤心和担忧的，还是中宗复位以后动荡的政局。

中宗李显是一个平庸的皇帝。他看到张柬之等人发动政变有功，即位后立即委以大政：以张柬之为夏官尚书、同凤阁鸾台三品，封汉阳郡公；以崔玄暐为守内史，封博陵郡公；以袁恕己行中书侍郎、同凤阁鸾台三品，封南阳郡公；以敬晖为纳言，封平阳郡公；桓彦范亦为纳言，封谯郡公；五人皆为宰相，“并加银青光禄大夫，赐实封五百户”[①]。

对参与政变的其他人士也进行了封赏。如以李多祚为辽阳郡王，

①（后晋）刘昫等撰：《旧唐书》卷 7《中宗纪》，中华书局，1975，第 136 页。

王同皎为右千牛将军、琅邪郡公，李湛为右羽林大将军、赵国公。

张柬之等人为维护既得利益，严厉贬逐房融、崔神庆、崔融、李峤、宋之问、杜审言、沈佺期等"张易之之党"，并极力鼓吹"中兴"。虽然没有完全采纳薛季昶"集百辟卿士，执武后献诸宗庙，数其过恶，取太宗黄钺斩之"，"诸武氏之在中外者，皆尽杀无赦"的建议，但着手对"武周"进行全面的、彻底的否定。

神龙元年正月下旬，通过中宗下制，贬逐武周酷吏，遣夺其官爵[①]，"其为周兴等所枉者，咸令清雪，子女配没者皆免之"。

另一方面大崇李氏宗室，以相王为安国相王，太平公主为镇国太平公主，"皇族先配没者，子孙皆复属籍"[②]。

此外，对在武周时期被杀的诸王、王妃、公主和驸马，咸令州县以礼改葬，"追复官爵，召其子孙，使之承袭，无子孙者为择后置之"。

二月五日，又通过中宗下制，"复国号曰唐。郊庙、社稷、陵寝、百官、旗帜、服色、文字皆如永淳（682 ~ 683）以前故事。复以神都为东都，北都为并州，老君为玄元皇帝"[③]。

同时"令贡举人停习《臣轨》，依旧习《老子》"，令"诸州置寺、观一所，以'中兴'为名"[④]。

就这样，武则天经营多年而确定的施政方针被很快地抛弃了。

由此可见，所谓"中兴"，就是复旧。但是"永淳以前故事"并没有完全恢复，国家政治遂陷入混乱之中。

武则天在执政时期是很有作为的，因而，对于她的悲剧结局，当时许多人都是很同情的，就连预谋政变的姚元之也是如此。

---

①《旧唐书》卷 50《刑法志》，第 2149 页。

②《资治通鉴》卷 207，中宗神龙元年正月丙午条，第 6581 页。

③《资治通鉴》卷 208，中宗神龙元年二月甲寅条，第 6583 页。

④《旧唐书》卷 7《中宗纪》，第 137 页。

武则天徙上阳宫以后，太仆卿、同中书门下三品姚元之曾呜咽流涕。桓彦范、张柬之对他说："今日岂公涕泣时邪！恐公祸由此始。"元之回答说："元之事则天皇帝久，乍此辞违，悲不能忍。且元之前日从公诛奸逆，人臣之义也；今日别旧君，亦人臣之义也，虽获罪，实所甘心。"[①]结果被贬为亳州刺史。

监察御史崔皎密奏中宗："则天皇帝在西宫（即上阳宫），人心犹有附会"[②]，也就是说，同情武则天的人还不在少数。

所以当张柬之等弹冠相庆的时候，以武三思为首的武氏诸王"以则天为彦范等所废，常深愤怨，又虑彦范等渐除武氏"[③]，联络这些同情者和"附会"者，采取种种手段，与张柬之等明争暗斗，企图挽回自己的命运，"复行则天之政"[④]。

当时，中宗的妃子韦氏是正宫皇后。此人颇有政治野心，热衷干预朝政。而深受武则天宠爱的上官婉儿被中宗拜为婕妤，"大被信任"[⑤]，专掌制命，活跃于宫中。

上官婉儿与武三思勾结，"荐三思于韦后"。武三思之子武崇训娶中宗爱女安乐公主，被提拔为驸马都尉、太常卿兼左卫将军。

张柬之等人控制朝纲，恃功自傲，反对韦氏参政，引起了中宗、韦氏的不满。所以当上官婉儿推荐武三思时，韦后即将他引入禁中，与中宗谈论政事，被任命为司空、同中书门下三品。

武三思一参政，便着手援引武周旧臣魏元忠、韦安石、李怀远、唐休璟、杨再思等，准备排斥政变者，"反易国政"[⑥]。而张柬之等

①《资治通鉴》卷208，中宗神龙元年条，第6584页。

②《资治通鉴》卷208，中宗神龙元年条，第6587页。

③《旧唐书》卷91《桓彦范传》，第2930页。

④《资治通鉴》卷208，中宗神龙元年条，第6592页。

⑤《新唐书》卷76《上官昭容传》，第3488页。

⑥《新唐书》卷206《武三思传》，第5841页。

人大权在握，不肯后退一步。

政变之初，薛季昶、刘幽求曾劝张柬之、桓彦范等诛杀武三思等，斩草除根，张等不听；此时见武氏势力复振，才劝中宗诛诸武，中宗不听。

为缓和两派矛盾，唐中宗"以张柬之等及武攸暨、武三思、郑普思等十六人皆为立功之人，赐以铁券，自非反逆，各恕十死"[①]。然而，这种和稀泥的办法是不能解决问题的。此后张柬之等人与武三思一伙的斗争更加激烈了。

张柬之、敬晖一派为了稳操胜券，以考功员外郎崔湜为耳目，窥伺武三思等人的举动；同时率群官上表，强烈要求削去武氏王爵。

武三思等人则以退为攻，表面上情愿降爵，暗地里拉拢崔湜，以郑愔为谋主，"与韦后日夜谮晖等，云'恃功专权，将不利于社稷'"。建议"封晖等为王，罢其政事，外不失尊宠功臣，内实夺之权"。

中宗采纳了武三思的建议，以敬晖为平阳王，桓彦范为扶阳王，张柬之为汉阳王，袁恕己为南阳王，崔玄暐为博陵王，"罢知政事，赐金帛鞍马，令朝朔望（初一、十五）"。

于是"三思令百官复修则天之政，不附武氏者斥之，为五王所逐者复之，大权尽归三思矣"[②]。

然而，对于武三思的专权，唐中宗也不能完全容忍。他根本不愿使武氏重新强大起来。所以，过了不久，他又采纳了张柬之等"五王"的建议，"降封梁王三思为德静郡王，量减实封二百户，定王、驸马都尉攸暨为乐寿郡王，河内郡王懿宗为耿国公，建昌郡王攸宁为江国公，会稽郡王攸望为郧国公，临川郡王嗣宗为管国公，建安郡王攸宜为息国公，高平郡王重规为郐国会，继魏王延义为魏国公，安平郡王

①《资治通鉴》卷 208，中宗神龙元年条，第 6590 页。

②《资治通鉴》卷 208，中宗神龙元年条，第 6592 页。

攸绪为巢国公，高阳郡王、驸马都尉崇训为酆国公，淮阳郡王延秀为桓国公，咸安郡王延祚为咸安郡公”[①]。

这样一来，武氏诸王又受到了限制，武三思“复则天之政”的设想没有能够真正实行。

由于唐中宗缺乏政治才能，政变者与武氏诸王处于激烈地矛盾斗争状态，使政局动荡不安，呈现出徘徊和倒退的状态：官员日益增加，吏治逐渐废弛，尤其是由于无限制地大量平反所谓冤、假、错案[②]，极力崇优宗室，扩大封户势力，大修寺观，度人为僧等等，造成了财政经济的困难，开始动用备荒的义仓……[③]

二 精疲力竭

武则天被幽系在深宫之中，对上述情况不完全清楚。但是，由于中宗每月初一、十五率百官前来朝见，通过他们的言谈举止，她知道了形势的逆转。因而，埋藏在她心中的忧虑更加沉重。

可是上阳宫的生活是孤独而又枯燥的，除了朝看水东流、暮看日西坠之外，她又能做些什么呢?

也许她曾想起自己天真活泼的童年，依偎在父母身边，观看巴山蜀水、袅袅炊烟，还有那江上竞渡的飞船。

也许她曾想起辅佐高宗的日子，伴随天皇把握风云变幻，处理军国大事的场面，还有高宗那信任的目光，病态的脸。

也许她曾想起酷吏的残杀，外戚的无能，还有可恨的宫廷政变……。

每当回首往事的时候，她也许会感到一些快慰，但始终被更多的

---

①《旧唐书》卷 183《武承嗣传》，第 4733 页。

② 酷吏制造的冤案，武则天晚年已为昭雪。

③《旧唐书》卷 49《食货志下》，第 2123 页。

愤恨和忧虑笼罩着。她在上阳宫中凄苦难忍，度日如年，她的子女们却享受着因政变成功而带来的欢乐。

中宗接受群臣的请求，自尊应天皇帝，尊韦后为顺天皇后，又给相王李旦、太平公主加实封，达到万户。

当隆冬到来的时候，中宗御洛城南楼，观看“裸身挥水、鼓舞衢路”的“泼寒胡戏”[①]，早把他的老娘忘得一干二净！

就这样，武则天在孤独、寂寞、忧愤中打发着日子，发白齿落，病入膏肓，直到她生命的最后一刻。

第二节 归葬乾陵

神龙元年（705）十一月二十六日，寒风凛冽，天昏地暗，武则天死于上阳宫之仙居殿，终年82岁。唐中宗为她举行了葬礼，将她埋在了乾陵之中。

一 临终遗制

武则天临终时，头脑很清醒。她召来中宗、相王、太平公主及武三思等，叮嘱后事，留下了一份完整的“遗制”。遗憾的是这个遗制的原文没有流传下来，我们只能从有关史籍中看出个大概。

《通鉴》卷208载：“遗制：去帝号，称则天大圣皇后。王、萧二族及褚遂良、韩瑗、柳奭亲属皆赦之。”[②]

《新唐书·则天顺圣皇后武氏传》载：“遗制称则天大圣皇太后，去帝号。”

《旧唐书·则天皇后本纪》载：“遗制祔庙、归陵，令去帝号，

①《资治通鉴》卷208，中宗神龙元年十一月己丑条，第6596页。

②《资治通鉴》卷208，中宗神龙元年十一月壬寅条，第6596页。

称则天大圣皇后；其王、萧二家及褚遂良、韩瑗等子孙亲属当时缘累者，咸令复业。”

同书《袁恕己传》载：“则天崩，遗制令复其所减实封。”《武三思传》载：“则天遗制令复其减实封。”

从这些记载来看，《遗制》的主要内容有以下几点：（1）去帝号，称则天大圣皇后；（2）祔庙、归葬乾陵；（3）让王皇后、萧淑妃等人的子孙复业；（4）恢复武三思的实封之数，为袁恕己增加实封。

很显然，《遗制》的用意是十分深刻的。由此不难看出什么是武则天临死时最关心的问题。

中宗复位以后，恢复了李氏的宗庙、社稷；武氏的宗庙、社稷事实上已被废弃，“大周”已经宣告结束。在这种情况下，继续保留帝号是有害而无益的。去帝号，称皇后，显得与李氏亲近；留帝号，则易使李氏子孙联想“武周”那段不愉快的经历，而增加对武氏的敌意。因此，取消帝号，显然是明智之举。

“祔庙、归陵”是武则天最关心的事。武则天从房州召回李显，立为太子，一个重要目的就是为了身后能够祔庙、归陵。武则天之所以一定要归陵、祔庙，大抵主要是出于两方面的考虑：一方面，她与唐高宗曾经是恩爱夫妻，希望“来世”能够继续生活在一起，并在李家的宗庙里占有一席之位，以便得到子孙的享祭。

另一方面，她深知李武之间的矛盾还没有完全解除，武氏有树倒猢狲散的危险，如果自己归陵、祔庙，李氏子孙或许对武氏能够采取比较宽容的态度，这样将有利于江山社稷。

毫无疑问，要求归陵、祔庙也是很有远见的。至于对王、萧二家缘累子孙复业及武三思、袁恕己等人实封问题的处理，也都是为了缓和身后可能加剧的矛盾。

但是，对于武则天的《遗制》，尤其是其中归葬乾陵一条，有人坚决表示反对，建议不要贯彻执行。其代表人物就是党附于张柬之等人的给事中严善思。

严善思上书认为："则天太后卑于天皇大帝，今欲开乾陵合葬，即是以卑动尊"。建议于乾陵之傍，另择吉地，"别起一陵"[①]。

唐中宗看了奏折，心里有所动摇，诏令群臣详议。由于武三思等人通过上官婉儿及韦后反对严善思的意见，唐中宗才决定停止讨论，下诏"准遗制以葬之"[②]。

二 隆重的葬礼

神龙二年（706）正月二十一日，唐中宗"护则天灵驾还京"[③]，着手准备埋葬事宜。

在此期间，国家政治依然比较混乱。朝廷"大置员外官，自京司及诸州凡二千余人，宦官超迁七品以上员外官者又将千人"[④]。又允许太平、长宁、安乐、宜城、新都、定安、金城诸公主开府置官属。

最高统治集团内部各派之间的实力也发生了一些消长变化：

一方面以张柬之为首的"政变"派进一步失势。三月，光禄卿、驸马都尉王同皎被杀，敬晖被贬为郎州刺史，崔玄暐左迁为均州刺史，桓彦范左迁为亳州刺史，袁恕已左迁为郢州刺史。

另一方面，韦后、武三思等人进一步掌握大权。中宗宠畏韦皇后，改赠其父韦玄贞为酆王，弟洵、浩、洞、泚皆为郡王；武三思与韦后私通，关系十分密切。这样，张柬之等"五王"被贬逐以后，实权便逐渐落入韦后和武三思之手。唐中宗对武三思也极为信任，有人告三思"必为逆乱"，中宗却大怒，"命斩之"[⑤]。

武三思为了借助武则天亡灵庇护自己，劝韦后、中宗对武则天实

---

①《旧唐书》卷191《严善思传》，第5102页。

②《唐会要》卷20《陵议》，第399页。

③《旧唐书》卷7《中宗记》，第141页。

④《资治通鉴》卷208，中宗神龙二年条，第6601页。

⑤《资治通鉴》卷208，中宗神龙二年条，第6602页。

乾陵风貌

行厚葬。韦后欲仿效武则天，也赞成武三思之计。中宗为了掩盖自己抢班夺权的真相，已修了圣善、报恩等寺，亦主张一切从优。虽然他们各自的目的不同，但都打算为武则天举行一个隆重的葬礼。

神龙二年(706)五月十八日，庄严肃穆的梁山哀乐悠悠、哭声阵阵。武则天的灵柩沿着唐高宗灵柩经过的地方徐徐进入乾陵地宫。国子司业崔融撰写的《则天大圣皇后哀册文》也被放入。册文写道：

维神龙元年岁次乙巳十一月丁丑朔二十六日壬寅，大行则天大圣皇后崩于洛阳宫之观象殿，旋殡于集仙殿之西阶。粤二年岁次丙午某月朔日，将迁祔于乾陵，礼也。祖庭火烬，攒宫月晓，云戴黼翣，风牵绛旐，俨天卫之苍苍，邈宸仪之窅窅。哀子嗣皇帝讳，慕切充穷，诚殷遣奠，瞻象服其如在，攀龙车而不见。闳慈范于长陵，戢神晖于前殿。示人轨训，先王典则，爰命史臣，飏言圣德。其词曰：

天生后稷，飞鸟覆翼。天护武王，跃鱼陨航。施于成康，武子有光。丰沛之疆，河汾之阳。异气发祥，圣后其昌。穆穆皇皇，作合于唐。

至哉坤德，沉潜刚克。奇相月偃，惠心泉塞。蘋藻必恭，纮綖是则。训自闺阃，风行邦国。九庙肃祗，六宫允厘。中外和睦，遐迩清夷。家道以正，王化之基。

皇曰内辅，后其谋咨。谋咨伊俟，皇用嘉止。亦既顾命，聿怀代己。圣后谦冲，辞不获已。从宜称制，于斯为美。仗义当责，忘躯济厄。神器权临，大运匪革。宗祧永固，寰区奄宅。负扆肃清，垂旒光赫。

洸洸我君，四海无氛。英才远略，鸿业大勋。雷霆其武，日月其文。洒以甘露，覆之庆云。制礼作乐，还淳返朴。宗祀明堂，崇儒太学。四海慕化，九夷禀朔，沈璧大河，泥金中岳。巍乎成功，翕然向风。乃复明辟，深惟至公。

归闲于大庭之馆，受养于长乐之宫。品汇胥悦，讴歌载隆。鼎祚既穆，璇枢已肃。庶保太和，长介景福。如何靡怙，而降斯酷？后弄孙其未淹，人丧妣其焉速？嗣皇擗摽，列辟扶服，九族号咷，万姓荼毒。呜呼哀哉！

积忧劳而弗愈兮，构氛沴而成灾；逢冰霜之惨烈兮，见草木之凋摧；感大渐之将逝兮，遗惠言而不回；付圣子其得所兮，顾黎元日念哉；颁宠锡以留诀兮，节礼数以送哀；邈终天而一往兮，复何时而下来？呜呼哀哉！

光阴荏苒兮气序回互，泣尽冬霜兮悲生春露，攒涂云启兮同轨毕赴，湘川未从兮汉茔盖祔。古则礼阙，今也仪具。呜呼哀哉！

夜漏尽兮晨挽发，转相风兮摇画月。厌河洛兮不临，去嵩邙兮飘忽。指咸阳之陵寝，历长安之宫阙。旋六马兮须期，考三龟兮中歇，呜呼哀哉！

出国门兮林邱，览旧迹兮新忧。具物森兮如在，良辰阕兮莫留。当赫曦之盛夏，宛萧瑟之穷秋。山隐隐兮崩裂，水洄洄兮逆流，呜呼哀哉！

挂旌旐于松烟，即宫闱于夜泉。下幽翳兮无日，上穹窿兮盖天。隧路严兮百灵拱，殿垣虚兮万国旋。如有望而不至，怨西陵之茫然，呜呼哀哉！

轶帝皇之高风兮，钦文母之余懿。时来存乎立极，数往归乎配地。何通变之有恒兮，而始终之无愧。惟圣慈之可法，播徽音于后嗣。呜呼哀哉！[①]

在这篇哀册中，崔融以神来之笔，概括了武则天的主要事迹，高度评价了武则天的历史功绩，深切表达了对武则天的悼念之情。当玄宫启闭，加上最后一锨泥土的时候，亲戚、大臣、乃至在场的小民，尽管心思不尽相同，无不痛哭流泪。其中所谓“张易之之党”表现尤为悲痛。有人还写下了悲凉动人的挽歌：

象物行周礼，衣冠集汉都。

谁怜事虞舜，下里泣苍梧。[②]

这挽歌不仅描写了当时的情况，而且也寄托了人们对武则天的哀思。

武则天是被以“则天大圣皇后”的身份葬入乾陵的[③]。她最终到达了她所向往的归宿地，长眠在唐高宗的“御床”之左。虽然当时在乾陵只给她立了一通“无字碑”[④]，但是，在广袤的神州大地上，却留下了她的辉煌业绩，有关她的各种评说，以及她的永恒的魅力……

三 无字碑之谜

在乾陵朱雀门外司马道的两侧，有两通气势磅礴、高大雄伟的石碑：西为“述圣纪”，东曰“无字碑”。

---

①（清）董诰等编：《全唐文》卷 220，崔融《则天大圣皇后哀册文》，中华书局，1983，第 2225−2226 页。

②《全唐诗》卷 53，宋之问《则天皇后挽歌》，中华书局，1960，第 659 页。

③ 武则天生前被尊为则天大圣皇帝，遗制称则天大圣皇后，死后中宗谥曰则天大圣皇后。

④ 王双怀：《乾陵无字碑之谜》，刊《中外历史》1987 年第 1 期。

“述圣纪”高 6.3 米（一说 6.5 米）、宽 1.86 米，碑身分为五段，上有盖，下有座，以榫扣接。因全碑由七部分组成，俗称“七节碑”。这通石碑是为唐高宗树立的，刻满了歌功颂德之词。虽然碑文多被磨灭，但来龙去脉十分清晰。

“无字碑”由一块巨石雕成，高 6.23 米（一说 7.53 米，当是通计），宽 2.1 米，厚 1.9 米，重约一百吨。碑侧有“升龙图”，座有“狮虎图”。“无字碑”和武则天相联系，但与“述圣纪”的情况很不相同：表里上下，本无文字，显得异常神秘。

我国古代碑刻众多，不胜枚举，或简记职官姓名，或详述生平事迹，大抵皆有文字。为什么乾陵会出现这种没有文字的石碑？这是一个古老的问题，到现在仍然是众说纷纭。

有人说，武则天以女子称帝，创前代未有之奇局，自以为可与秦皇相匹。秦始皇尝作无字碑以颂其德，武则天仿而效之，故有此碑。

有人说，武则天喜欢自吹自擂，临终前树贞石，以歌功颂德，但撰写碑文时，感到自己所作所为极不光彩，十分惭愧，因而留下了“无字碑”。

有人说，武则天临死时，自认为功高德大，非文字所能表达，故仅立白碑，不刻文字，取《论语》“民无德而称焉”之意。

有人说，武则天很有政治家的风度，临终遗言：己之功过，留后人评价，只立贞石，不刻文字，所以“无字碑”无字。

有人说，“无字碑”不是武则天自立的，而是唐中宗李显给武则天立的。白碑立好后，在武则天称谓（称皇帝还是称母后）问题上意见有分歧。唐中宗举棋不定，从而形成了“无字碑”。

还有人说，“无字碑”不是碑，而是“祖”，代表宗庙，当然不写文字。这些说法似乎都有一些道理，但仔细分析一下，都是不足为信的。

“仿效说”初看起来，似乎不无根据。今泰山云海之间，确有一通被认为是秦代的“无字碑”。可是，仔细一想，这块碑是否秦碑及

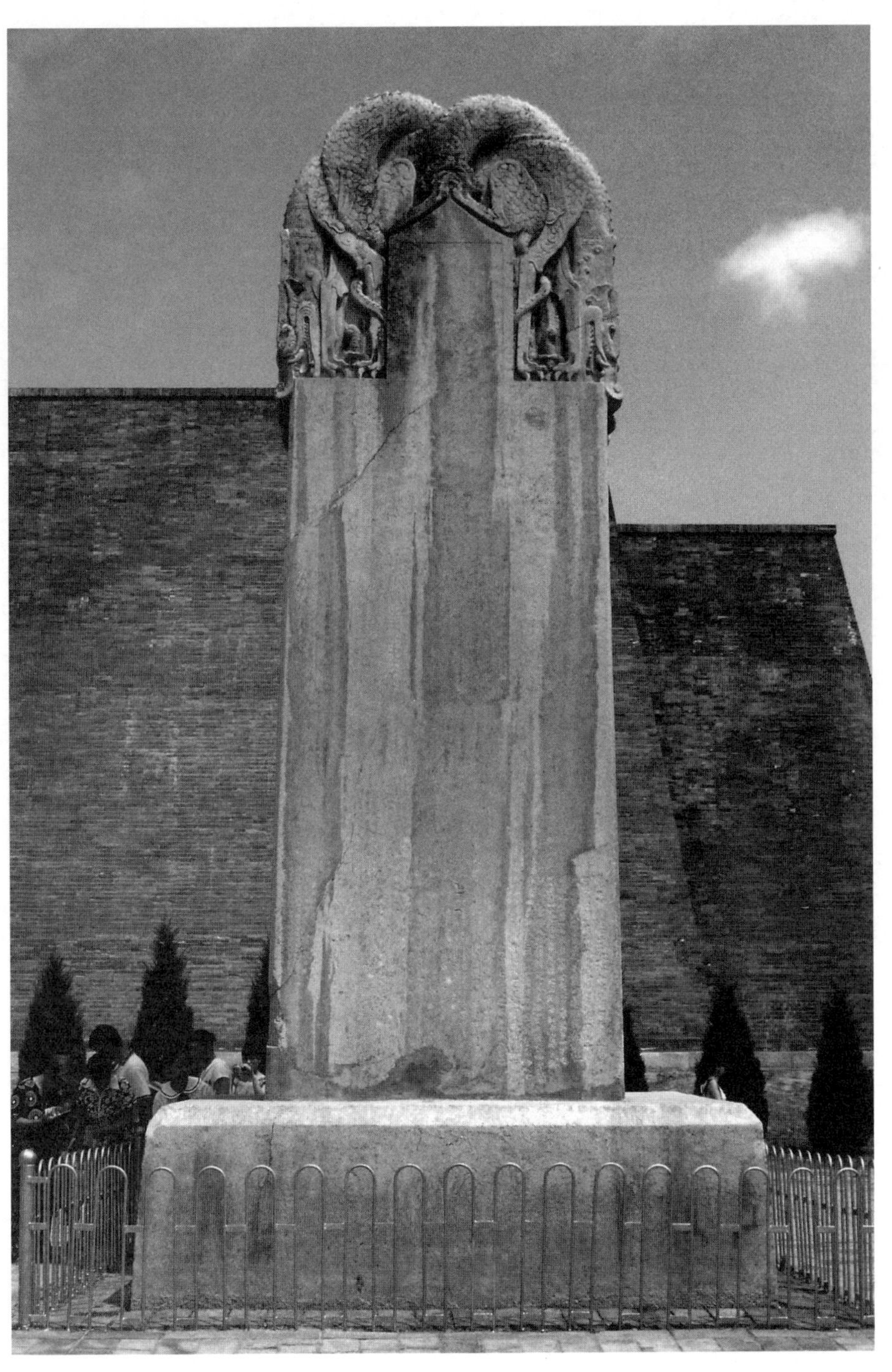

无字碑

在秦代是否无字还说不定。

因为《史记》秦始皇本纪和封禅书载秦皇刻石之事甚详，但没有提到“无字碑”。也许该“无字碑”之无字，是风吹雨打，文字磨灭的产物。

退一步讲，即使“无字碑”果系秦始皇所创，说武则天仿效也有些牵强。假如武则天仿效秦始皇，那她应将“无字碑”立于泰山，而不当树之墓边。何况武则天之葬乾陵，是她死后的事。她怎么会提前将自己的功德碑立于乾陵阙前？

“自惭说”漏洞比较明显。

首先，与“仿效说”一样，忽视了一个基本的事实，那就是武则天死后，唐中宗才决定葬她于乾陵。

其次，缺乏根据。史书中有关武则天晚期的材料较多，但并没有临终“自惭”的记录。

再者，于理不通。史载，武则天死前，曾为其父武士彟立了“大周无上孝明高皇帝碑”，为其母杨氏立了“大周无上孝明高皇后碑”，为自己立了“大周万国颂德天枢”。这说明她在晚年仍在炫耀自己，怎么会一下子“惭愧”到这步田地？如果说武则天确曾惭愧，那么她为什么还要留下这块白碑？为什么不将它粉碎？

“德大说”也有明显不足。

此说最早见于明人胡侍《真珠船》。胡氏不言取意《论语》，只是赞同“重难制述之意”而已。今人或借以发挥，言取意于《论语》。《论语》所谓“民无德而称焉”是孔子针对泰伯三让天下而言的。意思是说，泰伯品德极高，老百姓简直找不到恰当的词来称赞他。泰伯不是“帝王”，故“民无德而称焉”绝无“帝王德高功大”之意。这样看来，《论语》所言，与无字碑并无关系。

大家知道武则天曾给唐高宗树立了“述圣纪”。如果说武则天临死时要在“述圣纪”的对面立“无字碑”以表示自己的功高德大，非文字所能表达，那就无疑等于在贬低唐高宗，说他德不高，功不大，她能这样做吗？如前所述，武则天还曾为自己立过“天枢”。难道说那时候她自认为自己功不高，德不大，可以用文字表达，到树墓碑时一下就变得非文字所能表达了吗？

与前二说相比，“遗言说”似近情理。

此说是郭沫若在《我怎样写武则天》中首先提出来的。郭沫若说：“无字碑，是纪念武则天的碑，原无文字。据说是根据武后的遗言：自己功过让后人评价，不刻文字。”郭老名气大，这一观点既出，便受到了欢迎。后来又有人发展了郭老的说法，去掉了“据说”二字，使语气变得十分肯定。

从目前的情况看，这种观点比较流行。武则天自显庆五年（660）参与朝政到神龙元年（705）归位中宗，内辅外临数十年，用人纳谏，“忧劳天下”，维护唐王朝的强盛局面，确实算得上是风云人物，巾帼英雄。因此，遗言“己之功过，留后人评价”不是没有可能的。如果武则天果真留下了这样的遗言，那么无字碑的真相自然就大白于天下了。

但问题在于，有关武则天的最主要的史籍如两《唐书》《通鉴》《唐会要》等所载武则天遗制中并没有这样的词句。因此，“遗言说”依然难以成立。

“称谓说”表面上有些道理，实际上也不能成立。武则天临死前，曾宣布去帝号，死后亦被谥为“大圣则天皇后”，且终中宗之世，通称“大圣则天皇后”。因此，唐中宗果真要给武则天立碑，称谓是不存在什么问题的。纵有些纠纷，称帝称后，在乎中宗一念之间，何至于举棋不定，以致不刻文字！

至于“非碑说”，完全是为了标新立异。说者见“无字碑”在左，“述圣纪”在右，便不分青红皂白，硬与古代的“左祖右社”相类比，说“无字碑”是“祖”，代表宗庙。然说者实不知“左祖右社”为何物。按先秦时代，天子诸侯立“祖”于宫殿之左，以祀先祖，置“社”于宫殿之右，以奉土神，而谓之“左祖右社”。故“祖”者，宗庙也。宗庙岂等于石碑！宗庙岂置于陵墓！

无字碑升龙图

由此看来，上述答案都带有猜测性质，不能令人满意。

那么，“无字碑”无字的原因究竟是什么呢？《新唐书·武三思传》上有一条重要的信息：景龙元年（707）春，“大旱，帝（中宗）遣（武）三思、（武）攸暨祷乾陵而雨。帝悦。三思因主请复崇恩庙，昊、顺二陵皆置令丞。其党郑愔上《圣感颂》，帝为刻石”。

对于这条信息，过去学者均未注意。其实，这条信息对于解开“无字碑”之谜是很有帮助的。

关于景龙元年武三思等人在乾陵祷雨之事，许多文献中都有记载。如《旧唐书·中宗本纪》载：正月“己巳（三十日），遣武攸暨、武三思往乾陵祈雨于则天皇后，既而雨降，上大感悦。二月辛未，制武氏崇恩庙依旧享祭，仍置五品令、七品丞，其昊、顺陵置令、丞如庙”。

《资治通鉴》卷208载：“上遣武攸暨、武三思诣乾陵祈雨。既而雨降，上喜，制复武氏崇恩庙及昊、顺陵。……庚寅，敕改州中兴寺、观为龙兴，自今奏事不得言中兴。”

由此可见，乾陵祈雨之后，唐中宗的确感触很深，不仅恢复了武氏宗庙，而且令天下奏事不得言“中兴”之事。在这种情况下，郑愔撰述《圣感颂》，中宗为之刻石，都是顺理成章的事。

换言之，《新唐书·武三思传》有关刻石的记载是完全可以相信的。中宗既因武三思等在乾陵祈雨而“感悦”，令刻郑氏所撰《圣感颂》于石，则此石理当立于乾陵。

但从后来的情况来看，乾陵并没有一块刻有《圣感颂》的石碑，而只有一通高大雄伟的“无字碑”。因此，这块“无字碑”很可能就是唐中宗下令刊刻《圣感颂》的碑石。

但令人费解的是，中宗让刻《圣感颂》，而这块石碑上却没有字。为什么会造成这种现象？

目前尚未发现文献中有明确的记载。从当时的社会状况推测，可能有两种情况：

一是当时树了碑而未能刻字；二是刻了字被人磨掉。郑愔献《圣感颂》当在景龙元年二三月间，中宗下令刻石也当在这个时候。凡立碑先要树石。由于对碑石的规格要求很高，加之凿碑的任务由于阗工匠承担，因而工程进度较慢，到了六月份，才树起了一块高六七米、重达一百吨的贞石。正当准备刻字时，唐廷内部发生了一场惊心动魄的宫廷政变。皇太子李重俊与左羽林大将军李多祚等率羽林兵三百人杀了武三思、武崇训等人，并且斩关而入，企图夺取皇位。虽然李重俊后来兵败被杀，但唐中宗受到很大的震惊，从此一蹶不振，加上武三思被杀，“政出多门”，再也没有人热心于推崇武氏的活动。这样，镌刻《圣感颂》的事便被搁置起来，从而形成了这块巨大的“无字碑”。这种可能性最大。

还有一种可能，就是碑石树起后刻了字。但不久郑愔被贬为江州司马，睿宗时又以谋反罪被杀。因而他所撰写的《圣感颂》可能被磨掉。此外，《圣感颂》是赞美武则天的，玄宗即位不久，下令毁坏歌颂武则天的“天枢”和“拜洛受图碑”，在这种情况下，也可能下令磨掉乾陵碑上的《圣感颂》。

当然，这些都是推测，还缺少更为有力的佐证。所以说，“无字碑”还是一个谜。要真正揭开“无字碑”的秘密，恐怕还要实事求是，寻找更多的论据。

【结语】

的确，武则天是一位带有传奇色彩的历史人物。她活着的时候是一位受人尊敬的铁血女皇，死后是一位极具魅力的历史人物。

武则天的魅力，首先来自她的美丽和智慧。

武则天究竟美到什么程度，历史不曾为她留下画像，因此我们难以欣赏到她的风姿。不过她确实是以美丽闻名的。

贞观十一年（637），她14岁，唐太宗听说她长得很漂亮，便将她召入宫中，立为“才人”，赐号“武媚”。唐太宗死后，她在感业寺为尼姑，依然妩媚动人，致使比她小四岁的唐高宗李治梦绕魂牵，多次到感业寺与她幽会，进而将她接入皇宫，立为昭仪。甚至不顾权臣的反对，将她立为母仪天下的皇后。

武则天不仅长得漂亮、气质高雅，而且聪明睿智，才华横溢。她从小读书习礼，兼涉文史。显庆五年（660）开始参与朝政。后来临朝称制，治理大周，日理万机，发奋图强，表现出很高的政治才能。

她还著书立说，赋诗言志，挥毫泼墨，诗文书法堪称古今妇女之冠。她所撰书的《升仙太子碑》被认为是古今女子作品中的“大手笔”。

武则天的魅力，还来自她无畏的胆略和超人的魄力。

早在给唐太宗当才人的时候，她就表现出不凡的气魄。在辅佐高宗、临朝称制、君临天下的日子里，她的胆略和魄力表现得更加淋漓尽致。

当时众多的英雄好汉，包括那些历经沙场的武将和学富五车的文臣，统统都跪倒在她的脚下，不敢说一个“不”字。在这种情况下，还有什么“男尊女卑”可言！此时此刻，还有谁能不对她刮目相看！

这种胆略和魄力，正是武则天的过人之处，正是武则天身上的闪光点！

武则天的魅力，集中表现在她极富传奇的经历和闪光政绩上。

在中国古代历史上，还不曾有过另外一个女人，像她那样，经历过那么多的坎坷，遭遇过那么多的反对，又享受到那么多的荣耀，拥有那么高的权威。

她两次踏进皇宫，当了二十八年皇后、六年皇太后、十五年女皇，参与执政和独掌大权长达近 50 年。她那乐观向上的气概，勇于革新的精神，坚韧不拔的意志，日理万机的才干，在古代妇女中都是罕见的。

如果我们把她放在世界史范围内加以考察，把她与新罗的三位女皇、日本的九位女皇、英国的伊丽莎白一世、俄国的叶卡捷琳娜二世等人进行对比，可知她是毫不逊色的。

武则天的政绩主要表现在以下几个方面：

其一，武则天能够任贤纳谏。她创立了殿试、武举和自举，选拔了一些有才干的良臣，如狄仁杰、姚崇、宋璟、苏良嗣等人。其中姚、宋成为后来开元时期的贤相。

其二，武则天重视生产。在她统治时期，国家仓库里储满了粮食。户口也从永徽三年的 380 万户增加到神龙元年的 615 万户。

其三，武则天重视国防。她在派王孝杰收复安西四镇以后，又于 702 年在庭州设置北庭大都护府。在她执政时期，版图辽阔，东至高丽，西达波斯，南尽林邑，北抵大漠，东西两端都超过了唐太宗贞观时期。

其四，武则天重视文化。在她当政时期，哲学、文学、艺术都有了一定程度的发展。

武则天的事迹已经深深印在她家乡父老的心坎里，年代久远地保持着魅力。

在武则天的故乡山西文水，从唐代开始就修建有则天圣母庙，历代百姓，年年祭祀，香火不断。1987 年，文水县百姓又集资用大理石修建了一座端庄肃立的武则天塑像。

在武则天童年生活过的四川广元，皇泽寺内供奉着武则天的“真容像”，像前的香火一直很盛。

在武则天的归宿地陕西乾县，多少年来百姓都十分崇敬武则天。乾陵本是唐高宗和武则天的合葬陵，但自明代以后，当地百姓一直把它叫武则天陵。直到今天，每逢清明节，许多百姓还不辞劳苦地爬上梁山，祭奠他们心目中的武则天。

千百年来，曾有许多学者对武则天进行过评价，但评价的结果却存在着很大的差异。

唐朝人对武则天的评价虽然有褒有贬，但总的倾向是肯定的多。从中宗到玄宗，武则天的子孙们，将她同太穆皇后、文德皇后列在一起，皆加“顺圣皇后”的尊称，从此武则天被称为“则天顺圣皇后”。其后一些史家虽对武氏改朝换代颇有微词，但仍赞扬她善于纳谏，有知人之明。

宋明之际，随着理学的兴起，武则天的形象逐渐被丑化。不过也有一些学者对武则天进行过正面的评价。如明代思想家李贽就十分称赞武则天，说武则天爱惜、敬礼者都是贤人君子。

到了近现代，随着科学理论与方法的传入，史家对武则天的评论也更加深入、更加丰富了。与此同时，武则天成为文学家塑造的对象、讴歌的人物。在观众的热切注视下，武则天一次又一次地走上舞台。

最近三十年来，随着武则天研究会的成立和学术研讨会的不断召开，在全国掀起了一股又一股的“武则天热”。同时，武则天又漂洋过海，成为国际学术界研讨的热门话题。这进一步证明，作为世界史上的杰出女皇，武则天的确具有超凡的魅力。

总之，武则天是中国古代的一位奇女，也是中国历史上的一位伟人。在中国古代数千年的历史岁月中，还没有哪一位女人像武则天这样横空出世、高高在上；也没有哪一位女人像武则天这样雄视天下、独领风骚。相信广大读者能从武则天的生命历程中得到有益的启示。

附录一

武则天年谱

武德七年（624） 1岁

武则天生于长安。父武士彟，年48，任工部尚书，判六尚书事。母杨氏，年46。异母兄元庆、元爽稍长。姊一人，尚幼。

造仁智宫于宜君县（今属陕西铜川）。

武德八年（625） 2岁

春，扬州有人告赵郡王李孝恭谋反，唐高祖召回孝恭审讯，令武士彟检校扬州都督府长史，规定半年还京。士彟至官，移丹阳郡于江都。期满，百姓不舍，经高祖批准，继续在扬州任职。

武德九年（626） 3岁

六月四日，秦王李世民发动“玄武门之变”，杀其兄建成、弟元吉。七日，李世民被立为皇太子，授权处理军国大事。

八月八日，高祖自称太上皇，传位太子。九日，太子即位于东宫显德殿，是为太宗。

贞观元年（627） 4岁

正月初一，太宗改元为贞观。

二月，诏并省州县，因山川形势，分全国为关内、河南、河北、河东、山南、陇右、淮南、江南、剑南、岭南十道。

十二月，拜武士彟为利、隆、始、静、西、龙等六州诸军事，利州都督。武则天随父母前往利州（今四川广元）。

贞观二年（628） 5岁

正月，武士彟至利州，武则天来到嘉陵江畔。

六月十五日，皇子李治（即后来的唐高宗）诞生。

贞观三年（629） 6岁

武则天随父母在利州读书习礼。

贞观四年（630） 7岁

武士彟继续担任利州都督。武则天随母学艺。

贞观五年（631） 8岁

二月，皇子李治受封为晋王。

十二月，武士彟作为朝集使入京，上表请封禅，太宗不许。改授士彟为荆、峡、澧、朗、岳、果、松等七州诸军事，荆州大都督。

贞观六年（632） 9岁

正月，武士彟返回利州交接手续，携家口顺江而下，前往荆州。武则天来到江陵，继续习学仪礼诗书。

贞观七年（633） 10岁

武士彟在荆州勤于职守，甚有善政，太宗手敕褒美。武则天学习颇有长进。

贞观八年（634） 11岁

武士彟继续在荆州供职。武则天仍在江陵。

贞观九年（635） 12岁

武则天在荆州。

五月六日，太上皇李渊死于大安宫之垂拱殿。

武士彟卒于官所，年59。武则天母子失去靠山，陷于悲哀和困境之中。

十月二十七日，葬太上皇李渊于三原之献陵，庙号高祖，以太穆皇后祔葬。

贞观十年（636） 13岁

正月，太宗下诏为武士彟办理丧事，官造灵柩，送还故乡。武则天与母兄回到老家文水，参加父亲葬礼。

六月二十一日，皇后长孙氏死于立政殿。

十一月四日，葬长孙皇后于昭陵。

是岁，则天异母兄元庆、元爽等虐待则天母女，母女处境艰难。

贞观十一年（637） 14岁

太宗听说武则天美，召入宫中，立为才人，赐号“武媚”。

贞观十二年（638） 15岁

正月，高士廉等删定《氏族志》130卷，以皇族为首，外戚次之，降山东崔氏为第三等。

贞观十三年（639） 16岁

武则天在长安掖庭宫，为内职，掌“承旨”之事。

十二月四日，以高昌王麹文泰无悔过之意，遣侯君集、薛万均等率兵讨伐。吐谷浑王诺曷钵求婚，弘化公主出嫁。

是岁，有州府358，县1551。高丽、新罗、西突厥、吐火罗、康国、安国、波斯、疏勒、于阗、焉耆、高昌、林邑、昆明等酋长相继遣使朝贡。

贞观十四年（640） 17岁

武则天在长安后宫，当才人。

八月十日，侯君集灭高昌。

九月，以高昌地置西州。置安西都护府于交河城，留兵镇守。至此，唐地东极于海，西至焉耆，南尽林邑，北抵大漠。东西凡9510里，南北16981里。

闰十月，吐蕃赞普遣禄东赞献宝求婚，以文成公主联姻。

贞观十五年（641） 18岁

武则天在皇宫当才人。

正月初三，魏王泰上《括地志》50卷。十五日，令江夏王李道宗送文成公主入藏。吐蕃稍革旧俗，遣子弟入国子监学习诗书。十九日，太宗幸洛阳。

十一月十五日，太宗离开洛阳，西返长安。

十二月一日，太宗至京师。

贞观十六年（642） 19岁

武则天在宫中当才人。

十月，以新兴公主同薛延陀联姻。

十一月，高丽东部大人泉盖苏文杀其王，立高藏，自为莫离支，独揽国政。

贞观十七年（643） 20岁

武则天继续在皇宫当才人。

正月，太子承乾与魏王泰各树党羽。魏徵卒。

四月，太子谋反事发。六日，废太子承乾为庶人，赐汉王元昌自尽，斩侯君集。七日，立晋王治为太子，以萧瑀为太保，李勣为詹事，并同中书门下三品。“同三品”自此始。十四日，降魏王泰为东莱郡王。

七月，徙庶人承乾于黔州。

贞观十八年（644） 21岁

武则天在太宗身边当才人。

正月，唐使至高丽，莫离支不奉诏谕。

七月，太宗决计讨伐高丽，命令有关部门做好准备。

十月十四日，离长安向洛阳进发，以房玄龄为京师留守。

十一月二十日，太宗至洛阳宫。命太子詹事、英国公李勣等16人为总管，率10余万大军并新罗、百济、奚、契丹兵分道击高丽。

十二月，李承乾死于黔州。

贞观十九年（645） 22岁

武则天仍为才人。

二月，僧玄奘自印度归国，令修撰《西域记》。十二日，以萧瑀为洛阳留守，太宗率大军向高丽进发。

五月十日，太宗渡过鸭绿江，进入高丽境内。

六月，白岩城降，进围安市，败高丽救兵。

九月，以辽东早寒，安市不克，班师回朝。

贞观二十年（646） 23岁

三月七日，太宗至京师。九日，太宗病重，诏军国机务并委皇太子处理。二十七日，刑部尚书郧国公张亮以谋反罪被杀。时皇太子隔日听政于东宫，罢朝入侍药膳。太宗另置别院于寝殿侧，令太子居住，太子与武才人一见钟情。

五月，高丽国王高藏及莫离支遣使谢罪。

是岁，高丽莫离支屡侵新罗。

贞观二十一年（647） 24岁

武则天在宫中当才人。

三月，遣牛进达、李勣征高丽。太宗得风疾，苦京师盛暑。

四月，营翠微宫于终南山。

五月，太宗幸翠微宫，令皇太子决事。李勣等破高丽数城而还。

七月，扩建仁智宫为玉华宫。

贞观二十二年（648） 25 岁

武则天仍在宫中当才人。

正月，太宗总结统治经验，作《帝范》12 篇，赐太子李治。

二月，太宗幸玉华宫。

七月，房玄龄卒于玉华宫。

十月，太宗还京。

十二月二十四日，太子李治在晋昌坊为文德皇后（即长孙皇后）筑成大慈恩寺。

贞观二十三年（649） 26 岁

三月，太宗病重，敕令太子于金液门听政。

四月二十五日，太宗幸翠微宫，教授太子控制李勣的办法。

五月十五日，贬李勣为叠州都督。李靖卒。二十四日，太宗病重。二十六日，召长孙无忌、褚遂良辅佐太子，旋卒。无忌遣飞骑劲兵护太子还京，秘不发丧。二十八日始发丧事。

六月一日，殡太宗于太极宫之太极殿。皇太子即位，是为高宗，年 22 岁。罢辽东之役及土木工程。十日，长孙无忌出任太尉、同中书门下三品。二十日，以李勣同中书门下三品。

七月，改治书侍御史为御史中丞，诸州治中为司马，别驾为长史，治礼郎为奉礼郎，以避高宗之名。

八月二十八日，葬太宗皇帝于昭陵。

九月，武则天入感业寺为尼。十三日，以李勣为左仆射、同中书门下三品。仆射带“同中书门下三品”自此始。

永徽元年（650） 27岁

武则天在感业寺当尼姑。

正月初一，改元。六日，立妃王氏为皇后，是为王皇后。十九日，以张行成为侍中。二十一日，召朝集使求谏，问百姓疾苦，史言“永徽之政，百姓阜安，有贞观之遗风”。

五月，松赞干布卒，其孙嗣位，政事决于禄东赞。

六月，高侃俘突厥车鼻可汗。

九月四日，高侃献车鼻可汗于太庙及昭陵。高宗释之，拜左武卫将军，处其余众于郁督军山，置狼山都督府以统之。突厥尽为封内之臣，分置单于、瀚海二都护府，各以其酋长为刺史、都督。

十月，李勣固求解职，乃罢左仆射，以开府仪同三司、同中书门下三品。

十二月，瑶池都督阿史那贺鲁叛唐，自称沙钵罗可汗，总有西域之地。

是岁，诏长孙无忌、李勣删改律令格式。

永徽二年（651） 28岁

武则天在感业寺当尼姑。

正月四日，诏开正仓、义仓赈济百姓。十一日，以黄门侍郎宇文节、中书侍郎柳奭（王皇后舅）为同中书门下三品。

八月四日，大食始遣使朝贡，伊斯兰教传入中国。

九月三日，改九成宫为万年宫。同月，废玉华宫为佛寺。

永徽三年（652） 29岁

正月，吐谷浑、新罗等遣使入贡。

三月，在慈恩寺建塔五层，是为大雁塔。

七月二日，立陈王忠为皇太子。十二日，户部奏：有户380万。

是年秋冬之际，武则天在感业寺生下长子李弘。

永徽四年（653） 30岁

春，萧淑妃与王皇后争宠。

五月二十六日，太宗忌日，高宗往感业寺行香，见武则天。则天泣，高宗在王皇后的支持下召之入宫。

武则天在宫中对王皇后等表现得极为恭顺。高宗爱她，感情日深，拜为昭仪，遭到王皇后的记恨。

是岁，封皇子弘为代王。武则天的地位大为提高，与王皇后、萧淑妃的矛盾加深。睦州女子陈硕贞起义，自称“文佳皇帝”，旋即失败。日本派出第二批“遣唐使”。

永徽五年（654） 31岁

武则天的身份仍是昭仪，但在唐高宗的心目中已占据了极为重要的地位。

二月，日本第三批“遣唐使”赴唐。

三月十二日，高宗幸万年宫，武则天从行。十五日，为武德功臣屈突通、武士彟等13人追赠官职。十九日，至岐州郿县凤泉汤。二十三日还万年宫。

五月十五日，高宗自撰自书《万年宫铭》，刻于石上。

六月，罢柳奭为吏部尚书。

九月二十五日，高宗一行返回长安。

十月，和雇长安百姓4.1万人筑长安外郭城，30天毕，九门各筑观。

十二月十七日，高宗发京师，谒昭陵。武则天从行，生皇子贤（即后来的章怀太子）于路。

是岁，天下丰收，洛州粟米斗两钱半，秔米斗十一钱。王皇后和萧淑妃共潜谋武昭仪，高宗独信武则天。

永徽六年（655） 32岁

武则天实际上具备了皇后的权力。

三月，武则天著《内训》一篇。

六月，王皇后与其母“厌胜”，敕王皇后母不得入宫。高宗欲特升武昭仪为“宸妃”，韩瑗、来济固争，遂止。大食国遣使朝贡。

七月十日，贬柳奭为遂州刺史，复贬荣州刺史。中书舍人王德俭劝李义府上表，请立武昭仪为皇后。十七日，以崔敦礼为中书令，李义府守中书侍郎，参知政事。于是许敬宗、李义府、崔义玄、袁公瑜成为武昭仪的心腹。

八月，裴行俭非议武昭仪，贬为西州都督府长史。

九月一日，以许敬宗为礼部尚书。高宗与大臣议皇后废立，长孙无忌、褚遂良、韩瑗、来济坚决反对，于志宁中立不言，李勣赞同，许敬宗大力支持。贬褚遂良为潭州都督。

十月十三日，诏废王后、萧妃，其母及兄弟除名流岭南。十九日，百官请立中宫。诏立武昭仪为皇后。从此，武则天登上了皇后宝座。二十一日，武皇后上表，请褒赏韩瑗、来济。

十一月一日，举行隆重的纳后仪式。以李勣为使，于志宁为副使。文武百官及蕃夷酋长朝见皇后于肃义门。三日，皇后朝拜太庙。七日，追赠后父武士彟为司空。二十七日，赠后母杨氏为代国夫人。许敬宗请换易太子。赐王皇后、萧淑妃自缢。

显庆元年（656） 33岁

正月六日，降皇太子忠为梁王、梁州刺史，立武后子代王弘为太子。七日，大赦，改元。十五日，改《破阵乐》为《神功破阵乐》。十九日，以于志宁兼太子太傅，韩瑗、来济、许敬宗为太子宾客。太子有“宾客”自此始。

二月十七日，赠武士彟为司徒，赐爵周国公。

三月十七日，武则天祀先蚕于北郊。

四月十四日，高宗与武后御安福门楼，观玄奘迎御制慈恩寺碑文。自魏晋以来佛事活动无有如此之盛者。

六月，以岐州刺史、潞王贤为雍州牧。李义府恃宠，为非作歹。

八月，程知节大破西突厥贺鲁部于榆慕谷，龟兹王布失毕入朝。

九月十二日，皇后武则天制《外戚诫》献于朝。

十月，高宗幸郑州，武则天因故未从。

十一月五日，武则天生皇子显（即后来的中宗）于长安。赐京官及朝集使勋一转。二十五日，置算学。

十二月，程知节等与西突厥战于鹰娑川，苏定方部大胜。

是岁，太子弘病重，御医无策。高宗和武则天立寺于延康坊南隅。李淳风编成《算经十书》。

显庆二年（657） 34岁

正月三十一日，高宗幸洛阳，武则天从行。

闰正月十三日，至洛阳。命苏定方等率师自北道讨西突厥沙钵罗可汗。

二月十二日，封皇子显为周王。

三月十六日，改授潭州都督褚遂良为桂州都督。二十五日，以中书侍郎李义府兼中书令。

五月，高宗以天下无虞，始隔日临朝视事。九日，幸明德宫避暑。

六月五日，敕洛州及洛阳、河南二县官并同京官。高宗制《元首前星维城股肱论》，令许敬宗等注释，名曰《天训》。

七月，不信天竺方士能造长生药。

八月十一日，贬韩瑗为振州刺史，来济为台州刺史。再贬褚遂良为爱州刺史。遂良上表乞怜，高宗不予理睬。十五日，以礼部尚书许敬宗为侍中。

九月，兼度支尚书杜正伦为兼中书令。

十一月十四日，高宗幸许州。二十八日，讲武于新郑。

十二月一日，高宗还洛阳。苏定方大破西突厥，俘沙钵罗可汗。分其地置濛池、昆陵二都护府。唐王朝控制天山北路。十三日，以洛阳宫为东都。洛州官员阶品并同雍州。

显庆三年（658） 35岁

正月初五，长孙无忌等上所修《新礼》130卷，高宗自制序，诏中外推行。

二月四日，武则天与高宗发自东都。二十一日，至京师长安。

五月二日，徙安西都护府于龟兹，以旧安西复为西州都督府，镇高昌故地。

十一月十五日，苏定方等献阿史那贺鲁于昭陵，敕免其死，分其部落为六都督府，并隶安西都护府。十九日，以许敬宗为中书令，辛茂将兼侍中。褚遂良卒。

显庆四年（659） 36岁

二月二十八日，高宗亲试举人。参试者九百人，郭待封、张九龄等五人得高第，令待诏弘文馆，随仗供奉。

四月十日，以于志宁为太子太师，同中书门下三品。十九日，以黄门侍郎许圉师兼检校左庶子，同中书门下三品。二十二日，诏削长孙无忌官爵及封邑，安置黔州，准一品供给。除柳奭、韩瑗之名。免于志宁官。

六月二十二日，诏改《氏族志》为《姓氏录》。升皇后一族为第一等。皇朝得五品官者皆升士流。

七月，杀长孙无忌及柳奭，发韩瑗尸，籍没其家，近亲皆流岭南。日本第四批遣唐使赴唐。

八月八日，以李义府兼吏部尚书，同中书门下三品。

九月，诏于中亚石、米、史诸国置州县府127个。

闰十月五日，高宗与武则天离开京师，向洛阳进发，留太子弘监国。太子思慕不已，召赴行在。二十五日，至东都。

显庆五年（660） 37 岁

正月，武则天与高宗及皇太子在东都过春节。二十三日，离洛阳，幸并州。二十八日，经泽州之长平，继续北上。

二月十日，至并州。十五日，会从官、诸亲及并州官属父老等，奏九部乐，极欢而罢。

三月五日，皇后武则天宴亲戚故旧邻里于朝堂，宴妇人于内殿。八日，高宗讲武于并州城西，御飞阁，引群臣阅兵。幸童子寺，赋诗而还。时百济屡侵新罗，新罗王春秋求救，遣苏定方率水陆 10 万大军赴援。

四月八日，武则天告别故乡，与高宗南行。二十三日，至东都。

五月二十二日，武后与高宗幸合璧宫。

六月二十二日，诏文武五品以上四科举人。二十五日还洛阳宫。

七月，废梁王忠为庶人，徙于黔州承乾故宅。

八月，吐蕃禄东赞遣其子攻吐谷浑。百济降，以其地置熊津等五都督府，以其首领为都督刺史。郑仁泰讨思结等四部，斩其酋长而还。西域平。

九月，遣使分往西域康国及吐火罗等国，访其风俗物产及古今废置，画图以进，令史官修《西域图志》。

十月二日，许敬宗上所修《文馆词林》1000 卷。九日，改封后母代国夫人杨氏为荣国夫人，品第一，位在王公母妻之上。高宗初患风眩病，委托皇后处理部分政务。从此，武则天参与朝政，处事皆符合高宗旨意。

十一月一日，高宗御则天门楼，受百济战俘，皆释放。十七日，高宗幸许州。

十二月，高宗遣契苾何力、苏定方、刘伯英、程名振等分道进攻高丽。刘仁轨坐督海运覆船，以白衣从军自效。

龙朔元年（661） 38 岁

正月，武则天请禁天下妇人为俳优之戏，诏从之。募河南北、淮南 67 州兵 4 万余人赴平壤。二十七日，李善上所注《文选》60 卷。诏藏秘府。

三月初一，高宗宴群臣及少数民族首领于洛城门，观屯营所演《一戎大定乐》。百济僧道琛等迎其故王子丰于倭国，围攻唐朝守兵，刘仁轨与新罗合兵击之。

四月三日，高宗幸合璧宫，则天陪同。高宗欲亲率大军进攻高丽。二十九日，武则天抗表进谏，被采纳。

五月二日，遣任雅相、契苾何力、苏定方等击高丽，35 军水陆并进。

六月，于吐火罗等 16 国置都督府 8，州 76，县 110，军府 126。

七月十日，高宗一行还洛阳宫。苏定方等破高丽于浿江，进围平壤。

九月十一日，武则天与高宗幸河南长寿女子张氏宅，又幸李勣宅、许圉师宅及天宫寺。二十日，令中书门下五品以上诸司长官及尚书省侍郎并诸亲三等以上前往沛王李贤宅参加宴礼，奏九部乐。时新罗王春秋卒，以其子法敏为新罗王。盖苏文遣其子男生守鸭绿水，契苾何力大破之。

龙朔二年（662） 39 岁

正月，立卑路斯为波斯王。十六日，初置国子监于东都，并加学生等员额。教授同于京师。

二月四日，改百官名称。以门下省为东台，中书省为西台，尚书省为中台；侍中为左相，中书令为右相，仆射为匡政，左、右丞为肃机，尚书为太常伯，侍郎为少常伯；其余二十四司、御史台、九寺、七监、十六卫，并以义训更其名，而职任如故。二十六日，以许敬宗为右相，许圉师为检校左相。是月，苏定方围平壤久不下，遇雪，班师。

三月五日，武则天与唐高宗离开东都，经河北县、蒲州、同州，向京师进发。郑仁泰、薛仁贵败铁勒于天山，不久败还。以契苾何力为安抚大使，遂定九姓。

四月一日，武则天与唐高宗至长安。时高宗染风痹，厌太极宫低下潮湿，住大明宫，更其名为蓬莱宫。

六月一日，武则天生子旭轮（即后来的睿宗）于蓬莱宫之含凉殿。于殿内作佛事，供玉像。七日，初令僧、尼、道士、女官致敬父母。

七月一日，以皇子旭轮满月，大赦，赐酺三日。刘仁轨破百济于熊津之东。

十月十一日，高宗与皇后幸骊山之温汤，令皇太子弘监国。二十一日还宫。二十四日，以西台侍郎上官仪同东西台三品。

十一月十六日，贬许圉师为虔州刺史。十八日，封皇子旭轮为殷王。

龙朔三年（663） 40 岁

二月二日，征陇、雍、同、岐等 15 州百姓修蓬莱宫含元殿等。九日，太子弘上《瑶山玉彩》500 卷。

四月，李义府下狱。五日，流嶲州。十二日，置鸡林大都督府于新罗国。二十三日，含元殿成，高宗始入居。称太极宫为西内。

六月，禄东赞请和亲，高宗以其侵扰，不许。

九月，孙仁师等破百济余众及倭兵于白江。诏刘仁轨镇百济。

十月一日，诏太子每五日于光顺门内视诸司奏事。其小事皆委太子处理。

十二月，命安西都护高贤率兵击弓月以救于阗。

是岁，大食崛起，拥兵 40 万。

麟德元年（664） 41 岁

二月十日，武则天与唐高宗离开京师，幸福昌宫。二十五日，幸万年宫。

五月，置姚州都督府于昆明弄栋川。

八月一日，高宗一行还京，幸旧第，至大慈恩寺。七日，还蓬莱宫。十二日，以刘祥道兼右相，窦德玄兼检校左相。

十二月，西台侍郎、宰相上官仪谋废皇后。十三日，杀上官仪等；赐废太子忠死。此后，高宗视朝，则天垂帘于后，参与处理政务，中外谓之“二圣”。

麟德二年（665） 42岁

正月，吐蕃请与吐谷浑和亲，仍求赤水地畜牧，高宗不许。

二月十日，武则天与唐高宗离京师，幸东都。二十五日，至合璧宫。

三月二十九日，东都筑成乾元殿。

闰三月初一，高宗一行至洛阳宫。

五月二十日，始行《麟德历》。

八月，熊津都尉扶余隆与新罗王法敏盟于熊津城。刘仁轨还唐。秋粮丰收，米斗至五钱，麦、豆不列于市。

十月，将封禅于泰山。十五日，武则天请率命妇封禅奠献。二十四日，诏：自今郊庙享宴，文舞用《功成庆善乐》，武舞用《神功破阵乐》。二十八日，高宗与皇后、太子发东都，前去封禅。从驾文武仪仗，数百里不绝。刘仁轨为大司宪兼知政事。

十一月八日，封禅南进。高宗、武后至原武。十一日，至荥阳。十九日，至卫南，幸李勣旧宅。二十日，至濮阳。二十九日，至平阳顿。是日降雪。高宗大喜，赋诗，皇后奉和。是月，于志宁卒。

十二月九日，武则天与唐高宗至齐州。停十日，令有司祭泰山。十九日，发灵岩顿，至泰山下。有司进封禅仪注，皆以公卿为亚献，武则天抗表要求自为亚献，诏从之。

是岁，日本第五批“遣唐使”赴唐。

乾封元年（666） 43岁

正月初一，高宗祀昊天上帝于泰山南。二日，封于泰山之巅。三日，禅于社首，武后为亚献。五日礼毕，高宗御朝觐坛，受朝贺，赦天下，改元。六日宴群臣，奏九部乐。九日太子设会。十九日，始别泰山。

二十四日，幸曲阜，赠孔子为太师，以少牢致祭。是月，李义府卒。

二月二十二日，武则天一行至亳州。高宗等谒老君庙，尊之为太上玄元皇帝。

三月十一日，高宗、武后至东都，留六日，幸合璧宫。令刻《登封纪号文》，立于泰山。

四月八日，至京师，先谒太庙而后入。御景云阁，宴群臣，设九部乐。

五月二十五日，令铸乾封泉宝钱。高丽莫离支盖苏文卒，内乱。

六月，以契苾何力为辽东道安抚大使，讨高丽。

七月一日，徙封旭轮为豫王。六日，刘仁轨兼右相、检校太子左中护。

八月，窦德玄卒。十四日，杀皇后堂兄司卫少卿武惟良、淄州刺史武怀运，改姓蝮氏。

九月，庞善同大破高丽兵。诏以泉男生为特进、辽东大都督。

十二月十八日，以李勣为辽东道行军大总管，率郝处俊、庞善同、契苾何力、窦义积、独孤卿云、郭待封等，向高丽发动大规模进攻。

乾封二年（667） 44岁

正月，高宗亲耕藉田。诏罢乾封泉宝钱，复用开元通宝。

二月十日，复万年宫名为九成宫。

三月，高宗多次责怪侍臣不进贤才。

九月三日，高宗以久疾不愈，令皇太子弘监国。改封殷王为相王，令赴单于都护府，以其年幼不能离其母而止。时李勣等与高丽大战，捷报频传。

十月，令天下诸州举鸿儒硕学、博闻强记之士。

十二月，诏以高祖、太宗配，祀昊天上帝、五帝于明堂。

约是年，太平公主生。

总章元年（668） 45岁

正月，以刘仁轨为辽东道副大总管兼安抚大使、浿江道行军总管。

二月三日，皇太子释典于国学，李勣等拔高丽扶余、南苏等城。二十四日，高宗与武后幸九成宫。

闰二月，高宗欲建明堂。二十五日，分长安、万年二县置乾封、明堂二县，以示其志。

三月六日，朝议明堂制度略定，赦天下，改元。

八月二十一日，武则天随高宗返长安。

九月十二日，李勣拔平壤，俘高丽王高藏及其大臣男建等，完全征服高丽。

十月二日，高宗以高丽平，大喜，御玄武门之观德殿，宴百僚，奏燕乐，极欢而罢。

十一月十九日，高宗亲飨太庙。

十二月七日，高宗受俘于含元殿，李勣及部将以下大陈于庭，封赏将士及高丽降者有差。分高丽为 9 都督府，42 州，100 县，置安东都护府于平壤以统辖。十七日，高宗亲祀南郊，告平高丽于昊天上帝。二十四日，以姜恪兼检校左相，司平太常伯阎立本守右相。

总章二年（669） 46 岁

正月，封诸王嫡子皆为郡王。

二月十二日，张文瓘为东台侍郎，李敬玄为西台侍郎，并同东西台三品，“同三品”始入衔。

三月八日，东台侍郎郝处俊同东、西台三品。十五日，武则天祀先蚕。

四月一日，高宗与武后幸九成宫。诏徙高丽 3.8 万余户于江、淮之南，及山南、京西诸州空旷之地。

八月，改瀚海都护府为安北都护府。

十月十二日，高宗、武后还至长安。

十一月十二日，徙豫王旭轮为冀王，更名轮。诏发 9 州人夫转运

太原仓粟入京。日本遣使献方物。

十二月三日，李勣卒。诏定铨注法，又定州县升降及官资高下。

是冬无雪。40余州饥，关中尤甚。

咸亨元年（670） 47岁

正月初七，刘仁轨退休。

三月一日，以旱，赦天下，改元。四日，改蓬莱宫为含元殿。十九日，许敬宗退休。

四月，吐蕃陷西域18州，又与于阗陷龟兹。诏罢安西四镇。遣薛仁贵等率兵5万讨吐蕃，且援送吐谷浑还故地。二十八日，高宗离长安，幸九成宫，是日雍州大雨雹。武则天在京处理朝政。

六月，高宗御冷泉宫亭子。

七月，薛仁贵、郭待封等败于大非川，死伤略尽。

八月二日，则天母代国夫人杨氏卒于九成宫之山第，享年92岁。十七日，高宗还至京师。薛仁贵等并除名。

九月，关中旱饥。则天请避皇后位，高宗不许。二十二日，则天请为其母度女太平公主出家为女冠，并请颁政坊民置女冠观，休祥坊宅置僧寺，度人以追福。高宗并从之。

闰九月三日，追赠杨氏为鲁国夫人。谥曰忠烈。二十一日，葬杨氏于雍州咸阳之洪渎原。

十月二十一日，诏诸司及官名皆复旧。

咸亨二年（671） 48岁

正月七日，高宗与武后发京师，以雍州长史李晦为西京留守，诏留皇太子监国，令戴至德、张文瓘、李敬玄等辅之。时太子多病，庶政由至德等断决。二十六日，高宗至东都。

六月，诏武承嗣袭其祖爵。

七月，高侃破高丽余众于安市城。

九月二日，立太原寺于休祥坊杨恭仁旧宅，为杨氏追福。

十一月十七日，高宗自东都幸许、汝等州。

是岁，姜恪改任侍中，阎立本任中书令。义净从海路赴印度取经。

咸亨三年（672） 49岁

正月，发梁、益等州兵，以梁积寿为帅，讨叛“蛮”。昆明“蛮”14姓2.3万户内附，置殷、敦、总三州。制雍、洛二州人听任本州官。

四月九日，高宗与武后幸合璧宫。二十一日，高宗教旗于洛水之南。吐蕃遣大臣仲琮入贡。使都水使者黄仁素往吐蕃。

八月，特进许敬宗卒。

九月，徙沛王贤为雍王。召太子赴东都。

十月二日，诏太子于东都监国。五日，高宗与武后西返。

十一月十七日，高宗一行至京师。

十二月，高侃破高丽余众于白水山，复败新罗救兵。刘仁轨同中书门下三品。

是岁，关中饥，令监察御史王师顺运晋、绛州仓粟以赈济。

咸亨四年（673） 50岁

二月二十六日，以左金吾将军裴居道女为皇太子弘妃。诏太子西还。

三月，诏刘仁轨等改修国史。

四月二十一日，高宗与武后发京师，幸九成宫。

闰五月，燕山道总管李谨行大破高丽叛者于瓠芦河之西。

八月，京师大风，高宗患疟疾，病重，令太子于延福殿受诸司启事。

十月一日，在九成宫为皇太子举行纳妃仪式。十四日，礼毕，赐酺三日。十九日离九成宫。二十四日，还至京师。

十一月，高宗监制乐章，有《上元》《二仪》《三才》《四时》《五行》《六律》《七政》《八风》《九宫》《十洲》《得一》《庆云》

之曲。诏诸大祠享奏之。

十二月，弓月、疏勒二王来降。高宗赦其罪，遣归国。

上元元年（674） 51 岁

正月，遣刘仁轨讨新罗，削法敏官爵，立其弟仁问为新罗王，使之归国。

三月十七日，武则天亲祀先蚕。

四月二十四日，以周国公、尚衣奉御武承嗣为宗正卿。

八月十五日，高宗追尊其祖先，以高祖为神尧皇帝，太宗为文武圣皇帝。高宗自称天皇，武后称天后，以避先帝、先后之称。改元，赦天下。二十一日，敕：文武官三品以上服紫，金玉带；四品深绯，五品浅绯，并金带；六品深绿，七品浅绿，并银带；八品深青，九品浅青，鍮石带；庶人服黄，铜铁带。一品以下文官并带手巾、算袋、刀子、厉石。武官欲带亦听之。

九月七日，诏追复长孙无忌官爵，准许陪葬昭陵；以其曾孙长孙翼袭爵赵公。八日，百官具穿新服大酺于含元殿。高宗御翔鸾阁观看。

十一月一日，高宗离京师，武后、太子从行。二十三日，至东都。

十二月，于阗王伏阇雄、波斯王卑路斯来朝。二十七日，天后武则天上意见书十二条：一、劝农桑，薄赋徭；二、息兵，以道德化天下；三、给复三辅地；四、南北中尚禁浮巧；五、省功费力役；六、广言路；七、杜谗口；八、王公以降皆习《老子》；九、父在，为母服齐衰三年；十、上元前勋官已给告身者无追核；十一、京官八品以上益禀入；十二、百官任事久，材高位下者得进阶申滞。高宗诏书褒美，皆令推行。

上元二年（675） 52 岁

二月，刘仁轨大破新罗之众于七重城，李谨行复败之。新罗遣使入贡，且谢罪，高宗复金法敏官爵，召金仁问还唐。

三月十三日，武则天祀先蚕于邙山之阳。时高宗苦风眩甚，不能听朝,政事皆决于武则天。高宗欲逊位于武则天,宰相郝处俊谏而止之。则天多引文学之士于禁中著书，参决表疏，时人称之为“北门学士”。武则天与高宗及太子弘幸合璧宫。

四月二十五日，太子弘病死于合璧宫之绮云殿。二十八日，高宗一行还洛阳宫。对于太子之死，天皇天后十分痛心。

五月五日，追谥太子弘为孝敬皇帝。皇帝追谥子孙为皇帝自此始。

六月五日，立雍王贤为皇太子，大赦天下。

八月十九日，葬孝敬皇帝于缑氏县之恭陵。高宗亲撰《孝敬皇帝睿德纪》，刻于贞石，树之陵侧。二十六日，诏妇人为宫官者每年一见其亲。

是岁，遣郎官御史往岭南选补官吏，称之为“南选”。

仪凤元年（676） 53岁

正月二十三日，徙封冀王轮为相王。

二月六日，徙安东都护府于辽东故城，徙熊津都督府于建安故城。七日，坚昆献名马。武则天劝高宗封中岳。十五日，诏以今冬有事于嵩山。十九日，高宗幸汝州之温汤。敕五礼并依《贞观礼》为定。

三月六日，高宗还都。

闰三月，吐蕃寇鄯、廓、河、芳等州，诏停封禅。遣相王等率众御吐蕃。二十二日，天皇天后发东都，还长安。

四月十一日，天后一行至京师。二十一日，天皇幸九成宫。

七月二十九日，吐蕃寇叠州。

十月一日，天皇还京师。

十二月三日，太子贤上所注《后汉书》。

仪凤二年（677） 54岁

二月，以工部尚书高藏为辽东州都督，封朝鲜王，遣归辽东，安辑高丽余众；又以司农卿扶余隆为熊津都督，封带方王，亦遣归安

辑百济余众，仍移安东都护府于新城以统之。高氏等谋叛，遂亡。二十四日，敕自今以后，装潢省籍及州县籍。

八月，徙周王显为英王，更名哲。诏五礼并依《周礼》行事。命刘仁轨为洮河军镇守使。

十月，高宗撰书《英国公李勣碑》。

十二月，令在京文武职事官三品以上每年各举文武才能堪任将帅牧守者一人。

是冬无雪，册卑路斯为波斯王。

仪凤三年（678） 55岁

正月四日，百官及蛮夷酋长朝见天后于光顺门。十九日，以李敬玄代刘仁轨为洮河道大总管。

五月七日，高宗发京师，幸九成宫。

七月三日，高宗宴近臣诸亲于九成宫之咸亨殿。七日，诏自今大宴会复奏《破阵乐》。

九月三日，天皇离九成宫东还。七日，至京师。同月，李敬玄败于青海之上，娄师德出使吐蕃。

调露元年（679） 56岁

正月七日，天皇天后发长安。二十八日，至东都，幸新造的上阳宫。二十九日，戴至德卒。

二月，吐蕃赞普卒，子器弩悉弄立。东都饥，官府放出糙米赈济。

四月十二日，郝处俊为侍中，薛元超检校太子左庶子。

五月三日，盗杀正谏大夫明崇俨。七日，令太子监国。作紫桂宫于渑池之西。

六月，以泥洹师为波斯王，命裴行俭送其归国。

七月，裴行俭囚西突厥十姓可汗阿史那都支、遮匐而还。

八月，设安南都护府于交州。

九月，安西都护王方翼筑成碎叶城。

十月，文成公主告赞普之丧，并请和亲。令宋令文前往祭吊。

十一月，高智周罢为御史大夫。遣裴行俭与周道务等率30万众讨突厥。

十二月六日，天皇临轩试应岳牧举人。八日，又自制考题。

永隆元年（680） 57岁

正月十九，武则天御洛城南门楼，宴诸王、诸司三品以上及诸州都督刺史，太常奏新造《六合还淳》舞。

二月八日，天皇、太子幸汝州温汤，武则天从行。十二日，至少室山。十三日幸少姨庙、闲居寺及嵩山处士三原田游岩宅。十四日，拜道士潘师正。幸嵩阳观及启母庙，令立碑。二十日，还东都。

三月，裴行俭大破突厥于黑山，擒其酋长奉职而还。突厥余党退保狼山。

四月二十一日，天皇幸紫桂宫。二十四日，黄门侍郎裴炎、崔知温及中书侍郎王德真并同中书门下三品。

七月，吐蕃强盛，诸胡莫比。考功员外郎刘思立奏明经、进士二科并加帖经及试杂文，自此成为常式。

八月五日，高宗还东都。十五日，贬李敬玄为衡州刺史。二十二日，废太子贤为庶人，送往京师。二十三日，立英王哲为皇太子。改元，赦天下。

十月八日，天皇、天后及太子西还。二十七日，至长安。是月，文成公主卒于吐蕃。

十一月，洛州饥，减价官粜，以救饥人。

十二月，李淳风进所注十部算经。王方翼在夏州创人耕之法。

开耀元年（681） 58岁

正月十日，以初立太子，敕宴百官及命妇于大明宫之宣政殿。

二月，天后表请赦杞王上金、鄱阳王素节之罪；以上金为沔州刺史，素节为岳州刺史，仍不听朝集。

三月，郝处俊罢为太子少保。

五月，河源道经略大使黑齿常之败吐蕃于良非川。

七月，薛延陀达浑等5州4万余帐来降。二十二日，太平公主下嫁薛绍，婚礼十分隆重。二十七日，刘仁轨罢左仆射，以太子少傅、同中书门下三品。

闰七月十一日，以裴炎为侍中，崔知温、薛元超并守中书令。二十四日，天皇病，服药，令太子监国。

八月，颁《条流明经进士诏》。二十五日，改交州为安南都护府。河南北大水，许灾民往江淮以南就食。

十月，新罗王法敏卒，遣使立其子政明。六日，改元开耀。

十一月八日，徙故太子贤于巴州。

是岁，马疫，监牧马死者18.49万匹，牛1.16万头。诏：自今明经试帖粗十得六以上，进士杂文二篇，通文律者然后试策。

永淳元年（682） 59岁

正月初一，以年饥罢朝会。令关内府兵于邓、绥等州就食。

二月十九日，皇孙重照满月，大赦，改元。

三月二十五日，立皇孙重照为皇太孙。京畿蝗灾，麦苗尽损。

四月，天皇天后幸东都。三日，发京师。留皇太子监国。以刘仁轨为京师副留守，令薛元超、裴炎辅佐太子。二十二日，车驾到东都。二十四日，以黄门侍郎郭待举、兵部侍郎岑长倩、秘书员外少监郭正一、吏部侍郎魏玄同等为中书门下同承受进止平章事。外司四品已下知政事者以平章事为名自此始。二十五日，高宗幸渑池之紫桂宫。

五月十日，置东都苑总监。

七月，作奉天宫于嵩山之南。

九月，吐蕃将论钦陵侵扰柘、松、翼等州，诏李孝逸等分道御之。

十月五日，京师地震，七日，以黄门侍郎刘景先同中书门下平章事，时两京瘟疫流行。

十二月，突厥阿史那骨笃禄据黑沙城反，寇并州和单于都护北境，薛仁贵击破之。吐蕃入寇河源军，娄师德八战八捷，南天竺、于阗献方物。

是岁，严禁私铸货币，私铸者抵死，邻、保、里、坊、村正皆从坐。

弘道元年（683） 60岁

正月，诏京六品以上清望官及诸州岳牧各以己职推让三人，并以名闻，随即升擢。五日，天皇幸奉天宫。则天从驾，至少林寺，见其母旧营之所尝未毕功，倍感凄凉，作诗并序，令武三思赍金绢等物续成功德。

二月，突厥入侵定州，被刺史霍王元轨击退。薛仁贵卒。

四月二日，高宗还都。十五日，郭待举检校太子右庶子，郭正一为中书侍郎，并同中书门下平章事。绥州步落稽人白铁余自称光明圣皇帝，据城平县起兵。遣程务挺、王方翼率军讨平。

五月三日，天皇幸芳桂宫，至合璧宫，遇大雨而还。阿史那骨笃禄寇蔚州，杀刺史李思俭。

七月，封皇孙重福为唐昌王。诏以今年十月有事于嵩山，不久以天皇病重改用来年正月。十九日，徙相王轮为豫王，更名旦。薛元超罢相。召太子赴东都。

十月八日，天皇幸奉天宫，天后从驾。

十一月三日，天皇病情加重，诏罢来年封嵩山。召御医秦鸣鹤等赴奉天宫。鸣鹤等用针刺治疗天皇，病情稍缓。大后赐其采缯。不久天皇病危。二十四日，还东都。诏太子监国，令裴炎、刘景先、郭正一同东宫平章事。

十二月四日，高宗气逆不能乘马，召百僚入殿前宣敕，改元。当夜，高宗死于洛阳宫贞观殿，终年56岁。遗诏太子柩前即位，裴炎辅政，

军国大事有不决者，兼取天后进止。废万泉、芳桂、奉天等宫。则天甚悲痛。十一日，太子即位，是为中宗。尊天后为皇太后，政事归太后。二十一日，罢刘仁轨为左仆射，京师留守。以裴炎为中书令。迁政事堂于中书省。二十五日，以刘景先为侍中，岑长倩为兵部尚书，郭待举为左散骑常侍，魏玄同为黄门侍郎，并同中书门下三品。

嗣圣元年（684） 61岁

正月初一，改元嗣圣，赦天下，立韦氏为皇后。十日，左散骑常侍韦弘敏为太府卿、同中书门下三品。武太后撰《高宗天皇大帝谥议》及《述圣纪》。

二月，中宗欲以岳父韦玄贞为侍中，裴炎固争不可，中宗怒。六日，太后与裴炎等废中宗为庐陵王，幽于别所。七日，立豫王旦为皇帝，刘氏为皇后，改元文明。政事仍由太后处理。八日，废皇太孙重照为庶人，流韦玄贞于钦州。九日，令丘神勣往巴州监视太子李贤，以备外虞。以韦待价为山陵修作使，率兵民营造乾陵。

三月五日，徙封上金为毕王，素节为葛王。故太子贤在巴州自杀。

四月十日，改封上金为泽王，拜苏州刺史；素节为许王，拜绛州刺史。十三日，下《诫励风俗敕》。二十二日，下《颁行律令格式制》。二十六日，迁庐陵王于均州故濮王旧宅。

五月十五日，高宗灵柩运往京师。武则天作《高宗天皇大帝哀册文》，留镇洛邑。

闰五月十三日，以礼部尚书武承嗣为太常卿、同中书门下三品。

八月十一日，葬高宗天皇大帝于乾陵，庙号高宗。刻《述圣纪碑》，立于陵前。二十七日，罢武承嗣为礼部尚书。

九月六日，下《改元光宅诏》。诏旗帜皆从金色，饰之以紫，画以杂文。改东都为神都，宫名太初。又大改官署名称，增置右肃政台，令八品以下旧服青者改服碧，令京官九品以上及诸州长官各举一人，务荐真贤。又以程务挺为单于道安抚大使，以备突厥。二十一日，太后追王其祖，立五代祠堂于文水。二十九日，李敬业起兵扬州，以匡复为辞。骆宾王作《代李敬业传檄天下文》。

十月六日，遣李孝逸等率兵30万讨伐李敬业。九日，以凤阁舍人李景谌同凤阁鸾台平章事；以左肃政大夫骞味道检校内史同凤阁鸾台三品。十八日，斩裴炎于都亭。十九日，曲赦扬、楚二州，复敬业姓徐氏。贬刘景先为辰州刺史，贬韦弘敏为汾州刺史。李景谌罢守司宾少卿。以右史沈君谅、著作郎崔察并为正谏大夫、同平章事。敕：两京四库书，每年正月，据旧书闻奏。每三年，比部勾覆，具官曲。及摄官替代之日，据数交领。有欠少，即征后人。

十一月四日，复以左鹰扬大将军黑齿常之为江南道大总管，以讨敬业。十三日，苏孝祥战死于阿溪。十八日，徐敬业部将王那相杀敬业。李孝逸令追捕敬业余党，平定扬州。

十二月，遣御史分道观察风俗。

是岁，增加京官八品、九品俸禄，策词标文苑科。

垂拱元年（685） 62岁

正月一日，以徐敬业平，大赦，改元。四日，以骞味道守内史。十二日，敕两京度人，令御史一人检校。二十二日，刘仁轨卒。二十六日敕，御史纠获罪状，未经闻奏，不得随便处分。

二月七日，制：朝堂所置登闻鼓及肺石，不须防守。有上朝堂诉冤者，御史受状以闻。

三月十一日，迁庐陵王于房州。十六日，武承嗣、崔察罢相。是月，删改律令格式成。式加计帐式和勾帐式，凡20卷。格2卷系武德以来诏敕便于时者。则天自制序。二十六日，颁律令格式于天下。

四月，下《求贤制》，制令自举。武太后对侍臣说：群臣作股肱，情同休戚，义均一体。要求群僚共同努力。

五月一日，以裴居道为内史。二日，罢王德真为同州长史，流象州。四日，冬官尚书苏良嗣守纳言。十五日，韦方质同凤阁鸾台三品。

十七日，置左右羽林军，领羽林郎6000人。

六月，天官尚书韦待价同凤阁鸾台三品。同罗、仆固诸部叛，令刘敬同讨平之。敕侨置安北都护府于同城以纳降者。

八月五日，李隆基（即后来的唐玄宗）生于东宫别殿。

十一月一日，命韦待价为燕然道行军大总管以讨吐蕃，太后修故白马寺，以薛怀义为寺主。

是岁制举，观吴师道等人之策，敕：略观其策，并未尽善，若依令式，及第者唯祇一人，意欲广其材，通三者并许及第。作《方广大庄严经序》，撰《臣轨》2卷，普赐臣僚，以教为臣之道。

垂拱二年（686） 63岁

正月，武则天下诏复政于睿宗皇帝。睿宗固让，请皇太后继续处理政事。于是武则天继续临朝称制。是月，初令都督、刺史并准京官带鱼袋。

二月十四日，新罗王金政明遣使请《礼记》一部并杂文章。则天令所司摘《吉凶要礼》及《文馆词林》中有关规诫者编成50卷以赐之。

三月八日，则天令有司铸铜为匦。十六日以魏玄同为地官尚书。

四月七日，则天颁所撰《百僚新诫》及《兆人本业记》于朝集使。又令铸大仪，置北阙（玄武门之外）。十一日，以岑长倩为内史。

六月三日，以苏良嗣守文昌左相，同凤阁鸾台三品韦待价守文昌右相。十一日，韦思谦守纳言。铜匦成，一器四室，其名曰延思、招谏、伸冤、通玄。令置于朝堂，任人投递表疏。从此多知下情。

九月，令西突厥继往绝可汗之子斛瑟罗袭可汗位，统领五弩失毕部落。突厥入侵，遇黑齿常之，夜遁。

十月二日，新丰有山涌出，四方毕贺。改新丰县为庆山县。俞文俊借题发挥，有让太后归政之意，遭贬。

十二月，免并州百姓庸调，终其身。

是冬旱，无雪。

垂拱三年（687） 64岁

闰正月初二，封皇子成美为恒王，隆基为楚王，隆范为卫王，隆业为赵王。

二月，突厥骨笃禄等攻昌平。令黑齿常之讨伐。诏上州置市令。

三月一日，韦思谦退休。

四月八日，追号孝敬皇帝妃裴氏曰哀皇后，葬于恭陵。二十九日，以裴居道为纳言。

五月三日，以张光辅为凤阁侍郎、同平章事。七日，刘祎之有令太后还政之意，被赐死于家。

七月十三日，京师地震。突厥骨笃禄、元珍侵朔州，黑齿常之、李多祚大破突厥于黄花堆。

八月二十一日，以地官尚书魏玄同检校纳言。

九月中旬，虢州人杨初成诈称郎将，矫制于都市募人迎庐陵王于房州。事发，伏诛。

十月，爨宝璧轻敌冒进，为骨笃禄所败。则天斩之，改骨笃禄为“不卒禄”。

十二月，遣韦待价为安息道行军大总管、以安西大都护阎温古为之副，以讨吐蕃。罢御史监军制。

是岁，文昌右丞苏良嗣任西京留守。天下大饥，山东、关内尤甚。

垂拱四年（688） 65岁

正月五日，在神都立高祖、太宗、高宗三庙，令四时享祀如京师太庙之仪。又令立崇先庙以享武氏祖考。十一日，令毁乾元殿，于其地作明堂。以僧怀义为督作使，凡役数万人以从其事。时山东、河南饥乏，诏司属卿王及善、司府卿欧阳通、冬官侍郎狄仁杰巡抚赈给。

四月，武承嗣伪造瑞石，置于洛水，使唐同泰取出献上，其文说：“圣母临人，永昌帝业。”太后命名为“宝图”。

五月十一日，则天将拜洛受图，有事南郊，御明堂，朝群臣。令

诸州都督、刺史及宗室、外戚在拜洛前十日，齐集神都。十八日，则天加尊号，称圣母神皇。

六月十六日，作神皇三玺。狄仁杰巡抚江南，焚淫祠1700余所。

七月一日，太后更命“宝图”为“天授圣图”，名洛水为永昌洛水，“宝图”所出为“圣图泉”，置永昌县于泉侧。封洛水神为显圣侯，嵩山为神岳，封其神为天中王。又以先于汜水得瑞石，改汜水为广武。

八月十七日，琅琊王冲起兵反对武则天，令丘神勣讨之。未至，冲已为地方军所败，二十三日被其旧部所杀。二十五日，越王贞起兵于豫州，攻陷上蔡。

九月一日，以左豹韬大将军麴崇裕为中军大总管，岑长倩为后军大总管以讨贞，更削贞属籍，改姓虺氏。十一日，兵临城下，贞自杀，豫州平。十三日，诛韩、鲁等预乱诸王。

十一月一日，敕：犯罪授文武远官年考未满方便解退者，宜令依旧重任，续前考满。六日，诛驸马薛绍。

十二月十五日，杀骞味道。二十五日，太后拜洛受图。文物卤簿之盛，唐兴以来未有。筑坛于洛水之北，中桥之左。奏《大享拜洛乐章》。神都父老勒碑于拜洛坛前，曰“天授圣图之表”。二十七日，明堂成，高二百九十四尺，方三百尺，富丽堂皇，号“万象神宫”，纵民入观，久之乃罢。又令于明堂北起天堂五级以贮大像。颁《亲享明堂制》。

是岁，策词标文苑科。

永昌元年（689） 66岁

正月初一，武则天服衮冕，大飨万象神宫，执镇圭为初献，御则天门，大赦，改元。三日，御明堂，受朝贺。四日，布政于明堂，颁九条以训百官。五日，御明堂，飨群臣。吐蕃等族以明堂成，各遣使来贺。

二月十四日，则天复追尊武氏祖考。

三月一日，王本立守左肃政台御史大夫。十一日，张光辅守纳言。

二十日，以天官尚书武承嗣为纳言，改光辅为内史。

四月，鄱阳公諲等谋迎中宗于庐陵，事发被诛。

五月，命韦待价为安息道行军大总管，击吐蕃。浪穹州蛮先附吐蕃者来降。命薛怀义击突厥，不遇而还。

六月，令文武五品以上官员各自举荐所了解的人才。

七月，韦待价败于寅识迦河，除名，流绣州。二十八日，王本立同凤阁鸾台三品。

八月四日，杀张光辅等。徐敬业之弟欲奔突厥，事泄被诛。

九月，令薛怀义将兵20万讨骨笃禄。酷吏周兴诬黑齿常之“谋反”，下狱。

十月，黑齿常之在狱中被缢死。十八日，春官尚书范履冰、凤阁侍郎邢文伟并同平章事。二十八日，改羽林军百骑为千骑。

是岁，策蓄文藻之思、抱儒素之业及贤良方正等科。十一月一日，太后大享万象神宫，改元载初。始用周正，以十一月为正月，十二月为腊月，正月为一月。

天授元年（690） 67岁

正月二日，武则天布政于明堂。八日，诏行所造“天”“地”“日”“月”等字，以“曌”为名，改诏书为制书。

腊月十八日，杀刘齐贤（即刘景先）。

一月十日，以武承嗣为文昌左相，岑长倩为文昌右相、同凤阁鸾台三品。以邢文伟守内史，武攸宁为纳言。以苏良嗣为特进。王本立为地官尚书，裴居道为太子少保，罢相。十六日，流韦方质于儋州。

二月，武则天御明堂，大开儒、释、道三教。十四日起策贡士于洛城殿，数日方了。贡士殿试自此始。

三月十日，苏良嗣卒。

四月十一日，范履冰下狱死。告密之风起，酷吏大兴。

七月，置制狱于丽景门，专理“谋反”要案，以铲除政敌。七日，

东魏国寺僧法明等上《大云经疏》，言太后当代唐为王。制颁于天下。令改魏国观（杨士达旧宅）为大崇福观。则天飞白书额。十三日，有人告泽王上金、许王素节谋反。上金自杀，素节被缢死。

八月八日，杀宗室12人。十一日，裴居道下狱死。

九月三日，侍御史傅游艺率关中百姓900余人上表，请改国号为周，赐皇帝姓武氏。则天不许，但破格提拔傅游艺为给事中。于是百官及宗室亲戚、远近百姓、四夷酋长、沙门、道士合6万余人，俱上表如游艺所请，睿宗亦上表请赐姓武氏。五日，群臣又言祥瑞生于庭。七日，则天准皇帝及群臣之请。九日，御则天楼，降睿宗为皇嗣，俱仪一比皇太子；以唐为周，改元天授。十二日，群臣上尊号曰圣神皇帝。十三日，立武氏七庙于神都，复追崇祖先，又遍封其诸侄：以武承嗣为魏王，三思为梁王，攸宁为建昌王；攸归、重规、载德、攸暨、懿宗、嗣宗、攸宜、攸望、攸绪、攸止皆为郡王；诸姑姊皆为长公主。以司宾卿史务滋为纳言，凤阁侍郎宗秦客为检校内史，给事中傅游艺同凤阁鸾台平章事。易外官所佩鱼为龟。令官巡抚十道。

十月十四日，改文水县为武兴县，县令品秩一同京都所治的赤县，百姓子孙相承给复（世代免除赋役）。降唐太庙为享德庙，以武氏七庙为太庙。二十一日，贬宗秦客为遵化尉。二十八日，贬邢文伟为珍州刺史。二十九日，敕两京及诸州各置大云寺一区，藏《大云经》，使僧升高座讲解。制天下武氏咸蠲课役。

是岁，西突厥十姓，散亡略尽，濛池都护继往绝可汗斛瑟罗率余部入居内地。

天授二年（691） 68岁

正月初一，则天始受尊号于万象神宫，旗帜尚赤。二日，改置社稷于神都。九日，纳武氏神主于太庙。改长安崇先庙为崇尊庙。十三日，大享明堂，奏《明堂乐章》。十六日，以武承嗣为文昌左相。饶阳尉姚贞亮等数百人表请上尊号曰上圣大神皇帝，则天不许。

腊月，作《春日游上苑》诗。

一月二十三日，杀丘神勣。二十八日，杀史务滋。

二月，始抑酷吏，贬杀周兴、索元礼。五日，制：左右补阙、拾遗，各加置3员，通前共5员。十五日，授十道使所推荐的人以补阙、拾遗、侍御史之职。赐朝集使、刺史绣袍，各于背上绣成八字铭以为劝诫。三十日，改左右羽林军为左右羽林卫，以武攸宁为大将军。

四月二日，命建安王武攸宜留守长安。制佛教宜升于道教之上。令有司铸大钟，置于北阙。

五月，令岑长倩击吐蕃，中道召还。

七月，徙关内7州数十万户来充实洛阳人口。

九月二十五日，傅游艺下狱死。二十六日，以武攸宁为纳言，洛州司马狄仁杰为地官侍郎，与冬官侍郎裴行本并同平章事。凤阁舍人张嘉福使王庆之率数百人上表，请立武承嗣为皇太子，不许。屡请。则天怒，令赐罚。凤阁侍郎李昭德杖杀之，并劝则天立子为嗣。

十月制：官人者咸令自举。

是岁，发十道使存抚天下。将行，令百官赋诗欢送。收为《存抚集》，凡10卷，行于世。

长寿元年（692） 69岁

正月二十二日，内出绣袍，赐新除都督刺史。其袍皆绣作山形，绕山勒回文铭曰："德政惟明，职令思平，情慎忠勤，荣进躬亲。"自此每新除都督刺史，必赐此袍。

腊月，立故于阗王尉迟伏阇雄之子瑕为于阗王。

一月一日，则天引见存抚使所举人，全部试用。高者试凤阁舍人、给事中，次者试员外郎、侍御史、补阙、拾遗、校书郎。试官自此始。二日，以夏官尚书杨执柔同平章事。时来俊臣、武承嗣等诬陷任知古等，固请杀之。则天不许。四日，知古贬江夏令，裴行本流岭南，狄仁杰贬彭泽令。十四日，以司刑卿李游道为冬官尚书、同平章事。李

昭德始筑东都外郭。

二月，吐蕃、党项部落万余人内附，分置 10 州。

三月，五天竺国遣使朝贡。

四月一日，赦天下，改元如意。

八月十六日，武承嗣罢为特进，攸宁罢为冬官尚书，杨执柔罢为地官尚书。司宾卿崔神基、秋官侍郎崔元综、夏官侍郎李昭德、检校天官侍郎姚𬀩、检校地官侍郎李元素并同平章事。十九日，营缮大臣王璇守夏官尚书，同平章事。二十四日，则天有落齿更生。

九月七日，黄雾四塞。九日，则天御则天门，赦天下，改元长寿。时李昭德造东都定鼎、上东等门。制：以并州为北都。二十二日，李游道、袁智宏、王璇、崔神基、李元素等为王弘义所陷，流于岭南。

十月，狄仁杰请舍四镇，则天不纳。二十五日，武威军总管王孝杰大破吐蕃，收复龟兹、于阗、疏勒、碎叶四镇。置安西都护府于龟兹，发兵戍之。

是岁，制狱稍衰。

长寿二年（693） 70 岁

正月初一，则天大享于万象神宫，奏所制《神宫乐》，舞用九百人。是日大雪，或以为瑞。则天曰："朕御万方，心存百姓，如得年登岁稔，此即为瑞，虽获麟凤，亦何用焉！"十七日，初令宰相撰《时政记》。罢举人习《老子》，更习所撰《臣轨》。

腊月，改封皇孙成器为寿春郡王，成义为衡阳郡王，隆基为临淄郡王，隆范为巴陵郡王，隆业为彭城郡王。

一月十日，以夏官侍郎娄师德同凤阁鸾台平章事。二十四日，前尚方监裴匪躬、内常侍范云仙坐私谒皇嗣被腰斩于市。自此，公卿以下皆不得见皇嗣。二十五日，李昭德复为夏官侍郎。

二月十六日，新罗王政明卒，遣使立其子理洪为王。诏禁人间用锦。遣六道使杀流人。

九月九日，武承嗣等 5000 人上表请加尊号曰金轮圣神皇帝，则天御万象神宫，受尊号，赦天下。作金轮、白象、女、马、珠、主兵臣、主藏臣七宝，每朝会，陈之殿庭。

延载元年（694） 71 岁

正月初一，则天享万象神宫。二十三日，作《越古长年乐》。时突厥骨笃禄死，其弟默啜自立为可汗。

腊月，默啜犯灵州；室韦反，遣李多祚击破之。

一月十日，以娄师德为河源、积石、怀远等军检校营田大使，要求搞好边境营田。

二月，王孝杰破吐蕃、突厥各 3 万余人。韩思忠破泥熟俟斤等万余人。十六日，遣薛怀义为伐逆道行军大总管，率 18 将军讨伐默啜。

三月一日，李昭德检校内史，凤阁舍人苏味道为凤阁侍郎、同凤阁鸾台平章事。薛怀义未至，默啜退兵。

四月九日，夏官尚书、武威道大总管王孝杰同凤阁鸾台三品。

五月十一日，则天御则天楼受“越古金轮圣神皇帝”尊号，赦天下，改元延载。二十二日，内出绯紫单罗铭襟背衫，以赐文武三品以上。其衫诸王饰以盘龙及鹿，宰相饰以凤池，尚书饰以对雁，左右卫将军饰以麒麟……。铭文各为八字回文，其辞曰：“忠贞正直，崇庆荣职。文昌翊政，勋彰庆陟。懿冲顺彰，义忠慎光。廉正躬奉，谦感忠勇。”

八月十七日，以王孝杰为瀚海道行军大总管。十八日，以姚璹守纳言，左肃政中丞杨再思为鸾台侍郎，洛州司马杜景俭凤阁侍郎，并同凤阁鸾台平章事。时蕃胡慕义，捐钱百万亿，请立天枢，以颂功业。则天令析洛阳、永昌二县，置来庭县廨于从善坊，以领四方蕃客。又令于端门之外铸八棱铜柱，高九十尺，径一丈二尺，卜为铁山，绕以铜龙狮子麒麟，上施云盖，置盘龙以托火珠，金彩荧煌，光侔日月。

九月二十一日，李昭德贬南宾尉。则天集群臣，出梨花一枝示宰相。宰相多以为瑞，杜景俭独以为不然。则天誉之为“真宰相”。

是岁，摩尼教传入中国。敕：盗公私尊像，入大逆条；盗佛殿内物，同乘御物。

证圣元年（695） 72岁

正月初一，则天加号“慈氏越古金轮圣神皇帝”，赦天下，改元证圣。八日，豆卢钦望、韦巨源、杜景俭、苏味道、陆元方坐附会李昭德左授州刺史。十五日，作无遮大会于明堂，盛况空前。十六日夜，天堂火，延及明堂。则天以明堂灾告庙，下诏自责，令文武九品以上各上封事，极言正谏。又令更造明堂、天堂，铸九州鼎及十二神。二十七日，以王孝杰为朔方道行军总管，以击突厥。

二月四日，杀薛怀义。十六日，去“慈氏越古”之号。

三月九日，周允元卒。令宰相每日一人宿值。二十一日敕军司府官等不得随便乱取和购入物资。

四月一日，置武兴县于汝州。天枢成，则天自书其榜曰“大周万国颂德天枢”。群臣赋诗称赞者甚多。

七月，吐蕃犯临洮；令肃边道行军大总管王孝杰讨伐。

九月九日，则天合祭天地于南郊，加号“天册金轮大圣皇帝”，赦天下，大酺九日，改元天册万岁。

十月十一日，颁《减大理丞废秋官狱敕》。二十二日敕：其常选人自今以后，宜委所司依常例铨注，其糊名考试及令学士考判宜停。是月，突厥默啜遣使请降，册为左卫大将军，归国公。

是岁，义净自印度还。

万岁通天元年（696） 73岁

腊月初一，则天发神都，前往嵩山封禅。十一日，封神岳。改元万岁登封，改嵩阳县为登封县，阳城县为告成县。免天下百姓今年租税。

一月十一日，以娄师德为肃边道行军副总管，击吐蕃。二十六日，改长安崇尊庙为太庙。

二月一日敕：自今以后，施敕行制及内外官司奏状文案，并用大字。撰《升中述志碑》，刻石，立于嵩山。

三月，王孝杰、娄师德为（吐蕃大将）论钦陵、赞婆所败，免官。策应封神岳举贤良方正科。十六日，新明堂成，规模小于旧者，名曰通天宫。

四月一日，则天行亲享之礼，大赦，改元万岁通天。二日，御通天宫之端扆殿，命有司读时令，布政于群后。以检校夏官侍郎孙元亨同平章事。

五月，营州契丹松漠都督李尽忠等举兵反叛，陷营州。遣曹仁师、张玄遇、李多祚、麻仁节等 28 将讨伐。

七月，令武三思为榆关道安抚大使，姚璹为副，防备契丹。改李尽忠为李尽灭，孙万荣为孙万斩。李尽忠自称无上可汗，以万荣为前锋，兵至数万。二十三日制：不得以析户免租。

八月，曹仁师等大败于硖石谷。

九月，以建安王武攸宜为右武威卫大将军，充清边道行军大总管以击契丹。制：系囚及家奴骁勇者击契丹；山东近边诸州置武骑团兵。十八日，突厥犯凉州，俘虏了都督许钦明。吐蕃遣使请和，求四镇；以和亲缓之。二十一日，王方庆、李道广入相。默啜请为则天子，率部讨契丹；则天册封其为迁善可汗。

十月，默啜乘间袭破松漠，虏尽忠妻子，太后制拜默啜为颉跌利施大单于、立功报国可汗。不久，尽忠死，万荣代其众，军势复振。攻陷冀州，河北震动。制起狄仁杰为魏州刺史。擢拜姚元崇为夏官侍郎，徐有功为左台殿中侍御史。

神功元年（697） 74 岁

正月初一，则天享通天宫。张易之遇宠。突厥默啜犯灵州。二十四日，杀李元素、孙元亨等三十六家海内“名士”。二十五日，默啜侵胜州，被安道买击败。二十六日，以娄师德守凤阁侍郎、同平

章事。

三月，王孝杰战死于硖石谷。契丹犯幽州，武攸宜遣将讨伐，不克。遣阎知微、田归道使突厥，册默啜为可汗。给其丰、胜等6州降户数千帐，谷种4万斛，缯帛5万段，农器3000件，铁4万斤。默啜由此实力更加强盛。

四月，敕东明观三洞道士孙文儁将侍者诣岱岳观祈请行道，造天尊像。三日，九州鼎铸成，令宰相、诸王率南北牙宿卫兵十余万人及仗内大牛、白象自玄武门外移入明堂，各依方位排列。则天自制《曳鼎歌》，命和唱。八日，以前益州大都督府长史王及善为内史。遣武懿宗击契丹。

五月，又遣娄师德将兵20万讨孙万斩。向王方庆求王羲之遗迹，令裱作《宝章集》，复赐方庆。

六月三日，下《暴来俊臣罪状制》，杀来俊臣。二十四日，武承嗣、武三思同凤阁鸾台三品，契丹屠赵州。三十日，孙万荣败死，其余众降于突厥。令武懿宗、娄师德、狄仁杰分道安抚河北。

七月三日，昆明内附，置窦州；承嗣、三思并罢政事。下《更改闰月制》。

九月九日，则天大享通天宫，大赦，改元神功。十七日，娄师德守纳言。举绝伦科。

十月，李峤知天官选事，始置员外官数千人。

闰十月，下《厘革技术官制》。二十一日，狄仁杰为鸾台侍郎，杜景俭为凤阁侍郎，并同凤阁鸾台平章事。

是岁，河南19州水灾。则天有齿脱落，发变白。

圣历元年（698） 75岁

正月初一，冬至，则天享于通天宫，改元。是月下《条流佛道二教制》，禁佛道徒相互毁谤。

腊月二十五日敕河南、河北置武骑团。

二月四日，豆卢钦望罢为太子宾客。武承嗣谋求太子之位，经狄仁杰劝谏，则天无立侄子为皇太子之意。吉顼教张易之等劝立庐陵王，被则天采纳。

三月九日，则天托言庐陵王有疾，遣徐彦伯召回。二十八日，庐陵王至神都。

四月一日，则天祀太庙。十二日，以娄师德为陇右诸军大使，仍检校河西营田事。

五月八日，蜀州长史张柬之请罢姚州都督府，则天不许。十一日，禁屠。突厥默啜言有女，请和亲。改单于都护府为安北都护府。十九日，下《却置潼关制》。

六月六日，命阎知微领淮阳王武延秀入突厥，纳默啜女为妃。

八月一日，武延秀一行至黑沙南庭，被默啜拘留。阎知微降，与默啜犯静难等军。七日，罢王方庆为麟台监，监修国史。十一日，武承嗣病死。十三日，令武三思为检校内史，狄仁杰为纳言。遣武重规、张仁愿、李多祚等率兵30万讨伐突厥。二十六日，默啜犯飞狐。二十八日，陷定州。

九月七日，以武攸宁同凤阁鸾台三品，改默啜为斩啜。十一日，默啜围赵州。十五日皇嗣固请让位于庐陵王，则天批准，立庐陵王为太子。十七日，命太子为河北道元帅以讨突厥。二十一日，以狄仁杰为河北道行军副元帅，知元帅事。则天亲自送行。默啜还漠北，拥兵40万，据地万里，有轻中原之心。

十月十七日，以狄仁杰为河北道安抚大使，姚元崇、李峤并同平章事。时阎知微归，被族诛。

圣历二年（699） 76岁

正月初一，则天告朔于通天宫。六日，封李旦为相王。八日，置控鹤监丞、主簿等官，不久改名奉宸府。

腊月二十五日，赐太子姓武氏，大赦天下。则天生重眉，成八字形，百官皆贺。

二月，则天幸嵩山，过缑氏，谒升仙太子庙。

三月十九日，以娄师德为纳言。

四月，吐蕃论赞婆等来降。十七日，以娄师德为陇右诸军大使。十八日，则天虑身后太子与武氏子弟不相容，令太子、相王、太平公主与武攸暨等作誓文，告天地于明堂，铭之铁券，藏于史馆。

六月，则天自撰自书《升仙太子庙碑》，令镌于贞石，立于升仙太子庙前。

七月，命建安王武攸宜代会稽王攸望留守西京。四月，神都大雨，洛水溢，坏天津桥。吐谷浑部落1400帐内附。

九月二十四日，则天幸福昌宫。二十七日还都。二十九日，王及善卒。

十月六日，论赞婆至都。则天赏之甚厚，拜右卫大将军，使守洪源谷。太子及相王诸子复出阁。

是岁，改昊陵署为攀龙台，顺陵署为望凤台。制于荆州置大崇福观。作《大周新译大方广佛华严经序》。制：州县长吏，非奉有敕旨，毋得擅立德政碑。凡以政绩将立碑者，具所纪之文上尚书考功。默啜立其弟咄悉匐为左厢察，立骨笃禄之子为右厢察。

久视元年（700） 77岁

正月，以西突厥竭忠事主可汗斛瑟罗为平西军大总管，镇碎叶。

腊月一日，立李重润为邵王，重茂为北海王。十日，陆元方罢为司礼卿。十七日，狄仁杰为内史。二十日，韦巨源为纳言。二十五日，则天幸嵩山。

一月五日，则天幸汝州温汤。十六日，还神都。作三阳宫于告成县之石淙。

三月六日，敕东至高丽国，南至真腊国，西至波斯、吐蕃及坚昆都督府，北至契丹、突厥、靺鞨，并为入蕃，以外为绝域。其使应给料各依式。以吐谷浑青海王宣超为乌地也拔勤忠可汗。二十二日，李峤守鸾台侍郎，兼修国史。

四月二十九日，则天幸三阳宫避暑，作《宴石淙庄诗及序》。

五月，则天生疾，令洪州僧胡超合长生药。服食，病稍愈。五日，赦天下，改元久视，去天册金轮大圣之号。作《三藏圣教序》。令刻《宴石淙庄诗及序》于石淙之北崖。下《禁葬舍利骨制》。

六月，命契丹降将李楷固击契丹余党，全部平定。十日，以魏元忠为左肃政台御史大夫。

七月，吐蕃将领麹莽布支犯凉州，围昌松，被唐休璟打败。令魏元忠击吐蕃。

闰七月二日，则天还神都。十三日，以天官侍郎张锡为凤阁侍郎、同平章事；李峤罢为成均祭酒。制：杨素及其兄弟子孙不得任京官及侍卫。

八月五日，以魏元忠为陇右诸军大使。十五日，令敛天下僧人钱以作大佛像；狄仁杰谏，罢其役。

九月，作《幸流杯亭诗序》。二十二日敕都省诸司既有主事，更不须差人帖值。二十六日，狄仁杰卒。

十月七日，以魏元忠为肃关道大总管。十日，恢复夏历，以正月为十一月，一月为正月。十三日，敕：职事官三品以上龟袋，宜用金饰，四品用银饰，五品用铜饰，皆以官给。二十三日，则天幸新安，牧羊于羊马川。二十八日还宫。

十二月十日，突厥掠陇右诸监马万匹而去。十四日，始开屠禁。令诸司祭祠依旧用牲牢。

是岁，则天令宰相各举尚书郎一人。靺鞨酋长大祚荣建立渤海国。

长安元年（701） 78岁

正月三日，以成州言佛迹现，改元大足。十五日敕：选人应留者不论考第。

二月六日，以鸾台侍郎李怀远同平章事。

三月六日，姚元崇为凤阁侍郎。二十三日贬张锡，流于循州。

四月十日，令姚元崇往并州以北检校诸军州兵马。

五月三日，则天幸三阳宫。五日，以魏元忠为灵武道行军大总管。二十四日，天官侍郎顾琮同平章事。是月，则天撰《周许由庙碑》。

六月九日，令于东都立德坊南开凿新潭，安置诸州租船。十九日，姚元崇兼知夏官尚书事；夏官侍郎、右奉宸内供奉李迥秀同平章事。

七月三日，则天还都。十一日，遣苏味道往幽、平等州按察兵马。十三日，李怀远罢为秋官尚书。

八月，苏安恒请则天还政，抑武兴唐。

九月三日，邵王李重润、永泰郡主及魏王武延基自杀。

十月，则天与太子、相王等西入关。至京师，大赦，改元长安，关内免除赋税徭役 3 年。

十一月十日，改含元殿为大明宫。以郭元振为凉州都督、陇右诸军大使。十二日，张昌宗等上《三教珠英》1300 卷。二十六日，姚元崇加相王府长史，韦安石检校太子左庶子。二十八日，废京中市。

十二月，立《大周无上孝明高皇帝碑》（即攀龙台碑）于文水。

长安二年（702） 79 岁

正月十七日，始设武举，突厥犯盐、夏二州。

三月，突厥破石岭，犯并州。令李迥秀安置山东军马，检校武骑兵，以薛季昶充山东防御军大使。

四月，以幽州刺史张仁愿专知幽、平、妫、檀防御，仍与季昶相知，以拒突厥。

五月二十九日，以相王为并州牧，充安北道行军元帅，以魏元忠为副帅。

六月二十六日，召神都留守韦巨源诣京师，以副留守李峤代替。日本粟田真人率遣唐使赴唐。立《大周无上孝明高皇后碑》于顺陵。

八月二十三日，太子、相王、太平公主上表请封张昌宗为王，则天不许。二十七日，又请，乃赐爵邺国公。敕：自今有告言扬州及豫、博余党，一无所问，内外官司不得受理。

九月十五日，吐蕃遣其臣论弥萨求和。十九日，宴论弥萨于麟德殿。

十月十四日，吐蕃赞普率万余人侵扰茂州，被都督陈大慈打败。二十日，姚元崇同平章事，苏味道、韦安石、李迥秀同三品。

十一月一日，以相王为司徒。命苏颋重新审核酷吏旧狱，雪免甚众。二十五日，则天亲祀昊天上帝于南郊，赦天下。

十二月二日，以魏元忠为安东道安抚使。十六日，置北庭都护府于庭州。

长安三年（703） 80岁

正月初一，敕令武三思、李峤、朱敬则等修《唐史》，采四方之志，成一家之言，长悬楷则，以贻劝诫。

四月九日，吐蕃遣使献马千匹、金二千两以求婚。相王表让司徒，则天批准。

闰四月，新罗王金理洪卒，遣使立其弟崇基为王。十日，李峤兼尚书左丞同平章事。十七日，以韦安石为神都留守，判天官、秋官二尚书事。十九日，李峤知纳言。

六月一日，突厥默啜遣使请以女妻皇太子之子。

九月九日，贬魏元忠为高要尉。十九日，以武攸宜充西京留守。

十月八日，则天发西京。二十七日，至神都。

十一月，突厥遣使谢许婚。则天设宴于宿羽台。

十二月二十九日，令天下置关三十。

是岁，令天下诸州教人武艺，每处准明经进士例申奏。分遣使者以六条察州县。吐蕃赞普卒，国人立其子弃隶蹜赞。日本粟田真人至长安，则天设宴于麟德殿。

长安四年（704） 81岁

正月十日，册拜斛瑟罗之子阿史那怀道为西突厥十姓可汗。二十一日，从武三思之说，毁三阳宫，以其材作兴泰宫于万安山。二十六日，以天官侍郎韦嗣立为凤阁侍郎、同凤阁鸾台平章事。作《新译大乘入楞伽经序》。

三月二日，进封皇孙重福为谯王。四日，韦嗣立以本官检校汴州刺史。十四日，贬苏味道为坊州刺史；以夏官侍郎宗楚客同平章事；唐休璟行右庶子，同三品。二十九日，令内供奉襄州神武县云表观主将弟子二人于名山大川投龙……

四月二十一日，则天幸兴泰宫。欲税天下僧尼钱作大佛像于白马阪。李峤进谏，罢役。作《幸闲居寺诗》。

七月三日，以前神都副留守杨再思守内史。十一日，贬宗楚客为原州都督。

八月，默啜遣武延秀还。唐休璟兼幽、营二州都督、安东都护。则天病卧长生殿。

九月，大雨雪，昼夜阴晦。则天病卧。神都人有饥冻者，令官司开仓赈济。二十九日，以姚元之（即姚元崇、姚崇）知群牧使，韦安石检校扬州大都督府长史。

十月，则天卧病。二十二日，以秋官侍郎张柬之同平章事。二十三日，以韦嗣立检校魏州刺史。三十日，以怀州长史房融为正谏大夫、同平章事。

十一月，则天卧病。五日，以天官侍郎韦承庆行凤阁侍郎、同平章事。张柬之守凤阁侍郎。

十二月，则天卧病。三日，敕大足已来新置官并停。五日，罢韦嗣立为成均祭酒。

神龙元年（705） 82岁

正月，则天卧长生殿，病重。初一，赦天下，改元神龙。自文明以来得罪者，非扬、豫、博三州及诸反逆魁首，皆赦免。二十二日，张柬之、崔玄暐等利用羽林军迎太子李显，杀二张，进至则天寝宫，逼则天让位。二十三日，制太子监国，总统万机。太子以司刑少卿袁恕己为凤阁侍郎、同平章事。二十四日，则天传位于太子。二十五日，太子即位。加相王为太尉、同凤阁鸾台三品。太平公主加号镇国。免今岁租赋，放宫女3000人。周兴所杀者，皆令清雪；皇族先配没者，子孙皆复属籍，量叙官爵。二十六日，则天徙居上阳宫，以李湛留宫宿卫。二十七日，中宗率百官谒上阳官，上尊号则天大圣皇帝。二十九日，中宗以崔玄暐守内史，敬晖、桓彦范为纳言，张柬之为夏官尚书、同凤阁鸾台三品，袁恕己为凤阁侍郎，同凤阁鸾台三品。

二月一日，中宗率百官诣上阳宫问则天起居，此后每十日一往。四日，复国号曰唐，郊庙、社稷、陵寝、百官、旗帜、服色、文字皆从永淳以前故事。复以神都为东都，北都为并州。韦后干预朝政。贬韦承庆、姚元之等。

五月四日，迁周庙七主于西京崇尊庙。制：武氏三代讳，奏事者皆不得犯。立唐太庙、社稷于东都，封张柬之等五人为王。降武氏诸王为公。

十一月二十六日，则天死于上阳宫的仙居殿。遗制：去帝号，归陵、祔庙。

十二月议葬，严善思反对合葬。复制依则天遗志。

神龙二年（706）五月十八日，葬则天于乾陵。谥曰则天大圣皇后。唐隆元年（710）七月七日改称天后。景云元年（710）十月十八日，改称大圣天后。延和元年（712）六月十七日又改称则天后。天宝八载（749）六月十五日，追尊为则天顺圣皇后。

附录二

历代对武则天的评价

由于武则天在历史上产生过重大影响,因而受到人们的普遍关注。早在古代，就有不少人谈论过她的是非功过。

一 唐人的评价

古人对武则天的评价，最早可以追溯到武则天在世的时候。据文献记载,武则天临朝称制时,骆宾王代表徐敬业攻击武则天,骂她是“秽乱春宫”的淫徒妖女，“掩袖工谗”的奸佞小人，“包藏祸心”的杀人恶魔，“窥窃神器”的江洋大盗[①]。武则天改唐为周后，王公百官、四夷酋长、远近百姓则把武则天视为顺天应人的明君，甚至在洛阳树立巨大的“天枢”，歌颂武则天的功德。

武则天死后，唐人对武则天的评价曾发生过一些变化。神龙二年(706)五月,唐中宗给武则天举行隆重的葬礼。国子司业崔融在所撰《则天大圣皇后哀册文》中全面总结了武则天的一生，说她“沈潜刚克”，“惠心泉塞”，“仗义当责”，“忘躯济厄”，“制礼作乐”，“返朴还淳”，使“四海慕化”，“九夷禀朔”，为国家和民族立下了“鸿

① （清）董诰等编：《全唐文》卷 199，骆宾王《代李敬业讨武氏檄》，上海古籍出版社，1990，第 886 页。

业大勋”，认为武则天具有超乎常人的“英才远略”，高度评价了她的历史功绩[①]。

但唐睿宗即位后，却采取了贬低武则天的措施：“复则天大圣皇后号曰天后”。虽然不久又“追号天后曰大圣天后”“天后圣帝”，但对武则天的评价明显降低。

唐玄宗以其母昭成皇后窦氏为武则天所杀，一开始也对武则天采取了否定的态度。先天二年（713）“令毁天枢”。开元四年（716）降武则天“圣后”之称，改为“则天皇后”[②]。同时，改题高宗庙内“天后圣帝”神主为“则天皇后武氏”。在这种情况下，一些朝臣揣时希旨，甚至公开上书，说武则天篡国夺权，应予以贬斥[③]。后来唐玄宗认为武则天的施政纲领不错，加之武惠妃得宠，在一定程度上缓解了旧怨，唐玄宗基本上还是肯定了武则天。

盛唐以后的统治者对武则天是相当尊重的，不仅把武则天绘进了《历代圣贤图》，而且每当春耕时节，都要让有关人士进献武则天所撰写的《兆人本业记》，效法武则天进行劝农。此外，在乾陵献殿中所塑造的武则天依然是天子形象，皇帝和百官朝谒乾陵时，都要向她行天子之礼。这些情况说明，最高统治者是肯定武则天的。但文献中没有他们对武则天进行总体评价的记载。

从史书的记载来看，中晚唐人谈到武则天的问题主要有两个：一是改朝换代，一是纳谏用人。

对于前者，曾有人表示异议。肃宗时，宰相李泌在劝说肃宗的过程中，编造了“天后方图临朝，乃鸩杀孝敬（即太子宏）”的故

---

①《全唐文》卷 220，崔融《则天大圣皇后哀册文》，第 982 页。

②（宋）欧阳修、宋祁撰：《新唐书》卷 4《则天皇后本纪》，中华书局，1975，第 105 页。

③《新唐书》卷 200《陈贞节传》，第 5695 页。

事[①]。德宗时，左拾遗沈既济上书反对在国史中给武则天立“本纪”，说武则天“牝司燕啄之踪，难以备述”。其后左拾遗元稹、宰相令狐楚、御史大夫李景让等人对武则天改唐为周亦有所指责。

对于后者，则多持称赞态度。德宗贞元八年（792），名相陆贽上书论时政得失，在谈到求才问题时说：“往者则天太后践祚临朝，欲收人心，尤务拔擢。弘委任之意，开汲引之门，进用不疑，求访无倦，非但人得荐士，亦许自荐其才。所荐必行，所举辄试，其于选士之道，岂不伤于容易哉！而课责既严，进退皆速，不肖者旋黜，才能者骤升。是以当代谓知人之明，累朝赖多士之用。”[②]宪宗元和年间，名相李绛也说：“武氏命官猥多，而开元中有名者皆出其选。”[③]同样对武则天的用人给予了充分的肯定。

五代后唐开远二年（945），专叙唐朝史事的《旧唐书》问世。《旧唐书》的作者在“褒贬以言，孔道是模”的方针指导下，对武则天使用酷吏、改朝换代的事和武周政治进行了严厉的抨击，说“李氏自武后移国三十余年，朝廷罕有正人，附丽无非险辈。持苞苴而请谒，奔走权门；效鹰犬以飞驰，中伤端士。以致斫丧王室，屠害宗枝。骨鲠大臣，屡遭诬陷；舞文酷吏，坐致显荣。礼仪无复兴行，刑政坏于犬马，端揆出阿党之语，冕旒有和事之名，朋比成风，廉耻都尽”[④]。甚至把武则天与荒淫无耻的韦后相提并论，说“韦、武丧邦，毒侔蛇虺。阴教斯僻，嫔风寖毁”[⑤]。“龙漦易貌，丙殿昌储。胡为穹昊，

①（后晋）刘昫等撰：《旧唐书》卷116《承天皇帝李倓传》，中华书局，1975，第3385页。

②《旧唐书》卷139《陆贽传》，第3803页。

③《新唐书》卷152《李绛传》，第4842页。

④《旧唐书》卷9《玄宗本纪》，第235-236页。

⑤《旧唐书》卷52《后妃传》下，第2204页。

生此夔魖？夺攘神器，秽亵皇居。穷妖白首，降鉴何如。”①

值得注意的是，《旧唐书》的作者在抨击武则天时，也为她说过几句好话：“观夫武氏称制之年，英才接轸，靡不痛心于家索，扼腕于朝危，竟不能报先帝之恩，卫吾君之子。俄至无辜被陷，引颈就诛，天地为笼，去将安所？悲夫！昔掩鼻之谗，古称其毒；人彘之酷，世以为冤。武后夺嫡之谋也，振喉绝襁褓之儿，俎醢碎椒涂之骨，其不道也甚矣，亦奸人妒妇之恒态也。然犹泛延谠议，时礼正人，初虽牝鸡司晨，终能复子明辟，飞语辩元忠之罪，善言慰仁杰之心，尊时宪而抑幸臣，听忠言而诛酷吏。”②

二 宋人的评价

北宋初年，赵匡胤曾对历代君主的治乱得失进行过研究。他在谈到武则天时说：“则天，一女主耳，虽刑罚枉滥，而终不杀狄仁杰，所以能享国者，良由此也。”③从说话的语气上看，对武则天的用人颇有几分肯定。

仁宗嘉祐五年（1060），《新唐书》修成。在《新唐书》中，欧阳修和宋祁等人模仿“春秋笔法”，极力攻击武则天，说“武氏之乱，唐之宗室戕杀殆尽，其贤士大夫不免者十八九。以太宗之治，其遗德余烈在人者未远，而几于遂绝，其为恶岂一褒姒之比邪？”④“武氏之恶，不及于大戮，所谓幸免者也。”⑤

但是，欧阳修等人只是反对武则天参预朝政、任用酷吏、杀戮宗

①《旧唐书》卷6《则天本纪》，第113页。

②《旧唐书》卷6《则天本纪》，第133页。

③（宋）李涛撰：《续资治通鉴长编》卷7，太祖乾德四年五月庚寅条。

④《新唐书》卷3《高宗本纪》，第79页。

⑤《新唐书》卷4《则天本纪》，第113页。

室大臣以及改朝换代，并不否认她的业绩。他们说："武后自高宗时挟天子威福，胁制四海，虽逐嗣帝，改国号，然赏罚己出，不假借群臣，僭于上而治于下。"⑥ 这种评价显然带有部分肯定的意思。

《新唐书》修成后不久，著名历史学家司马光完成了《资治通鉴》的写作。《通鉴》的隋唐纪是司马光在范祖禹《长编》的基础上修改而成的。范祖禹反对女人参政，对武则天颇有微词。

司马光也推崇儒家思想，在《通鉴》中采用了旧史中有关武则天过恶的一些记载，但他对武则天贬责较少，在某些地方还表现出赞赏的态度。如他在写到武则天用人时说："太后虽滥以禄位收天下之心，然不称职者，寻亦黜之，或加刑诛。挟刑赏之柄以驾驭天下，政由己出，明察善断，故当时英贤亦竞为之用。"⑦

及至南宋，随着理学的兴起，人们对武则天的评价越来越低，但并不是都持全盘否定的态度。南宋大理学家朱熹对武则天极为痛恨，他在《通鉴纲目》中多次贬责武则天，说武则天"乘唐中衰，攘窃神器，任用酷吏，屠害宗支，毒流缙绅，其祸惨矣！"

胡致堂对武则天也很仇视，认为武则天有九大罪状，即"以才人蛊惑嗣帝""戕杀主母""黜中宗而夺之位""杀君子之三人""自立为帝""废高宗庙""诛锄宗室""秽德彰闻""尊用酷吏"。在他看来，"武氏之祸，古所未有也"。不过，他并没有全面否定武则天，对武则天的任贤和才干仍作了肯定。他说："武氏虽肆行诛杀，而当时号为贤士则未有死者，惟所宠信邪恶之人，反多不免。如狄仁杰、徐有功、朱敬则、宋璟之徒，则保护尤力，其与庸君远矣。"又说"太后不以内嬖之私屈外庭之议，肯自抑断以伸正直之气，其与汉文听申

⑥《新唐书》卷76《则天顺圣皇后武氏传》，第3496页。

⑦（宋）司马光撰：《资治通鉴》卷205，则天长寿元年一月条，中华书局，1965，第6478页。

屠嘉困邓通何以异哉！使其生为男子而临天下，其雄才大略殆与孝武等矣”。

洪迈更认为，武则天无须生为男子即可与汉武帝比美。他说：“汉之武帝，唐之武后，不可谓不明。”世人之所以憎恨他们，主要是因为他们都使用过酷吏，“巫蛊之祸，罗织之狱，天下涂炭，后妃公卿，交臂就戮。后世闻二武之名，则憎恶之。”[①]

三 明人和清人的评价

明代文学家胡应麟出于对骆宾王的崇拜，极力贬低武则天，竭尽谩骂攻击之能事。他说：“恶之穷天地亘古今者谁乎？武曌是已。吾求其庶几万一者，于数千年史册之间，而弗睹也。意者亘数千劫之前有之乎？吾知其惟一曌独也。合蚩尤、商辛、王莽、董卓、曹操、萧鸾、赵高、林甫、秦桧而为一，足以当曌乎？恶未也。”[②]在胡氏看来，武则天是天地之间最坏的人。罪大恶极，无人能与之相比，即使把历史上的那些暴君佞臣的罪过加起来，也没有武则天的罪过大。

但与胡应麟同时的思想家李贽却针锋相对地说：“试观近古之王，有知人如武氏者乎？亦有专以爱养人才为心、安民为念如武氏者乎？此固不能逃万世之公鉴矣。夫所贵乎明王者，不过以知人为难，爱养人才为急耳。今观娄、郝、姚、宋诸贤，并列于武则天朝，追及开元，犹用之不尽。如梁公者，殊眷异礼，固没身不替也。宋璟刚正嫉邪，屡与二张为仇，武氏亦不过也。何者？贤人君子，固武氏之所深心爱惜而敬礼者也。”[③]由此可见，他对武则天的评价是很高的。

到了清代，王夫之因对异族统治不满，又无能为力，遂借古讽今，

①（宋）洪迈撰：《容斋随笔》卷5《汉唐二武》，笔记小说大观本，第3册，第213页。
②（明）胡应麟撰：《少室山房笔丛》，卷14下。
③（明）李贽撰：《藏书》卷56，中华书局，1974。

鞭挞历史上的“篡夺之君”。在这种情况下，他称武周政权是“伪周”，骂武则天是“嗜杀之淫妪”，认为“武氏之恶，浮于韦代多矣！鬼神之所不容，臣民之所共怨，万世闻其腥，而无不思按剑以起”[①]。钱大昕在《廿二史考异》、王鸣盛在《十七史商榷》中也对武则天持否定态度。

史学家赵翼则认为，武则天残忍好杀，“真千古未有之忍人也”，但她知人纳谏，于“用人行政大端，则独握其纲，至老不可挠撼”，故“不可谓非女中英主也”[②]。

此外，清人在诗文中对武则天也有所评论。如王庆澜《乾陵》诗云：

坤德乃乘干，月魄辄掩日。
其才虽足雄，毋乃太突兀。
昔称则天后，遽谓天可则。
宇宙创奇局，今古竟无匹。
来自魔道中，帝亦莫之咈。
六珈忽冕旒，廿年不巾帼。
能用狄梁公，岂曰非圣哲。
更喜独怜才，弗怒宾王檄。

程应权《乾陵》诗亦云：

听政日垂帘，奇局秦创始。
继者一辈辈，效颦而已矣。
武曌奇外奇，毅然称天子。
作用亦卓卓，英主不过尔。
宇宙五千年，一官一家耳。

①（清）王夫之撰：《读通鉴论》卷 21，中华书局，1975，第 630 页。

②（清）赵翼撰，王树民校：《廿二史札记校证》卷 19《武后纳谏知人》，中华书局，2013，第 444 页。

牝朝忽崛起，鼎足遂同峙。
黄巢入长安，唐陵应劫毁。
风雨声萧萧，此人独不死。[①]

从这些诗歌中，也可以看出他们肯定武则天的地方。

①《乾州志稿别录》卷3，清光绪十一年刻本。

附录三

武则天研究一百年

武则天是中国历史上唯一的女皇帝，也是争议最大的历史人物之一。一百年来，海内外学者对她进行了长期的研究。因受各种条件的制约，研究工作呈现出明显的时代特征。大体说来，20 世纪 50 年代以前，武则天研究尚处于起步阶段。50 至 70 年代，研究工作一度崛起又被迫中断。80 至 90 年代，武则天研究渐入佳境。进入 21 世纪以来，呈现出比较繁荣的局面。

一 1949 年以前的武则天研究

从 1911 年到 1949 年的 30 多年间，共出版了 6 种与武则天相关的著作，发表了 29 篇论文，另有 9 篇报刊短文。这些论著多为通俗读物、文学作品或戏曲作品，其中影响较大的是宋之的编写的历史话剧《武则天》。真正有价值的学术论文不多，主要有陈寅恪《武曌与佛教》（《中央研究院历史语言研究所集刊》1935）和罗香林的《景教徒阿罗憾为武则天皇后营造颂德天枢考》（《清华学报》1947 年第 3 期）。这一时期海外学者很少关注武则大。

大体说来，20 世纪 20 年代至 60 年代是武则天研究的初级阶段。1919 年五四运动以后，一些进步的知识分子从争取女权的立场出发，开始对武则天进行新的评价。他们先后发表了《我国女权运动者——

武曌》[①]《伟大的革命政治家武则天》[②]《武则天新论》[③] 等十余篇呼吁妇女解放的文章，在不同程度上肯定了武则天的历史功绩。

当时的历史学家对武则天态度不一。陈寅恪、范文澜、吕振羽等人倾向于肯定武则天；另一些史学家则在其著作中撰述“武后之乱”“武韦之祸”等章节，对武则天进行全盘的否定。双方虽然没有展开深入的讨论，但都表现出对武则天的关注。

文学家也对武则天表现出极大的热情。1935 年，剧作家宋之的写成多幕剧《武则天》，并于 1937 年公演。该剧着重描绘了武则天在以男性为中心的社会中反抗挣扎的情况，“引起了社会上的广泛注意”[④]。1943 年，著名剧作家田汉又写成京剧《武则天》。该剧“没有矫情的歌颂，没有过甚的贬词，没有为她的功绩而体谅她的残酷，也没有为她的凶狠而泯没她的雄才大略”[⑤]。同样产生过一定的影响。

但总的看来，这一时期的武则天研究只是刚刚起步，尚未取得令人满意的成果。

二 1950 年至 1977 年的武则天研究

1949 年中华人民共和国成立以后，武则天成为史学界最瞩目的历史人物之一，许多史学家开始探讨武则天的是非功过及其相关问题。岑仲勉、杨志玖、吴枫、吕思勉、翦伯赞、吴晗、吕振羽、田汉、尚钺、吴泽等人也发表了自己的见解。

从 1950 年到 1977 年，共出版相关著作 8 部，发表期刊论文 47 篇。

---

① 刊《妇女杂志》15 卷 12 期（1929.12）。

② 刊《妇女月刊》3 卷 1 期（1943.7）。

③ 刊《妇女月刊》6 卷 5 期（1947.11）。

④《宋之的传略》，刊《新文学史料》1984 年第 1 期。

⑤《田汉同志京剧〈武则天〉上集读后》，刊《剧本》1984 年第 2 期。

此外，报纸上也刊登了多篇与武则天有关的文章。其中郭沫若五幕历史话剧《武则天》曾引起轰动。唐长孺《关于武则天统治末年的浮逃户》等论文有较强的学术性。

1954 年，岑仲勉在所著《隋唐史》上卷中说：武则天居心疑忌，秉性残酷，“即使撇去私德不论，总观其在位二十一年，实无丝毫政绩可纪”①。

1955 年，杨志玖在所著《隋唐五代史纲要》中提出不同的看法，认为武则天对历史是有贡献的，其主要贡献是打破了关陇贵族集团对政治的垄断，女性称帝，对封建夫权统治制度也是一个巨大的革命②。

1958 年，吴枫在《隋唐五代史》中进一步指出：武则天当政时期促进了中央集权政治的发展，给唐玄宗统治时代选拔了较有作为的官僚，其主要政策就当时社会来讲是有一定积极意义的③。

1959 年，吕思勉《隋唐五代史》出版。该书反对肯定武则天，认为武则天是暴君，不仅滥刑杀人，残酷异常，大兴土木，奢侈腐化，御边无方，而且不能用人，所用“皆昧死要利之徒”，“擢受之滥，后世斜封墨敕之原实开焉”④。同年 10 月，翦伯赞、吴晗、吕振羽、田汉、尚钺等人在看了越剧《则天皇帝》之后发表谈话，一致认为武则天是一位杰出的政治家：武则天执政 50 年，办了许多好事，巩固了唐太宗“贞观之治”所开创的局面，并进而为唐代的繁荣昌盛打下了物质基础⑤。12 月 6 日，吴泽在《文汇报》上发表《关于武则天在历史中的作用》一文，认为“武则天立为皇后以来四十多年反世族斗

---

① 高等教育出版社 1954 年出版。

② 新知识出版社 1955 年出版。

③ 人民出版社 1958 年出版。

④ 中华书局 1959 年出版。

⑤《武则天应该是正面人物》，刊《文汇报》1959 年 10 月 3 日理论版。

争的胜利和成就，是应该肯定的；武周后期，就政权本身来说，基本上也是肯定的；而其晚年豪奢专断，引起危害人民、影响社会经济发展的错误和弊政，是应当揭露和批判的”。同月13日，张家驹在《文汇报》发表《也谈武则天》一文，在分析了武则天的“荒淫”“好杀”、对外政策和政绩之后说：“武则天之为人，受唐太宗的影响颇深，有许多方面效法而继承了太宗的事业，并且替历史上所谓‘开元之治’打下基础。武则天说得上是我国封建时代一个伟大的政治家。”

1960年5月，郭沫若在《人民文学》上发表了四幕历史剧《武则天》的剧本，以戏曲艺术的手法，对武则天的一生作了总的评价，高度肯定了武则天的历史功绩。这个剧本很快在社会上引起强烈反响。

1961年初，关于武则天的评价出现了空前热烈的场面。3月19日，《人民日报》发表中华书局通讯组撰写的《武则天在历史上究竟起了什么作用》，摘要介绍了1954年以来学术界对武则天的评价情况。5月15日，缪钺在《光明日报》发表《关于武则天的评价问题》，认为武则天统治时期，基本上继承了贞观以来经济发展的趋势，增殖户口，奖拔人才，为后来所谓“开元之治”打下基础。6月21日，《光明日报》又发表了署名为“若思”的文章，题目是《关于评价武则天的几个问题》，该文认为，武则天所实行的政治路线，并没有缓和统治者与人民间的矛盾；武则天破格用人，广开汲引之门，有进步意义，但这仅是问题的一方面，在用人问题上还有种种弊端；酷吏政治，造成了刑法冤滥，导致了武则天晚年众叛亲离的局面。8月12日，赵吕甫在《四川日报》上发表文章，对缪钺的文章进行商榷，提出了相反的意见[①]。9月10日，《文汇报》综述了该报编辑部收到的关于武则天评价的大量稿件[②]。韩国磐《隋唐五代史纲》亦于此年出版。在

①《对〈关于武则天评价的问题〉一文的两点意见》，刊1961年8月12日《四川日报》。

②《关于武则天评价的若干问题》，刊1961年9月10日《文汇报》。

这本书中，作者也对武则天进行了专门论述，认为武则天所推行的一些改革，顺应了当时社会发展的客观形势。所以在武则天统治时期，社会经济是继续发展的。

1962 年，汪篯给中央党校学员讲《武则天》，指出武则天的政策在客观上符合历史发展的趋势。理由主要有两点："一、她帮助了普通地主的兴起，进一步打击了大地主、豪强地主；二、基本上消灭了关中地区的军事贵族的部曲、佃客制，为封建社会的进一步发展开辟了道路"。他认为"凭这两点，就可以充分肯定武则天。后来的唐玄宗顺着武则天的路子走，才在历史上出现了'开元之治'。"[①] 此后，大陆上关于武则天的讨论仍在继续，不过逐渐侧重于生年生地等具体问题。

这一时期，我国港台地区及国外对武则天的研究也很热烈。1956 年，英国出版了 C.P 弗兹格拉德编写的《女皇武则天》。1958 年，香港中华书局出版了徐素编写的《女皇武则天》。1963 年，香港宏文书局又出版了李唐编写的《武则天》。这些作品虽系通俗读物，但都是作者研究武则天的结果，都体现了作者对武则天的态度。

1966 年至 1984 年是武则天研究遭受挫折被迫反思的阶段。由于受政治气候的严重影响，这一时期的武则天研究一度走上了歧途。表面上看，当时的研究工作搞得热火朝天，实际上并没有取得多少积极的进展。

1966 年"文化大革命"开始后，武则天研究宣告中断。经过八年时间的沉寂，到 1974 年，韩国磐在《厦门大学学报》上发表《评武则天》一文，重新展开了对武则天的讨论。

但是，这一讨论很快被"四人帮"歪曲利用。在极左路线和影射史学的指导下，发表了一系列文章，出现了评价武则天的"热潮"。

---

①《汪篯隋唐史论稿》，中国社会科学出版社，1981。

在这次热潮中，武则天被打扮成了“尊法反儒”的女政治家[①]。“四人帮”的御用文人“梁效”趁机抛出《有作为的女政治家武则天》一文[②]，打着武则天的幌子为江青歌功颂德，在学术界产生了很坏的影响。

三 1978年至2000年的武则天研究

从1978年到2000年，共出版著作132种，发表期刊论文635篇，学位论文3篇，会议论文28篇，报纸短文62篇。其中不乏有价值有见解的重要论著。

“四人帮”垮台后，学术界出现了许多“拨乱反正”的文章。1976年至1979年，有关报刊相继发表了《江青吹捧武则天的险恶用心》[③]《宣扬武则天是为了篡党夺权——评梁效所谓的“一次儒法大斗争”》[④]《评梁效笔下的武则天》[⑤]等数十篇有关武则天的文章。这些文章大都是为批判“四人帮”而写的。出于对“四人帮”的义愤，基本上都简单地对武则天采取了否定的态度。只有何汝泉、熊德基、魏良弢等人的文章有一些学术价值。

1978年，何汝泉发表《关于武则天的几个问题》，认为“武则天统治时期社会经济发展速度不及以前的贞观，也不如稍后的开元。作为当时封建地主阶级的总代表的武则天，还可以表现出一些适应历史发展的东西，但同时必然存在着落后的反动的东西。两种相反的因素存在于武则天身上，似乎很矛盾，其实是合乎规律的。由此可见，对武则天采取形而上学的态度，肯定一切，或否定一切，都是错误

---

① 见《山西师院学报》1974年第3期、《郑州大学学报》1974年第3期、《中山大学学报》1974年第4期。

② 见《北京大学学报》1974年第4期。

③《广西师院学报》1976年第4期。

④ 刊1976年12月23日《光明日报》。

⑤ 刊1977年2月8日《人民日报》。

的”[①]。

同年，熊德基发表《武则天的真面目——梁效〈有作为的女政治家武则天〉一文批判》，对梁效进行了无情的抨击，同时对武则天也作了全盘的否定，说她的所作所为，完全是“倒行逆施”[②]。

次年，熊德基又发表《武则天评价问题答客难》[③]，并在此基础上，整理成《论武则天》一书，进一步指出：在武则天统治的五十年中，政治、经济、军事以及社会风气，都呈现了全面的倒退。这不能不说是历史发展中的一次逆转。武则天与江青一样，是野心家、阴谋家。

魏良弢在《论武则天》一文中的观点与此基本相同。认为唐朝的全盛时期的到来比西汉、明清都要推迟三五十年，正是武则天统治的恶果[④]。

八十年代初期，学术界逐渐冷静下来，对以往的武则天研究进行反思。1980 年，黄永年发表《评郭沫若同志的武则天研究》，对郭沫若的武则天研究提出异议。文章指出：“要全面评价一个历史人物尤其是武则天这样掌握过国家最高权力的历史人物很不容易，必须把当时的经济、政治以至文化各方面的情况一一如实弄清楚，同时如实弄清楚她本人在这方面起过哪些推动促进或阻挠破坏作用，或是听任自流没有起过多少作用。”“不研究清楚就急于下结论，恐怕不是马克思主义者应有的态度。”[⑤]

1982 年，李必忠、陈贤华发表《有关武则天评价的几个问题》，认为武则天在掌权的岁月里，基本上顺应了历史的发展，继承了贞观时期的基本国策，政治上坚持中央集权，经济上继续推行均田制，军

①《历史研究》1978 年第 8 期。

②《社会科学战线》1978 年创刊号。

③《历史教学》1979 年第 1 期。

④《新疆大学学报》1979 年第 1、2 期。

⑤《陕西师大学报》1980 年第 3 期。

事上依然实行府兵制。通观全局，当时社会是继续向前发展的，是从贞观之治到开元之盛的一个重要阶段，“武则天应得到基本肯定”[①]。

1983 年，高光晶、戴承杭发表《武则天不是肯定的历史人物》，又提出了不同的看法。文章认为，武则天打击士族不具有调整生产关系的关键意义，因此不能看作她的功绩；她破格的都是帮她铲除异己的酷吏和拥护她称帝的小人；她并没有采取有效措施将重农的诏令付诸实现；“她的倒行逆施激化了社会矛盾，阻碍或延缓了社会经济的发展”，“她是一个应该基本否定的历史人物”[②]。

此外，范传贤、郑宝琦等人也就武则天的评价发表了自己的见解[③]。虽然观点很不一致，但显示出武则天研究已步出泥潭，走上了正轨。

这一时期我国港台地区及国外有关武则天的研究有了较大进展。1968 年，日本中央公论社出版了外山军治编写的《则天武后》。1978 年，美国华盛顿出版了格伊瑟编写的《武则天》。日本私家刻本局出版了原百代编写的《武则天》。1981 年，台北联鸣文化有限公司出版了雷家骥编写的《狐媚偏能惑主——武则天的精神与心理分析》。

在这些著作中，原百代和雷家骥的作品相当流行。原百代的《武则天》是一部长篇传记性文学作品。在这本书中，作者以贞观至开元时期的历史为背景，描写了武则天一生的政治得失和个人生活；对史籍中的某些记载提出质疑，批评了世人对武则天的一些偏见，认为武则天是中国历史上空前绝后、有所作为、对唐代历史发展起过承前启后作用的伟大政治家。

雷家骥的《狐媚偏能惑主——武则天的精神与心理分析》则是一

---

①《四川大学学报》1982 年第 2 期。

②《求索》1983 年第 1 期。

③ 范传贤:《关于武则天的若干分析》，刊《宁德师专学报》1982 年第 1 期；郑宝琦:《关于武则天的评价问题》，刊《上海师院学报》1983 年第 1 期。

部用心理分析方法研究武则天的著作。作者认为，武则天长寿、有活力、体魄健康，清楚自己的所作所为，不是精神病患者；但她的自我观念、自信心、占有欲极强，有强烈的反社会、反传统心理，自我神化、夺权篡国、恐怖整肃，是一个人格失调者。这就决定了她不会成为中国历史上第一流的君主，相反，更可能是暴君。只是由于她的学识、才干与能力并不低劣，才使国家未至全面崩败的地步。总的说来，武则天是个野心家、篡夺者、破坏国家体制的独裁者。显然，我国港台地区及海外对武则天的评价也不一致。

1985 年至今是武则天研究走向深入的新阶段，也是研究成果最多的阶段。鉴于武则天在中国历史上所处的重要地位和长期以来人们在评价武则天问题上所存在的重大分歧，1985 年，中国唐史学会成立了武则天研究会，组织了五次全国性的武则天讨论会，大大推动了武则天的研究工作。史学工作者撰写了大量的论著，文艺工作者也把武则天搬上了荧屏，加之几部有关武则天的小说，社会上出现了一股新的“武则天热”，其影响远远超过了以往几个阶段。

这一阶段开始的标志是首届全国武则天学术讨论会的召开。1985 年 10 月 22 日至 27 日，首届全国武则天学术讨论会在陕西咸阳召开。来自全国十个省区的高等院校、科研机构和文博系统的 50 多名代表参加了会议。会议收到论文 28 篇。与会代表回顾并总结了武则天研究的成果和经验，围绕对武则天是非功过的评价，着重讨论了武则天作为一个女性能够称帝的社会历史条件以及武则天执政时期的政治、经济、军事、文化等问题。

关于武则天称帝的社会历史条件，吴枫、牛致功认为必须充分注意唐代“开放”的特点，从这方面进行考察。牛志平、高世瑜认为唐代女子社会地位较高，束缚较少，武则天是唐代“开放”社会的产物。

关于武则天的是非功过，何荣昌、刘曼春、赵文润、王双怀、王赛时、梁安和、李文澜、罗元贞、杨剑虹等人分别从不同的角度进行了探讨和评价。

会后由三秦出版社编辑出版了《武则天与乾陵》一书。书中收录了张文彬《武则天的生平事业》、王炎平《武则天政治生涯评论》等十三篇比较重要的文章。这次会议还成立了“武则天研究会”，对推动武则天研究产生了十分积极的影响。

1986 年 10 月 22 日至 28 日，中国唐史学会第三届年会暨第二次武则天学术讨论会在四川广元召开。会议收到有关武则天的论文 25 篇。

刘希为在《武则天研究中几个值得注意的问题》一文中指出，应当用比较的方法研究武则天：与世界中世纪所有的女皇对比，武则天是28位女皇中的佼佼者；与吕后、冯太后、慈禧太后对比，武则天谋略、胆识、权术最高明，对后世的影响最深远；与高宗、中宗、睿宗相比，她最有才能，是成功的皇帝。

赵宝俊在《中国唯一女皇的出现》中论述了武则天称帝的原因，认为在中国具体历史情况下出现女皇是偶然性的。唐朝前期庶族政治势力的抬头和中央集权的强化都为女皇的出现提供了可能。武则天本人具有杰出的政治才能和强烈的统治欲望，因而把可能变成了现实。

宁志新的《武则天与唐高宗》和王炎平的《论唐高宗的历史地位及其与武则天的关系》认为，武则天与唐高宗的关系是很好的，二人在一些关键的原则问题上观点完全一致。

孙炳元的《论武则天的诛杀政策》指出：诛杀政策是武则天谋权、夺国、驭臣、固位最主要的手段；这种政策延续时间长、牵连广、消极影响很大。

此外，刘曼春的《论唐律与武则天法制》、何荣昌的《武则天的“劝农桑”政策及其措施》、李斌城的《武则天与道教》、翁俊雄的《武则天时期狭乡民户徙就宽乡问题》也都提出了一些新的看法。

同年，三秦出版社出版了胡戟的《武则天本传》，辽宁人民出版社出版了吴枫和常万生的《女皇武则天》。

《武则天本传》采用通俗简洁的笔法，生动地叙述了武则天的一生，字里行间对武则天作了总体上的肯定。在这本书中，作者力图“摹写复原历史本来面目”。因此，这本书一出版就受到了读者的欢迎。

《女皇武则天》试图以生动的文笔叙述武则天的经历、业绩及性格特征。虽然有些虚构的情节，但作者的观点是很明确的。作者在本书的结尾写道：“我们不想为女皇作结论，只是想再次重复一下这个事实：女皇执政的五十年是中国历史上一个较为兴旺发达的时期，社会比较安定，人口显著增长，经济较为发展，文化得到发扬。同时，这个时期的民族关系总体上是正常的，国家是统一的，边疆形势基本稳定。它上承‘贞观之治’，下启‘开元盛世’，国力未坠，人心稳定。特别是，她，一个在男尊女卑的社会中生活的女人，居然端坐在最高的位置上，雄视八方，号令天下，不管是战功赫赫的战将，还是满腹经纶的文臣，都俯首于她的裙裾之下，口呼万岁，洗耳听命，而拥有六百多万户的国家也以强大的身姿傲立于当时的世界上。这能说明什么呢？这又意味着什么呢？”显然，作者肯定了武则天的功绩，对武则天作了较高的评价。

1987 年 10 月 21 日至 27 日，全国第三次武则天学术讨论会在洛阳召开。会议收到论文 20 余篇，涉及武则天时期的政治、经济、文化、社会生活和武则天的评价等方面的内容。

杨剑虹在《武则天的家庭和她所受的教育》一文中指出，武则天之所以有渊博的学识和杰出的才能，原因之一是她曾受过良好的家庭教育。

宁志新在《武则天发迹前经历初探》中认为，武则天发迹前的经历和遭遇，及其在后宫争宠斗争中的实践，造就了她坚毅的性格和杰出的政治才干，为后来登上皇后、皇帝宝座奠定了基础。

潘孝伟在《与韦后相比看武则天夺国成功的原因》中认为，武则天之所以能够成为中国历史上唯一的女皇帝，一是因为她经历了长期经营权力的过程，并由此逐步造成深厚牢固的政治根基；二是因为她重视铲除近在肘腋且最具威胁性的政治反对派势力；三是因为她在辅

政期间政绩卓著，赢得了地主阶级及其官僚集团中绝大多数人的承认和支持。

白献章在《武则天用人得失论》中认为，武则天用人有成功的地方，也有失误之处。在用人方面的得与失，正是导致她上台与退位的主观原因。

李荷仙在《武则天与文化艺术》中认为，武则天是一位文化素质较高的政治家。她不仅自己在文学、书法、著述方面有较深的造诣，而且十分重视文化艺术的发展。

其他文章也都从某个侧面研究了有关武则天的问题。与会代表就所带论文和共同感兴趣的问题进行了认真的讨论。

会后总结了这次讨论会的成果，由三秦出版社出版了《武则天与洛阳》一书。同年，上海人民出版社出版了郁贤皓、方义兵的《女皇帝武则天》。

1988 年 7 月 24 日至 31 日，第四次全国武则天学术讨论会在山西太原举行， 这次会议收到 38 篇论文，选题较前更为广泛，涉及到一些过去很少或没有接触的问题。

吴宗国《论武则天建言十二事》认为，武则天的建言十二事反映了七世纪六七十年代客观形势的变化和一般地主的要求，表现了武则天对现实情况的深刻理解和卓越的政治才能。

傅玫在《高宗武后时期唐代物质文化的发展》中介绍了武则天参政期间的物质文化状况，认为无论是在农业、手工业还是建筑方面都有杰出的成就。

阎守诚在《武则天时代社会经济迅速发展的原因》中指出，武则天时期社会经济能够迅速发展的原因，一是武则天在政治上打击门阀士族地主，大力扶植普通庶族地主，导致了生产关系和经营方式的变化；二是武则天在经济上采取了无为而治的方针，听任唐初建立的重要制度（均田制、府兵制等）败坏而不加以挽救，为社会经济的发展创造了有利的条件和环境；三是武则天制定了农商并重的方针。

赵文润、王双怀的《武则天是怎样处理民族关系、维护辽阔疆域的》一文，探索了武则天时期的民族关系和边疆问题，认为武则天较好地处理了各民族之间的关系，不仅保持了唐王朝的强盛，而且使疆域达到了唐朝历史上最辽阔的程度。这是武则天的重要贡献之一，可以说武则天是一位善于处理民族关系的女政治家和军事战略家。

李斌城在《武则天与佛教》一文中用翔实的史料，介绍了武则天大兴佛教的情况。

牛志平在《武则天与宗教》一文中则说，武则天对各种宗教均持积极扶持和利用的态度，并无固定之宗教信仰。武则天的宗教态度同唐代对各种宗教兼容并包的政策完全吻合。

会议期间，学术交流的气氛相当浓郁，大多数学者都从不同的角度肯定了武则天的贡献，但张裔、宋大川仍对武则天持全面否定的态度。他们在《论武周暴政》一文中说："武则天统治时期的政治、经济、军事以及社会风气都显示了全面的倒退。武则天是一个不折不扣的暴君，她的残忍酷虐、好杀成性以及倒行逆施的统治方针，使她的统治成为唐代历史上的一段黑暗的时期，给当时的社会和广大劳动人民带来莫大的灾难。"

这次会议的成果后来选编为《武则天与文水》一书，由山西人民出版社出版。

此后，仍有许多史学工作者继续研究武则天。1990 年发表了宁志新的《武则天削发为尼一事考辨》[①]、符庆如的《武则天行"铜匭制"考略》[②]、王灵善的《武则天心态研究》[③]、陆庆夫的《说武则天时期的冗官政治》[④]等文章。

①《华中师范大学学报》1990 年第 1 期。

②《史学月刊》1990 年第 2 期。

③《山西大学学报》1990 年第 3 期。

④《兰州大学学报》1990 年第 3 期。

1991年发表了叶哲明的《女皇武则天施政特色及其政绩评析》[①]、马晓丽的《关于武则天重用酷吏的几点看法》[②]、苏聪的《简论武则天其人其文》[③]、尚定的《论武则天时代的"诗赋取士"》[④]等文章。

1992年发表了李鸿宾的《唐高宗武后东巡及其政治的转化》[⑤]、沈星棣的《"武后之忍"说的斟酌》[⑥]、赵克尧的《武则天立周、继周成败论》[⑦]。

次年又发表了胡如雷的《关于武则天研究中的几个问题》[⑧]和秦川的《论高宗与武则天的矛盾和斗争》[⑨]。何磊的《武则天传》也于1992年由云南大学出版社出版。

这些文章和著作或论述有关武则天的具体问题，或对武则天进行总体评价，或对武则天研究提出自己的看法，有一些新的见解。

1993年，杨剑虹的《武则天新传》和赵文润、王双怀的《武则天评传》相继出版[⑩]。

《武则天新传》是在"符合历史真实"的原则下撰写的一部比较系统和严谨的武则天传记。作者在书的开头写道："武则天是一位震铄古今的女皇帝。女人当皇帝，在中国封建社会里仅此一人，因此，她是空前绝后的。她不顾男尊女卑的传统观念，在一片叫骂声中竞逐

①《台州师专学报》1991年第1期。

②《烟台大学学报》1991年第3期。

③《武汉大学学报》1991年第5期。

④《中国社会科学》1991年第6期。

⑤《理论学刊》1992年第2期。

⑥《江西大学学报》1992年第3期。

⑦《学术月刊》1992年第4期。

⑧《社会科学战线》1993年第1期。

⑨《甘肃社会科学》1993年第2期。

⑩《武则天新传》由武汉大学出版社出版，《武则天评传》由三秦出版社出版。

最高权力。她的政治生涯历时45年，整整当了19年皇帝。在执政和在位期间，她操纵全局，多谋善断，巩固了唐朝的封建统治；她慧眼识英雄，能用人之所长；她重视生产发展，使生产力水平有了提高。但是，她也实行酷吏政治，血腥镇压皇位的竞争者；她也穷奢极欲，一掷千金，从而又增加了人民的负担。总之，她在唐初休养生息的基础上，继承了唐太宗的文治武功，保卫了国家安全，促进了民族交往，稳定了封建秩序，为以后开元盛世的到来奠定了基础。”

《武则天评传》则是为还原武则天的本来面目而撰写的一部学术专著。在这本书中，作者收集了大量的历史资料，吸收了前人的研究成果，把武则天放在当时特定的历史条件下进行了深入、系统的研究，推翻了一些有关武则天的不实之词，提出了一些新的见解。在此基础之上，突出“评”的特点，认为武则天不仅具有乐观向上的气概，勇于革新的精神，坚韧不拔的意志，日理万机的才干，而且具有良好的政绩。在她统治期间，政治比较清明，经济有所发展，文化得到振兴，国力也很强盛。“武则天是一位应该肯定的历史人物，是当之无愧的杰出的女政治家”，她的魅力是永存的。这两部著作问世后，都引起了一定的反响。其中《武则天评传》一书后来又在台湾用繁体字出版，受到学术界的好评[①]。

1994年10月中旬，中国唐史学会又在陕西乾陵博物馆举行了第五届武则天国际学术研讨会。与会代表提交了34篇论文。会议总结了以往的武则天研究，并就有关武则天的问题继续展开讨论。很显然，有关武则天的评价在学术界还没有形成一致的结论。

在这一时期，我国香港地区及海外也有研究学者从事武则天研究。荷兰人乔纳森·克莱门斯（Jonathan Clements）在1971年的时候

---

①《三秦论坛》1994年第5期、《历史教学》1995年第7期及台湾1995年《唐史学会会刊》等。

推出了《阴谋，诱惑，诛杀：武则天的神皇之路》（Wu: The Chinese Empress who schemed, Seduced and Murdered, Her War to Become a Living God）。加拿大学者桂时雨（Richard Guisso）在1978年出版了《武则天及其在唐朝统治的合法化》（Wu Tse-t'ien and the Politics of Legitimation in Tang China）。1985年，香港博益出版集团有限公司出版了捧书生编写的《武则天外传》。1986年，日本集英社出版了泽田瑞穗编写的《则天武后》。意大利历史学家富安敦（Antonino Forte）在1988年发表了《从天文钟史看明堂和佛教净土：武则天建造的塔，雕像和浑天仪》（Mingtang and Buddhist Utopias in the History of the Astronomical Clock : the Tower, Statue and Armillary Sphere Constructed by Empress Wu）。1993年，美国学者埃莉诺·库内（Eleanor Cooney）和另外一名美国学者丹尼尔·阿尔提瑞合作出版了《欺诈：一部唐代谋杀和疯狂的传奇》（Deception: A Novel of Murder and Madness in T'ang China）。

除此之外，在由英国费正清等主编的《剑桥中国史》第三卷《隋唐（589～906）》（Cambridge History of China, vol.3, Sui and T'ang Chine, 589～906）中，其中的《武则天，中宗和睿宗的统治（684～712）》（the Reigns of the Empress Wu, Chung-tsung, and Jui-tsung, 684～712）这部分就是由桂时雨所撰写。虽然不是武则天的专著，但是对于武则天的这几方面都有所涉及，代表着西方主流的观点。

四 2000年以来的武则天研究

进入21世纪，我国的武则天研究呈现出较为繁荣的局面。从2001年到2016年9月底，共出版与武则天相关的著作325部，发表期刊论文1398篇，学位论文42篇，会议论文15篇，报纸短文3935篇，此外，还出现了12种与武则天有关的专利产品。这一时期海外学者对武则天研究也表现出较大的热情，出版学术专著十余部，发表论文数十篇。

本世纪以来，中国武则天研究会举行了几次影响较大的国际武则天学术研讨会，收到了丰硕的成果。

2007年7月7日，“2007年·中国洛阳·国际武则天学术研讨会暨中国武则天研究会第十届年会”在河南省洛阳师范学院隆重召开。来自美国、日本、韩国、新加坡等国的教授、学者和国内各大学、社科院、文博、出版系统及新闻媒体的专家教授等学者共80余位代表出席了会议。

本次会议的主要议题之一，是深入讨论以神都洛阳为中心的武则天时代的政治、经济、军事、文化、人物、民族关系、中外文化交流以及武周文化在盛唐历史文化中的地位。

主要议题之二，是探讨武则天在洛阳和周边县市的文化胜迹及对武周时期的墓志进行研究。

主要议题之三，是总结武则天研究会成立22年来的研究成果。

会后出版了《武则天与神都洛阳》论文集，共收入论文44篇。其中王双怀《武则天与神都洛阳》、黄正建《武则天的名字是“武约”吗？——与雷家骥先生商榷》、罗汉《启母神话与武曌政权》、李志贤《武则天与“女性主义”》、王永平《从泰山道教石刻看武则天的宗教信仰》等论文观点新颖，受到较多的关注。

2013年，第十二届国际武则天学术研讨会在四川广元举行。来自海内外的一百多位专家学者针对武则天与武周社会的相关问题展开讨论。孟宪实《论公主之死：妖魔化武则天的历史叙述》、黄正建《从墓志看与武则天相关的几位法官》、金子修一《玄宗的祭祀与武则天之关系》、谭继和《武则天与中国文化》、王双怀《论武周政权的历史地位》等论文引起与会学者的共鸣。会后王双怀和梁咏涛编辑的《武则天与广元》一书，由文物出版社出版。此书收入论文56篇，集中展现了当年武则天研究的成果。

2016年，中国武则天研究会又在洛阳召开了第十三届国际武则天学术研讨会。来自国内高等院校、科研机构、文博单位和日、韩等

国的 100 多位学者就武则天其人、武则天与神都洛阳、武周时期的社会状况等问题进行了深入探讨，并且考察了洛阳地区的历史文化遗存。会后出版论文集《一代明君武则天》，收入重要论文 42 篇。

这一时期出版了不少有关武则天的学术著作。其中影响较大的有雷家骥的《武则天传》（人民出版社，2001）、赵文润的《武则天之魅力》（三秦出版社，2003）、王洪军的《武则天评传》（山东大学出版社，2010）等。海外武则天研究方兴未艾，代表性成果是美国人哈利·罗斯柴尔德（N. Harry Rothschild）2008 年出版的《武曌：中国唯一的女皇》（Wu Zhao：China's Only Woman Emperor）。此书已被冯立君、葛玉梅译为中文，由社会科学文献出版社出版。至于有关武则天的文章，数量更多，其中也不乏有重要参考价值的上乘之作。

五 主要成绩及存在的问题

纵观一百年来的武则天研究，我们可以清楚地看出学术界研究武则天的轨迹。应当说，一百年来的武则天研究经历了由宏观到微观再到宏观的过程，研究工作逐渐深入，到现在已经取得了可喜的成绩。如果把这些成绩归纳一下，大体上可以概括为以下几点：

首先，本世纪以来，在武则天研究方面出现了一大批高质量的研究成果。一百年来，我国学者撰写的有关则天的论著已达七千余种，其中图书 434 种，期刊论文 2113 篇，学位论文 43 篇。除去再版、复印的论著，数量已相当可观。其数量之多、范围之广、影响之大，在中国古代历史人物中都是罕见的。

其次，对有关武则天的许多问题进行了认真地探讨。已经问世的 400 余种论著，涉及武则天的方方面面。除了总体评价武则天的论文和著作以外，还有不少论著从不同的侧面研究了关于武则天的一些具体问题。比如武则天的出身问题、生年生地问题，参与朝政、临朝称制、改唐为周问题，用人纳谏、"荒淫好杀"问题，以及武则天如何治国的问题等等。这些具体研究，对于还原武则天的本来面目，对于正确评价武则天，都有积极的意义。通过这些研究，逐步加深了人们对武则天的认识，使武则天研究的整体水平有了明显的提高。

再者，使武则天研究走上了良性发展的道路。经过近百年的探索，几代史学工作者含辛茹苦，在武则天研究方面付出了艰巨的劳动，不仅取得了可喜的成果，积累了丰富的经验，而且成立了研究机构，培养了研究人才，壮大了研究队伍。所有这些，都为武则天研究的深入发展奠定了坚实的基础。

但是，也必须承认，本世纪以来的武则天研究也存在着不少问题。比如以论代史，或以史代论。有些文章只注重教条的理论而不注意事实的考证，甚至因要为“政治”服务而任意歪曲历史；有些文章只在一些细小的问题上纠缠，没有对武则天进行全面地研究就急于给武则天下结论。又如，选题雷同，简单重复。评价武则天的文章极多，但多为重复劳动，有新意有突破的论文并不多见。有关武则天用人纳谏、“荒淫好杀”的某些文章也存在着人云亦云的现象。这些问题都在一定程度上影响了人们对武则天的了解。现在，学术界对武则天还没有形成统一的认识。因此，继续研究武则天，进一步提高研究水平，仍是摆在史学工作者面前的任务。

要想使研究工作有所进展，不但要对以往武则天研究进行科学地总结，正确运用唯物史观，把武则天放在唐代前期特定的范围以内，放在“贞观之治”与“开元盛世”之间，深入探讨当时的社会状况和她的所作所为，分析武则天所处的地位，而且还要与时俱进，采取一些科学的对策。

其一，要更新研究方法。对于行之有效的传统研究方法，当然要继承和发展。在此基础上，还要与时俱进，利用信息化手段，加强学术交流，向海内外同行学习，致力于理论创新，探索适合提高自己研究水平的新方法。在唯物史观指导下，要适当采用系统分析和计量分析等手段，尽量弄清每一个比较重要的历史事实，在微观分析的基础上进行宏观估计。

其二，要扩大研究范围。要掌握丰富而又准确的史料，尽可能详尽地搜集有关武则天和武周社会的新材料，认真仔细地排比考证，去粗取精，去伪存真。要特别重视第一手资料，不能把封建文人和史学家的评论当作主要根据。要坚持实事求是、具体分析的原则，不能出于某种政治目的而歪曲历史，不能出于个人的好恶而回避事实，也不能出于争鸣的需要而对史料断章取义。同时，要避免简单化、绝对化的倾向。特别是要把武则天与武周社会联系起来，采取多学科交叉的方法，从不同的角度进行探索与发现。这样才能使研究工作深入下去。

其三，要提高创新意识。科学研究贵在创新，史学研究也是如此。要全面、系统地考察武则天和武周社会。不要迷信权威，不要囿于成说，而要以敏锐的目光发现问题，以严谨的态度解决问题。只有这样，才能在今后的武则天研究中做出更大的贡献。

附录四

海内外武则天著作索引

一 中文著作

1. 《武则天传》，芝青著 。新加坡：南洋商报社，1953。

2. 《从秦始皇到武则天》，梁慧如著。九龙，自学出版社，1954。

3. 《女皇武则天 》， 徐素著。香港：中华书局，1958。

4. 《则天皇帝》，吴琛等编剧。上海：上海文艺出版社，1960。

5. 《武则天》，郭沫若著。刊《中国历史剧选》，香港 ：上海书店，1961。

6. 《武则天》，南宫搏著。台北：征信新闻社，1962。

7. 《武则天》，李唐著。香港：香港宏业书局，1963。

8. 《武则天》，郭沫若著。北京：中国戏剧出版社，1963。

9. 《武则天与狄仁杰 》， 陈虹著。台北：水牛出版社，1969。

10. 《武则天》，乾县电机厂工人理论组等编辑。乾县：1975（非正式出版物）。

11. 《武则天：评法批儒资料 》，南京钢铁厂政治部编。南京：1975（非正式出版物）。

12. 《武则天》，宋之的著。1977。

13. 《武则天》，郭沫若著。北京：人民文学出版社，1979。

14. 《论武则天》，熊德基著。长春：吉林人民出版社，1979。

15. 《武则天传》，林语堂著，宋碧云译。台北：远景出版事业公司，1979。

16. 《女皇帝武则天》，马植杰、红柯著。郑州：河南人民出版社，1982。

17. 《武则天》，（日）原百代著，谭继山译。台北：万盛出版公司，1983。

18. 《武则天传》，霍必烈著。台北：国际文化事业公司，1983。

19. 《武则天传》，林语堂著，张振玉译。台北：金兰文化出版社，1984。

20. 《武则天与狄仁杰》，陈虹著。台北：水牛出版社，1984。

21. 《则天女皇》，王丕震著。沈阳：春风文艺出版社，1985。

22. 《武则天》，（日）原百代著，谭继山译，高阳校订。北京：中国友谊出版公司，1985。

23. 《女皇武则天》，李端科著。济南：山东文艺出版社，1985。

24. 《武则天传：中国历史上唯一的女皇帝》，林语堂著，张振玉译。台北：开朗出版社，1985。

25. 《武则天与乾陵》，武则天研究会、乾陵博物馆编，张玉良、胡戟主编。西安：三秦出版社，1986。

26. 《女皇武则天》，吴枫、常万生著。沈阳：辽宁教育出版社，1986。

27. 《武则天》，（日）原百代著，伟君节译。西安：陕西人民出版社，1986。

28. 《武则天本传》，胡戟著。西安：三秦出版社，1986。

29. 《武则天文学作品译注讲析》，左成文、李汉超主编。沈阳：辽宁人民出版社，1987。

30. 《一代女皇武则天，明太祖朱元璋》，杜英穆编著。台北：名望出版社，1987。

31. 《武则天传说故事》，赵岐福等编著。西安：陕西人民美术出版社，1987。

32. 《女皇帝武则天》，郁贤皓、方义兵著。上海：上海人民出版社，1987。

33. 《唐高宗与武则天》，廖彩梁著。西安：陕西人民出版社，1988。

34. 《武则天与牡丹花 》，石飞著。兰州：甘肃少年儿童出版社，1988。

35. 《武则天与皇泽寺》，辛墨著。成都：四川美术出版社，1988。

36. 《武则天与洛阳 》，武则天研究会、洛阳市文物园林局编。西安：三秦出版社，1988。

37. 《武则天登封传》，甄秉浩著。新乡：河南人民出版社，1989。

38. 《武则天传》，林语堂著，张振玉译。北京：人民文学出版社，1989。

39. 《中国女皇——武则天传奇》，（日）原百代著，谭继山译。广州：新世纪出版社，1989。

40. 《武则天正传》，林语堂著，张振玉译。上海：上海书店，1989。

41. 《中国唐史学会论文集》，中国唐史学会编。西安：三秦出版社，1989。

42. 《武周秘史》，林语堂著。成都：巴蜀书社，1989。

43. 《则天武后：是英主还是女祸》，泽田瑞穗著，李天送译，周东平校。西安：三秦出版社，1989。

44. 《女皇武则天：唐邠王回忆录》，林语堂著。北京：人民文学出版社，1989。

45. 《武则天与文水》，阎守诚主编，武则天研究会、文水武则天纪念馆编。太原：山西人民出版社，1989。

46. 《崔嵬乾坤》，吴因易著。石家庄：花山文艺出版社，1990。

47. 《一代女皇武则天》，孟庆江、姜成安编辑，孟庆江、孟繁聪绘。台北：光复书局，1990。

48. 《武则天时代》，王涤武著。厦门：厦门大学出版社，1991。

49. 《则天奇侠》，江湖子著。沈阳：春风文艺出版社，1991。

50. 《则天大帝》，吴因易著。石家庄：花山文艺出版社，1992。

51. 《武则天评传》，赵文润、王双怀著。西安：三秦出版社，1993。

52. 《武则天新传》，杨剑虹著。武汉：武汉大学出版社，1993。

53. 《武则天正传》，林语堂著，张振玉译。海口：海南出版社，1993。

54. 《女皇武则天》，郭良玉著。天津：天津人民出版社，1993。

55. 《武则天传奇》，钮海燕著。台北：国际村文库书店，1994。

56. 《武则天外传》，捧书生著。台北：世界文物出版社，1994。

57. 《武则天》，南宫搏著。长沙：岳麓书社，1994。

58. 《武则天》，苏童著。南京：江苏文艺出版社，1994。

59. 《武则天》，苏童著。台北：麦田出版有限公司，1994。

60. 《则天皇后》，喻岳衡编。长沙：岳麓书社，1994。

61. 《则天女皇轶闻韵事》，田廷柱、安春芳著。沈阳：辽宁古籍出版社，1994。

62. 《则天女皇》，吴枫、常万生著。长春：吉林文史出版社，1995。

63. 《则天女皇》，个竹等著。沈阳：沈阳出版社，1995。

64. 《武则天》，冉平著。济南：山东文艺出版社，1995。

65. 《从媚娘到女皇：武则天全传》，孟昕伯著。长春：北方妇女儿童出版社，1995。

66. 《唐宫内史：武则天的梦与恨》，林辰著。台北：建宏出版社，1995。

67. 《武则天传》，罗元贞著。太原：山西古籍出版社，1995。

68. 《武则天风流艳史》，罗自立编。海口：海南出版社，1995。

69. 《武则天评传》，赵文润、王双怀著，台南：文化事业公司，1995。

70. 《武则天正传》，林语堂著，张振玉译。《林语堂文集》，北京：作家出版社，1995。

71. 《武则天》，（日）原百代著，谭继山译。北京：中国友谊出版公司，1996。

72. 《狐猸明主：武则天》，康才媛著。台北：万象图书公司，1996。

73. 《风流武则天》，杨书案著。成都：四川文艺出版社，1996。

74. 《武则天传说故事》，赵歧福等编著。西安：陕西人民美术出版社，1996。

75. 《武则天传》，刘连银著。武汉：长江文艺出版社，1997。

76. 《大周女皇武则天》，刘曼春、梁恒唐著。太原：山西古籍出版社，1997。

77. 《细说武则天》，刘汉龙、史双元著。沈阳：春风文艺出版社，1997。

78. 《武则天》，向斯编著，谭元杰绘。北京：中国妇女出版社，1997。

79. 《武则天》，宋昌琴编写。北京：人民文学出版社，1997。

80. 《武则天探秘》，梁恒唐著。太原：山西古籍出版社，1997。

81. 《二圣临朝：唐高宗李治唐女皇武则天》，萧颖著。北京：团结出版社，1997。

82. 《武则天传》，刘连银编著。台北：牧村图书有限公司，1998。

83. 《武则天·女皇》，赵玫著。上海：上海古籍出版社，1998。

84. 《中国女帝：武则天传》，田延柱、安春芳编著。长春：吉林人民出版社，1998。

85. 《武则天本传》，胡戟著。西安：陕西师范大学出版社，1998。

86. 《武则天研究论文集》，赵文润、李玉明主编。太原：山西古籍出版社，1998。

87. 《武则天》，郭媛著。昆明：晨光出版社，1998。

88. 《武则天的故事》，陈玲编著。汕头：汕头大学出版社，1998。

89. 《武则天评传》，赵文润、王双怀著。第2版（修订本）西安：三秦出版社，2000。

90. 《巍巍无字碑：武则天的治国谋略》，刘后滨著。北京：华夏出版社，2000。

91. 《无字陵碑：武则天传》，常万生著。台北：年轮文化事业公司，2000。

92. 《武则天》，野岭伊人著。北京：中国戏剧出版社，2000。

93. 《武则天的人生哲学：女权人生》，陈庆辉著。台北：扬智文化公司，2000。

94. 《武则天与咸阳》，赵文润、辛加龙主编。西安：三秦出版社，2001。

95. 《武则天传》，雷家骥著。北京：人民出版社，2001。

96. 《武则天成就一生的层层突破》，王志刚著。北京：金城出版社，2001。

97. 《武则天谋政经国的九九方略》，代凯军著。北京：中国文史出版社，2001。

98. 《武则天》，孙建军评著。成都：巴蜀书社，2001。

99. 《豪放女皇：武则天》，王明皓著。台北：实学社出版股份有限公司，2001。

100. 《武则天传》， 冯国超主编。北京：中国戏剧出版社，2001。

101. 《武则天全传》，刘华明、郑长兴主编。北京：印刷工业出版社，2001。

102. 《武则天破天规的九九加一法则》，王志刚主编。北京：企业管理出版社，2001。

103. 《我是风，我是花，我是大太阳：一个武则天自述的故事》，王明皓著。上海：上海文艺出版社，2001。

104. 《武则天大帝》，葛思绪著。北京：北京图书馆出版社，2001。

105. 《武则天》上《龙凤咏》，魏金永著。哈尔滨：黑龙江人民出版社，2001。

106. 《武则天》下《无字碑》，魏金永著。哈尔滨：黑龙江人民出版社，2001。

107. 《武则天大传》，何贵编著。长春：吉林人民出版社，2002。

108. 《武则天传》，周起孟编著。呼和浩特：远方出版社，2002。

109. 《巾帼雄心武则天》，康才媛著。台北：理得出版公司，2002。

110. 《武则天百谜》，惠焕章、吴俏编著。西安：西安出版社，2002。

111. 《武则天惟我独尊十二种攻心妙计》，曾道解译。北京：中国致公出版社，2002。

112. 《武则天》，朱学勤主编。呼和浩特：远方出版社，2002。

113. 《石破天惊：武则天统驭方略》，樵子编著。北京：京华出版社，2002。

114. 《一代女皇武则天》，郑美香等著，龚晖插图绘画。延吉：延边大学出版社，2002。

115. 《武则天：一代女皇》，陈瑾楼编著。延吉：延边人民出版社，2002。

116. 《武则天》，魏金永著。哈尔滨：黑龙江人民出版社，2002。

117. 《千古王朝：则天大周王朝》，童一秋主编。北京：中国盲文出版社，2002。

118. 《武则天》，北村著，张润世绘图。北京：东方出版社，2003。

119. 《周圣神皇帝武则天》，丁春生主编。呼和浩特：内蒙古人民出版社，2003。

120. 《武则天经营策略致胜法则》，刘洪彬著。台北：新瀚文化事业有限公司，2003。

121. 《武则天》，徐谦主编。长春：吉林摄影出版社，2003。

122. 《武则天攻心治人黑白全书》（通俗专著），武则天原典；史哲编著。北京：中国致公出版社，2003。

123. 《武则天成就一生的层层突破》，王志刚著。台北：文圆国际图书出版有限公司，2003。

124. 《武则天女皇》上，《政争权谋》，赵玫著。台北：台湾古籍出版公司，2003。

125. 《武则天女皇》下，《绝代风情》，赵玫著。台北：台湾古籍出版公司，2003。

126. 《女权人生——武则天》，陈庆辉著。石家庄：河北人民出版社，2003。

127. 《唐武则天》，黄光任著。西安：三秦出版社，2003。

128. 《武则天：揭开女皇的层层面纱》，德鋆、明曌著。上海：百家出版社，2004。

129. 《武则天》，孙建军评著。成都：巴蜀书社，2004。

130. 《武则天传》（历史传记），张程编著。呼和浩特：内蒙古人民出版社，2004。

131. 《武则天》，苏童著。上海：上海文艺出版社，2004。

132. 《武则天成就一生的方略：破天规的三十八法则》，鹿荷著。台北：采竹文化事业有限公司，2004。

133. 《武则天》，南宫博著。上海：文汇出版社，2005。

134. 《武则天传》，冯国超主编。北京：中国戏剧出版社，2005。

135. 《武则天传》，刘连银编著。武汉：长江文艺出版社，2005。

136. 《武则天》，朱学勤主编。呼和浩特：远方出版社，2005。

137. 《则天新传：无字泣碑歌》，燕子著。北京：中国少年儿童出版社，2005。

138. 《千古女皇武则天》，王坚强编著。北京：中国戏剧出版社，2005。

139. 《武则天的佛缘》，王志平、吴敏霞著。西安：三秦出版社，2005。

140. 《女皇武则天》（历史小说），董云卿著。哈尔滨：北方文艺出版社，2005。

141. 《君临天下——漫画中国帝王，武周圣神皇帝武则天》，郭竞雄、李堃编绘。长春：吉林文史出版社，2005。

142. 《武则天之魅力》，赵文润、樊英峰著。西安市：三秦出版社，2006。

143. 《武则天与现代经营策略》，刘洪彬著。台北：华立文化事业有限公司，2006。

144. 《武则天——杀》，司马路人著。台北：日月文化出版股份有限公司，2006。

145. 《红颜至尊：武则天统驭方略》，秦汉唐著。台北：广达文化事业有限公司，2006。

146. 《武则天秘史》，董云卿、禾三千著。哈尔滨：北方文艺出版社，2006。

147. 《武则天传奇 》，钮海燕著，台北：新潮社文化事业有限公司，2007。

148. 《女皇武则天：中华帝国史上唯一的女性皇帝》，吴江著。北京：中国长安出版社，2007。

149. 《武则天的政治学》，吴浩然著。台北：代表作国际图书出版有限公司，2007。

150. 《剪纸图说武则天·杨贵妃》，孔正一主编，韩靖著。西安：三秦出版社，2007。

151. 《武则天传》，宋乃秋主编。北京：中国戏剧出版社，2007。

152. 《唐朝女皇武则天》，李剑桥、吴景山、竭宝峰主编。沈阳：辽海出版社，2007。

153. 《旷世女皇武则天》（图文版），李古寅、汤树俭主编。北京：中国文史出版社，2007。

154. 《无字碑主——武则天》，李端科著。呼和浩特：远方出版社，2007。

155. 《武则天》，果迟著。北京：文化艺术出版社，2007。

156. 《武则天——一代女皇》，竞游主编。呼和浩特：内蒙古人民出版社，2007。

157. 《女人武则天》，赵玫著。北京：团结出版社，2007。

158. 《武则天》，赵文润著。西安：西安出版社，2007。

159. 《中国彩绘连环画集锦》，孟庆江绘。北京：中国书店，2007。

160. 《武则天与神都洛阳》，王双怀、郭绍林主编。北京：中国文史出版社，2008。

161. 《武则天传》，宋乃秋主编。呼和浩特：内蒙古人民出版社，2008。

162. 《圣爱歌》，方越（巨德印）著。香港：中国生产力出版社，2008。

163. 《武则天》（小说），袁红编写，神马动画绘图。北京：大众文艺出版社，2008。

164. 《武则天与唐高宗新探》，赵文润著。西安：三秦出版社，2008。

165. 《话说女皇武则天》，赵文润著。西安：陕西人民出版社，2008。

166. 《武则天时代》，赵葭苇著。哈尔滨：哈尔滨出版社，

2008。

167. 《武则天：从尼姑到女皇的政治博弈》，清秋子著。郑州：河南文艺出版社 , 2008。

168. 《武则天 》，王占君著。北京：华夏出版社，2008。

169. 《武则天：谋略天下》，黄晨淳编著。长沙：岳麓书社，2008。

170. 《蒙曼说唐: 武则天》,蒙曼著。桂林: 广西师范大学出版社，2008。

171. 《武则天传》，雷家骥著。北京：人民出版社，2008。

172. 《出轨的历史：真实的武则天》，马东玉著。北京：团结出版社，2008。

173. 《点评武则天》，黄新亚著。长沙：湖南人民出版社，2008。

174. 《巾帼英雄：武则天》，康才媛著。台北县中和市：INK 印刻文学生活杂志出版有限公司，2009。

175. 《武则天故事》，刘继卣绘画，张锚词。天津：天津人民美术出版社，2009。

176. 《武则天传》（维吾尔文），刘连银著，阿布来提 · 努尔东等译。乌鲁木齐：新疆人民出版社，2009。

177. 《武则天的游戏》，吕啸天著。郑州：河南文艺出版社，2009。

178. 《人杰女皇——武则天》，张云飞编著。呼和浩特：内蒙古人民出版社，2009。

179. 《一代女帝——武则天》，曹学亮编著。呼和浩特：内蒙古人民出版社，2009。

180. 《旷世女皇武则天》，李古寅、汤树俭主编。北京：中国文史出版社，2009。

181. 《武则天——女皇之路》，萧让著。台北：远流出版事业股份有限公司，2009。

182. 《武则天往事求真》，梁晋红、梁恒唐、段振亮著。太原：三晋出版社，2009。

183. 《武则天》，郭媛编著。昆明：晨光出版社，2009。

184. 《武则天》，李娟、李微微编著。北京：国家图书馆出版社，2010。

185. 《武则天传》，何国松主编。长春：吉林大学出版社，2010。

186. 《武则天向右，向右，再向右》，君子心著。杭州：浙江大学出版社，2010。

187. 《重读武则天》，孙建军评著。成都：巴蜀书社，2010。

188. 《武则天》，宋之的著，宋时编选。北京：华夏出版社，2010。

189. 《武则天之谜》，惠焕章、文方编著。西安：西安出版社，2010。

190. 《千古女皇——武曌武则天》，慕菡霜编。北京：西苑出版社，2010。

191. 《人杰女皇武则天》，李元秀编著。北京：北京燕山出版社，2010。

192. 《武则天》，李楠编著。长春：吉林大学出版社，2010。

193. 《武则天与文水》，李玉明主编，梁晋红、梁恒唐、段振亮著。太原：三晋出版社，2010。

194. 《武则天不是传说》，梁纪锋著。北京：北京航空航天大学出版社，2010。

195. 《历史·女性·叙事》（博士论文）：20世纪历史文学中的武则天题材创作研究。董雪著，吴秀明指导，2010。

196. 《武则天》，蔡向东主编。呼和浩特：远方出版社，2010。

197. 《唐高宗皇后武则天传》（彩色插图版），赵毅主编，何贵编著。长春：吉林人民出版社，2010。

198. 《武则天全传》，金泽灿编著。北京：现代出版社，2010。

199. 《至尊红颜武则天传》，陈小立编著。呼伦贝尔：内蒙古文化出版社，2010。

200. 《武则天评传》，王洪军著。济南：山东大学出版社，2010。

201. 《武则天到女娲》，张伟国著。中华书局（香港）有限公司。2011。

202. 《刘继卣连环画珍藏版 武则天》，天津：天津人民美术出版社，2011。

203. 《武则天》，刘芳芳等编著。合肥：安徽文艺出版社，2011。

204. 《职场女性圣经：武则天的职场晋升管理学》，夏于全编著。北京：中国三峡出版社，2011。

205. 《一代女皇——武则天》，杜康慧著。贵阳：贵州教育出版社，2011。

206. 《武则天发迹史：武则天的心术操练与宫斗绝技》，池墨著。北京：中国法制出版社，2011。

207. 《武则天本传》，胡戟著。北京：北京大学出版社，2011。

208. 《天瑿芳华：武则天正传》，陈洋著。成都：四川文艺出版社，2011。

209. 《武则天秘史》，王彪、周粟、骆烨著。南京：江苏文艺出版社，2011。

210. 《一代女皇武则天全传》，李金水主编，吴江著。北京：企业管理出版社，2012。

211. 《武则天正传》，梁永元著。北京：文化艺术出版社，2012。

212. 《武则天的世界》，胡明曌著。北京：中华书局，2012。

213. 《武则天》，袁红编写。北京：大众文艺出版社，2013。

214. 《武则天与广元》，王双怀、梁咏涛主编。北京：文物出版社，2014。

215. 《武则天秘史》，宋晓宇著。北京：中国法制出版社，2014。

216. 《千古女皇——武则天》，锦华编著。北京：线装书局，2014。

217. 《武则天：从三岁到八十二岁》，王晓磊著。南京：江苏凤凰文艺出版社，2015。

218. 《武则天》，蒙曼著。桂林：广西师范大学出版社，2015。

219. 《武则天》，赵玫著。武汉：长江文艺出版社，2016。

220. 《女皇武则天》，易中天著。杭州：浙江文艺出版社，2016。

221. 《圣神皇帝武则天传》，王尚琦编著。北京：团结出版社，2016。

222. 《武则天：用意志统治王朝的女人》，林树森著。武汉：华中科技大学出版社，2017。

223. 《一代明君武则天》，王双怀、王恺、毛阳光主编。北京：中国文史出版社，2018。

二 英文著作

1. The Empress Wu （女皇武则天），Fitzgerald, C. P, （Charles Patrick），1902–1992。 Fitzgerald, C. P（菲茨杰拉德·查尔斯·潘崔

克），Melbourne, F. W. Cheshire, published for the Australian National University（墨尔本：F. W. 柴郡，澳大利亚国立大学出版），1955。

2. Wu: The Chinese Empress Who Schemed, Seduced and Murdered Her Way to Become a Living God（阴谋，诱惑，诛杀：武则天的神皇之路），Clements, Jonathan（约那森·克莱门），Stroud : Sutton（斯特劳德：萨顿），2007。

3. Empress Wu Zetian in Fiction and in History: Female Defiance in Confucian China （小说和历史中的武则天：古代中国反叛儒教的女性），Dien,Dora Shu-fang（多拉·淑芳·迪恩），Hauppauge, N.Y. : Nova Science Publishers（纽约郝派格：诺瓦科学出版社），2003。

4. The Tower of Seven Jewels and Empress Wu(武则天与七宝塔), Yan,Juanying(严娟英), National Palace Museum Bulletin, Taipei, vol(台北故宫博物馆公报)XXII, no。 1, March/April 1987。

5. Mingtang and Buddhist Utopias in the History of the Astronomical Clock : the Tower, Statue and Armillary Sphere Constructed by Empress Wu （从天文钟史看明堂和佛教净土：武则天建造的塔，雕像和浑天仪），Forte,Antonino（富安敦），Roma: Istituto italiano per il Medio ed Estremo Oriente ; Paris : Ecole française d'Extr ê me-Orient, 1988。

6. Wu Zhao : China's Only Woman Emperor（武曌：中国唯一的女皇），Rothschild, N. Harry. N（哈利·罗斯柴尔德），New York : Pearson Longman（纽约：皮尔森·朗曼），2008。

7. Lady Wu, A True Story（女皇武则天：一个真实的故事）。Lin, Yutang（林语堂）。 London, Heinemann 1957。

8. Lady Wu, A Novel(女皇武则天传奇), Lin, Yutang(林语堂)。New York, Putnam 1965。

9. Wu Tse-t' ien and the Politics of Legitimation in T' ang China（武则天及其在唐朝统治的合法化），Guisso, R. W. L（桂叟），Bellingham, Wash : Western Washington（华盛顿州贝林翰市：西华盛

顿），1978。

10. Deception: A Novel of Murder and Madness in T'ang China（欺诈：一部唐代谋杀和疯狂的传奇），Cooney, Eleanor & Daniel Altieri（埃莉诺·库内，丹尼尔·阿尔提瑞），New York : W. Morrow（纽约：W. 茂柔），1993。

三 日文著作

1. 《則天武后》，柳原燁子著，東京：改造社，1924。

2. 《則天武后》，林語堂著，小沼丹訳，東京：みすず書房，1959。

3. 《思い出の則天武后》，深瀬サキ著，深瀬サキ戯曲集，東京：講談社，1993。

4. 《則天武后》，氣賀澤保規著，東京：白帝社，1995。

5. 《則天文字の研究》，蔵中進著，東京：翰林書房，1995。

6. 《武則天》，原百代著，東京：毎日新聞社，1982–1983。

7. 《則天武后：女傑と悪女に生きて》，澤田瑞穂著，東京：集英社，1986。

8. 《唐の女帝・則天武后とその時代展：宮廷の栄華》，東京国立博物館，NHK，NHK プロモーション編集，[Tokyo]：NHK：NHK プロモーション，1998。

9. 《則天武后：女性と権力》，外山軍治著，東京：中央公論社，1966。

10. 《則天武后》，津本陽著，東京：幻冬舎，1997。

11. 《女帝則天武后》，宇田川芳郎著，東京：日本図書刊行会；東京：近代文芸社（発売），1999。

12. 《女帝わが名は則天武后》，山颯著；吉田良子訳，東京：草思社，2006。

13. 《則天武后と玄宗皇帝：大唐帝国の「光と影」》，岡本好古著，東京：PHP 研究所， 2007。

四　音像作品

1. 《武则天》，方沛霖导演，福州：福建省音像出版社，2005（中国早期经典电影，1927–1955）。

2. 《武则天》：京剧，童芷苓录音主演，史依弘、陈少云、胡璇配像，天津：天津市文化艺术音像出版社，2006（根据 1962 年演出录音配像）。

3. 《无字碑歌》：四十集电视连续剧，陈燕民导演，斯琴高娃等主演，广州：广州音像出版社，2006。

4. 《千古帝王，武则天》：沈阳：半岛音像出版社，2005。

5. 《武则天篡唐》：大型高甲历史剧，吴晶晶、李莉主演，厦门金莲升高甲剧团演出，福州：福建省音像出版社，2004。

6. 《武则天》：三十集电视连续剧，陈家林导演，刘晓庆主演，北京：中国国际电视总公司，2003。

7. 《女皇武则天》：潮剧，朱楚珍、陈秦梦主演，广州：广东音像出版社，2000。